지속 불가능한 패션 산업에

이의를
제기합니다

지속 불가능한 패션 산업에
이의를 제기합니다

훼손, 오염, 유린과 착취로 뒤범벅된 청바지 잔혹사

맥신 베다 지음　　　　　　　　오애리·구태은 옮김

학고재

찬사

★★★★★

패션 산업의 세계화로 세계 곳곳에서 빈곤이 줄고 경제 성장이 가속화되었다. 하지만 그 번영은 인간에게 고통을 안기고 환경을 파괴하는 결과를 불러왔다. 이 책은 세계 노동 분화의 마디마디에 확대경을 들이대 우리가 입는 '옷의 일생'을 매력적으로 들려준다.

— 대니 로드릭(Dani Rodrik), 하버드 대학교 존 F. 케네디 공공 정책 대학원 포드 재단 국제정치경제학 교수. 『세계화 패러독스(The Globalization Paradox)』 저자.

★★★★★

반드시 읽기를. 패션 산업은 이 시대 최악의 재난이 되었다. 베다는 뛰어난 통찰로 장막을 걷어내 의류업계의 속살을 드러내고, 동시에 과소비나 착취 없이 이 산업이 나아갈 길을 보여준다.

— 존 마크 코머(John Mark Comer), 브리지타운 교회 목사, 『무자비한 서두름의 퇴치(The Ruthless Elimination of Hurry)』 저자.

★★★★★

매력적이다. 통통 튀는 스토리텔링으로 우리 눈에는 보이지 않지만 영향력은 어마어마한 복잡한 시스템의 조각을 한 벌로 엮어냈다. 지금보다 더 공정한 세상을 위해 필요한 문제 인식과 해법을 모두 포착한 획기적인 책이다.

— 앰버 발레타(Amber Valletta), 슈퍼 모델, 사회운동가.

우리의 목소리를 믿어주신

내 아버지 키스와 제니퍼의 아버지 케빈,

그리고 내 딸 레온틴과 다음 세대에게 이 책을 바칩니다.

차례

서문 … 10

1. 성장 지향성 … 25
- 텍사스의 면화 농업

2. 메이드 인 차이나 … 50
- 비용 절감이 지구를 어떻게 죽이고 있나

3. 닭장 같은 공장에 갇히다 … 88
- 재단사와 재봉공 그리고 노동의 위기

4. 중개상, 경영, 마케팅 그리고
   투명성의 새로운 정의 … 135

5. 모두를 위한 본질로 돌아가기 … 164
- 포장과 배송

6. 더 많이, 더 더 많이 ⋯ 202
- 소비주의가 휩쓸다

7. 정리하기 ⋯ 244
- 우리가 버린 옷은 어떻게 되나

8. 의도는 좋았는데 ⋯ 272
- 가나에서 만난 옷의 최후

9. 변신을 시작하자 ⋯ 309
- 새로운 뉴딜을 위한 시간

감사의 말 ⋯ 338
주석 ⋯ 343

일러두기

1. 본문 아래쪽의 각주는 내용을 부연 설명하는 옮긴이 주입니다.
2. 본문의 주석 번호는 원서에 나오는 지은이 주입니다. 주로 출처를 나타냅니다.

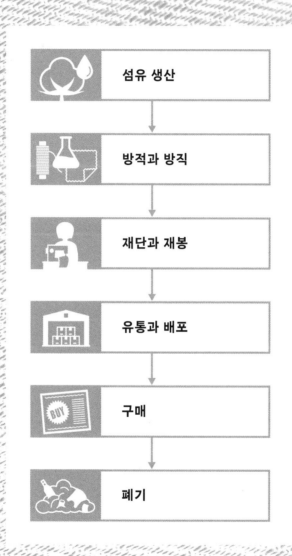

서문

'세계의 시장'이라 불리는 뉴욕 제이콥 재비츠 센터(Jacob Javits Center)는 마치 유리 요새 같았다. 패션계 초짜였던 나는 전국의 바이어가 몰려와 저마다 제 매장을 꾸밀 상품을 찾느라 눈이 벌건 '2013 MRKT' 남성복 박람회장 앞에서 잔뜩 주눅이 들고 말았다. 그래도 미국 최대 쇼핑몰이라는 '몰 오브 아메리카'의 고향 미네소타에서 자랐으니 웬만큼 익숙할 줄 알았다. 하지만 그날 아침, 배기가스와 커피 냄새, 느끼한 피자 냄새가 뒤섞인 컨벤션센터의 익숙한 공기 속에서 이 세상 쇼핑몰이 몽땅 모인 듯한 어마어마한 행사장과 마주하니 참 초라한 기분이 들었다.

나는 동업자와 함께 '제이디(Zady)'라는 상호로 의류 · 잡화 온라인 쇼핑몰을 준비하고 있었다. 이 박람회장에서 제이디의 철학과 미학에 부합하는 브랜드를 뒤져 남녀 상하의와 액세서리 50여 종을 찾아내야 했다. 장인의 솜씨가 빛나는 아름다운 상품을 발굴하는 것, 그것이 9월의 그날 내 임무이자 목표였다.

지속 불가능한 패션 산업에 이의를 제기합니다

커다란 홀 중앙으로 다가갈수록 문자 그대로 한기가 느껴졌다. 북적이는 바이어들은 저 끝까지 펼쳐진 진열대의 옷들을 훑으면서 착착 앞으로 나아가고 있었다. 어디서부터 시작해야 할지 몰라 막막한 채 걷던 나도 이윽고 눈길을 끄는 물건 앞에 멈춰 섰다. 첫 번째 담당자에게 짧게 질문을 던졌다.

"이 옷은 어디서 만드나요?"

그는 멍하니 나를 쳐다보다 어깨를 으쓱하더니 시선을 돌려버렸다. 믿을 수가 없었다. 왜 대답을 안 하지? 자기네 상품을 어디서 제작하는지 모르는 건가?

다시 걷던 중에 또 다른 상품에 시선이 갔다. 부스에 있는 여자에게 똑같이 물었다.

"아시아요."

통명스럽고 짧은 답이었다. 대체 뭐지? 아시아에는 나라가 마흔여덟 개나 있고 무려 47억 명이나 산다고. 아까 그 남자보다는 구체적이었지만 그 따위 정보는 도움이 되지 않았다. 걷고 또 걸었다. 나아지는 게 없었다. 옷은 '해외' 아니면 '동양'에서, 그나마 정확한 정보라는게 '중국'에서 만든다는 것 정도였다. 이게 무슨 거지 같은 일이람? 미국 땅 전역에 의류를 유통한다는 인간들이 자기네 옷을 어디서 만드는지도 모른다니, 말이 돼? (1960년대에나 쓰던 험악한 욕을 내뱉을 뻔했다) "디자인은 뉴욕에서 했다"는 말을 듣고서야 나는 깨달았다. 그게 곧 '중국산'을 뜻한다는 걸. 제이디의 앞날을 밝혀줄 성과는 하나도 얻지 못한 채 터덜터덜 긴 하루를 보낸 끝에, 나는 실망과 혼란과 의문을 가득 안고 재비츠 센터를 떠났다.

최근에 로스쿨을 졸업한 나는 겁도 없이 제품을 누가 만드는지 분명히 아는 의류 회사를 찾기 시작했다. 그리고 2013년 9월, 데네시의 데님 회사인 '이모진+윌리(Imogene+Willie)'와 로스앤젤레스의 화려한 가방 제조사 '클레어 비비에(Clare Vivier)'와 함께 사업을 시작했다. 우리는 디자이너와 제작 담당자를 만나 제품 하나하나가 우리 손에 오기까지의 과정을 상세히 전해 들었다. 고객에게 제품을 누가 만드는지 정확히 아는 색다른 경험을 선사하고 싶었다. 그래서 웹사이트에 지도를 넣었다. 제품이 어디서 왔는지 보여주고, 재비츠 사람들보다 훨씬 깊이 있게 고객을 일깨우기 위해서였다.

그만하면 우리 물건들이 어디서 제작되었는지, 그러니까 옷에 달린 라벨이 무엇을 뜻하는지를 충분히 설명한다고 생각했다. 그러나 그게 아니라는 사실을 곧 알게 되었다. 우리의 '이탈리아제' 캐시미어 스웨터는 옷을 짠 곳만 이탈리아일 뿐, 털실은 몽골 초원을 노니는 산양에게서 온 것이었다(차가운 스텝 고원의 양모가 질이 좋다). 몇몇 브랜드는 원사와 원단을 어디서 샀는지는 알고 있었지만, 그게 가죽과 면, 양모나 폴리에스터 섬유를 만든 업체를 안다는 뜻은 아니었다.

우리는 다시 찾아 나섰다. 투명성과 지식을 추구하는 제이디와 함께 자기네 상품 이야기를 알릴 만한 의류 업체를. 하지만 찾지 못했다. 농장이나 원유 시추공에서 출발해 실을 잣고 천을 짜고 염색하고 재단하고 재봉하기까지, 그러니까 옷의 시작부터 끝까지, 각각의 공장이나 작업자 등을 전부 아는 회사는 단 하나도 없었다.

파고 또 파면서 의류 상품의 라벨이 무시하거나 외면하는 것들을 알게 되었다. 바로 '환경에 미치는 영향'이었다. 의류 산업은 2000년부

지속 불가능한 패션 산업에 이의를 제기합니다

터 2015년까지 15년 동안 이전에 비해 두 배[1]로 급성장했다. 한 해 평균 의류 생산량이 1,000억~1,500억 장[2]이라고 한다. 더불어 원료 생산과 섬유 제작 같은 초기 공정이 환경에 커다란 발자국을 남기지만, 그에 대한 관심은 거의 없다시피 하다는 점도 알게 되었다. 근래 패션 기업들이 '지속 가능성'을 언급하곤 하지만 다 무의미한 말이었다.

그래서 직접 도전해보기로 했다. 모든 과정을 투명하게, 그리고 지속 가능하게 한다는 목표로 '.01 더 스웨터(.01 The Sweater)'라는 이름의 울 스웨터를 만들었다. 양털은 오리건주의 목장에서 생산했고 사우스캐롤라이나에서 세척 과정을 거쳤다. 염색해서 실을 만든 곳은 펜실베이니아, 그 실로 스웨터를 짠 곳은 캘리포니아였다. 이런 과정과 함께 옷의 사회적, 환경적 영향을 담은 간단한 설명문을 붙여 스웨터를 출시했다. 반응은 선풍적이었다. 내가 산 옷의 연결고리 정보에 대해 소비자뿐만 아니라 다른 회사들이나 업체들, 우리보다 훨씬 큰 기업들도 호응했다. 그들이 보내온 감사 인사는 정말 큰 힘이 되었다.

놀라지 말았어야 했는데, 깜짝 놀라고 말았다. 패션 산업에 무지한 건 소비자만이 아니었다. 내부 사정에 눈을 감은 건 업계도 마찬가지였다. 그래서 결국 이 지경이 된 것이다.

―――

나는 패션계의 외부인이고 지금도 혼자다. 패션 스쿨이 아니라 법학 전문 대학원과 UN을 거쳐 옷의 세계로 들어왔다.

어느 여름, 나는 탄자니아의 아루샤에 파견되어 르완다 국제형사 재판소에서 일했다. 주말이면 방랑하듯 곳곳을 돌아다녔는데, 주말의 아루사는 어디에서나 장이 열렸다. 20내의 나로서는 생산사, 농부, 상인이 어우러진 유쾌한 활기를 거부할 길이 없었다. 처음에는 그저 미국 집에 가져갈 기념품을 고를 생각이었다. 그런데 그곳에서 시간을 보낼수록 친지나 친구가 좋아할 만한 선물 이상의 것들을 발견하게 되었다. 물건을 사면서 그 물건을 만든 사람들과 교감하게 된 것이다. 멋진 전통 꽃무늬 반바지를 만든 여자, 벽걸이 바구니를 짠 남자. 천의 색과 문양마다 문화적 의미가 풍성하게 담긴 시장을 다니면서 수공예품의 아름다움에 눈을 떴다. 그때까지 나는 파머스 마켓*으로의 기이한 여행을 넘어, 내가 소비한 상품 이면에 존재하는 사람이나 장소와 의미 있는 교류를 해본 적이 없었다.

아루샤 시장에서 나눈 대화와 발견은 몇 달, 몇 년 뒤 결실이 되어 내게 돌아왔다. 나는 UN의 지속 가능 발전 목표(SDGs)와 우리가 구매한 물건들 사이에 있는 점들을 연결하기 시작했다. 가령 환경 파괴와 빈곤은 우리가 산 물건들이 어떻게 만들어지고, 거래되며, 쓰이는지와 연관되어 있었다. 세계 무역의 관계 구조가 어떻게 형성되느냐에 따라 사람들이 뭔가를 만들고 생계를 꾸려나갈 기회를 가질 수 있는지 여부가 결정됐다. 내가 만난 공예가들은 돋보이는 창의력과 추진력을 보여주었다. 그들은 가족과 마을, 나아가 지구를 위해 지속 가능한 생계 수단을 갖고 있었다. 고객들이 기꺼이 지갑을 열고 싶어질 만큼 재능 있

---

* 농부나 주민이 생산한 농산물과 수공예품을 지역 소비자들에게 직접 판매하는 시장.

는 창작자들과 사업을 해보면 어떨까? 결국 나는 그 충동을 못 이겨 제이디를 공동 창업했고, 재비츠 센터를 찾아가 패션 산업의 현실을 목격한 것이었다.

나는 제이디가 성장해나가면서 더 깊이 파고들었다. '지속 가능성'을 발전시키는 것이 나의 최대 관심사라면, 이걸 사업 모델로 회사를 차려 물건을 많이 파는 것이야말로 최고의 방법 아닐까? 사람들도, 업계도 자기들이 환경과 사회에 미치는 영향을 모른다는 것이 판명됐는데, 내가 관련 정보를 밝힌다면 분명 도움이 되지 않을까?

결론적으로 나는 옷 장사를 그만두고, 패션 산업이 미치는 진짜 영향을 설명하는 것에 집중하기로 결심했다. 이 산업이 세상에 미치는 영향을 모든 측면에서 이해할 수 있도록 농학자, 기후학자, 역사학자, 기업가, 공장 경영자, 소재 과학자는 물론 노동자, 노동 전문가, 조직 담당자, 정치학자, 독물학자, 심리학자, 마케터와 경제학자까지 섭외해 연구·실행 전문가 집단을 조직했다. 아이디어가 칠판을 벗어나지 못하는 여느 연구진보다 수준 높은 싱크 탱크였다. '신표준연구소(NSI, The New Standard Institute)'는 지식과 정보, 이야기를 개인의 이익이 아니라 공공선을 위해 사용하려는 노력으로 설립한 단체다.

신표준연구소의 목표는 패션 산업을 철저히 연구해 더 많은 걸 필요로 하는 이들에게 데이터를 제공하는 것인데, 당연히 지금껏 투명하게 알려지지 않은 데이터들이다. 이제부터 살펴보겠지만 옷을 만드는 과정과 업계의 관행은 레이더망 바깥에 숨어 있다. 사실 지금까지 찾아낸 정보들도 단편적이고 부정확하기 일쑤였다.

데이터는 이야기를 풀어가는 방법이자 그 자체만으로도 상당한 설득력을 갖는다. 하지만 우리가 하는 일의 대부분은 사실 데이터와 거의 관계가 없다(데이터에 따라 움직였다면 우리는 지금 전혀 다른 세상에 있을 것이다). 마음속에 뭔가 스파크를 일으키고 우리와 똑같은 가치관과 두려움, 성취와 꿈을 가지고 있는 사람들을 떠올리게 만드는 이야기야말로 우리를 행동하게 만든다. 당신이 이 책에서 읽을 이야기는 바로 그런 것들이다.

이 책을 쓰면서 나는 청바지의 삶과 죽음을 추적하고 싶었다. 농장부터 쓰레기 매립지까지, 흔하디흔하면서도 기능과 스타일로 누구에게나 사랑받는 청바지 한 벌의 일생을 따라가 보는 것. 내게 이 일은 제이디로 시작한 옷 여행의 연장선인 셈이다. 일단 기본적으로 옷이 어디서 왔는지부터 이야기하고 싶다. 그런데 장애물이 많다. 제이디에서 이미 맞닥뜨렸던 것들이다. 업체들은 상품의 공급 구조를 분명하게 알지 못하고, 조사를 위해 공장 문을 활짝 열어주는 제조업자는 별로 없다. 이 업계가 속속들이 투명해질 때까지 헤쳐가야 할 것들이 아득히 많다. 그래서 이 책에서는 청바지 '한 벌'을 콕 집어서가 아니라, 다른 수많은 옷과 함께 평범한 청바지가 가는 길을 뒤따르기로 한다(청바지는 원래 어떤 옷과도 어울리니까).

　이제 전 세계 목화 생산의 핵심인 텍사스의 목화 농장으로 가서 건강한 토양과 은행 잔고 사이에서 균형을 잡으려 애쓰는 농부들을 만날 것이다. 생면으로 실을 잣고 물을 들여 데님을 만드는 중국에도 갈

지속 불가능한 패션 산업에 이의를 제기합니다

것이다. 스리랑카와 방글라데시에서는 원단을 재단, 봉제해 옷을 만드는 여공들을 만난다. 미국으로 돌아와서는 우리 집에 보낼 청바지를 포장, 배송하는 아마존 물류 창고에 들어갈 것이다. 최종 여행지는 아프리카 가나. 우리가 버린 옷의 상당수가 생을 마무리하는 종착지가 바로 그곳이다.

청바지 이야기는 곧 현대 패션과 자본주의 이야기다. 청바지는 우리 여정의 주인공이 될 자격이 충분하다. 오늘날 전 세계에서 1년에 팔리는 청바지가 무려 12억 5,000만 벌,[3] 미국 여성들은 청바지를 평균 일곱 벌 갖고 있다고 한다.[4] 청바지는 세계 패션업계의 큰 축이고, 패션계는 세계 경제의 주역이다. 지금 우리가 입고 있는 청바지는 미국 대통령도 즐기는(그랬다, 제45대 양복쟁이 트럼프 전까지는) 민주주의의 아이러니한 상징이 되었다. 온전한 미국산으로 광고하지만 진실은 우리를 미국 국경 너머 저 멀리, 과연 볼 수나 있을까 싶은 깊숙한 세계로 데려간다. 우리는 청바지 이야기와 함께 세계 곳곳을 찾아갈 것이다. 청바지를 포함한 패션이 무질서하게 확장된 공급망과 문화적 융합을 통해 어떻게 지금처럼 철저하게 불투명한 착취 권력이 되었는지에 대해서도 살펴볼 것이다.

나는 이 모든 것을 수치와 도표로 보여주려 한다. 책 서두에 여러 쪽을 할애할 수도 있다. 그러나 이보다 중요한 건 여러분의 옷을 만드는 사람들을 소개하는 것이다. 이들의 이야기를 통해 옷의 제작과 유통 시스템, 마케팅이 우리에게 영향을 미치는 방식을 이해하고, 더 넓은 세상에서 우리가 해야 하는 일과 역할을 알리고 싶다.

2조 5,000억 달러 규모의 패션 산업[5]은 최근까지도 '스타일' 정도로 밀려나 있다. 피상적이고, 소녀 취향에, 재미는 있지만 별로 중요하지는 않다는 의미다. 그러나 천만에, 패션은 어마어마한 거대 산업이다. 지구상의 최고 부자 목록 꼭대기에 오르는 몇몇이 패션으로 순자산을 쌓는다. 반대로 세계적으로 가장 취약한 노동자(대다수가 여성이다) 수백만 명이 가장 낮은 임금을 받으며 이 바닥에서 일하고 있다. 또 보고서에 따르면 패션 산업은 최소한 프랑스, 독일, 영국을 합친 것과 맞먹는 온실가스를 배출하면서 환경에 대단히 파괴적인 영향을 미치고 있다.[6] 우리가 입는 청바지는 노예제와 식민주의의 뿌리이기도 하다. 이제부터 볼 억압의 시스템이 완전 해체되는 건 요원한 일이며, 그 뒤에 있는 인종 간 불평등을 둘러싼 갈등은 현재도 격렬하게 일어나고 있다. 뼛속까지 불평등한 우리의 경제 시스템 역시 이러한 체제의 결과물이다. 옷 이야기는 이 사회가 어쩌다 이렇게 분열되었는지를 이해하는데도 도움이 된다. 『면화의 제국(*Empire of Cotton*)』을 쓴 역사가 스벤 베커트(Sven Beckert)는 이렇게 말했다.[7]

"우리는 고귀하고 깨끗한 자본주의를 열망한 나머지 자본주의의 역사에서 노예제, 몰수, 식민주의 같은 현실을 너무 자주 지워버리곤 한다. 흔히들 남성 중심으로 산업자본주의를 생각하지만, 면화 왕국은 여성의 노동으로 이뤄졌다."

이 책을 쓰는 이유에는 패션과 의류 산업이 자리해야 할 합당한 위치를 찾으려는 의도도 포함되어 있다. 단지 일부로서가 아니라 우리가 아는 사회와 산업의 기초로서 말이다.

각종 정책과 비즈니스 세계에서 의류 산업을 진지하게 다루지 않는 이유를 생각해보았다. 이 산업을 여성과 유색인종, 혹은 둘 다에 해

지속 불가능한 패션 산업에 이의를 제기합니다

당하는 사회적 '소수자'의 영역으로 밀쳐놨기 때문이었다. 산업화 초기부터 의복은 이들 두 소수자 집단이 만들었고, 구매도 주로 여자들 몫이었다. 곧 그 후손, 그러니까 오늘날 옷을 만드는 사람들을 만날 것이다. 심지어 환경계에서도 패션은 흔히 간과된다. 신표준연구소에서 일하면서 손꼽히는 환경 기부자들에게 패션 산업의 영향을 이야기할 때도 "오, 그건 내 아내와 이야기하는 게 좋겠네요, 패션은 아내가 좋아하니까요" 따위의 답을 듣기 일쑤였다(유력 인사의 아내라는 이들이 돈줄을 쥐고 있다면 의미가 있겠지만, 경험상 그런 일은 없었다).

이 업계는 관심이 적은 탓에 규제도 대단히 적었고, 언론도 비중 있게 다루지 않았다. 그 혜택 속에서 거의 남자인 기업 임원들은 여자의 노동과 여자의 소비로 떼돈을 번다. 오로지 많이 팔겠다는 일념으로 무장한 업계와 사회 때문에 심히 난감한 사람이기에, 또한 옷이 가진 힘과 기쁨에 감사하는 사람이기에 나는 이 책을 쓴다. 옷을 만들고 알리고 팔고 입고 내버리는 과정을 제대로 아는 것은 아름답건 추하건 세상의 진실과 역사를 바로 보는 강력한 관점이 된다. 명확히 보는 것이야말로 이 책에서 말하는 시급한 부조리를 해체하고 정의로운 사회를 이루는 길일 뿐만 아니라, 세상이 즐겁게 번영하는 첫걸음이다.

━

데님의 역사에는 현대 자본주의의 부상과 그에 얽힌 세계사가 담겨 있다. 이야기는 기원전 6,000년경부터 면화를 길러 옷을 지어 입은 인도에서 시작된다.[8] 17세기 지금의 뭄바이 항구 도시 동리에서는 가난한 사람들이 두껍고 거친 둥리(dungri)[9] 면으로 옷을 해 입었다.[10] 유럽인과 미국인은 완전히 낯선 면화에 열광했다. 지금 입고 있는 하이웨이스트 스타일의 청바지와 저렴한 캐시미어 스웨터가 불편하다고 여긴다면, 1800년대까지도 짐승 가죽과 양털, 거친 마뿐이던 서구인의 옷을 입고 살아보라. 편하지도 않고 다채롭지도 않은(이런 소재들은 염색도 잘 안 된다) 시대였다.

일찍이 본 적 없는 부드러움, 가벼움, 내구성(이 감촉! 이 느낌!)에 경탄한 유럽인들은 면화가 동물인지 식물인지조차 가늠하지 못했다(오죽하면 '채소 양'이라 불렀을까). 그럼에도 이 하얀 솜털의 가치만큼은 알고도 남았다. 대륙이 이 '하얀 금(white gold)'에 도취되면서 곧 식민주의와 노예 제도가 확대됐고, 유럽이 부상했으며, 지금 우리가 운영하는 자본주의 체제와 제도가 생겨났다. 네덜란드와 덴마크, 프랑스, 영국 같은 유럽 강대국들은 냄새도 안 나고, 두드러기도 안 일으키는 옷에 대한 탐욕으로 저마다 동인도회사를 설립해 인도에 뿌리박고 돈벌이가 되는 면화 무역에 뛰어들었다. 유럽인들은 직물 원료를 안정적으로 확보하기 위해 급기야 인도뿐만 아니라 아프리카, 유럽, 아메리카 대륙을 도는 무역 순환망을 짰다. 막대한 자본이 투입됐고, 자본을 둘러싼 관계자(은행, 계약서, 법률가, 기업, 정부 기관)들이 계약을 체결하고 강화했다. 미국이 독립을 선언하기 몇 해 전에는 면화가 동인도회사 수출의 4분의 3을 차지했다.[11] 이 어마어마한 상품은 사회의 모든 층위에서 사람들의 상호작용을 변화시켰다. 면 없이는 세계 경제도 없고, 북반구와 남반구의 어마어마한 사회적 불평등도 없으며, 여성들의 일자리도 없고, 산업화도 일어나지 않았을지 모른다. 이 모든 게 수탈과 착

지속 불가능한 패션 산업에 이의를 제기합니다

취의 땅에서 노예들의 힘으로 작동된 것이다.[12]

　산업화 이전 시기에 면화는 편안한 데다 빨래하기 쉽다는 점에서 일대 혁신이었지만, 여전히 매우 노동 집약적이었다. 우선 미국에서 목화 따는 일은 대부분 노예로 끌려온 아프리카 사람들의 몫이었다.[13] 그게 다가 아니었다. 목화를 면으로 가공하려면 먼저 단단하고 가시 돋은 씨 꼬투리를 골라내야 했다. 오로지 손으로. 한 사람이 씨앗에서 섬유질 500그램을 분리하는 데 꼬박 열 시간이 걸렸다. 그런데 학교에서 배웠듯이 면화 가공 공정의 효율성을 획기적으로 높인 발명가 일라이 휘트니(Eli Whitney)가 나타났다. 휘트니는 1793년에 사람 대신 목화씨를 발라 하루에 섬유질 20킬로그램을 만들어내는 조면기 특허를 냈다. 휘트니가 기계를 발명한 공로는 인정하지만 오늘날 역사가들의 판단은 좀 다르다. 최초의 아이디어는 시민권도 얻지 못하고 합법적으로 특허를 낼 수도 없었던, 인간으로 인정받지 못한 아프리카 노예들에게서 나온 것으로 보고 있다. 이러한 생산 시스템의 탄생과 함께 산업혁명이 시작되었고, 우리(보다는 흑인 노예들)가 아는 대로 세상은 영영 달라졌다.

　새롭게 산업화된 조면 공정은 면 수요에 대한 갈증만 폭발적으로 높였다. 정작 목화 채취 작업은 아직 산업화되지 않았다. 면을 더 많이 만들려면 목화밭에 나가는 사람도 늘어야 했다. 노예제가 확대될 수밖에 없었다. 미국의 면화 수확량은 1790년 680톤에서 1860년 남북전쟁 발발 직전에는 3만 4,000톤으로 증가했다. 남부 농업 지대는 날로 번성했다. '하얀 금'을 가득 실은 배 없이는 뉴올리언스나 찰스턴 같은 미국 남부 항구가 지금처럼 큰 도시가 되지 못했을 것이다.

　노예제가 아니었다면 면화 농장주도, 금융가나 고객들도 이렇게 크게 성공할 수 없었다. 1850년 15개 주에서 320만 명이 노예로 일했다.[14] 목화밭에만 180만 명이 있었다. 이들의 삶은 백인의 국가적, 사회적 틀에 따라 직조됐다. 남부만 노예제를 주도한 것이 아니다. 북부(그리고 영국) 상인과 은행가, 투자자도 노예제의 뒤를 받치는 돈줄이었다. 면화 수급 여건을 충족시키려는 이들의 합심이 현대 자본주의의 뿌리인 셈이다.

그래서는 안 되는 거였다. 그 시대(지금도 마찬가지다)에도 인도 같은 면화 생산국은 미국처럼 타락한 방식으로 목화를 '하얀 금'으로 취급하지 않았다. 또 미국 면화 농장은 노동자들의 위상과 권리를 불안정하게 만든 현대 경영 관리의 원조였다.[15] 노예 소유주는 일꾼들의 생산량을 꼼꼼하게 따져 인간을 목화 채집 기계로 삼았다. 성능을 기준으로 가치를 따졌다. 이것이 오늘날 우리의 의류 생산과 유통 전반에 내재된, 이제부터 우리가 들여다보려는 주제다.

다시 돌아가보자. 조면기 이후 노동 착취와 상품화는 한층 심해졌다. 씨를 발라 세척한 목화는 면에 굶주린 유럽으로 옮겨갔다. 청바지건 작업복이건, 이름이 뭐건 간에 바지란 것을 만들려면 우선 실을 뽑아 천을 짜야 했기 때문이다. 산업화 이전 여자들이 집에서 물레를 돌려 가족의 옷을 지을 때와 마찬가지로 고된 노동이다. 조면기 탄생 이후 점점 커지는 직물 수요에 발맞춰 방직공과 방적공 수요도 늘어, 노동 자본의 또 다른 흐름이 생겨났다.

면화는 현대의 산업화와 불평등을 이끌었다. 면화에 접근할 수 있는 사람들이 사회·경제적 사다리를 타고 높이 올라갈수록, 넘어지고 쓰러지는 사람들도 점점 많아졌다. 그때 면화 사다리를 타고 높이

지속 불가능한 패션 산업에 이의를 제기합니다

올라간 이들이 지금도 불평등에 의존하는 경제 시스템에서 여전히 노동자들의 노동력을 뽑아내고 있다. 평등을 규정한 헌법 조항이 있음에도 언제나 빼앗는 사람과 빼앗기는 사람, 승자와 패자가 존재한다. 인간은 목화 덕에 세계 곳곳에서 '상품'이 되었다. 아프리카 무역상은 인도 직물을 노예와 맞바꿨다. 그 노예를 이용해 미국 남부의 면화 산업을 일으켜, 목화와 면을 점점 더 많이, 더 널리 팔 수 있었다.

조면기의 잠재력을 극대화하기 위해 질 좋은 목화밭이 필요해진 농장주들은 저 멀리 남부와 서부에서 그런 땅을 찾았다. 이들을 가로막는 것이 있다면 딱 한 가지, 사람이었다. 이번에는 아메리카 원주민 차례였다. 정부는 죽음과 파괴의 행진으로 아메리카 원주민을 터전에서 몰아내고 농장주들이 면화 경쟁을 이어갈 수 있도록 보장했다. 원주민의 땅에 수많은 목화 재배지를 만든 루이지애나 매입 사건*은 사실 세계 면화 무역을 움켜잡고 있던 영국 상인 토머스 베링(Thomas Baring)이 일궈낸 결과였다.

이러한 무역의 흐름은 지금도 여전하다. 노예 제도는 법으로 폐지됐지만 노동 착취, 토양 착취는 계속되고 있다. (패션이 일조한) 자본주의의 약속 중 하나는 '모두를 위한 번영'이었다. 하지만 2020년 1월의 에델만 신뢰도 지표 조사에 따르면 응답자의 56퍼센트가 현재의 경제 구조가 제구실을 하지 못한다고 답했다.[16] 2020년 내가 이 책을 거의 완성하던 무렵, '번영을 나눈다'는 개념은 갈등과 격변, 상실의 쓰나

---

* 1803년 미국 정부가 프랑스에 1,500만 달러를 지불하고 방대한 루이시애나 땅을 사들인 사건.

미 속에서 말 그대로 환상이 되어버렸다. 팬데믹과 그로 인해 촉발된 사회적, 경제적 균열은 착취라는 씨실과 기만이라는 날실로 짠 우리 글로벌한 세계가 얼마나 취약한지를 드러내는 계기가 됐다. 더 많은 것을 바라는 우리의 욕망과 욕구가 어떻게 만들어졌는지, 판돈이 올라갈 때마다 패션의 유행이 얼마나 빨리 달라지는지도 까발려졌다. 한때는 청바지가 민주주의와 평등을 상징했다. 그러나 지금 우리 사회가 걸친 청바지는 역겨울 정도로 닳고 닳았다. 진정한 민주주의의 가치를 되찾고 싶다면 정치경제적 시스템이 우리가 사고 입고 버리는 청바지와 어떻게 엮여 있는지를 알아야 한다.

우리는 문화적, 경제적, 환경적으로 극단적인 도전을 받고 있다. 우리의 행동이 좋은 쪽으로든 나쁜 쪽으로든 세상에 미치는 영향을 이해하는 것이 지금처럼 중요했던 적이 없다. 우리가 입는 옷, 우리 자신, 정부와 같은 공공 기관을 선한 힘으로 바꾸기 위해 우리가 무엇을 할 수 있는지를 아는 것이야말로 중요하다. 이 책의 마지막 장에서는 어떻게 하면 옷이 시민권 회복으로 가는 관문이 될 수 있는지에 대해 자세히 살펴볼 것이다. 그러나 거기까지 가기 전에 먼저 만날 사람들이 있으니 자, 함께 가보자.

지속 불가능한 패션 산업에 이의를 제기합니다

1

성장 지향성
텍사스의 면화 농업

●

아는 것만으로는 충분하지 않다. 적용해야 한다.
의지만으로는 충분하지 않다. 행동해야 한다.
　　　　　　　　　 － 요한 볼프강 폰 괴테

'의류'라고 하면 보통은 미로처럼 배치된 진열대와 마네킹, 안내판 사이로 사람들이 돌아다니는 화려한 번화가, 혹은 매끈한 사진이 한없이 이어지는 깔끔한 웹사이트를 떠올린다. 하지만 이 모든 제품과 마케팅의 이면을 보면, 청바지가 맨 처음 시작되는 곳은 면화 농장이든 석유 굴착지든 우리가 옷을 사는 곳과는 완전히 딴판이다. 따뜻한 10월의 어느 아침, 텍사스 북서부 러벅 외곽에 드넓게 펼쳐진 칼 페퍼(Carl Pepper)의 농장 앞에 서서 보니 화려한 매장과 자연이라는 현실의 대비(날씨와 운이 성공과 실패를 결정짓는다)가 그렇게 극명할 수가 없었다. 우리가 새 옷을 들고 "좋군" 하며 고개를 끄덕일 때마다 사람, 식물, 미생물, 화학물질, 탄소가 가득한 세계가 사고팔린다.

　미국은 중국과 인도에 이어 세계 3위의 면화 생산국이다.[1] 칼의 농장 같은 폭신한 목화밭 덕이다. 미국 목화 농장의 절반이 텍사스에 있고, 여기서 생산되는 면화가 미국 전체 수확량의 40~50퍼센트를 차지한다.[2] 2019년 기준으로 미국 전체 수확량은 약 400만 톤에 달한다.[3] 면화는 80여 개국에서 재배한다.[4] 청바지(를 비롯한 다른 면제품)를 위해 전 세계 농지의 2.53퍼센트를 쓰는 셈이다. 2019년 미국 농무부(USDA)가 추산한 전 세계 면화 생산량은 2,600만 톤이었다.[5]

나의 면화 선생님 칼 페퍼는 흔히 말하는 신사 스타일은 아니지만 그야말로 진짜 신사. 평균 체격에 청회색 눈, 텍사스의 거친 햇빛을 가리는 야구 모자와 긴팔 셔츠를 뽐내며 독실한 기독교 신자인 농부의 인상을 풍긴다. 하지만 알고 보면 이단아의 정신과 예리한 숫자 감각으로 무장했다. 말도 알아듣기 쉽다. 나는 그의 느릿느릿한 남부 말투를 흉내 내지 않으려고 참느라 고역이었다.

페퍼의 집안은 수백 년 전 미국에 왔다. 1700년대에 지금의 독일을 떠나 버지니아와 켄터키, 미주리를 거쳐 1876년 텍사스에 정착했다. 칼은 텍사스 남부의 샌안토니오 서쪽, 화학약품을 왕창 쓰는 3,200제곱킬로미터의 농장에서 나고 자랐다. 아버지 레슬리 페퍼(Leslie Pepper)는 곡물 수확량을 늘리기 위해 산업화된 농법을 적용한 첫 세대라고 한다. 아버지는 최신 과학기술을 받아들여 자연을 길들이려고 했다. 새로운 화학약품과 관개농업 기법으로 농장 사업이 성장한 덕에 온 가족이 먹고살았다. 아버지는 아들들을 설득해 가업을 잇도록 했다. 칼은 아버지가 인공 비료 신제품을 쓸 때 어떻게 그 독한 화학약품의 안개 속에서 아무 보호 장비도 없이 트랙터 앞에 분무기를 달아 뿌리면

지속 불가능한 패션 산업에 이의를 제기합니다

서도 아무 생각을 하지 않을 수 있었는지 두고두고 곱씹곤 했다. 당시엔 그런 식이었다. 전쟁을 위해 만든 혁신 기술과 생산물이 농업용으로 변신하면서 화학 농법이 대중화된 것이 1940년대였다. 여러 작물을 돌려가며 심는 윤작이나 땅속 양분을 살리는 휴작 같은 전통 농법은 화학 비료와 농약으로 완전히 사라졌다.

27년 전 칼이 아버지의 뒤를 이으면서 물려받은 것이 이런 화학 농법이었다. 예상보다 빨리 농장을 물려받게 된 것은 30년 동안 화학 약품을 뿌려댄 아버지가 1987년 급성 백혈병 진단을 받은 탓이었다. 칼의 아버지는 진단받은 지 사흘 만에 세상을 떠났다. 임종을 앞두고 아버지는 칼의 형제들을 불러 이런 말을 남겼다.

"얘들아, 내가 그 농약들로 무슨 짓을 한 건지 나도 잘 모르겠다."

칼은 자신의 흰색 쉐보레 실버라도를 타고 농장을 돌면서 놀랍도록 차분한 어조로 아버지의 마지막 말을 되뇌었다. 그는 자주(화학약품뿐만 아니라 아버지의 삶도) 되돌아봤다. 그가 말을 이었다.

"생각을 하기 시작한 거죠."

1992년 칼은 텍사스 남부 러벅으로 옮길 기회를 얻었다. 동생 테리 페퍼(Terry Pepper)의 아내가 할아버지에게서 땅을 물려받았는데, 관개 시설 없이 빗물만 쓰는 농경지였다. 테리의 아내는 환경에 관심이 많았고, 그 땅으로 마침 정부가 시민들의 수요에 발맞춰 시행하던 유기농 인증을 받고 싶어 했다.

그때까지만 해도 칼은 유기농에 완전히 빠져든 게 아니었다. 텍사스 서부의 토양은 산성이 강해 화학물질 없이 목화가 자란다는 보장이 없었다. 하지만 아버지의 마지막 말이 늘 귓가에 맴돌았고, 한번 해볼 만하다는 생각이 들었다. 유기 농법이 잘 안 풀리면 치아 펫*처럼 불모지도 소생시킨다는 약품이 얼마든지 있었다. 칼의 팀은 일단 고속도로와 나란히 놓인 65만 제곱미터의 땅으로 유기농 농법을 시작했다. 동시에 칼의 형 켈리 페퍼(Kelly Pepper)는 텍사스 유기농 목화 마케팅 협동조합을 설립했다. 35개 농장으로 구성된 이 협동조합은 3년 전까지만 해도 전 세계 유기농 목화 생산의 2~3퍼센트, 미국 내 유기농 목화의 85~90퍼센트를 책임졌다.[6]

칼의 아버지가 해온 것처럼 막대한 화학약품으로 키우는 목화는 불과 한 세대 만에 '관행 농업' 목화로 불리고 있다. 사실 예전부터 있었던 목화에게는 부적절한 표현이다. 나는 '관행농' 목화를 구분한 것이 불과 최근이라는 게 몹시 놀라웠다. 화학비료와 살충제의 도움 없이도 자유롭고 풍성하게 자라는 칼의 가지런한 목화 덤불을 보고 있자니 더욱 그랬다. 이제 우리는 이렇게 순수한 농사법에 '유기농'이라는 특별한 이름을 붙였다. 사실 자연의 방법이야말로 진짜 '관행'인데 말이다.

---

*   Chia Pet, 테라코타 조형물에 허브의 일종인 치아 씨앗을 발라 물을 주면 잎이 빽빽하게 나는 잔디 인형 장난감.

      지속 불가능한 패션 산업에 이의를 제기합니다

친환경
유기농 면화의 비용

'유기농' 하면 무엇이 떠오르는가? '내 몸에 좋은 것', '지구에 더 좋은 것', '지속 가능', 또는 '녹색' 등일 것이다. 이 좋은 것들을 모아놓고 보건대 어째서 칼 같은 농부들은 농지를 곧장 유기농으로 전환하지 않았던 걸까? 위에 떠올린 것들 중에는 맞는 것도 있을 것이다. 하지만 '개구리 커밋'*에서 보여주듯 칼 같은 농부에게는 환경도 돈도 모두 쉬운 문제가 아니었다. 자연은 그야말로 '원조' 유기체지만, 오늘날의 의류 산업은 그런 건 신경 쓰지 않는다. 칼의 설명에 따르면 유기농을 하려면 특히 초기에 농부가 추가 비용을 떠안아야 한다. 미국에서 생산된 유기농 우유나 면화의 라벨은 미국 농무부를 통해 정부의 규제를 받는다. 농무부의 유기농 표준 제품은 일반적으로 합성 화학물(예외가 몇 가지 있다)을 사용하지 않아야 하고, 유전자 변형 종자가 아니어야 한다.[7] 유기농 면제품은 농장에서 목화가 출하된 이후에 사용되는 화학물질과는 상관이 없다는 점을 기억하자. 나중에 면화와 함께 여행하면서 알게 될 것이다.

농장이 유기농 인증을 받는 데는 최소한 3년이 걸린다. 인증비는 1,500달러 정도 든다. 농무부는 토양에서 화학물질이 충분히 제거되었

---

*　Kermit the Frog, 미국을 비롯해 전 세계에시 큰 인기를 모은 인형극 '머펫쇼'의 '세서미 스트릿'에 등장하는 개구리 캐릭터.

다는 증거로 3년간 제초제나 살충제를 쓰지 않았다는 토지 이용 기록을 요구한다. 3년 하고 하루만 지나면 그 땅에서 수확한 모든 것이 유기농 인증을 받을 수 있다. 토지를 유기농으로 전환하려면 윤작 같은 방법으로 땅을 자연스럽게 되살려야 한다. 또 제초제 대신 옛날 농부들처럼 일꾼을 동원해 손으로 잡초를 뽑아야 한다. 따라서 전환기 3년 동안 비용이 증가할 수밖에 없다. 그렇다고 3년 동안 생산물을 고가에 팔 수 있는 게 아니니 투자금을 회수할 수도 없다. 칼의 땅은 인증 신청 당시 이미 화학물 수치가 낮았기 때문에 그때까지 해오던 방식에서 벗어나 약품 처리 없는 작물로 전환하는 과정이 비교적 순조로웠다. 그렇다고 해도 자연이 화학물질을 정화하는 속도는 칼 같은 소규모 농장주에겐 더디기 짝이 없다.

목화 농부가 신기술을 배우고 재정 부담을 감수한다손 쳐도, 거기에 대한 보상은 있을 수도 있고 없을 수도 있다. 유기농 면화 시세는 관행 농업 면화에 비례해 능락을 거듭하면서 전반적으로 하향세를 보이고 있다. 칼은 식품을 포함한 대다수 유기농 제품이 비유기농 제품보다 가격이 두 배가량 비싸다고 설명했다. 칼이 유기농을 시작한 1992년에 유기농 면화 가격은 450그램당 1달러(관행 농업 면화는 58센트)였다.[8]

"예, 부자가 되는 줄 알았어요."

이가 드러나도록 웃는 칼의 눈꼬리에 주름이 잡혔다. 1990년대 가뭄으로 목화 값이 80센트까지 떨어졌지만 2000년대 초반에는 1.5달러로 치솟았고, 그 덕에 칼은 좋은 농기구를 마련할 수 있을 만큼 돈을 벌었다.

하지만 시대가 변하는 중이다. 안으로는 다른 유기농 농가와의 경쟁, 밖으로는 인도나 튀르키예 면화의 대량 유입으로 유기농 면화 가격이 1달러까지 내려가고 있다. 한편으로 면화 농업에서 유기농이 차지하는 비율이 고작 7퍼센트에 불과할 정도로 소량임에도, 의류나 화장품, 케어 용품 관련 업계에선 그 적은 공급량조차 다 소진하지 못하는 듯하다.[9]

나는 농부 입장에서 유기농이 그다지 확실한 사업거리가 못 된다는 사실을 알게 되었다. 칼은 농사가 품고 있는 위험이 얼마나 큰지도 일러주었다. 유기농 농가의 수입을 망치는 요인에는 널뛰는 시장만 있는 게 아니다. 믿을 수 없기는 자연도 마찬가지다. 칼을 찾아간 것이 2018년 10월, 그때도 가뭄이 한창이었다. 보통 5~9월 우기의 강우량은 평균 450밀리미터지만 그해에는 100밀리미터가 적었다. 칼의 면화 수확량은 1에이커당 평균 230킬로그램인데 그해에는 1에이커당 23킬로그램이 고작이었다. 예상 수확량의 10분의 1밖에 되지 않았다.

농업이 시작된 이래 농부들은 예측할 수 없는 수확량, 예측할 수 없는 이윤과 늘 싸우고 있다. 이것도 농사의 일부분이다. 칼은 이런 스트레스 때문에 농부들이 술을 마시고 약에 의지하는 것도 이해가 된다고 말했다. 실제로 미국 17개 주의 남성 농부 자살률이 일반 인구의 평균치보다 두 배나 높다.[10] 내재하는 위험 요인을 모두 고려해보면 농부들이 어째서 농법 전환에 얼른 달려들지 않는지 알 수 있다. 그럼에도 칼은 '레몬이 있으면 레모네이드를 만든다'는 식으로 단호하다. 호황기는 장비를 새로 마련하거나 수리하고 다른 프로젝트를 실시하는 시기다. 반면 이렇게 가물 때는 "다부지게 자리 잡고 앉아 끝까지 버텨서 되게 만든다." 이럴 때 칼은 겸허하게 돌아본다.

솜덩이는 면화의 꽃이 열매가 된 것이다.

"멈춰 서서 주위를 둘러보라, 누구 책임인가? 난 아니다."

가격과 생산량 변동에 대응하기 위해 면화업계는 1995년 이후 정부를 상대로 로비를 펼쳐 농가 보조금으로 연평균 21억 달러를 받고 있다.[11] 보조금은 두 가지다. 하나는 면화 최저 가격제로 면화 가격이 세계 시장가보다 낮아질 때 정부가 농가에 지급하는 형식이고, 또 하나는 기상 이변으로부터 농가를 보호하는 차원에서 정부가 지원하는 보험금 형식이다. 보조금은 면화 농부 같은 사람들이 정치력을 갖고자 결집할 때 어떻게 자기들에게 유리한 방향으로 정부 정책을 이끌 수 있는지를 보여주는 좋은 사례다. 그리고 이곳 사람들이 면화를 재배하는 중요한 이유이기도 하다. 세계에는 자국산보다 미국산 면화를 사는 게 오히려 저렴한 곳이 아주 많다.[12]

기술 발전 덕분에 유기농이든 관행 농법이든 농업 프로세스가 상당히 단축되었다. 때맞춰 칼의 농장을 찾아간 덕에 실제 면화 수확 현

지속 불가능한 패션 산업에 이의를 제기합니다

장을 볼 수 있었다. 남부 텍사스에서는 빠르면 7월에 목화를 딴다. 반면 서부 텍사스는 9월 말부터 10월 초에 수확을 한다. 진공청소기를 닮은 거대한 기계가 밭에서 목화송이를 땄다. 한때 노예가 일일이 손으로 하던 작업이다. 최근 보도를 보면 지금도 중국 신장 등 여러 곳에서는 위태로울 만큼 낮은 임금으로, 혹은 강제 노동으로 그렇게들 일한다.[13] 딴 목화는 곧장 기계에 달린 커다란 철망 안에 쌓인다. 망이 가득 차면 목화 무더기를 다른 기계에 부어 덩어리로 만든다. 아주 큰 빵 덩어리 모양이다. 덩어리 하나의 무게가 12톤까지 나간다.[14] 이런 장비로 칼은 일꾼 넷과 함께 사나흘 동안 약 16제곱킬로미터의 밭에서 목화를 딴다.

그 후 농부들은 세미트레일러에 목화 덩어리를 실어 근처에 있는 조면기로 운반한다. 분리된 섬유질과 씨앗은 모두 팔려 나간다. 발라낸 씨앗은 동물 사료로 쓰이거나, 압착해 미용용 또는 요리용 면실유를 만든다. '크리스코(Crisco)'라는 브랜드의 대표 상품이 바로 면실유다.[15] 씨에서 발라낸 섬유질은 방적 공장에 팔릴 때까지 조면 공장에 딸린 창고에 보관한다. 방적 공장에서는 데님이나 니트 같은 옷감을 짜는 실을 만든다. 조면 공장에서 5분 거리인 리틀필드에 방적 공장이 있었지만, 2015년 우유 가공업체에 2억 5,000만 달러에 팔렸다.[16] 이제 칼의 목화는 대부분 철도로 캘리포니아의 항구로 간 다음 멕시코와 아시아로 나간다.

관행농 면화 농부 대부분은 거의 조면 전 단계까지만 책임진다. 러벅의 농부들에게 조면장은 모든 것이 모이는 '웅덩이'*로 통한다. 교

---

* 술집을 뜻하는 속어.

텍사스 서부의 목화밭.

회와는 또 다른 사교 장소이기 때문이다. 이곳에 솜뭉치를 떨구고 나면 끝이다. 눈에서 멀어지면 마음도 멀어지기 마련이다. 의류 제작 시스템의 가장 초기 단계부터 투명성이 흐려지는 셈이다. 농부들도 면화 유통의 일부다. 하지만 면화의 여정은 수많은 단계로 쪼개져 불필요한 손을 너무 많이 거친다. 농부들은 자기가 생산한 목화가 조면기에 들어간 다음 무슨 일을 겪는지 알지 못한다. 목화는 청바지나 아기 양말이 될 수도 있고, 유기농 섬유나 합성섬유와 혼방될 수도 있다. 조면업자, 창고업자, 마케터 등 면화 거래의 삼각관계를 구성하는 각 주체들이 저마다 농가 수익을 깎고 단가를 올리며, 재배 농가와 수매자 간 정보 교환을 가로막는다.

　면화 재배와 판매 비즈니스를 단순화하고 개선하려는 시도가 있

조면기에 도착한 면화 덩어리.

었지만 역풍을 맞았다. 농부는 재배에만 신경 쓰게 하려는 조치가 늘어
나면서 시스템 전체가 약화되고 복잡해졌다. 결국 비용은 누가 부담할
까? 땅을 관리하는 농부들 몫이다.

칼에게는 협동조합이 은총이었다. 원래는 생산물을 모아 가격과
시장을 안정시키고 형이 운영하는 제조업체에 공급해 장기적으로 유기
농 농가의 이익을 높이려는 구상이었다. 방법은 두 가지였다. 하나는 씨
앗에서 발라낸 면화를 창고로 보낸 뒤, 조합이 영업과 배송을 모두 맡는
것이다. 중개인이 빠지면 비용이 내려간다. 물론 재배 농가와 구매자의
의사소통에도 도움이 된다. 구매자 중에는 20년 넘게 거래한 곳도 있
다. 대부분 소규모 업체이긴 하지만 이들과의 오랜 관계는 아주 중요하
다. 개인적으로 친분을 쌓을 뿐만 아니라, 그때그때 예상 수확량과 품질

을 공유할 수 있어 업체 입장에서도 수월하게 계획을 세울 수 있다. 그러나 이런 고객들은 주문량이 적은 편이라 거래처를 더 많이 확보해야만 한다. 그렇지만 농부들에게는 오히려 이것이 장기적인 대책이 되기도 한다. 유능한 재무 전문가들이 말하듯 다양성이 곧 안정성의 열쇠다.

협동조합의 다각화 전략은 몇 년 전 전용기를 타고 요란하게 입장한 대기업(칼이 이름을 밝히지 말라고 했다) 임원진과의 만남으로 성공을 입증하는 듯했다. 그들은 "당신네 물건을 우리가 모두 가져가겠다"면서, 조합에 어느 누구도 무시할 수 없을 만큼 유리한 제안을 했다. 하지만 서명하기 직전 이 기업이 인근 오이 농장과 피클용 오이 수매 계약을 한 사실을 알게 되었다. 비슷한 규모의 현금으로 오이를 매입하겠다고 농부들을 조른 이 기업은 피클 4리터를 1리터 가격에 판매했고, 소비자들이 절약한 비용을 그대로 농가에 떠넘겼다. 말할 것도 없이 오이 농가에겐 잘못된 거래였다. 큰소리치던 회사는 피클 사업이 잘 풀리지 않자 바로 손을 떼어버렸고, 농부들에겐 아무것도 남지 않았다. 이 일을 계기로 협동조합은 이 업체의 열성에도 불구하고 계약을 하지 않기로 결정했다. 또 어느 고객과도 수확량의 50퍼센트 이상을 거래하지 않는다는 원칙을 세웠다. 절반 이상 가져가면 결국 전부 다 갖는 셈이다.

최근 나는 칼과 함께 코로나19 유행으로 농장에 어떤 변화가 있었는지, 팬데믹으로 인한 경제적 불확실성에 대해 물어보았다. 다행히 모두 건강은 괜찮았다.

"방역 기준이 나오기 전에 이미 사회적 거리 두기 원칙을 정해놨거든요."

칼의 대답이었다. 내가 처음 갔을 때부터 괴롭히던 가뭄에 여전히 시달리고 있었지만, 그래도 매출 부진으로 고통받지는 않았다. 그동안 협동조합이 고객들과 맺어온 끈끈한 관계 덕이기도 하고, 또 거래처 대부분이 의류업체가 아니라 수요 변동 폭이 작은 덕이었다.

소비자로서 면화 산업의 해묵은 관행을 바꾸는 데 도움이 되고 싶다면, 우리는 칼 같은 농부에게 힘을 실어주는 방향으로 행동해야 한다. 옷을 살 때 불합리한 관행을 찾아내 브랜드들에게 제시하거나, 소비 욕구를 다른 방식으로 표현할 필요가 있다. 또 농부들이 보조금 로비를 하던 전략처럼 농가가 지속 가능한 농업으로 전환할 수 있도록 재정적으로 지원하는 법안을 요구할 수 있다. 지속 가능한 농업을 지지하는 정치인들과 함께 자연을 지배하려다 끝내 실패하는 쪽보다는 화합하며 어울려 살기 위해 투쟁하는 것이다.

친환경
유기농 면화의 환경 비용

칼을 포함한 미국의 면화 농부 67명은, 나아가 전 세계 농부 21만 9,000명은 왜 이렇게 어려운 유기농을 결심했을까? 수세기 동안 우리 옷을 책임지고 경제를 형성해온 '케미컬 프리(chemical free)' 섬유 시장은 여러 난관 속에서도 의심할 여지없이 성장하고 있다.[17] 미국 유기농무역협회(Organic Trade Association)의 2019년 유기농 산업 조사 결과, 유기농 섬유 매출은 2017년부터 2018년까지 12퍼센트 증가해 18

억 달러를 기록했다.[18] 판매분 대부분이 면화였다. 그럼에도 유기농이 재정적인 면에서 농부들에게 답을 주지는 않는다. 유기농 면화 농기는 오래 걸리는 인증 절차, 줄어드는 유기농 프리미엄, 수확의 불확실성에 이르기까지 상당한 위험과 마주하고 있다. 연구자들은 유기농 면화 재배에 따르는 고된 노동과 여러 위험성 때문에 유기농 라벨이 지속 가능성을 높이는 완벽한 장치가 못 된다는 사실을 알아가고 있다.

이 문제를 확실하게 해결하려면 우선 면화의 생물학적 특성은 물론이고 농사 전반에 대해 알아야 한다. 또 어쩌다 우리가 이렇게 살충제와 합성 비료에 의존하게 되었는지도 이해해야 한다. 농사를 단순하게 표현해보자. 씨를 심고, 농작물이 자라고, 추수를 하는 것은 땅속에 있던 방대한 질소를 뽑아가는 행위다. 농사에서 질소는 대단히 중요하다. 식물이 열매(목화도 열매다)를 맺도록 에너지를 전달하기 때문이다. 농부들은 전통적으로 지력이 자연적으로 회복될 때까지 잠시 휴작하거나, 귀리나 메밀처럼 저렴한 대체 작물을 심어 토양 속 질소를 북돋웠다.

그러다가 산업화가 일어났다. 제1차 세계대전 무렵 기계 경작이 시작되어 대체 작물 농법은 사라졌다. 그리고 농사가 산업화되면서 연이은 반복 경작 등으로 땅이 쉴 틈이 사라졌다. 흙은 메말라 쉬이 부서졌고, 황폐해진 미국 서부 대부분 지역에서 '먼지 구덩이'* 현상이 일어났다. 제2차 세계대전 이후에는 농산물 수요 증가로 토양이 더욱 나빠

---

* Dust Bowl, 1930년대 초중반 미국의 대평원 지역에서 흙먼지 폭풍이 일어 비옥하던 토지가 사막처럼 변해버린 현상.

지속 불가능한 패션 산업에 이의를 제기합니다

졌다. 참전 군인들이 돌아오고(베이비붐도 일었다), 전쟁으로 황폐해진 독일 같은 국가들을 포함해 전 세계적으로 음식과 의복 수요가 늘어나면서 콩, 옥수수, 면화처럼 사람과 가축이 대량으로 먹고 옷을 만들 환금 작물이 많이 필요해졌다. 자동차, 냉장 기술, 슈퍼마켓 등의 발전으로 신선 식품 수요가 늘어나면서 농가들은 출하량을 끌어올려야 한다는 압박을 받았다. 땅이 쉬는 시간은 점점 줄다가 급기야 완전히 사라지고 말았다. 윤작도 없어졌다. 땅은 전쟁으로 굶주린 군인과 시민과 포로처럼 양분의 균형을 지키려고 고군분투했다.

제1차 세계대전 이후인 1920~1930년대와는 또 달랐다. 군수 공장들이 놀라운 방식으로 분투하는 농부들을 구하러 나선 것이다. 바로 폭탄이었다. 폭탄으로 '관행' 농업이 폭발했다는 게 아니라, 폭탄 제조에 들어가는 성분들이 화학 농업 성장의 핵심 요인이 되어 식량과 천연 섬유 생산량에 새로운 기준을 제시했다는 의미다. 1930~1940년대 대형 공장들은 질소와 암모니아로 폭탄을 만들었다. 그런데 전쟁이 끝나고 수요가 줄어들자 질소를 비축해둔 공장들이 꽤 기발한(근시안적이긴 하지만) 해법을 찾아냈다. 암모니아가 풍부한 질소로 합성 비료를 만든 것이다.[19]

혁명적인 발전이었다. 땅을 놀리거나 대체 작물을 심지 않고도 인위적으로 땅에 질소를 보충하는 방법이 생긴 것이다. 합성 비료는 지친 토양에 힘을 주었다. 심지어 지력이 전보다 더 좋아지는 것 같았다. 화학 처리한 땅의 작물은 훨씬 크고 풍성했다.

화학 살충제와 제초제는 비슷한 시기에 개발되었는데, 잘 알려진 농약 디클로로디페닐트리클로로에탄, 즉 DDT가 그 시작이었다. 노벨상 수상자인 스위스 화학자 파울 뮐러(Paul Müller)가 1939년 이 약품의 실충력을 확인했다. DDT는 점점 더 많은 것을 원하는 세상에 등장한 획기적인 해답이었다. 농작물은 해충에서 해방되어 수확량이 확 늘어났다. 농장 밖에서는 제2차 세계대전에서 귀환하는 군인들을 위한 해충 박멸제로 사용됐고, 교외 주택의 뒷마당에서는 모기 퇴치용 방충제로 각광을 받았다. 1947년 광고 중에 우유 배달부가 소, 사과, 감자, 수탉, 개와 함께 "DDT는 좋은 거지!"라고 노래하는 그림이 있는데, 이

DDT는 좋은 거지!

지속 불가능한 패션 산업에 이의를 제기합니다

광고는 농장이건 가정이건 어디서나 DDT를 쉽게 쓸 수 있고 또 써야 한다고 설명했다.

그러나 해충은 금방 내성이 생겼고, 효과를 보려면 농약을 점점 더 많이 써야 했다. 1962년 미국의 해양생물학자 레이첼 카슨(Rachel Carson)이 『침묵의 봄(Silent Spring)』을 출간해 DDT가 동물의 간에 종양을 유발하고 인간의 생식 능력을 해친다는 사실을 밝힐 때까지, 우리는 날이면 날마다 음식과 토양, 육신에다 이 독극물을 흠뻑 적셔댔다.[20] 1972년에야 미국 환경보호국(EPA, Environmental Protection Agency)이 미국 내 DDT 사용을 금지했다.[21] 우리가 폭탄 공장에 기대했던 폭발이 아니었기 때문이다.

집중적으로 비료를 퍼붓고, 약을 뿌리고, 헹구기를 반복하는 이 관행이 농장을 잘 꾸려보려던 칼의 아버지가 '최고의 방법'이라고 배운 것이자, 실제로 칼에게 가르친 것이었다. 전 세계 농업에 쓰는 모든 화학물질 가운데 가장 위험한 것들이 목화밭에 사용된다. 목화의 90퍼센트를 재배하는 나라들을 조사했더니 모두가 유독성 농약을 최소한 한 종류 이상 일상적으로 쓰는 것으로 나타났다. 늘 해오던 방식으로 만든 티셔츠 한 장에는 화학약품이 136그램 들어 있다.[22] 청바지 한 벌을 만드는 데 들어가는 약품은 340그램이다.

지금도 이런 관행을 왜 바꿔야 하는지 모르는 농부들이 있다. 농부들은 이미 수십 년간 '라운드업 레디'*, 다시 말해 강력한 제초제 라운

---

*   Roundup Ready, 미국 기업 몬산토가 자사 제초제 라운드업의 핵심 성분인 글리포세이트에 저항성을 갖도록 유전자를 변형한 종자.

드업에도 죽지 않는 유전자 변형 작물(GMO) 종자를 선택할 수밖에 없는 환경에 길들 수밖에 없었다. 러벅에서 남쪽으로 48킬로미터 거리인 타호카의 켄트 칼(Kent Kahl)도 그런 농부다. 지난 80년 동안 전 세계 면화 생산은 화학 살충제와 합성 비료, 관개 시설과 GMO 같은 산업적 농법에 힘입어 세 배나 성장했다.[23] 켄트는 살충제를 견디는 목화 종자가 더 비싸다고 불평하면서도, GMO 씨앗을 쓰면 일시적으로 수확량이 늘고(장기적으로는 확신할 수 없지만) 살충제 비용이나 잡초 뽑는 인건비를 줄일 수 있다고 했다. 일꾼 네 명이 16제곱킬로미터를 관리하는 농장과, 한 명이 12제곱킬로미터를 관리하는 농장을 비교해보면 된다.

하지만 켄트와 대화를 나눠보니, 그 역시 무턱대고 수확량만 늘리는 것에는 분명히 반대하고 있었다. 켄트를 가장 잘 표현하는 말은 '남부 신사'다. 나를 번쩍 들어 진창을 건너게 해준 것부터 그의 아내가 운영하는 식당에서 한사코 돈을 내지 못하게 한 것까지 켄트의 모든 행동이 그가 '남부 신사'임을 말해주었다. (메뉴는 뭐였냐고? 소 고환, 거짓말이 아니다) 그는 스스로 '목덜미 벌건 촌놈'이라 말하면서 평생 해온 방식대로 일하는 것에 만족했다. 관행대로 휴스턴에서 온 배에 목화를 실어 누군가에게 보내는 것도 마찬가지였다. 켄트는 친구인 칼의 유기농 시도를 알고 있었고 결국 성공한 것에 감탄했다.

"절대 칼이 미쳤다고 생각하지 않습니다."

그가 말했다.

"살충제와 제초제를 뿌리긴 하는데 우리도 예전만큼 많이 치지는 않아요. 전에는 굉장히 많이 썼거든요. 몇 년 전에 칼을 따라 해야 했는데, 그땐 엄두가 안 나더라고요."

지속 불가능한 패션 산업에 이의를 제기합니다

무엇이 두려웠냐고 물으니 이렇게 답했다.

"모르겠어요. 게으른 거겠죠. 약을 쓰면 편하니까요."

다른 농부들도 그랬다. 2010년경 그 지역의 많은 농가가 라운드 업 제초제를 뿌려도 살아남는 라운드업 레디 면화 종자를 썼다. 라운드 업은 몬산토(지금은 바이엘로 넘어갔다)의 1973년 특허품으로 2001년 미국에서 가장 널리 쓰인 제초제였다. 미국 내 농지 320제곱킬로미터에 글리포세이트 약물인 라운드업이 살포됐다.[24] 곧바로 강한 비바람이 땅을 적셨다. 공기 중에 퍼진 라운드업의 미세 입자가 비와 남서풍을 타고 멀리까지 퍼졌다. 약을 쓰지 않은 지역의 저항력 없는 나무와 식물이 이 제초제의 간접 영향으로 병들었다. 칼은 "꼴이 엉망이었다"고 표현했다. 그러나 당시에는 아무도 원인을 몰랐다.

"자연을 망쳤다간 자연에게 엉덩이를 걷어차일걸요."

칼은 웃으며 말했다. 실제로 엉덩이를 걷어차이고 있는 지금, 우리가 처한 상황은 결코 농담 따위가 아니다.

목화 재배에 쓰는 화학약품은 절대 '관행'이 아니다. 그리고 땅이든 우리의 몸이든, 자연은 종류와 양에 상관없이 화학물질 사용을 반기지 않는다. 약품에 수년간 노출되어 암에 무릎 꿇은 사람이 칼의 아버지뿐일까? 20년 뒤 동생 테리가 뇌종양 진단을 받았다. 그는 1년에 걸친 치료를 마치고도 자신의 헛간조차 제 발로 걸어가지 못하는 처지가 되었다. 그리고 이틀 후, 11월 중순의 어느 아침 세상을 떠났다. 테리가 숨지고 두 시간쯤 지날 무렵 칼은 이상한 기분에 일찍 잠을 깼다. 그때 테리의 아내가 전화로 부음을 알렸다.

"내가 잡초랑 싸우는 사이에 예수님한테 가버렸네요."

칼이 유기농을 택한 이유에는 암이 큰 부분을 차지한다. 그는 가족의 시련을 겪으면서 화학물질의 영향을 짚어보기 시작했다. 그리고 이 약품들을 쓰지 않고 유기농을 하면 결국에는 비료나 살충제를 쓰지 않아도 될 만큼 땅이 건강을 회복할 거라는 판단에 이르렀다. 유기농을 시작하고 5~6년쯤 지나자 정말로 땅이 달라지기 시작했다고 한다. 응집력, 수분 유지력, 영양 수준, 심지어 냄새까지 모든 게 달라졌다. 이런 차이를 느끼려면 전문가급 농부가 되어야 하나 생각했는데, 그럴 필요조차 없었다. 나는 인근의 먼지 풀풀 날리는 '관행농' 농가에 비해 여러 식물이 무성하게 우거진 유기농 농장을 보고 깜짝 놀랐다. 자연에 맡겨두고 대체 작물과 윤작으로 땅의 힘을 키우면 토양 생태계가 복원된다. 질병과 곤충을 이겨내는 미생물이 풍부해져 영양분을 만든다. 내장과 피부 등 우리 몸 어디에나 기본적으로 있는 박테리아와 똑같다. 이것들이 면역 체계를 포함해 몸과 땅의 모든 것을 조절하는 것이다. 국립토양관리연구소(National Soil Health Institute)는 유기 탄소와 기타 광물질 함유량, 농작물 수확량, 질감, 수분 보유량, 미량 영양소 등 열아홉 가지 지표로 토양 상태를 측정한다.[25] 대단한 무언가가 큰 차이를 만드는 게 아니다. 토양에 유기물이 1퍼센트 늘어나면 수분 보유량이 1제곱미터당 18.7리터 늘어나며 가뭄과 홍수에도 회복력이 높아진다.

이 모든 일을 겪은 농부 칼은 유기농이 곧 미래라고 여기게 되었을까? 꼭 그렇지는 않다.

칼에게 토질과 수확량은 농장의 미래가 걸린 핵심 사안이다. 그는 합성 화합물이건 유기농이건 면화 산업 전반의 지속 가능성을 높이려면 우리 모두가 이 지표들에 관심을 갖고 의지해야 한다고 믿는다.

다른 각도에서 이를 뒷받침하는 자료가 있다. 유기농 농장은 평균적으로 기존 관행농 농장보다 생산량이 적다. 이러한 생산량 차이를 고려하면 평균적으로 관행농 목화 농장의 생산 단위당 탄소발자국 수치가 유기농보다 낮게 나온다.[26] '평균'이라는 말을 두 번 한 것은 개별 농장마다 차이가 크기 때문이다. 이런 결과는 연구의 방향이 유기농과 관행농을 비교하기보다는 탄소발자국을 최소화하면서 최대 수확량을 얻는 세부적인 방법에 더 주목해야 한다는 점을 시사한다. 또 농부들이 이런 목표를 세우고 따라가도록 재정적인 지원에 초점을 맞춰야 한다는 뜻이기도 하다.

칼은 땅의 건강에 초점을 맞춘 재생 농업을 지지한다.[27] 한편으로 유기농 기준으로는 허용되지 않는 합성 제초제의 '외과적' 사용이란 아이디어도 좋아한다. 손으로 잡초를 뽑는 인건비가 농부들에게는 큰 부담이기 때문이다. 그는 농기계 제조사 존 디어(John Deere)와 인공지능 벤처 기업 블루 리버 테크놀러지(Blue River Technology)라는 두 회사의 파트너십*에 대해 흥미롭게 이야기했다. 이들은 제초제 사용량을 10분의 1로 줄이고도 작물 생존율을 높이는 인공지능 분무기를 연구하고 있다.[28] 하지만 아직은 너무 비싼 기술이다.

"나는 유기농을 믿고 사랑해요."

칼이 말했다.

"하지만 나는 계산에 능한 사람이고, 숫자는 결과를 말하기 마련

---

* 2017년 존 디어는 농업용 빅데이터 및 농장 관리 자동화 기술에 특화된 블루 리버 테크놀로지를 인수했다.

입니다. 지금은 미지의 영역에 있죠. 합리성만 따지자면 지금 시점에는 유기농으로 갈 만한 동기가 딱히 없어요."

현재의 농업은 마약 중독과 같다. 합성 화학물질을 광범위하게 대규모로 사용하는 동안 잡초와 해충은 점차 내성이 생겼다.[29] 대체 작물이나 윤작 없이 단기 이윤만 좇는 단일 경작 관행으로 문제가 가중되었고, 약품 사용량은 점점 더 늘어 우리와 땅 모두 병들고 말았다. 계속 이 길로 가다가는 생태계 전체가 위기를 맞을 것이다. 농무부의 토양 과학자 릭 헤이니(Rick Haney)는 "토양의 기능을 근본적으로 파괴하기 때문에 면화 농사에 합성 비료를 점점 더 많이 퍼부을 수밖에 없는 것"이라고 설명한다.[30] 시장에서 약을 없애나가는 것도 중독 문제를 해결하는 방법이다. 유기농 인증이 하는 일이다. 한편으로는 긍정적인 발전이다. 하지만 토양의 통증을 줄이고 생명력을 되살리는 약이 없는 세상이라면, 그건 인류가 지구에 짧게 머물면서 발전시킨 의료 기술에 대한 모욕이 될 것이다. 전염병에 온 인류가 몰살된 과거로 퇴행하는 것이기도 하다. 칼의 농사 모델은 화학약품이 없고 질병도 없는 세상, 그리고 병이 재발하지 않도록 토양의 건강에 초점을 맞춘 세상 양쪽의 장점을 모두 갖췄다.

관행농 농부건 유기농 농부건 모두 땅과 갈등하며 좌절을 겪는다. 화학 농법을 택하면 농부 본인과 일꾼, 땅, 그리고 소비자까지 전부 잠재적인 위험에 처한다. 게다가 시장 뒤에 숨은 장치는 농지에서 작물이 떠나는 순간 작물을 완전히 격리시킨다. 더 이상 농부가 그때까지 알던 그 작물이 아니게 된다. 유기농을 택한다면 재정 문제가 생기고, 기후 문제를 해결하지 못하고, 작물이 쉬이 썩거나 상한다. 유기농 면

지속 불가능한 패션 산업에 이의를 제기합니다

화 최대 수출국인 인도에서는 화학 농법으로 재배한 면화가 허술한 점검 시스템 아래 유기농 도장을 받고 있다는 분명한 증거가 있다.[31]

아무리 적절히 규제한다 하더라도 유기농 인증은 현대 농업이 환경적으로 고려해야 하는 사항의 한쪽에만 관심을 집중시킨다. 이제는 투입(input), 그러니까 지금까지 우리가 땅에 무엇을 투입했는지에 대해 주목할 필요가 있다. 토양의 건강 상태는 과연 어떨까? 토양의 건강 상태를 확인하는 인증이나 규정은 현재 없다.

칼은 재생 유기농 농법을 받아들이면서 더 이상 양 극단의 요구에 시달리지 않는다. 일터가 행복해졌다. 가장 좋아하는 일, 농사를 지을 수 있기 때문이다. 온전한 재생 농법을 택한 농부는 실제 땅과 관계를 맺으며 농작물에 필요한 것들에 관심을 기울인다. 그리고 비 피해가 없도록 신께 기도는 할지언정 신앙에 의지하는 게 아니라 과학과 경험을 바탕으로 결정을 내린다. 물론 잡초는 뽑아야 한다. 그렇지만 그다지 많지는 않아 전체적으로 돈을 아낄 수 있다. 한 걸음 더 나아가 협동조합의 마케팅 모델은 농부들과 의류 브랜드를 한층 투명하게 연결해준다. 만약 이 책에서 말하는 대로 시스템을 개편한다면, 이렇게 연결된 의류 브랜드는 유기농 목화 정보를 고객에게 전달할 수 있을 것이다. 칼은 자신이 그리는 이상적인 세계를 이렇게 말했다.

"농장의 생산 방식과 소비자가 수평적으로 통합된 관계를 맺어야 해요. 위부터 아래까지 노동자들이 합당한 임금을 받고, 최종 사용자가 좋은 제품을 쓰는 투명성이 필요하죠. 이러한 투명성은 노동자에게 경제적 안정을 가져다줄 것이고, 소비자에게는 자신이 지불한 돈이 어떻게 쓰이는지에 대한 인식과 독특한 연대감을 선사할 겁니다. 의류 제작에 들어간 전체적인 비용이 건강하게 균형 잡힌 곳이 필요해요."

재생 유기농 농법에는 상당한 이점이 있지만 그렇다고 만병통치약은 아니다. 일부 지지자는 재생 농법이 기후변화에 대응하는 완벽한 해법이라 주장하면서 마치 성배인 양 묘사한다.[32] 나쁜 소식을 전하고 싶지는 않지만, 이에 관한 데이터들이 실은 다소 혼탁하다는 말을 해야 겠다. 재생 농법이 토양을 건강하게 하고 침식을 완화시킨다는 사실은 논란의 여지가 없다. 하지만 기후변화 해결책으로는 완벽하게 확립된 과학적 사실은 아니다. 찬성론자들은 토양이 이산화탄소를 유기 탄소로 저장함으로써 공기 중 이산화탄소를 제거한다고 주장한다. 그러나 무엇이 땅속 탄소를 포집하는지에 대해서는 과학적으로 완벽하게 밝히지 못했다. 장기적으로 재생 농법이 탄소를 추가 포집하는지 여부는 불확실하다.[33] 농무부의 릭 헤이니가 강조하듯이 연구를 더 많이 해야 한다.

"더 독립적으로 연구할 필요가 있어요. 토양의 생물학적 기능에 대해 우리가 알고 있는 건 빙산의 끄트머리 수준이죠."

농무부의 연구 예산이 계속 삭감되는 건 말도 안 되는 일이다. 연구가 여러모로 부족한 상황에서는 화학 게임을 둘러싼 논의의 방향이 왜곡될 수도 있다.[34]

칼은 내가 찾아가기 1년 반쯤 전부터 젊은 농부들이 재생 농법에 굉장히 흥미를 보이며 도전하고 있다고 말했다. 잠재력도 있고 전도유망한 일이라는 것이다. 고령화되는 농업 인구를 대체해 이제부터 10년 간 수많은 젊은 농부가 유입될 것이기 때문이다. '파머스 내셔널 컴퍼니(Farmers National Company)'는 앞으로 20년간 미국 농지의 70퍼센트가 주인이 바뀔 것으로 예상한다.[35] 이는 칼 같은 농부가 더 많아질 거라는 의미이자, 농법을 바꾸는 등 새로운 시도가 더 많아질 거라는 의미다. 지속 가능한 농사법을 이해하고 개선하도록 연구를 지원한다면, 그리고 '더 많은 면화, 더 많은 화학물질, 더 많은 옷'의 고리를 깨고 농부들이 환경과 기후에 유익한 방법으로 농사를 짓도록 재정적 지원을 한다면, 우리가 사는 세상이 어떻게 달라질지 상상해보자.

2

메이드 인 차이나

비용 절감이 지구를 어떻게 죽이고 있나

●

거대한 솜사탕 기계를 보는 듯했다. 물론 솜사탕이 아니라 곧 실이 될 진짜 섬유질이라는 게 달랐지만. 나는 공장의 반대쪽 끝에서 눈을 가늘게 뜨고 염색 단계를 거쳐 완성된 어마어마한 원단을 지켜봤다. 이제 저것들이 티셔츠가 되고 청바지가 되겠지. 우리가 청바지 여정의 다음 기착지에서 볼 것은 좋건 나쁘건 간에 대량, 고속, 세계적 규모로 지금의 패션 산업을 작동하는 기계적, 정치적, 경제적, 환경적 힘 등으로 복잡하게 직조된 구조다.

나는 중국의 저장 칭마오 방직 염색 프린팅 회사(Zhejiang Qing Mao Weaving Dying Printing Company)를 찾았다. 이 회사는 상하이 남쪽에 있는 인구 500만 명가량의 산업 도시 샤오싱에 자리 잡고 있다. 거대한 공장에서는 1만 2,000킬로미터 떨어진 텍사스 조면기에서 나

지속 불가능한 패션 산업에 이의를 제기합니다

온 생목화를 세척하고, 풀고, 고르고, 잣고, 짜고, 물들여 바로 재봉할 수 있는 원단으로 만든다.

청바지가 될 면화는 어떻게 텍사스에서 중국으로 갈까? 칭마오에서 내가 본 수많은 작업은 원래 미국에서 하던 것이었다. 칼이 이야기했듯 칼과 켄트의 선대 농부들은 재배한 면화를 미국 내에 있는 조면소나 방적, 방직 공장으로 보냈다. 하지만 이 공장들은 환경보다 이윤을 우선시하는 법과 정책 때문에 대부분 문을 닫았다. 믿어지지 않는 속도로 웅웅대며 돌아가는 거대한 기계들 사이에 서 있자니 몇 년 전 찾아갔던 노스캐롤라이나의 공장이 떠올랐다. 미국에 몇 남지 않은 공장 중 하나였는데, 당시는 제이디 창업을 준비할 때였다. 나는 칭마오 회사의 공장 한복판에서 휴대전화를 뒤져 통통한 몸집의 중년 여성 감독에게 그때의 사진을 보여주었다. 감독의 눈이 얼굴 가득 휘둥그레지더니 곧 스타카토의 웃음이 터졌다. 통역사 말로는 이렇게 말했다고 한다.

"기계들이 너무 짧고 낡았어요!"

흔히 미국을 모든 첨단 기술의 본고장으로 알고 있지만, 이제 거의 남지 않은 미국 내 섬유 생산 시설은 대부분 구식이다. 내가 사진에 담은 노스캐롤라이나의 방적기 이름은 사코로웰(Saco-Lowell)이었다. 한때는 미국 최대 섬유 기계 브랜드였건만, 아아, 이 업체도 진작 문을 닫았다. 나로서는 기계를 만든 회사가 없어진 상황에서 장비를 유지한다는 게 얼마나 어려울지 간신히 짐작해볼 뿐이다.

미국의 방적기가 낡고 관리하기 어렵다는 건 여러 단점 가운데 일부에 불과할 뿐이다. 요즘 요구되는 글로벌한 생산 규모를 감당하기엔 명백한 약점이 있다. 중국 공장 감독이 말한 것처럼 미국 기계는 길

노스캐롤라이나 공장의 방적기.　　　　　중국 공장의 방적기.

이가 짧다. 기계가 짧으면 실을 감는 스핀들(spindle) 숫자가 적을 수밖에 없다. 당연히 직물 크기도 작아진다. 대조적으로 중국 공장은 초대형 최신 설비를 갖추고 있어 생산량도 엄청나다. 칭마오에서 생산하는 직물의 양은 중국 전역의 공장들이 24시간 연중무휴로 매일 생산해내는 7만 3,000킬로미터 길이의 직물 중 일부에 불과하다. 중국은 2019년 7월부터 2020년 7월까지 1년간 4,586만 킬로미터의 원단을 생산했다.[1] 지구를 1,219번 감고도 남는다. 2015년 중국의 섬유·의류 수출액은 2,840억 달러, 세계 시장의 43퍼센트를 차지했다.[2] 여러 가지 상황으로 성장세가 소폭 감소하긴 했지만 2018년에도 중국은 세계 시장의 37.6퍼센트인 1,190억 달러어치를 수출해 시장 점유율 6퍼센트에 불과한 2위 수출국 인도를 월등히 앞질렀다.[3] 중국이 '세계의 공장'이라 불리는 이유다.[4]

　　이제 중국은 의류 산업뿐만 아니라 제조업 전반을 장악했다. 중국이 세계적으로 성장한 건 정책 판단과 집행이 어우러진 결과다. 1970년대 중국은 반자본주의 대약진 운동과 문화혁명의 여파로 휘청거렸다. 경제가 무너졌고 수천만 명이 목숨을 잃었다(어떤 사람들은 지금 자본주의가 돌아가는 모양새를 좋아하지 않을지 모르겠다. 하지만 과거 중국이 시도했던 계획 경제는 최소한 인생에서 만병통치약이란 없다는 걸 보여주는 경고다). 경제 성장을 작정한 중국 정부는 계획 경제에서 벗어나 1978년 개방 정책을 시행하면서 시장 지향적 개혁을 단행했다. 수출 증대를 위해 외국 기업의 투자를 유치했고, 알려진 대로 시장 확장을 목적으로 나라를 '개방'했다. 그런데 주목할 점은 중국에 물건을 팔려는 미국 기업에게는 문을 열어주지 않았다는 사실이다.

중국의 개방 정책에 앞서, 제2차 세계대전 이후 주요 강대국들은 거래가 오가는 나라끼리는 전쟁을 벌일 가능성이 적다는 논리에 근거해 경제 개방에 나섰다. 실크로드와 면화 무역 등 거대한 섬유 무역 네트워크는 오래전부터 존재했지만, 이는 국가 경제에서 극히 일부일 뿐이었다. 새로운 정책들이 물건을 만드는 곳으로 이동하기 시작했다. 노동자 보호 의식(뒤에 다시 이야기하겠다)이 낮다거나 하는 이유로 미국보다 임금이 현저히 낮은 나라가 많았고, 이들의 생산성은 곧 미국 내 업체와 노동자를 위협하기 시작했다. 1960년대까지 미국인이 입는 의류의 5퍼센트만이 일본과 홍콩(영국령), 파키스탄, 인도 등 해외 신흥 시장에서 생산되었다. 1970년대에는 이 수치가 25퍼센트까지 올라갔다(오늘날에는 미국인이 입는 옷의 98퍼센트가 해외에서 제작된다).[5]

날로 커지는 위협에 대응해 미국 내 섬유업계와 의류업체 노동자들이 외국과의 경쟁에서 밀리지 않기 위해 보기 드문 동맹을 맺었다.

이들은 로비를 벌여 수입 섬유와 의류를 제한하는 데 성공했다. 이는 1974년 다자간 심유 협정(MFA)이라는 쿼터세 기반 단일 세계 협정으로 이어졌다.[6] 미국과 유럽 정부는 협정에 따라 자국 산업 보호를 위해 제조 국가별로 한도를 정해 섬유·의류 수입량을 제한했다.

그러나 외국과의 경쟁에서 자국 업계를 보호하기 위한 MFA는 결국 반대의 결과를 가져왔다. 원래는 수입 쿼터를 다 채운 후 나머지 물량을 자국에서 생산하도록 만드는 게 이 협정의 목적이었는데, 의류업체 경영진은 아직 쿼터를 채우지 못한 방글라데시나 태국 같은 다른 저임금 국가의 업체를 찾아 나섰다. 바닥 찍기 경주가 시작된 것이다.

―――

이 모든 과정을 보여주는 거의 완벽한 연구 사례가 있다. 미국의 대중문화를 규정하다시피 한 미국 의류의 원조 리바이스다. 한때 카우보이부터 히피까지 모두가 리바이스를 입었는데, 이것은 미국인이 미국인의 손으로 만든 미국 옷을 입었다는 의미였다. 리바이스는 징 박힌 청바지로 특허를 낸 1873년부터 면화와 노동력을 모두 미국 내에서 조달했다. 그 덕에 텍사스 엘파소는 1990년대 '세계 데님의 수도'라는 왕관을 썼다. 이 지역에서 주당 200만 장씩 만들어낸 청바지의 상당수가 리바이스였다(다음 장에서 리바이스 제국의 주역인 엘파소의 세탁장 주인을 만날 것이다). 1996년 북아메리카에서 존재감이 절정에 달하던 무렵의 리바이스는 직원이 3만 7,000명에 달했고 연간 70억 달러를 벌어들였다. 그러나 오늘날 이런 제조업은 사라졌다. 더 이상 미국에서는 청바

지속 불가능한 패션 산업에 이의를 제기합니다

지를 만들지 않는다.[7] 미국에서 한 해에 팔리는 청바지 4억 5,000만 벌 가운데 '미국산'이라는 금색 태그를 달 수 있는 청바지는 거의 없다.[8]

심지어 리바이스는 더 이상 그 무엇도 만들지 않는 지경이 됐다. 브랜드는 그대로지만 그 이름 뒤에 있는 사업의 실체는 완전히 바뀌었다. 리바이스는 제조업체에서 무역업체로 변신했다. 지금까지 의류 브랜드들이 해왔던 비즈니스 모델인 '생산'이 아니라, 제품에 들어가는 여러 요소들을 '설계'하고 '집행'하는 회사가 된 것이다. 새로운 비즈니스 모델, 즉 무역 브랜드가 MFA를 망쳐놓았다. 이 모델에서는 물건을 어디서, 어떻게 만드는지 관심이 없다. 경영자들은 자체 공장을 아예 닫아버렸다. 해외에 값싼 공장들이 넘쳐나는데, 엘파소의 데님 왕과 여왕 같은 오래된 미국 제조업자들을 버리지 않을 이유가 없었다. 이제부터 주류 패션 브랜드의 경영 방식을 살펴보려 한다. 2011년 리바이스의 최고경영자(CEO)가 된 칩 버그(Chip Bergh)는 제조업 출신이 아니라 20년 넘게 프록터 앤드 갬블(P&G)에서 마케팅과 홍보를 맡아온 인물이었다.

기업이 마케팅에 집중하는 게 뭐가 문제란 말인가? 의아스러울지 모르겠다. 기업이 돈을 많이 버는 방법은 최고의 마진으로 최대한 많이 파는 것이다. 그러나 애초에 기업이라는 형태(대기업 대부분의 법률적 실체)가 탄생한 이유와 과정은 돈을 최대한 많이 버는 데 있지 않다. 처음에는 철로나 병원처럼 대규모 공익 프로젝트에 쓸 자본금을 모으기 위해 기업이 만들어졌다. 학계에서는 이를 이해관계자 모델(stakeholder model)이라고 부르는데, 기업이 무엇을 어떻게 하는지에 대해 일반 대중, 노동자, 소유자(일명 주주) 등 사업에 연관된 관계자 모두를 고려했기 때문이다. 이해관계자 모델은 우리의 민주적인 이상을 기초로 한다. 국민은 국민의 이익 창출에 기여하는 기업을 만들 수 있도록 정부를 선출해 법을 제정하도록 했다. 그랬던 기업이 1970년대 미국 경제학자 밀턴 프리드먼(Milton Friedman)의 연구 이후 본격적으로 독점적인 돈벌이 기계로 변신하기 시작했다. 프리드먼은 "비즈니스의 사회적 책임은 오직 하나뿐"이라면서 '이익 증대'라는 결론으로 전통적인 이해관계자 모델을 타파했다. 이에 따라 모든 이해관계자가 갖고 있던 권리를 기업 소유자인 주주들이 차지하게 됐다.[9]

이런 주주 우선주의 모델(shareholder primacy model)이 1980년대 정·재계가 한목소리로 주장한 '신자유주의'의 단면이다. 신자유주의 사상의 이론적 대부가 된 프리드먼에 따르면, 기업은 최대한 돈을 많이 벌어야 한다. 그리고 민영화, 규제 완화, 초세계화, 자유 무역, 정부 지출 축소 등 제약 없는 시장이 최고의 사회를 만든다. 리바이스 같은 기업 입장에서 보면 공장 노동자와 엘파소 지역 사회를 고려하던 생산 방식에서, 주주들의 이익을 최대치로 끌어올리는 방식으로 바꿔야 한다는 의미였다.

MFA의 허점이 해외 생산을 부추기고 신자유주의 사상이 경제를 장악하면서, 1990년대 이후 데님뿐만 아니라 모든 분야 기업들이 공장을 미국 밖으로 옮기는 것이 표준 프로토콜이 되었다. 리바이스는 이해관계자 중심의 제조 모델을 고수하려 노력했지만 이미 주주 수익 극대화를 추구하는 무역 브랜드로 가득 찬 시장에서는 경쟁이 불가능하다는 사실을 곧 깨닫게 되었다. 1993~2003년 사이에 신생 데님 브랜드 200여 개가 시장에 진입했다. 대다수 제품들이 (머천다이징에 집중한 덕

지속 불가능한 패션 산업에 이의를 제기합니다

에) 최신 유행을 더 빨리 반영하면서도 생산지를 옮겨 원가를 줄였다. 엘파소에서 청바지 한 벌을 만드는 비용은 7달러 정도였다.[10] 그런데 국경 넘어 멕시코에서 만들면 절반도 들지 않았다. 중국에서는 1.5달 러면 됐다. 리바이스는 1997년 70억 달러를 기록했던 연매출이 5년 만에 41억 달러로 떨어지자 압박을 느끼기 시작했다. 2001년부터 2010년까지는 45억 달러를 넘긴 적이 없었다. 수익을 늘리려면 경쟁사들처럼 원가를 낮추고 무역 모델로 전환해야 한다고 생각했을 것이다. 마케팅 구세주로 등판한 CEO 버그는 물론 다른 경영진 역시 목소리를 높이기 시작했다.

"리바이스는 비용을 절감하고 현금 유동성을 높여야 한다. 데이터를 바탕으로 재무적인 단련을 해야 한다."[11]

'비용 절감'과 '재무적 단련'이 무슨 뜻일까? 자, 데님, 즉 '무엇을' 에 해당하는 면은 청바지 산업에서 이미 부가가치가 가장 낮은 요소다. 그렇다면 줄여야 할 것은 '누가(미국 노동자)'와 '어디서(미국)'만 남는다. '누가' 또는 '무엇을'의 일부를 절감할 때 경영진은 절대 그 대상에 포함되지 않는 것에 주목하자. 2002년 리바이스의 CEO 필립 마리노(Philip Marineau)의 연봉 2,510만 달러는 리바이스의 전체 순수익을 넘어서는 어마어마한 액수였다.[12]

―――

이런 상황에서 대문을 활짝 열고 이들을 반긴 게 누구였을까? 중국 업체들과 전혀 신자유주의적이지 않은 중국 정부였다. 그렇게 우리의 '메이드 인 유에스에이' 면화는 점점 더 싼 청바지가 되어 우리 뇌에 엔도르핀을 채우고, 옷장을 채우고, 주주들의 주머니를 현금으로 채우면서 태평양을 가로지르기 시작했다.

중국이 MFA의 허점과 무역 브랜드들의 성장 욕망을 그렇게 기꺼이 즉시 채울 수 있었던 것은 우연이 아니다. 중국 정부는 개방 정책 아래 섬유·의류업을 핵심적인 내수 성장 산업으로 설정해둔 터였다. 중국은 계획 경제 체제에서 이미 기본적인 제조 인프라와 경험을 갖추고 있었다. 게다가 노동 집약적인 의류 산업은 성장하는 중국에 상당한 일자리를 창출해줄 수 있었다. 대단한 고급 기술이 필요한 일도 아니어서 별다른 투자 없이도 빠르게 공장을 가동할 수 있기 때문이었다.

중국 정부는 개방 정책으로 신자유주의적 무역 자유화를 추진하는 동안에도 시장이 모든 것을 결정하도록 놔두지 않았다. 정부는 6대 우선 원칙*의 하나로 의류 산업에 유리한 조건을 부여하면서 깊숙이 관여했다. 정부의 적극적인 개입과 개방 정책으로 경쟁 우위를 차지한 중국 의류 산업은 빠르게 확장되었다.[13]

중국은 다른 산업에도 이 방식을 확대 적용하면서 세계를 향해 제조업의 문을 활짝 열었고 놀라운 속도로 경제를 발전시켰다. 2001년 중국은 세계무역기구(WTO, World Trade Organization) 가입으로 세계 경제 강국의 입지를 굳히고 의류 산업 성장에 박차를 가하면서 개방 정책의 새 장을 열었다. 2002년 중국의 의류 생산량은 1년 만에 8퍼센트

---

* 2015년 중국공산당 제18기 중앙위원회 제5차 전체 회의에서 제정된 경제 발전 이념으로, 혁신·균형·녹색·개방·공동 향유 발전, 당의 영도 등 여섯 가지를 말한다.

지속 불가능한 패션 산업에 이의를 제기합니다

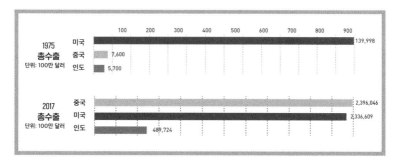

증가했다.[14] 2005년 선진국들의 의류 수출 쿼터제가 종료되고 MFA가 끝났을 때 서구의 의류 제조 산업은 이미 전멸하다시피 했다. 날개를 단 중국 의류 산업은 끝도 없이 성장했다.

말 그대로였다. 방적기의 스핀들 숫자가 1980년대 1,800만 개에서 2015년 1억 2,000만 개로 늘어났다. 중국의 직물 생산량은 입이 떡 벌어질 정도로 급증해 전 세계의 48퍼센트를 차지했다.[15] 엘파소는 중국 남동부, 홍콩 북쪽에 있는 신탕에 왕관을 빼앗겼다. 2010년 신탕에서 생산된 청바지는 무려 3억 벌이었다.[16] (2020년 여름, 왕관은 패션 왕가의 또 다른 주인공에게 넘어갔다. 누구인지 알고 싶다면 계속 읽어보시길) 엘파소의 절정기 생산량의 두 배 이상, 중국에서 만드는 청바지의 60퍼센트, 매년 미국에서 팔리는 청바지의 40퍼센트 이상이 신탕에서 생산됐다.[17]

세계의 공장으로

중국에 간 이유는 세계의 공단이라는 그곳 섬유 공장의 규모가 얼마
나 대단한지 내 눈으로 직접 보고 싶었기 때문이다. 앞서 '거대한 솜사
탕 기계'를 봤다는 칭마오사는 중국 최고의 공장이다. 리바이스[18]와 아
베크롬비[19] 등 우리가 익히 아는 수많은 브랜드와 거래한다. 칭마오사
의 역사는 중국 섬유 산업의 성장 모델과 거의 완벽하게 일치한다. 칭
마오의 CEO는 40대 나이의 찰스 왕(Charles Wang)으로, 숨길 게 없
다면서 직접 나를 초청해 공장 문을 활짝 열고 안내해주었다. 그를 처
음 만났을 때 통역을 대동하지 않아 깜짝 놀랐고, 나와 다르지 않은 미
국 중서부 억양에 또 한 번 놀랐다. 위아래 검은 옷을 입고 나온 그는
이야기를 나눈 지 5분도 지나지 않아 프리드리히 니체와 일론 머스크
를 인용했다. 또 차와 위스키에 관한 최고의 지식을 보유한 진정한 르
네상스인이기도 했다. 찰스는 중국에서 태어나 중국에 살고 있었지
만, 성장기를 미국 미시건 디어본에서 보내고(어쩐지, 말투가) 미국에
서 의사로 일하다가 다국적 컨설팅 회사로 유명한 맥킨지 앤드 컴퍼니
(McKinsey&Company)에서 컨설턴트로 일한 경력을 가지고 있었다.

　미국에서 성공한 상류층이었음에도 찰스는 중국으로 돌아왔다.
마음이 가는 길을 따른 셈이다. 칭마오는 그의 아내 이본 왕(Yvonne
Wang)의 아버지가 창업한 회사로, 1964년 홍콩에서 문을 열었을 당시
만 해도 작은 염색 공장이었다. 중국 경제가 계속해서 문호를 개방하면
서 칭마오도 1996년 중국 본토로 진출했다. 중국이 WTO에 가입한 지

지속 불가능한 패션 산업에 이의를 제기합니다

2년 뒤인 2003년, 칭마오는 사업을 확장해 지금 내 눈앞에 펼쳐진 방적, 직조, 염색 설비를 갖췄다. 찰스의 장인인 제이콥 웨이(Jacob Wai)는 나이 들어 사업 승계자를 찾던 무렵 이본의 남편 찰스가 눈에 띄었다. 미국에서 쌓은 컨설팅 경력이 유용하리라 판단한 것이다. 왕 박사도 당연히 새로운 도전을 받아들였다.

공장 투어의 첫 번째 코스는 약간 기시감이 들었다. 텍사스에 다녀온 지 한 달이 지났건만, 미국과 호주의 조면기를 통과해 배와 기차를 번갈아 타고 막 들어온 빽빽한 면화 더미에서 칼과 켄트의 존재감이 느껴졌다. 나는 칭마오사 사무실에 걸린 넓은 삼각형 모양의 텍사스주러벅이 포함된 미국 면화 생산지 지도를 보고 미소 지었다. 칭마오(그리고 거의 모든 직물 공장)는 거래소에서 면화의 길이와 강도, 색, 불순물 함량 등등 여러 기준에 따라 면화를 구매한다. 그날 본 면화로는 우리가 알 만한 유명 브랜드의 고급 셔츠 원단을 만든다고 했다. 인부들이 면화 베일*들을 짐차에서 내린 다음 튼튼해 보이는 클리퍼를 들고 있는 심각한 인상의 남자 근처에 줄지어 세워놓았다.

베일을 연 다음에는 거대한 기계가 강력한 바람으로 연이어 면화를 풀고, 조면기에서 미처 걸러지지 않은 벌레와 먼지, 지푸라기(앞서 말한 불순물) 등을 골라 소면(梳綿) 과정에 들어간다. 머리 다듬는 과정을 연상시키는 다단계 과정을 거쳐 면화를 다듬는데, 우선 기계들이 섬유를 한 방향으로 정리해 밧줄처럼 기다랗게 만든다. 전에도 본 적 있는 이 솜털 밧줄을 업계에서는 '슬라이버(sliver)'라고 부른다('다이버'와

---

*   bale, 농산물 등의 대량 포장 단위.

운이 같다). 슬라이버 다발들은 커다란 깡통에 담겨 나중에 설명할 폴리에스터 등 다른 재료와 혼방하는 공장으로 간다.

이때 신나는 일이 일어났다. 한 사람이 합류한 것이다. 슬라이버 다발이 든 깡통을 특수 운반 차량에 실은 후 짧은 섬유들을 걸러내는 정소면(combing) 기계까지 나르는 사람이었다. 기계 대비 사람 비율이 놀라울 만큼 낮은 칭마오 현장에서 아주 보기 드문 사람이었다. 흰 앞치마, 마스크, 머리그물을 쓴 몇 사람이 유령처럼 돌아다니면서 기계의 작업을 감독했다. 찰스는 직원 대부분이 중년 남성이라고 설명했다. 중국 청년들에게 공장 일은 그다지 매력적이지 못하기 때문이다. 중국의 성장 중심 경제에 장기적으로 큰 문제가 아닐 수 없다. 현재의 추세를 이어갈 새로운 세대가 유입되지 않으면 이 산업 전체가 흔들릴 수 있다. 그는 "사람들이 전부 금융업처럼 손쉽게 돈 버는 길만 찾는다"며 "하지만 그런 건 오래가지 못한다"고 말했다.

다시 면화로 돌아가자. 슬라이버가 실이 되기까지 갈 길이 한참 멀다. 조방기로 조사(粗絲) 잣기, 실잣기, 실 꼬기 등 모든 단계가 이제부터 이어진다. 더 있다! 우리는 허리에 실을 두르고 다니는 게 아니다. 그런 걸 바지라고 부르지는 않으니까. 세 번째 단계로 실을 옷감으로 만들어야 한다. 막 뽑은 실을 날실 삼아 (직조의 첫 단계를 떠올려보자) 베틀에 수직으로 배열하고, 짜는 동안 갈라지지 않도록 풀을 먹여 실을 단단하게 만들면 직조가 시작된다. 네덜란드식 두 줄 줄넘기처럼 실을 밀고 당기며 천을 짜는 기계는 굉장히 빠르고 소음이 커서 직조실에는 귀마개를 하고 들어가야 했다. 기계가 돌아가는 내내 감독관이 돌아다니고 있었다. 줄지어 선 기계 아래로 재빠르게 품질을 살피는 그들의

지속 불가능한 패션 산업에 이의를 제기합니다

파란 유니폼이 번득였다.

우리는 기계에서 나온 원단에 구멍이나 잡티, 우는 곳 등 하자가 있는지 확인하는 드넓은 품질 관리실로 이동했다. 말 그대로 하루 종일 서서 어마어마한 원단을 돌려가며 흠을 잡아내는 일이었다. 언젠가 오래달리기를 한 뒤 엔도르핀이 샘솟아 다리와 무릎과 엉덩이의 뻐근함을 상쇄해주던 느낌이 떠올랐다. 이 직원들도 다리가 굉장히 뻐근할 텐데, 하지만 근무가 끝나도 엔도르핀이 샘솟을 리는 없겠지.

칭마오의 품질 관리 작업자.

원단이 완성되면 풀기를 없애고 기름기와 먼지를 제거한다. 표백제(가정용 염소 표백제기 이니라 과신화수소)로 아직 남아 있는 면 본연의 색을 뺀다. 수산화나트륨 수조에 담가 직물의 강도와 유연성을 높여 촉감을 살린다. 그리고 또 다른 방에서 직물의 구조, 강도, 유연성, 광택과 촉감, 흡수성을 높이는 머서화 가공 공정을 거쳐 염색을 준비한다.

염료만 갖고도 이 책의 한 장을 다 채울 수 있을 텐데, 무엇보다 우리가 알아야 하는 건 지금까지 언급한 화학물질과는 달리 염료는 계속해서 천에 남는다는 점이다. 이제까지 본 대부분의 단계에서는 물로 화학물질을 헹궈냈다(위에 언급한 '수조'에는 화학 용액의 농도를 맞추기 위해 물이 조금 들어가 있다). 염소가 남아 있으면 옷감이 노래지고 그 옷을 입은 사람이 심각한 화상을 입을 수도 있다. 원단을 씻어낸 폐수는 제대로 처리하지 않으면 환경과 지역 사회에 심각한 악영향을 미친다. 염료는 땀(운동하는 분들 잘 보세요)이나 침, 드라이클리닝, 빛, 세탁 등으로 바래지 않도록 섬유에 완전히 밀착 처리한다. '염색 견뢰성'이라고 하는 성질이다. 따라서 염료가 피부에 어떤 영향을 미칠지 잠재적인 우려를 가질 수밖에 없다. 공장의 수조에는 고농도 염료가 담겨 있다. 칭마오 염색실에서는 이 모든 과정을 기계가 처리해 염료를 다루는 작업자들을 보호하지만 나중에 보니 늘 그런 건 아니었다.

염색 후 이어지는 마무리 작업에서는 구김 방지, 방수, 내화성 등 또 다른 기능성 가공을 위해 더 많은 화학약품을 투입한다. 빛나는 광택, 부드러운 촉감, 다채로운 색깔 등 브랜드와 소비자를 현혹하는 우리의 원단은 이런 공정을 거쳐 세상 밖으로 나온다.

지속 불가능한 패션 산업에 이의를 제기합니다

핫 팬츠
의류, 기후변화 그리고 화학 오염

칭마오에서 처음부터 끝까지 직물 생산 공정을 따라 걸으며 나는 맡은 일을 완수했다. '메이드 인 차이나'의 진짜 의미는 어마어마한 것이었다. 인상적인 수준을 뛰어넘어 솔직히 질려버리고 말았다. 압도당했다. 규모, 속도, 복잡성이 일체가 된 공장을 돌아보는 내내 이 많은 공정의 모든 단계에 들어가는 막대한 에너지와 화합물이 머릿속을 떠나지 않았다. 중국에서는 에너지 비용이 싼 만큼 생산비도 내려간다. 칭마오(그리고 중국 내 공장 상당수)에서 섬유 제조에 쓰는 에너지원의 85.7퍼센트[20]가 화석연료(미국은 63퍼센트)다.[21] 지구에 닥친 환경 위기에 결코 무시할 수 없는 요인이다. 중국에서는 같은 양의 에너지를 쓰면서 미국이나 EU보다 더 많은 탄소를 배출한다. 1차 에너지[*] 총 소비량을 기준으로 미국은 이산화탄소를 60톤,[22] EU는 54톤[23]을 배출하는 데 반해 중국은 78톤[24]을 배출한다. 우리가 사는 옷의 총량을 생각해보자. 에너지 집약적인 섬유 제조 공정과 탄소 집약형 에너지원에 의지하는 중국이 섬유 산업을 선도하고 있다는 점을 고려하면, 의류 산업이 남기는 탄소발자국의 75퍼센트가 섬유 생산에서 나온다. 간단한 수학으로 패션 산업이 전 세계 탄소발자국의 4.0~8.1퍼센트를 차지하는 이유를 알 수 있다.[25] 추정치를 낮춰 잡아도 패션이 내뿜는 온실가스가 프랑스,

---

[*] 석탄, 석유, 천연가스, 수력, 원자력, 태양열 등 자연적으로 형성된 에너지원.

독일, 영국의 온실가스를 모두 합친 수준이라는 의미다.[26]

아무 대응 없이 이대로 성상 추세가 이어진다면 현재로부터 30년도 채 남지 않은 2050년에는 전 세계 탄소 예산*의 26퍼센트를 의류가 쓸 것이라는 보고도 있다.[27] 그쯤 되면 방콕, 상하이, 뭄바이 같은 세계 주요 도시가 만조에 물에 잠길 것이다. 무시무시한 데이터임에도 우리는 이를 막으려는 노력을 사실상 전혀 하지 않고 있다. 의류업계의 '지속 가능성' 표준과 환경을 마케팅으로 내세우는 브랜드들조차 섬유 공장의 에너지 소비를 중요하게 다루지 않는다. 이제 의류 산업은 온실가스 배출이라는 대재앙의 진앙(Ground Zero)이 되었다. 인간이 눈앞에 닥친 파국을 얼마나 잘 외면하는지는 역사가 말해준다. 2020년 7월 미국의 중국산 의류 수입은 무역 갈등, 팬데믹, 중국산 면화 강제 노동 의혹 등이 겹치면서 전년 대비 50.1퍼센트 줄었다.[28]

분명 중국이 기후변화의 유일한 원흉은 아니다. 간신히 면한 정도긴 하지만. 중요한 건 패션 산업이 탄소 배출 괴물이 된 이유다. 물론 청바지가 지프차처럼 공기 중에 이산화탄소를 뿜어대지는 않는다. 하지만 청바지를 만드는 데 쓰는 에너지에서 이산화탄소가 왕창 나온다. 사람들은, 심지어 환경 운동 단체도 기후변화의 영향을 국경 안에서만 생각하는 경향이 있다. 그건 기만이다. 의류에서 보듯 우리의 탄소발자국은 국경 너머 저 멀리 확장되며, 탄소 감축 정책을 수립할 때는 이러한 점을 반드시 반영해야 한다.

---

* 산업화 이전과 비교해 지구 평균기온 상승을 제한하고자 할 때 배출이 허용되는 누적 온실가스 배출 총량.

지속 불가능한 패션 산업에 이의를 제기합니다

에너지 절약형 공장들은 기후변화에 기여하는 역할이 크기 때문에 환경에 큰 문제가 안 된다. 기억해야 할 것은 인간의 심미적, 기능적 요구에 맞춰 섬유를 꼬부리거나 펴거나 늘리기 위해 사용하는 화학물질이다. 옷에서는 화학물질이 보이지 않지만 일단 한번 보거나 만지거나 냄새를 맡으면 좀처럼 잊을 수 없는 흔적을 남긴다.

칭마오를 방문하고 며칠 뒤 나는 중국 남동부 해안, 홍콩과 마주보는 광둥성에 도착했다. 광둥성은 중국의 3대 의류·섬유 제조 기지로,[29] 2012년 이곳 240킬로미터 구간 안에 공장이 6만 곳이나 있었다.[30] 데님의 수도로 불리는 신탕도 여기에 있다.

칭마오는 5성급 시설이라 다소 특별한 쪽이고, 제조 공정상 자원 소모와 폐기물 처리(하건 안 하건) 면에서는 아마도 광둥성에서 본 것들이 중국 공장의 일반적 상황일 것이다. '아마도'라고 한 것은 데이터 신뢰도 때문인데, 중국에서는 특히 환경에 관한 믿을 만한 데이터를 구하기 어렵다. 물리적인 접근도 쉽지 않다. 사실 나는 찰스의 초청을 받아 가면서도 별로 양심적이지 않은 시설이 나 같은 외국인에게 흔쾌히 문을 열어줄 리 없다는 것, 심지어 책을 쓰는 외국인에게는 분명 그럴 리 없다는 사실을 잘 알고 있었다.

그래서 '해결사'를 고용했다. 본인이 '해결사'란 호칭을 골랐을 뿐 내가 그렇게 부른 게 아니다. 그는 기업들과 관계를 맺고 중국에 진정한 의미의 '개방' 정책을 만들어가는 인물이다. 심지어 염탐용으로 그 문을 열어야 할 때도 말이다. 내가 '브루스'라고 부르는 그 해결사는 데님 도매상과 약속을 잡았다. 나는 바이어 행세를 하며 약속 장소로 나갔다. 희뿌연 담배 연기 너머로 도매상은 포에버21을 비롯해 자기네 고객들을 나열했는데, 그가 자랑하는 찢어진 산성 세척 청바지 진열대를 보고 허풍이 아니란 걸 알게 됐다. 나는 최선을 다해 바이어의 얼굴을 하고서 스타일과 가공 횟수, 가격 등을 물은 뒤 그 청바지들을 어디서 어떻게 만드는지 물었다. 보통 이런 질문은 조심스럽게 하기 마련이지만, 아마도 그는 나를 딱하게 여긴 모양이었다(임신 7개월의 배부른 바이어였으니!). 나의 순진한 미소도 일조했을 것이다. 도매상은 브루스와 나를 밖으로 데리고 나와 재단실로 안내했다.

옆으로 나란히, 우리는 낮게 드리운 조명 아래 곧 청바지가 될 자그마한 산더미 앞에 옹기종기 모여 섰다. 다리 한 짝, 혹은 두 다리를 절반쯤 합체한 것들이 허리 밴드와 지퍼를 기다리고 있었다. 곳곳에 옷더미를 쌓아두는 건 분명 소방 법규에 어긋날 텐데, 따로 정기 점검은 하지 않는다고 했다. 싸구려 청바지들이 최상의 환경에서 만들어지지 않는다는 첫 번째 단서였다. 나의 '천진함'이 증거 확보에 유리하게 먹혀들고 있다는 확신으로 다시 물었다.

"산성 세척 저거 엄청 좋네요, 어떻게 하는 건가요?"

도매상은 다른 세척장에서 처리한다고 했다.

"굉장하네요. …가서 봐도 될까요?"

나는 최대한 매력적인 미소로 힘주어 물었다. 어느새 나는 도매상의 기사가 호위하는 검은색 차를 타고 다른 세척장으로 향하고 있었다. 뒷자리에서 보자니 기사는 차가 막히는 틈틈이 전화기 세 개를 돌려가며 영화를 보거나 문자 메시지를 보내고 있었다. 15분 뒤 우리는 탁 트인 2층 건물 앞에 도착했다. 차에서 내리기도 전에 온 천지에 쌓인 청바지 더미가 눈에 들어왔다. 천장에는 처리가 끝난 부드러운 청바지들이 가득 걸려 있었다. 지금껏 본 적 없는 거대한 드라이클리닝 컨베이어 같았다. 안내인 뒤에 바짝 붙어 따라갔음에도 호기심 어린 시선들이 내게 와서 꽂혔다. 그들은 손님을 거의 맞아보지 못한 게 분명했다. 하물며 외국인이라면야.

다행히 그날 나는 고무 밑창으로 된 신발을 신고 있었다. 우리는 산업용 세탁기에서 나온 거품과 무지갯빛으로 일렁이는 웅덩이를 수도 없이 넘어 다녔다. 가공 전의 뻣뻣한 데님을 부드럽게 만드는 약품들이었다. 바닥에는 흘러나온 약품들이 철벅거렸다. 그 물이 어디로 빠지는지 알려주는 유일한 단서는 바닥에 깔린 철망뿐이었다.

산성 세척(재밌게도 진짜 산으로 청바지를 빠는 게 아니고 표백할 뿐이다) 과정을 보고 난 후 안내인이 건물 한쪽 지상 공터로 돌출된 작은 계단으로 우리를 데려갔다. 조심조심 나무계단을 올라가는데, 운전기사는 임산부인 내가 밑이 뻥 뚫린 데다 큰 구멍까지 있는 계단을 오르는 게 걱정스러운 듯 내내 나를 지켜봤다. 계단 꼭대기에 오르자 작업자 세 사람이 마무리 작업대에 서서 (아무도 고글을 쓰지 않은 채 한 사람만 마스크를 썼을 뿐이다) 분홍색 액체를 뿌려대고 있었다. 아마도 탈색제인 과망간산칼륨인 듯했다. 유럽에서 이 물질은 반복 흡입할 경우 기관지염이나 폐렴 증세를 유발하는 것으로 확인돼 '위험물'로 분류된다.[31] 반복적으로 노출되면 생식이나 발육에 문제가 생긴다는 사실이 동물실험 결과 밝혀졌다. 말할 것도 없이 나는 금방 그곳을 빠져나왔다.

다시 브루스를 만났다. 이 공장에서 예상보다 훨씬 많은 것을 본 터였다. 하지만 시퍼런 배출물과 분홍색 스프레이가 흘러 내려간 어딘가에 또 다른 이야깃거리가 얼마나 많을지 충분히 짐작이 갔다. 우리는 조심스럽게 공장 뒤로 가 기름막이 번들거리는 회색 강물을 바라보았다. 멀리서 들려오는 희미한 물소리를 쫓아 강둑을 따라 더 걸어 내려갔다. 우리가 거기 있는 걸 알면 어느 누구도 달가워할 리 없다는 걸 잘 알았기에 5초마다 뒤를 돌아봤다. 이 여행의 동반자이자 신표준협회 동료인 알레한드라가 내 손목을 붙잡고 말했다.

"맥신, 괜찮겠어?"

뱃속에서 뭔가 조여드는 느낌이 들었다. 그러나 나는 어깨를 으쓱하며 그 말을 가볍게 넘겼다. 화학약품으로 파괴된 강과 폐기물이 가득한 공장은 중국 정부의 계획에 나오는 공장과는 많이 달랐다.

잡초가 우거진 골짜기를 따라 내려가니 꿀렁거리는 소리의 출처가 모습을 드러냈다. 강으로 뻗어 나온 파이프에서 기름처럼 번들거리는 검푸른 물질이 나오고 있었다. 주변에 진동하는 냄새 때문에 코가 타는 듯했다. 조금 전 세척장에서 본 파이프의 반대쪽 끝으로 보이는 파이프도 있었다. 회색 강으로 쏟아지는 검은 액체는 산성 세척 과정에서 나온 폐수였다. '주의: 산업 폐기물!'이라는 경고는 어디에도 없었다. 오염 위험을 알리는 비상등도 없었다. 고작 몇 미터 떨어진 곳에 청바지에 단화를 신은 자그마한 할머니가 꽃무늬 윗도리에 검정 카디건을 걸친 채 서 있었다. 허리가 폭 꼬부라진 농사꾼 할머니였다. 시커먼 물이 흐르는 강둑을 따라 밭고랑이 이어졌다.

샤오싱으로 돌아가 칭마오사에서 준비한 투어를 마칠 즈음, 우리는 양심적으로 폐수를 처리한다는 공장을 찾아갔다. 제품 생산에서 나온 폐수를 강으로 내보내기 전에 공장이 어떻게 화학물질을 제거하는지 찰스가 상세히 설명해주었다. 나도 실시간 현장 모니터로 그 과정을 지켜보았다. 하지만 중국에 수두룩한 회색 강이 말하듯, 이렇게 양심적인 공장보다는 광둥성에서 본 것 같은 비양심적인 공장이 훨씬 많다. 수질 관리 당국에 따르면 중국의 의류 산업은 제지업과 화학물 생산업의 뒤를 이어 세 번째로 큰 수질 오염원이다.[32] 폐수가 통제되지 않기 때문이다. 그렇다면 저 탁한 물에는 정확히 무엇이 들어 있을까? 이제 그걸 알아볼 차례다.

'나는야 슈퍼맨'
폐기물 규제와 변화를 향한 희망

"이 베이지색 부분은 뭐예요?"

나는 구글 어스에서 중국 동쪽 해안선을 따라 이어지는 넓은 띠를 가리키며 물었다.

"내일 갈 곳이죠."

명랑하고 에너지 넘치는 스물다섯 살 청년 칭시(Qingshi)가 답했다. 예전에 중국 바다를 청소하는 일을 하는 그를 인터뷰한 적이 있었는데, 그땐 다시(Dashi)라는 이름으로 활동했다. 지도상의 넓은 띠는 오염된 바닷물이었다. 그는 오염대가 너무나 광범위해 위성에서도 이렇게 뚜렷하게 보인다는 건 결코 좋은 소식이 아니라고 설명했다.

다시는 얼핏 보면 실리콘밸리 출신 같은 외모다. 바트 심슨 일러스트가 박힌 후드 차림에 레드불을 마시는 셀카광. 자칭 '슈퍼맨'인 그가 정말 스타트업 출신이었다면 윌리엄스버그의 힙스터들만큼이나 많이 기슬렸을 것이다. (나는 윌리엄스버그 주민이니까 이렇게 밀해도 괜찮다) 그러나 그는 말할 때마다 실실 웃긴 해도 무척이나 진지했고, 무엇보다 우리의 강과 바다, 공기에 꼭 필요한 진짜 슈퍼 영웅이다.

다시는 자오루 환경보호 센터(Zhaolu Environmental Protection Center)의 설립자다. 작지만 중요한 환경 단체로, 칭마오사가 있는 샤오싱에 허름한 건물 1층을 사무실로 쓰고 있다. 동네에서 암과 천식 환자를 너무 많이 본 그는 주위의 매캐하고 시커먼 수로와 이 사실을 연결해보기 시작했다. 그리고 동네 청소를 위해 뭔가 해보기로 결심했다. 영화 〈에린 브로코비치(Erin Brockovich)〉에서 줄리아 로버츠(Julia Roberts)가 연기한 싱글맘 여주인공이 환경운동가로 변모해가는 모습을 보고 산업계의 부정행위와 정부의 무대응에 맞서 대중이 일어나야 한다는 사실을 깨달았다고 한다. (줄리아 로버츠와 뭔가 관련이 있었는지도 모르겠다. 함께하는 이틀 동안 다시와는 전적으로 통역에 의지해 이야기를 나눴는데, 활동가가 된 동기와 영감을 이야기하던 중 아이처럼 활짝 웃으며 분명한 영어로 이렇게 말했다. "줄리아 로버츠, 정말 아름답잖아요.") 나는 왜 대기오염이나 온실가스 배출이 아니라 화학물질 오염에 집중하느냐고 물었다. 다시는 허공으로 손을 뻗으며 말했다.

"공기를 확인하는 건 어려우니까요."

다시와 그의 엔지니어 팀원 여덟 명은 공장 주변에서 시료를 채취해 수질 검사를 하고, 화학물질을 유출하는 범인을 포착해 정부에 자료를 넘긴다. 바람대로라면 범법자들에게는 시정 조치가 있어야 한다. '바람'이라고 쓴 이유는 중국이 개방 정책 이후 전방위 성장 노선을 채

광둥 하천에 쏟아져 나오는 폐수.
광둥성은 중국의 3대 섬유·의류 생산지 가운데 하나다.

택하고 있기 때문이다. 정부가 불법 기업에 시정 조치를 취하고, 나아가 강제 폐업 처분한 경우도 있긴 하다. 하지만 효과는 제한적이었다. 시정 조치는 기업의 비용을 증가시키고, 그러다 보면 오염 비용을 따지지 않는 글로벌 시장에서 경쟁력이 약해질 수 있다.[33] (중국을 무작정 비판하기 전에, 미국과 유럽도 이런 식으로 산업화 과정을 거쳤다는 점을 기억해야 한다. 심지어 트럼프 정부 동안 미국은 명백하게 뒷걸음질했다) 경제가 어마어마하게 성장하는 동안 중국에서는 대기오염으로 120만 명이 조기 사망한 것으로 추정된다.[34] 이를 비롯해 중국은 파괴적인 희생을 치렀다. 건강에 미치는 영향이 막대한 만큼 전문가들은 오염 문제가 중국 정부를 위협하고 있다고 믿는다. 성장 때문에 계속해서 사람들이 죽어

나가다간 격분한 시민들이 과격한 행동으로 권력에 맞설 수 있다. 중국 정부는 복잡한 상황에 놓여 있다. 정부는 오염 억제를 다짐하는 동시에 경제 성장의 고도 비행도 이어가야만 한다. 그러면서 권력을 유지해야 하는데, 이 두 가지 길이 한 목적지에 이르기란 쉽지 않다.

중국인들과 이야기하면서 배기가스 배출 한도를 위반한 공장들이 문을 닫고 전체 산업 도시의 대기오염 성분을 3분의 1까지 줄였다는 말을 들었다.[35] 그런가 하면 정부의 범법자 처벌과 국가 경제 사이에 강력한 상관관계가 있다는 말도 있었다. 공개된 데이터가 거의 없는 상황에서 이런 입증되지 않은 말들이 쉽게 증거가 될 수 있다. 호황기에는 규제가 더 엄격해진다. 하지만 경제 성장의 압박이 높아지면(요즘처럼) 법적 강제력은 즉각 우선순위에서 밀려난다. 이 모든 것이 다시와 자오루를 위태로운 상황에 빠뜨린다. 다시가 센터의 활동상을 소개하는 영상을 보면서 설명하던 중 한 남자를 가리키며 말했다.

"내 친구네. 지금은 감옥에 있어요."

무심한 말투였다. 외견상 다시는 정부 정책을 돕고 있지만 결국 내부 고발자일 뿐이다. 따라서 지방 정부가 환경 운동이 잠재적인 성장에 방해가 된다고 판단하면 언제든 구금되거나 수감될 위험에 처해 있다.

곤경에 처한 다시의 필사적인 활동도, 이런 사정을 듣는 것도 절망스러운 노릇이다. 중국의 오염 문제는 충분히 예방할 수 있기 때문에 더욱 그렇다. 불과 수십 년 전, 미국에서도 도시가 두터운 스모그에 갇히고 오물과 진흙으로 강이 넘치던 때가 있었다. 다시 같은 시민들의 힘으로 지역 사회와 연방 정부는 이런 일이 일어나지 않도록 뚜렷한 청사진을 구축했다. 희뿌연 샤오싱과 1960년대 뉴욕의 흐리멍덩한 안개

지속 불가능한 패션 산업에 이의를 제기합니다

1960년대 뉴욕의 대기와 현재 샤오싱의 희뿌연 대기.

를 비교해보자.

위험한 공해에 반대하는 미국 시민들의 풀뿌리 운동은 1972년 수질오염방지법(Clear Water Act)으로 이어졌다.[36] 섬유 산업과 에너지 관련 업계의 오염 물질 배출 제한을 강화하고 관련 법규를 제정했으며, 환경보호국 설립이라는 결실도 맺었다. 그럼에도 미국 업체들은 중국 (과 또 다른 곳)으로 생산지를 옮기면서 이런 조치들을 무시해버렸다. 서구 기업을 유치하려는 국가는 비용이 들 수밖에 없는 환경 정책을 마련할 의지를 꺾을 수밖에 없다. 미국에 있는 우리는 더 이상 이런 오염을 우리 안마당에서 보지 않게 됐고, 교외에서도 에린 브로코비치류의 암 발병 보고가 거의 들리지 않게 됐다. 하지만 미국의 오염 물질이 줄어든다고 자랑해서는 안 된다. 우리는 그걸 지구 반대쪽으로 떠넘겼을 뿐이다(미국 내에서 여전히 발생하는 오염 역시 힘없는 저소득 공동체로 떠넘겼다).[37] 이건 세계화의 필연적인 결과가 아니다. 최소한 우리는 미국에서 적용하는 것과 동일한 환경적, 사회적 표준을 무역 거래 조항에 넣을 수 있음에도 아직 그러지 않고 있다.

중국의 섬유 도시에서 본 강은 시커멓고 악취가 풍겼다(환경 단체가 여러 종류의 수질 오염 상황을 보고할 때 공식적으로 쓰는 표현이다).[38] 공장 주변 공기는 숨 쉬기 힘들 정도였다. 샤오싱 기차역에 내리자마자 즉각 눈이 따끔거리기 시작했다. 그 순간 나는 다시가 동네에서 어떤 환자들을 목격했는지 짐작이 갔다. 이튿날 아침, 번쩍거리는 새 호텔의 호화로운 침대에서 일어났을 때도 아침 해는 얼룩덜룩한 스모그 사이에 갇혀 있었다. 눈, 코, 목이 계속 따끔거렸다. 칭마오사 작업장에 가기 전에 나는 온갖 크기의 차, 오토바이, 트럭으로 가득한 샤오싱 거리로 차를 몰고 나갔다. 꼬리를 무는 차량 사이로 채소를 파는 노파들이 보였다. 광둥성 공장 근처 강둑에서 본 할머니와 비슷했다. 두터운 스모그 바로 너머에는 기름 유출로 얼룩진 강둑이 있었다.

그 위태로운 상둑에서 목격한 폐수는 분명 염료에서 나온 것이었는데(직접 본 폐수관들이 분명 오염수를 토해내고 있었다), 염료는 색깔 때문에 공장이 제아무리 간교한 꾀를 낸들 은폐하기 힘들다. 미국에서는 염료에 오염된 강 때문에 환경보호국이 급부상했고, 그린피스도 중국의 수질오염에 제동을 걸기 위해 계획을 세웠다.[39] 그러나 환경 독성학자이자 천연자원보호협회(NRDC, Natural Resources Defense Council) 연구원이었던 린다 그리어(Linda Greer)는 예전 염료에 비해 요즘 염료는 실질적으로 문제가 적다고 믿는다. 최악의 유해 화학물질 대부분은 1950년대 최초의 직업병 유행 이래 수십 년째 금지되고 있다. 그것들이 다다르는 종점이 결국 강이라는 사실은 좋지 않은 일이지만, 적어도

지속 불가능한 패션 산업에 이의를 제기합니다

소비자들에게서 염료 관련 질병 보고가 거의 나오지 않는 이유다. 요즘 염료가 예전만큼 피부에 나쁘지는 않을지 몰라도, 에너지 소비와 탄소 배출의 주요 원인이라는 사실은 여전하다. 가령 면화는 색이 잘 바래기 때문에 색이 빠지지 않도록 염료 말고도 10여 가지 약품에 담가 가공 해야 한다.[40]

섬유 제조, 염색, 마무리 공정 전반에는 보이지 않는 화학물질도 많다. 2008~2009년도 독일 섬유 보조 제품 성분표에는 400~600가지 성분이 들어간 섬유에 5,800가지 화학물질이 포함되었는데, 염료는 여기에 포함조차 되지 않았다.[41] 완성된 원단 중량의 28퍼센트가 화학물 질이다. 그러나 이는 100퍼센트 천연섬유로 만든 경우이고, 합성섬유 는 화학물질 함량이 더 높다.[42] 광둥성에서 내가 본 것처럼, 그리고 다시가 샤오싱에서 내게 보여준 것처럼 폐수 처리 장치 유무와 그 품질에 따라 화학물질은 일부분이건 다량이건 강과 하천, 지하수와 수중 생태계로 흘러 들어간다. 이 약품들은 염료와 달리 투명하기 때문에 폐수를 직접 보더라도 눈으로 구분하기 어렵다. 폴리비닐아세테이트나 포름 알데히드로 가득한 강물을 우리 밭의 작물에 주고도, 심지어 마시고도 안전하다고 여길 수 있는 것이다.

담수(바다에서 나오는 것이 아니라)는 매우 한정적인 자원이다. 공 급량이 급격히 감소하고 있다. UN은 2025년경 세계 인구의 3분의 2가 물 부족 사태에 직면할 것으로 예상한다.[43] 물이 사라지는 게 아니다. 담수가 오염되어 안전하지 않다는 뜻이고, 우리 옷에서 나오는 화학물 질이 이러한 위기를 재촉하고 있다는 뜻이다. 프린팅과 염색을 하는 공 장의 하루 폐수 배출량이 60만 톤이 넘는 샤오싱에서 매일 벌어지고 있는 일이다.[44] 이런 상황이 방글라데시와 캄보디아를 비롯해 의류 생산지 지도를 따라 다른 지역으로 확산되고 있다. 사람과 가축, 농작물에 필요한 물이 점점 유독성으로 변하는 것이다.[45]

문제가 얼마나 광범위할까? 우리는 강으로 쏟아지는 폐수를 살펴보았는데, 중국에서 본 강물은 대부분 짙은 회색이었다. 다음 장에서 찾아갈 방글라데시는 상황이 훨씬 심각하다. 여러분도 구글에 'textile pollution+water' 같은 검색어를 넣어보면, 섬유 산업이 세계의 담수를 오염시키는 두 번째 원흉이고, 산업 폐수의 20퍼센트가 의류 산업에서 나온다는 등의 통계 수치를 맞닥뜨릴 것이다.[46] 하지만 좀 더 깊이 파보면 금방 막다른 길에 이를 것이다. 사실 이러한 주장을 뒷받침하는 1차 자료는 없다. 패션업계의 가짜 뉴스 버전이다. 사실일 수도 있지만 우리는 정확히 알지 못한다. 실망스럽기 짝이 없고 트위터에 올리기도 마땅치 않지만 실제로 그렇다. 문제의 실태와 심각성을 파악하고 그 근원을 추적하려면 이런 것들을 연구할 필요가 있다.

우리가 할 수 있는 것은 유출된 폐수의 유해성을 정확히 밝히는 연구다. 황, 나프톨, 건염 염료, 질산염, 아세트산, 비누, 크롬 화합물을 비롯해 구리, 비소, 납, 카드뮴, 수은, 니켈, 코발트 같은 중금속과 보조 화학물질은 위험한 독성 물질이다. 스웨덴 화학물질 관리 기구인 화학물질청(KEMI)은 섬유 산업에서 확인한 관련 물질 2,400개 중 약 10퍼센트를 잠재적인 인체 유해 물질로 간주한다.[47] 오염된 물은 단기적으로는 피부병, 설사, 식중독, 위장 장애를 일으키고, 장기적으로는 호흡기 질환, 암, 돌연변이, 생식 기능 장애 등 심각한 해를 입힌다.[48]

화학물질은 우선 먹이사슬을 타고 인간의 건강에 영향을 미친다.

지구상에 폐수로 농사를 짓는 사람이 광둥성의 노파 한 명뿐일까? 새삼스럽지만 이런 밭에서 수확한 작물에 섬유 염료가 들어 있다는 사실을 입증한 연구 결과는 수두룩하다.[49] 이 채소를 먹은 사람은 섬유 염료도 함께 삼킨 것이고, 폐수에서 헤엄친 물고기를 먹어도 마찬가지다.

유출 폐기물에 든 무독성 물질도 파괴적인 결과를 초래할 수 있다. 가장 흔한 예가 녹말이다.[50] 처리를 충분히 하지 않아 강에 녹말이 과하게 들어가면 용존 산소가 고갈돼 물고기를 죽인다.[51]

물속 화학물질이 아니더라도 우리 옷에는 씻기지 않는 화학물질들이 포함되어 있다.[52] 피부가 철벽이 아닌 이상 하루 종일 옷에 몸을 비벼대면 이런 물질들이 체내로 들어올 수밖에 없다. 1978년의 어린이 잠옷 연구를 보자. 암을 유발해 지금은 금지된 화학 난연제를 포함해, 피부는 생물학적 작용으로 여러 화학물질을 흡수한다. 이 잠옷을 입고 하룻밤을 잔 아이들의 소변에서 해당 유해 성분의 부산물 농도가 기준보다 5,000퍼센트나 높게 나왔다. 이 약품을 쓰지 않은 잠옷으로 바꿔입은 뒤 수치가 내려가긴 했지만, 닷새가 지나도 여전히 스무 배 이상 높았다. 땀을 흘리면 화학물질 흡수의 위험은 훨씬 커진다.[53]

연구자들은 지금까지 섬유 공장 노동자들의 화학물질 노출에 관심을 집중해왔다. 그 결과 의류업계에서 사용하는 일부 화학물질이 방광암 등 심각한 질병을 유발해 노동자의 건강을 해칠 수 있다는 사실이 밝혀졌다. 각종 실험과 연구로 유해성이 판명된 물질들은 우리가 옷을 사서 입을 즈음에는 거의 남지 않는다.[54] 이렇게 공장에서 이미 씻겨 나가는 것들보다 훨씬 우려되는 것이 섬유에 계속 남아 있어야만 하는 마무리 단계의 기능성 처리다. 불행히도 화학물질의 실제 영향을 포함해

샤오싱 강가에서 오염수로 농사짓는 밭들. 강 건너로 공장이 보인다.

우리가 모르는 게 너무나 많다.[55] 놀라운 일이 아니다. 옷에 묻은 화학 물질의 종류와 양은 대체 어느 정도일까? 우리가 옷을 입을 때 이런 물질들은 건강에 어떤 영향을 미칠까?

옷에 붙은 라벨은 어떤 약품을 써서 옷을 만드는지 말해주지 않는다. 1장에서 본 유기농 표준도 화학물질에 관해서는 별로 도움이 되지 않는다. 100퍼센트 유기농 면으로 제작된 옷이라는 것도 그저 목화가 금지된 살충제나 합성 비료 없이 재배되었다는 의미일 뿐이다. '유기농'은 우리가 방금 전까지 섬유 생산 단계에서 본 화학물질과는 아무런 관련이 없다. '유기농'과 무독성, 청결, 안전성을 동일시하는 브랜드는 주의하는 게 좋다.

믿을 만한 데이터의 양과 잠재적인 위험성, 옷 만드는 데 쓰이는

지속 불가능한 패션 산업에 이의를 제기합니다

화학물질의 양을 보면 옷이 착용자에게 미치는 영향은 연구를 훨씬 더 많이 해야 마땅하다. 더 연구하지 않으면, 그리고 관련 규정에 따라 섬유 공장의 화학물질 사용을 적절하게 관리하지 않으면, 공장 노동자를 비롯해 폐수에 접촉하며 이 물에 의존하는 지역 공동체까지 독성 물질에 노출될 수밖에 없다. 사리사욕 없는 다시와 그의 팀처럼 놀라운 슈퍼 영웅 몇몇이 우리 곁에 있긴 하다. 그렇지만 이제는 더 많은 사람이 움직여야 한다. 이들이 억압당하거나 위험에 처하지 않도록 더 많은 우리가 깨어나 하늘을 맑게, 물을 깨끗하게 만들어야 한다.

'플라스틱 미래'
합성섬유, 기후변화, 미세 플라스틱 그리고 여러분

청바지에 붙은 라벨에 담기지 않은 내용을 검토하는 데 시간이 많이 걸렸다. 화학비료와 살충제, 탄소 배출물, 그리고 섬유 제작과 마무리 단계에 쓰이는 수많은 화학물질들. 그런데 그것 말고도 우리의 청바지에는 또 다른 성분이 숨어 있다. 바로 화석연료다.

화석연료가 옷을 만드는 핵심 재료라는 걸 모를 수도 있다. 폴리에스테르, 나일론, 엘라스테인(스판덱스나 라이크라라는 상표로 더 유명하다), 아크릴 등등은 익숙할 텐데, 이것들은 모두 플라스틱으로 만든 합성섬유로 대부분 화석연료에서 나온 것이다. 합성섬유 없이는 스키니진, 폴라플리스, 레깅스, 비건 울이나 비건 가죽, 그러니까 보통 패스트

패션이라 불리는 수많은 옷들을 만들 수 없다. 이 가운데 단연 독보적이면서 가장 일반적인 폴리에스디에 초점을 맞춰 합성섬유 이야기를 해보려 한다.

폴리에스터 발명은 마치 페니실린이나 전구 발명 같은 일대 혁신, 기필코 자연을 장악하고 만 인류의 기적과도 같다. 농업혁명을 불러온 화학 살충제나 비료와 마찬가지로 전쟁 전후 연구실에서 태어난 폴리에스터는 현대 패션을 상징하는 전형으로 자리 잡았다. 화학자인 월라스 캐러더스(Wallace Carothers)는 화학업계의 거인인 듀폰(DuPont)의 연구자였다. 그는 분자가 일정 단위로 반복되는 화합물, 즉 기다란 중합체 사슬을 결합시켜 실험실에서 화학섬유를 만드는 기술을 만들어냈다.[56] 면이나 견은 자연의 변덕에 민감하기에 고정된 성질로 변형하는 게 불가능한 반면, 인공적인 균일성과 적응성이 탁월한 합성섬유는 얼마든지 질감을 연출해 다양한 형태의 직물을 만들어낼 수 있다. 화석연료가 섬유업계에 등장한 것은 1941년 영국 과학자인 존 윈필드(John Whinfield)와 제임스 딕슨(James Dickson)이 나일론을 발명한 미국 과학자 캐러더스의 초기 폴리에스터 연구를 진전시키면서부터다. 1946년 듀폰이 이들의 폴리에틸렌 텔레프탈레이트(PET, PETE) 기술 특허를 사들였고, 1950년에 자체적으로 최적의 공식을 개발했다.[57]

화석연료에서 나온 PET로는 탄산음료 병부터 옷까지 많은 것을 만들 수 있다. PET를 꿀과 비슷한 농도로 녹여 샤워기나 국수 제조기처럼 생긴 방적 돌기에 넣으면 실이 되어 나온다. 이 실로 천을 짜는 것이다.

지속 불가능한 패션 산업에 이의를 제기합니다

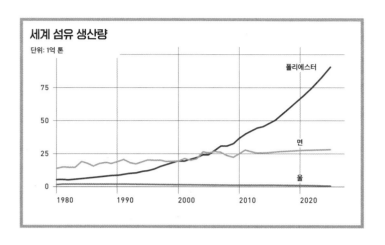

세계 섬유 생산량
단위: 1억 톤

폴리에스터를 비롯한 화석연료 기반 화학섬유로 인해 우리의 옷 문화는 조용히, 그러나 완전히 탈바꿈했다. 면이나 린넨, 울처럼 농장이나 목장 출신뿐이던 옷장이 불과 한 세대 만에 플라스틱 섬유로 가득 찼다. 사실 오늘날 옷의 기원을 가장 정확하게 묘사하는 그림은 해 뜨는 목화 농장이 아니라 해저에 구멍을 뚫는 원유 굴착기다.

농업 보조금에 힘입어 지금도 면을 생산하는 미국은 폴리에스터 시장에서는 세계적인 경쟁자가 아니다.[58] 다른 직물과 마찬가지로 폴리에스터 섬유 생산 시장도 중국이 장악했다. 전 세계 공급량의 절반 이상이 중국에서 나온다.[59] 칭마오사와 다시가 있는 저장성에도 세계적인 폴리에스터 섬유 업체가 여러 곳 있다.

화석연료로 만든 플라스틱 섬유의 폭발적 성장에는 무슨 문제가 있을까? 두 가지다. 첫 번째는 기후변화를 부추긴다. 잘 알다시피 폴리에스터는 대부분 원유에서 시작된다. 면화 재배나 원유 채굴, 석유에서 폴리에스터 섬유를 뽑아내는 과정 등 섬유 생산 단계(방적과 직조 과정

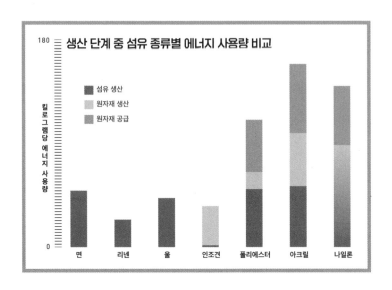

생산 단계 중 섬유 종류별 에너지 사용량 비교

180

킬로그램당 에너지 사용량

0

■ 섬유 생산
■ 원자재 생산
■ 원자재 공급

면   리넨   울   인조견   폴리에스터   아크릴   나일론

은 제외)에서 발생하는 탄소발자국이 우리가 입는 옷 전체에서 차지하는 비중은 15퍼센트인데,[60] 폴리에스터의 탄소발자국은 천연섬유보다 훨씬 크다.[61]

두 번째는 플라스틱 오염이 명백하게 심해지는 문제다. 생산 공장의 세척 공정이건 가정의 세탁이건 간에 합성섬유를 빨면 폴리에스터 파편이 미세 플라스틱 형태로 물에 섞인다. 미세 플라스틱은 최상의 수질 처리 방식으로도 걸러지지 않는다.[62] 이 작은 석유 가공물 조각이 산 정상, 해저 밑바닥, 그 사이의 모든 곳으로 퍼졌다. 2050년이 되면 바다에는 물고기보다 플라스틱이 더 많아질 것이다.[63] 아마도 여러분은 해양 플라스틱 대부분이 빨대나 비닐 쇼핑백, 생수병일 거라 생각할 테지만, 실제 플라스틱 재앙의 상당 부분은 우리 눈에 보이지 않는다.[64] 바다로 들어간 플라스틱 쓰레기 총량 가운데 눈으로 볼 수 있는 건 기

껏해야 6퍼센트에 불과하다.[65]

해양 플라스틱은 상대적으로 최근에 문제로 인식돼 연구자들이 아직 머리를 싸매고 있는 상황이다. 합성섬유로 가장 많이 만드는 옷이 무엇인지, 이것들이 생태계와 인간에게 정확히 무슨 짓을 하는지 등 연구해야 할 것이 아직 많다. 전 세계 섬유 생산량 가운데 플라스틱이 차지하는 비중에 대해서도 과학적으로 논의된 바가 없고, 의류에서 야기되는 플라스틱 오염 비율도 알지 못한다. 그러나 이미 알려진 것, 추정치만으로도 문제가 대단히 심각하다.

플로리다 해변부터 북극해 얼음까지, 우리가 숨 쉬는 공기, 우리가 먹는 소금, 우리가 마시는 생수, 그리고 먹을거리를 기르는 논밭 등 모든 곳에서 미세 합성섬유 조각이 발견되고 있다.[66] 미세 플라스틱 섬유 문제를 다룬 최초의 연구에서는 한 번 세탁할 때마다 옷 한 벌에서 미세 플라스틱이 1,900개 이상 나온다는 결과가 나왔다.[67] 곧 세탁물 한 통에서 70만 개 이상 나온다는 보고가 뒤따랐다.[68] 합성섬유는 시종일관 천연섬유보다 더 많은 미세 플라스틱을 쏟아낸다. 한 해에 바다로 유입되는 합성섬유는 약 20만 9,000톤이다.[69] 바다 생물이 이것을 먹이로 혼동하고 우리가 그 해산물을 먹을 때까지, 미세 플라스틱은 먹이사슬을 타고 올라온다. 한 연구에 따르면 캘리포니아 수산 시장에 있는 물고기의 4분의 1이 미세 플라스틱을 품고 있다고 한다. 미세 플라스틱을 먹은 물고기는 번식률이 떨어지고, 직접 플라스틱 입자에 노출되지 않았더라도 새끼를 적게 낳는 것으로 밝혀질 만큼 해양 생태계에 큰 문제를 일으키고 있다.[70] 기억하자. 플라스틱이 사랑받는 이유는 영원히 남기 때문이다. 듀폰은 처음에도 지금도 이 점은 생각하지 않는 듯하다.

'기적'의 화석연료 제품인 플라스틱이 병원, 식품 안전이나 위생 측면에서 큰 역할을 하는 것은 사실이다(그리고 신축성 있는 운동복처럼 특정한 용도는 나도 인정한다). 하지만 이걸 모든 곳에 쓸 필요는 없다. 그럼에도 말 그대로 모든 곳에, 온 천지가 플라스틱 세상이다. 패션업계뿐 아니라 우리 모두가 경고 대상이다. 미래는 고사하고 지금 이 순간에도 썩 마음에 들지 않는 셔츠 따위를 위해 이렇게 밝혀지지 않은 수많은 위험들을 감수할 가치가 있는지 진지하게 자문해봐야 한다.

비행기가 홍콩 공항을 이륙하자 곧 거즈 같은 부연 구름이 중국의 오염된 해안을 가렸다. 나는 더 이상 시커멓고 메스꺼운 폐수 냄새를 들이마시지는 않게 되었지만, 물로 눈을 씻은 뒤에도 따가운 목을 진정시키기 위해 사탕을 삼켜야 했다. 의류 산업의 주도권을 휘어잡은 초강대국이 발아래 있었다. 중국은 섬유·의류 산업 현대화로 수백만 명을 빈곤에서 구제했고, 금융 면에서나 사회적으로 끊임없이 우리와 연결되었다. 50년 전만 해도 중국의 외딴 강둑에서 플랫 슈즈와 카디건 같은 미국식 유행 패션을 볼 거라고는 상상조차 하지 못했다.

우리를, 그리고 세계를 위기의 벼랑 끝으로 끌고 간 기술 보급의 배후에 옷이 있다. 석탄으로 돌아가는 제조 공장, 규제 없는 화학물질, 값싼 합성섬유, 그리고 만족을 모르고 더 많은 것을 바라는 욕구 때문에 우리(섬유 산업 종사자와 소비자 모두 해당되지만 특히 종사자들) 몸과 지구는 있어서는 안 될 것들에 노출되었고, 생존에 필요한 것들은 고갈되는 중이다.

기후변화와 오염을 일으킨 현장을 직접 눈으로 보기가 점점 힘들어지고 있다. 말 그대로 구름이 발아래 땅을 가려 안 보이기도 하지만, 서구인들이 제조업의 부담과 책임을 세계 각지로 떠넘기기 때문이다. 오염 유발 산업에서 벗어나려는 중국 정부가 계속해서 더 싼 생산원을 찾는 가운데 방글라데시와 베트남, 캄보디아, 에티오피아 같은 나라들이 빠르게 이 바닥으로 들어오고 있다. 이 개발도상국들은 중국의 운명을 되풀이하는 패스트 트랙에 올라탄 셈인데, 우리가 방향을 돌리지 않으면 이들이 중국만큼 성장할 즈음에는 이미 너무 늦어 돌이킬 수 없게 될 것이다. 각종 독소에 노출되지 않는 곳, 옷과 기후변화의 연관성에 직접 관련되지 않는 나머지 세계는 어떻게 하면 될까?

다시의 열정적인 다짐이 떠올랐다. 다시는 "나는 슈퍼맨이니까"라는 말을 여러 번 했는데, 이 책을 읽는 여러분도 마찬가지다. 인정하든 안 하든, 장바구니에 옷을 골라 담는 이상 우리는 영향을 미칠 수밖에 없다. 옷 뒤에 숨은 의류업계와 무역 법규를 만드는 정부에 합당한 요구를 하는 것은 우리 손에 달려 있다. 지구와 우리가 함께 번영을 누리는 길을 방해하지 말라고 요구할 때다.

3

닭장 같은 공장에 갇히다

재단사와 재봉공 그리고 노동의 위기

●

찜통 같은 5월의 어느 아침, 방글라데시 다카에 도착했다. 말 그대로 오감을 폭격하는 도시였다. 사람 소리, 자동차 경적, 기차 소음, 움푹움푹 팬 길을 따라 돌과 쓰레기 따위를 요리조리 피해 다니는 리어카와 삼륜 바이크의 뒤죽박죽 불협화음이 한꺼번에 쏟아졌다. 오렌지부터 엔진오일까지 없는 게 없는 번잡한 시장에는 싸구려부터 명품까지 저마다의 감각으로 휘감은 형형색색 사리의 물결이 펼쳐지고, 또 다른 쪽에서는 바리케이드를 친 부자 동네의 평화로운 공원에 디자인 잡지에서 뚝 떼어낸 양 현대적인 콘크리트 목조 건축이 아름다움을 뽐내며 선명한 대비를 보여주었다. 승용차, 승합차는 물론이고 수레와 트럭 떼가 펼치는 아찔한 군무가 1950년대 로스앤젤레스 교외 지역의 말도 안 되는 교통지옥을 연상케 했다.

지속 불가능한 패션 산업에 이의를 제기합니다

열기와 습기에 모든 것이 짙어졌다. 보고 있던 잡지 위로 땀이 뚝뚝 떨어지면서 사진 속 색들도 깊고 묵직해졌다. 낮이고 밤이고 스모그와 탁한 공기는 풀처럼 끈적였다. 다카에 도착하고 불과 몇 시간 만에 코와 목이 콱 막히는 바람에 이 도시의 사운드트랙에 내 지독한 기침 소리가 추가되었다.

중국 여행 이후 몇 개월이나 지나(그사이 아이가 생겼다) 방글라데시를 찾았음에도 청바지 여행의 두 정거장이 오감으로 연결되면서 시간 차이가 확 사라져버렸다. 중국에서 본 것처럼 글로벌 경제에서 패션산업의 역할은 전환점을 맞았다. 지난 10년간 중국 공장에서는 폭증하는 수요와 비용 절감, 다시 말해 재단과 재봉에 투입되는 인건비가 갈등을 빚었다. 중국 경제가 선진 고임금 산업으로 확장하면서 중국 노동자들도 선택의 폭이 넓어진 듯하다. 중국인들은 더 이상 의류업 일을 선호하지 않는다. 인건비가 가격을 결정하는 첫 번째 요인인 만큼, 패션업계는 노동력이 가장 많이 투입되는 재봉 공정을 중국보다 임금이 더 낮은 나라로 보내기 시작했다.

이와 같은 바닥 찍기 경쟁에서 살아남기 위해 패션계, 특히 저가 브랜드들이 찾아간 곳이 바로 방글라데시다. 스리랑카, 베트남, 캄보디아, 에티오피아도 그런 나라들이다. 2017년 맥킨지 조사를 보면 미국과 EU 의류업체의 책임자 62퍼센트가 머지않아 중국을 떠나 하청 시장을 다각화할 계획이라고 답했다.[1] 방글라데시, 에티오피아, 미얀마, 베트남이 후보지로 부상했다. 2018년 중국이 1,520억 달러로 의류 수출 선두를 달릴 때 방글라데시는 340억 달러로 한참 뒤처진 2위에 머물렀다.[2] 그러나 순식간에 격차를 줄이며 따라잡았다. 앞서 언급한 것처럼 중국이 최고의 데님 수출국이라는 왕관을 빼앗긴 적이 있다. 누가 채갔을까? 주인공은 방글라데시다.[3]

인도와 미얀마 사이, 벵골만 안쪽에 위치한 방글라데시는 아이오와주와 비슷한 크기다. 하지만 인구는 미국 인구의 절반 수준인 1억 6,300만 명에 달해 세계에서 인구 밀도가 여덟 번째로 높은 나라다. 수도 다카는 한때 도시를 관통하는 수많은 강과 그 수면을 가르는 곤돌라, 거대한 화물선 때문에 (강을 뒤덮은 쓰레기만 빼면) '동양의 베네치아'라 불리기도 했다. 그 시절 방글라데시는 면화와 비단의 수도였다. 오늘날에도 전 세계 의류 생산의 중추 역할을 하는데, 곧 보게 될 내용처럼 천연자원보다는 풍부한 인적자원 덕분이다.

이 비좁은 도시의 혼란상은 지난 10년간의 고속 성장을 입증한다. 방글라데시는 현재 세계에서 가장 빨리 성장하는 나라로 꼽히고 있다. 국토의 80퍼센트가 범람원이다 보니 전통적인 농업으로는 생계를 잇기 어려운 사람들이 농촌을 떠나 대거 도시로 유입됐다.[4] 방글라데시는 지리적으로 기후변화에 가장 취약한 나라이기도 하다.[5] 기후변화의 주요한 원인 제공자인 이 나라가 극단적인 기후변화로 가장 큰 고통을 받고 있다는 아이러니를 간과해서는 안 된다.

뭐든 가리지 않고 맹렬히 일하는 노동자 계층이 늘면서 2009년 이래 방글라데시의 국내총생산(GDP)은 188퍼센트 증가했다.[6] 그 덕에 1991년 44퍼센트가 넘던 절대 빈곤 인구가 2019년에는 14.5퍼센트로 급감했다.[7] 신생아와 산모 사망률도 감소했고, 1980년대와 비교하면 평균 수명은 타의 추종을 불허하는 수준으로 증가했다.[8]

의류 생산 기지를 방글라데시로 이전한 것이 이렇게 모두에게 최

지속 불가능한 패션 산업에 이의를 제기합니다

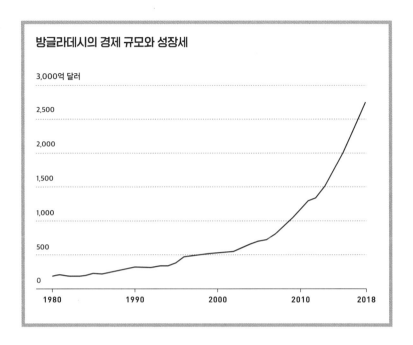

방글라데시의 경제 규모와 성장세

3,000억 달러

2,500

2,000

1,500

1,000

500

0

1980   1990   2000   2010   2018

고의 뉴스였다면 좋으련만, 당연하게도 마냥 좋기만 한 일은 없다. 내가 목격한 바도 그렇고 데이터들 역시 다른 이야기를 한다.[9] 우선 모든 경제 성장의 열매는 공평하게 분배되지 않는다. 다카와 그 인근을 걷는 것만으로도 빈부 격차가 뚜렷하게 보였다. 사람들이 바글바글한 빈민가(비록 뒤쪽에 가려져 있다 해도)와 호화로운 부자 동네가 고작 몇 걸음 거리인데, 나처럼 전혀 다른 세계에서 온 외국인에게는 이런 공존이 크게 거슬렸다.

소득과 수명은 늘어났지만 계속해서 단가에만 초점을 맞추는 산업이라면 언젠가 한계에 부딪히기 마련이다. 일단 임금을 살펴보자. 2013년 중국 섬유·의류 산업 노동자의 월평균 임금은 491달러였고,

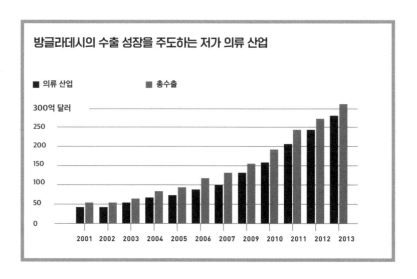

방글라데시의 수출 성장을 주도하는 저가 의류 산업

■ 의류 산업   ■ 총수출

300억 달러

250

200

150

100

50

0

2001 2002 2003 2004 2005 2006 2007 2009 2010 2011 2012 2013

방글라데시 노동자는 163달러였다. 현재 글로벌 의류 기업들의 확장 후보지로 순위를 다투는 나라 중에는 월평균 급여가 26달러인 에티오피아보다 더 낮은 곳도 있다.[10] 방글라데시를 비롯한 개발도상국들이 의류 제조업 파티에 초대받으면서 패션 브랜드들은 계속 바닥 찍기 경쟁을 이어갈 수 있게 됐다. 방글라데시도 비싸다고 판단하는 기업들은 그 경쟁이 야기할 파장 따위는 외면한 채 또 다른 저임금 국가를 찾아 공장을 옮길 것이다.

이웃한 고층 건물과 코라일 빈민가를 가르는 수로에는 옷과 비닐봉지, 썩은 나무, 고무호스 등 온갖 쓰레기들이 총천연색 낙엽처럼 흩어져 있었다. 방글라데시의 현대화를 이끈 패션 산업의 찌꺼기들이 그곳에 있었다. 의류 산업은 방글라데시 GDP의 12.26퍼센트, 수출의 83.9퍼센트를 차지한다.[11] 그러나 곧 보겠지만 의류업계는 가뜩이나 팽

코라일 슬럼가의 섬유 폐기물과 쓰레기 강물이 부유층 거주지와 경계를 이룬다.

팽해진 솔기를 아예 터뜨려 찢으려는 참이다. 이런 의문이 생긴다. 의류에 대한 투자 증가가 종국에는 방글라데시의 발전을 저해할까? 아니면 이 나라, 의류 산업 전체, 전 세계의 사회적 유동성을 높이고 장기적인 번영으로 가는 길이 되어줄까?

자르고 꿰매기
확장을 위한 경제학

덩치 큰 흰색 승합차가 호텔에 도착했다. 다카 외곽, 의류 제조업체들을 도심에서 이전시키면서 인기가 높아진 가지푸르 지역의 대규모 공장에 가는 길이었다. 차에 오르면서도 한숨이 나왔다. 내가 얻고 싶은 것은 공장의 진짜 '내부 정보'다. 그런데 공장 측에서 친절하게 마련해준 차량을 타고는 결코 견학 수준을 벗어날 수 없을 것이다.

그럼에도 1시간 만에(호텔에서 공장까지는 26킬로미터, 1시간 반이 걸린다) 승합차 안에서도 공장 주변의 삶을 분명히 엿볼 수 있었다. 내가 유리창에 얼굴을 붙이고 밖을 내다보는 동안 운전기사와 공장장의 조수는 앞좌석에서 벵갈어로 잡담을 나눴다. 곧 도시를 벗어나 다른 세상으로 진입했다. 다채로운 초록이 어우러진 자연, 추상적인 조형물, 어수선한 교통 상황 등은 부상하는 다카 도심의 혼돈이 다른 종류로 전환되었음을 의미했다. 눈앞에 농촌과 산업 지구가 뒤섞여 펼쳐졌다.

우리는 자동차와 보행자와 릭샤와 웅덩이를 피해 지저분한 길을 달렸다. 길 옆 철로에는 쓰레기와 부서진 파이프 따위가 어지럽게 널려 있었다. 생일 케이크에 흩뿌린 무지갯빛 가루처럼 진흙 무더기에 알록달록한 쓰레기들이 박혀 있었다. 상자, 비닐봉지, 짝 잃은 슬리퍼, 그리고 천 조각들. 천 조각이 없는 데가 없었다. 파파야 나무와 야자수 몇 그루가 대담하게 인간의 물질적 욕망에 저항하며 서 있었지만, 그 전쟁에서 전부 살아남지는 못한 듯했다. 뿌리 뽑혀 누운 거대한 나무가 마치 인간과 자연의 전쟁터에 쓰러진 전사자 같았다.

저 멀리엔 먹물처럼 시커먼 강이 농경지를 되는 대로 가로지르고 있었는데, 이 역시 전쟁 피해자였다. 역시나 중국을 떠올리게 하는 광경이었다. 악취 풍기는 시커먼 강물을 두고 다시가 "사실은 깨끗한 편"이라며 나를 설득하려다 끝내 실패했던 순간이 떠올랐다. 그때만 해도 그 지경으로 오염된 물을 본 적이 없었는데, 이제야 다시의 말뜻이 이

지속 불가능한 패션 산업에 이의를 제기합니다

해됐다. 진짜 검은 강이란 이런 거구나.[12] 방글라데시에 흐르는 강 가운데 세 곳이 의류와 가죽 산업으로 오염돼 말 그대로 "생물학적으로 사망"하면서 어떤 생명체도 살 수 없게 되었다.[13]

시야에 들어오는 섬유 폐기물이 점점 많아졌다. 공장에 가까워지고 있었다. 산업 단지를 지나는 동안 문이 열린 몇몇 건물 안쪽이 들여다보였다. 섬유 쓰레기가 산처럼 쌓인 곳이 있는가 하면, 또 다른 곳에는 끝없이 쌓인 원단이 옷이 될 차례를 기다리고 있었다. 우리가 입는 옷들의 원자재와 부산물 쓰레기가 끝없이 높이 쌓여 도로로 쏟아지고 진흙 바닥에 나뒹굴었다.

중국의 칭마오사가 면화나 폴리에스터 같은 원료 섬유를 직물로 만드는 곳이라면, 이곳 가지푸르는 원단을 자르고 꿰매는 경이로운 세상, 원단 두루마리가 옷이 되어 나오는 장소다. 칭마오에서는 공장의 규모와 그에 대비되는 더러운 강물에 압도됐지만, 여기서는 또 다른 종류의 디테일과 숙련도, 효율성에 경외감과 혐오감이 동시에 들었다. 중국은 세계의 공장이다. 그런데 이곳의 재단사와 재봉공은 아예 기계가 되어버린 양 상상할 수 없을 정도로 빠른 속도로 옷을 만들어낸다. 회의감이 들었다. 인간이 이런 식으로 기계가 되어야 한단 말인가?

내가 찾아간 업체는 생산 라인 70개가 있는 두 공장에서 1만 명이 넘는 노동자가 일하고 있었다. 중국, 인도, 튀르키예, 베트남, 파키스탄 등지에서 원단이 들어오고, 공장은 다달이 옷 100만 벌을 토해낸다. 이 옷들은 갭, 앤 테일러, 아메리칸 이글 등등의 의류 브랜드 온·오프라인 매장으로 출하된다. 생산 라인에 앉아 일하고 있는 사람들을 보고 있자니 법과대학원 재학 시절에 충동 구매한 옷들이 생각났다. 아무렇게나 쓰고 버리던 일회용 종이컵처럼, 내가 무심코 사고 무심코 버렸던 옷들을 만들었을 누군가(어쩌면 이 공장 안에 있는 누군가)에 대해 나는 잠시라도 관심을 가진 적이 있던가?

　불행히도 방글라데시에서는 데님 공장에 가볼 수 없었다. 내가 간 곳은 청바지를 만드는 공장이 아니었다. 하지만 여기서 다른 옷 두 종류를 만드는 과정을 처음부터 끝까지 지켜보았다. 여성용 카고 재킷과 남성용 바지였는데, 청바지를 만드는 것과 크게 다르지 않았다. 첫 단계는 재단이었다. 원단을 여러 겹 포갠 위로 종이 옷본(패턴)이 놓여 있었다. 뒤쪽 벽면에 치수별로 걸려 있는 팔이나 다리 한 짝, 칼라, 소매, 뒷주머니 등의 패턴들을 하나하나 모아 꿰매면 온전한 옷 한 벌이 되었다. 부위별 패턴은 개별 브랜드의 디자인 팀에서 디지털 파일로 보내온다. 다른 구역에 있는 기계가 두루마리 종이를 잘라 패턴을 만들고, 목공용 전동톱처럼 생긴 큰 톱이 종이 패턴의 외곽을 따라 달리면서 누텁게 쌓인 원단을 잘라낸다. 삐뚤빼뚤하지 않으려면, 또 손가락이 잘리지 않고 두툼하게 포갠 원단을 정확하게 자르려면 상당히 숙련된 실력이 필요하다. 기계를 작동하는 남자가 사슬 장갑을 끼는 이유다. 재단 기계는 워낙 크기 때문에 주로 남자들이 맡는다. 재봉의 다른 공정과 달리 이 구역에서는 작업자 절반이 Y 염색체 소유자다.

　이곳에서 잘라낸 조각들은 곧 위층 생산 라인으로 올라가 합체되기 시작한다. 다리와 팔, 칼라와 옷깃 더미를 따라 불빛 희미한 계단을 올라가면서 내 눈높이보다 훨씬 높이 붙어 있는 자그마한 포스터들을 발견했다. 작은 글씨로 빼곡하게 박힌 영어가 보였다. 브랜드 이름과 '행동 강령'이라는 단어가 적혀 있었다. 전에 재택근무로 일하던 회

　지속 불가능한 패션 산업에 이의를 제기합니다

사 사무실에도 노동자의 권리와 최저 임금법을 알리는 크고 화려한 포스터가 있었는데, 미적으로는 썩 만족스럽지 않아도 주방이나 복사실처럼 항상 눈에 잘 띄는 곳에 걸려 있었다.

재봉실은 한 층 전체가 통째로 윙윙거렸다. 재봉틀이 줄지어 선 작업대를 둘러싸고 끊임없이 윙윙 소리가 울려 퍼졌다. 바느질은 산업화 이전에도, 산업화 초기에도 여자들의 일이다. 전 세계 산업계의 여성 노동자 비율에 대해서는 정말이지 화가 치밀 정도로 제대로 된 수치를 찾아보기 어렵다. 그런데 어떤 자료가 됐든, 또 내가 직접 관찰한 결과를 보더라도 옷 만드는 기계를 움직이는 건 대부분 여자들이다. 재단사와 재봉사 80퍼센트가 여성이라는 수치가 있긴 하지만 확실치는 않다.[14]

재봉 층에 도착하자 긴장감에 몸이 옥죄는 듯했다. 곳곳에 속도와 생산성이 표시되어 있었다. 그 층에 있는 작업 라인은 22열, 각 라인 앞에는 월, 일, 시간, 30분 단위로 세분한 목표량과 현재 달성량을 기록한 화이트보드가 있었다. 재봉사 쉰 명과 조수 열 명, 다림질 작업자가 여섯 명씩 배정된 각 열은 이날 갈색 바지를 1,600벌씩 만들어내야 했다. 현황판에 표시된 현재 생산 속도는 시간당 161벌. 바지는 영국의 대중 브랜드로 비교적 단순한 옷이었지만, 생각을 해보는 게 좋겠다. 잠깐 서서 지금 입은 바지를 한번 보자. 바지 한 장을 만드는 데는 손이 많이 간다. 크고 작은 곡선, 허리띠 고리, 솔기 강화 작업을 모두 사람이 직접 바느질한다.

다른 공장들도 이런 방식으로 생산성을 관리한다. 과학적 관리법의 아버지이자 능률 증진 운동의 선구자였던 프레더릭 테일러

(Frederick Taylor)가 100년 전에 개발한 조립 라인 시스템이다. 효율성을 극대화하기 위해 부위별 천 조각을 별도의 기계와 작업자가 조립해 옷 한 벌을 만든다. 산업 엔지니어라고 소개받은 젊은 여성이 클립보드를 들고 능숙하게 기계 사이를 누비고 다녔다. 이들은 의복 제작 단계를 표준 시간 단위로 세분한다. 각 작업자의 동작 시간은 다음 작업자의 효율성을 극대화하는 기준으로 계산해 설정한다. 1초라도 아껴야 하는 공장 측은 한 발짝이라도 더 움직이는 건 원치 않는다. 한순간만 지연돼도 일부분만 봉재된 미완성 옷들이 무더기로 쌓일 것이다. 공장 밖 도심이 교통 체증으로 꽉 막히는 것과 같다.

그날 주문받은 바지를 만드는 한 작업자가 천 조각 두 개를 꿰매 다리 한쪽을 만들고, 이렇게 만든 부분을 그네에 걸어 앞에 있는 공정으로 밀어 보낸다. 그네는 금속 트랙을 따라 달려간다. 다음 작업자가 바지 다리를 잡아 허리 밴드를 붙여서는 다시 그네에 태운다. 허리띠 고리, 그네, 다른 다리 한쪽, 그네, 안쪽 단추, 그네, 지퍼, 그네, 밑단, 그네, 솔기 강화, 그네, 다림질, 그네, 품질 확인, 그네, 이런 식으로 작업이 이어지는 것이다. 66명의 손을 거쳐 작업 라인의 끝에 다다르면 정확하게 우리가 매장에서 구매하는 옷이 된다. 잘 접어 다리고 라벨까지 붙은 바지다. 이제 바지는 포장실로 운반된다. 거기서 꼬리표를 달고 기록하고 하나하나 비닐봉지로 포장해서는, 배송지가 적힌 주문서와 함께 차곡차곡 쌓인다.

중국 공장에서는 40조각을 조합해 버튼다운 셔츠 한 벌을 만들 때 작업자 30명이 기계 60대를 조작해 50단계를 거쳐 완성한다고 설명했다. 작업 흐름이 끊기지 않도록 한 사람이 기계를 두 대 이상 조작하기도 했다. 새로운 생산 방식을 채택한 이후 셔츠 한 장을 만들 때 드는 시간이 평균 20분에서 16분으로 줄어 효율성이 20퍼센트 향상되었다고 했다. 이러한 '개선' 덕에 생산자들은 똑같은 작업을 하루 1,000번 이상 정확하게 반복하면서 최대한 기계에 가까워졌다. 허리 부위나 깃 부착처럼 복잡한 일을 하는 숙련공이 늘어날수록 기본 바느질처럼 간단한 일을 하는 하급 작업자도 늘어난다. 효율성의 정점을 달리는 '인간 산업 공학'의 위업이 내 눈앞에 펼쳐졌다. 하지만 그 '인간 기계' 중 공학 기술자로 등록된 사람은 단 한 명도 없었다.

무지개에서 색이란 색은 모두 뽑아낸 듯한 전통 사리와 섬세한 장식, 그리고 허공에 자욱한 섬유 먼지로부터 보호해주는 마스크까지 한 여공들의 사뜻한 옷차림과 찡그린 표정의 대조는 참으로 인상적이었다. 몇몇은 맨발로 재봉틀 페달을 밟고 있었는데, 나로서는 벽에 붙은 행동 강령과 안전 조치를 곱씹어볼 수밖에 없었다. 물론 그들이 톱질을 하는 건 아니다. 아무리 그래도 맨발이라니? 문화적 규범은 제쳐두고, 미국 공장에서 이런 일이 벌어진다면 과연 직업안전보건법(OSHA, Occupational Safety and Health Act)을 피해갈 수 있을지 궁금해졌다.

누군가 화이트보드에 적힌 목표치를 깜빡할 경우, 혹은 기계처럼 일하지 못할 경우에 대비해 공장은 살벌한 경고 시스템을 갖춰놨다. 공장 바닥 중앙에는 생산 라인 22개에 맞춰 각각 전광판이 깔려 있어, 목표를 따라가지 못하는 라인이 있으면 경찰차의 경광등처럼 번쩍이는 빨간 불빛으로 모두에게 상황을 알린다. 그렇다면 생산 라인의 속도는 어떨 때 떨어질까? 궁금하지 않은가? 어느 재봉공이 재채기를 하거나, 잠깐 손을 멈춰 가려운 곳을 긁거나, 몇 시간째 허리띠 고리를 꿰매느라 구부리고 있던 손가락을 펴거나, 혹은 신참 작업자가 아직 기계로 제대로 변신하지 못했을 때일 것이다.

재봉공들을 뒤로하고 옷(과 가이드와 나)들은 생산 라인 끝에 다다랐다. 완성된 옷은 1분도 되지 않는 간격으로 쏟아져 나왔다. 이렇게 해서 나는 45분 만에 옷이 만들어지는 과정을 전부 살펴볼 수 있었다. 마지막 단계로 잘 압축한 옷에 꼬리표를 달고 상자에 담아 배송하는 포장실로 가면서, 나는 넘실거리는 여성 작업자들의 바다를 바라보았다. 긴장된 얼굴, 뻣뻣한 등, 소음 속의 침묵, 간간이 번쩍이는 불빛, 칙칙한 사리. 서구에서 먹히는 화려한 광고와는 거리가 먼 소비지상주의의 민낯이었다.

우리의 면화 여행을 열어준 노동자들, 다시 말해 목화가 왕좌에 오르기까지 모든 과정을 떠안은 노예의 역사가 메아리로 내 안에 울려 퍼지고 있다는 걸 알 리 없는 공장 관리자들은 오로지 자기들의 효율성을 과시하기 바빴다. 그들은 이렇게 어마어마한 생산량을 달성할 수 있는 이유로 공학적인 시스템 투자를 꼽았다. 이 공장의 시설 두 곳에서는 매월 100만 벌 이상 옷을 만든다. 공장 관리자들은 자랑스러운 듯 공장 의무실과 수유실을 콕 집어 보여주었다. 그러나 계단 위에 있는 의무실에는 정말 최소한의 시설밖에 없었다. 얇은 커튼으로 분리한 침상 세 개에 두 사람이 의사의 진찰을 기다리고 있었는데, 광대한 재단실과 재봉실에 비하면 터무니없이 좁은 공간이었다. 사내에 의사를 두는 발상은 굉장히 선진적으로 들릴 수도 있다. 환자와 의사의 비율이 3,600 대 1인 것만 빼면 말이다. 맥 빠지는 건 수유실도 마찬가지였는

지속 불가능한 패션 산업에 이의를 제기합니다

데, 수유실 문 앞에서 나는 허둥지둥 다음 장소로 떠밀려났다. 가임기 여성 수천 명이 공장 안에서 허리를 꼬부리고 있음에도, 수유실에서 아기에게 젖을 먹이는 여자는 단 셋뿐이었다.

견학이 끝나가는 정오쯤 공장 관리자들과 이야기를 나누기 위해 공장장의 넓은 사무실로 안내받았다. 노동자들은 물론이고 무슬림 경영진도 한 달 간의 라마단을 맞아 금식 중이었지만 나는 정중하게 샌드위치와 물 한 병을 얻어먹었다. 내가 식사를 하고 나서 임원 세 사람이 사무실로 들어왔다. 우리는 그곳 분위기에 딱 맞춰 어색하게 놓인 왕좌 같은 가죽 의자에 앉았다. 임원 대부분은 방글라데시가 아닌 인도 출신으로, 현지인 관리자가 부족한 현실을 고스란히 보여주었다. 나중에 방글라데시의 명문 BRAC 대학교의 샤히두르 라흐만(Shahidur Rahman) 교수는 이렇게 설명했다. 방글라데시에서는 아무리 임원이 된다 한들 공장 일을 근사하게 보지 않으며, 이는 미국과 중국이 이런 일을 불명예스럽게 여기는 시각이 투영된 것이다. 공장 관리자의 일이란 까다로운 고객의 입맛에 맞춰 제품을 만들어내는 동시에 실낱같은 이익을 지키기 위해 밤낮 없이 신경을 곤두세우는 일이다. 경영진 스스로 자기 자식은 이 업계에 들어오지 않으면 좋겠다고 말하는 이유다.

나는 그들에게서 운영 상황을 듣고 싶었지만, 공장 임원진은 도리어 내가 중국에서 본 것들과 자기네 공장을 어떻게 평가하는지 여부를 물었다. 작업자들의 표정이 내 기억 속에 생생했다. 그 공장의 생산성만큼은 인상적인 게 사실이었다. 우리는 출신을 불문하고 업계 사람 모두가 구사하는 유려한 효율성의 언어로 답했고, 실제로 "감명 깊다"는 말로 통역됐다.

중국이든, 방글라데시든, 또 다른 어디든 간에 우리 모두가 긍정적으로 평가하는 효율성은 조금 전 공장에서 목격한 인간의 기계화를 합리화하고 정당화한다. 효율성은 노동자를 기계의 기준으로 평가하라고 요구한다. 급여와 용변을 위한 휴식과 건강 지원 서비스, 명확한 권리 보장과 소통 등을 최소화하면서 초당 작업량, 시스템 에러 방지 등을 통해 생산량을 극대화시키는 방법이다.

방글라데시에서 만난 정부 관리와 개발 전문가는 충분히 기계화되지 못한 인간을 대체해 진짜 기계가 투입되는 자동화 추세에 대해 두렵다고 말했다. 솔직히 그 말은 어딘가 종말론처럼 들렸는데, 로봇이 산업 현장을 장악한 세상에서 눈뜨는 것보다 훨씬 은밀하고 실질적인 위협이다. 윙윙대는 작업장에서 본 엔지니어들이 실제로 이런 일을 한다. 단계별 소요 시간을 추적해 제조 라인을 더 효율적으로 설계하고, 미세하고 민첩한 인간의 작업을 더욱 잘 재현하는 기계를 만드는 것. 생산 책임자는 비용을 줄여주는 자동화 라인에서 이윤이 더 많이 난다는 생각에 싱글거리며, 5년 안에 자동화로 라인별 직원 수가 20~30퍼센트 줄어들 것이라고 내다봤다. 방글라데시의 발전에는 자동화가 긍정적이지 않을 수 있지만 공장의 재무제표에는 월등히 좋은 일일 것이다.

이렇게 글을 쓰든, 보고서를 읽든, 아니면 신표준연구소의 동료들에게 이메일을 보내든, 내가 하는 일이란 기껏해야 컴퓨터 자판을 두드리거나 발표 석상에서 손짓 발짓으로 설명하는 게 전부다. 내가 관리자들이 없어도 그만이라고 장담하는 노동자의 입장이 될 수는 없다. 그들의 마음속에 들어갈 수도 없고, 쉬지 않고 같은 동작을 반복하는 동안 레이저처럼 쏘아보는 시선 뒤의 생각을 짐작하지도 못한다. 솔직히

지속 불가능한 패션 산업에 이의를 제기합니다

털어놓자면 나는 인간 기계의 삶에 제대로 들어가 볼 수 없었다.

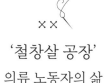

'철창살 공장'
의류 노동자의 삶

며칠 뒤 방글라데시의 또 다른 세계인 빈민가를 찾아갔다. 단정하고 계획적이며 현대적 분위기가 물씬 풍기는 호텔 앞 호수 바로 건너편이 코라일 빈민촌이었다. 국영 통신사가 그 지역을 인수한 후 10년이 지나 1970년대에 거주지로 개발됐다고 한다. 미로 같은 흙길로 들어서자 다른 세계로 건너간 듯한 기분이 들었다. 너무 좁아 차도 다닐 수 없는 길에 라임과 생강, 망고, 감자를 파는 노점상과 잡화 좌판, 이발소 등과 함께 사람들이 꽉 차 있었다. 다카 도심을 정면으로 바라보고 있으면서도 고립된 곳이라는 느낌이 들었다. 뒤로는 쓰레기로 가득 찬 호수가 도심과 이곳을 갈라놓았다. 과거 이곳은 화마에 초토화됐고, 불과 몇 달 사이에 화재가 반복되면서 인근 빈민가까지 전부 타버렸다. 수만 명이 집을 잃고 길바닥에 나앉았다. 대부분 의류 노동자였다.[15]

가이드이자 통역사가 되어준 교수가 동네 안쪽으로 깊숙이 데려갔다. 백인이라곤 나 하나뿐이었다. 미국 외교관 친구에게 함께 가겠느냐고 물었지만 그는 안전 문제를 들며 정중히 거절했다. 10분 정도를 걸으니 골목은 더 좁아졌지만 동네는 한결 조용하고 깔끔해졌다. 이곳에서 내가 품었던 의문에 답을 얻었다. 인간 기계가 된다는 게 어떤 건지 여기서 답을 알게 되었다.

서른여섯 살의 의류 노동자 리마가 문간에 서서 웃고 있었다. 대학의 협조로 내가 인터뷰했던 사람이었다. 왜 공장에 갔을 때 노동자들과 이야기하지 않았느냐고? 관리자가 안내하는 대로 철저하게 따라갈 수밖에 없는 그곳에서는 그럴 기회를 얻을 수 없었다. 재봉공들에게 빈민촌과 공장을 오가는 삶을 있는 그대로 말해달라고 캐물어봐야 그들은 적당히 얼버무릴 것이고, 심지어 그런 대화를 나누는 것만으로 위험한 상황에 처할지도 모를 일이었다. 얌전하면서도 푸근한 느낌의 리마가 우리를 집 안으로 맞아들였다. 양철판 열 장 남짓, 단칸 판잣집은 밝은 청록색으로 칠해져 있었다. 이 구역에는 판잣집 열두 채가 있었는데 집집마다 두서너 명이 살았다. 하나뿐인 부엌과 변소, 샤워기는 열두 집이 나눠 쓴다고 했다.

리마는 조금도 주저하지 않고 놀랍도록 작지만 완벽하리만치 깔끔한 이 집에서 유일한 자리를 내게 내주었다. 그녀의 싱글 침대였다. 방의 절반을 차지하는 침대에 우리 일행이 달라붙어 앉다 보니, 전에 살던 뉴욕 집의 좁디좁은 화장실이 떠올랐다. 뉴욕 기준으로도 너무 작았던 그 화장실이 딱 이 집만 했는데, 너무 좁아서 이동식 욕조조차 놓을 수가 없었다. 딱 그만 한 공간에서 리마와 남편, 그리고 두 아이까지 네 명이 살고 있었다.

HGTV* 전문가의 조언 따위 없이도 리마는 작은 틈바구니까지 살뜰하게 활용하는 나무랄 데 없는 살림 솜씨를 보여주었다. (세간이 너

---

* 미국의 인테리어 및 부동산 전문 유료 TV 채널.

무 적어서 가능한 일이기도 했다) 침대 바로 위에는 수건과 잡동사니가 든 비닐 가방이 걸려 있고, 벽과 침대 사이에는 작은 수납장 하나가 끼여 있었다. 다른 벽은 TV를 올려둔 작은 캐비닛이 차지하고 있었다. 발치에는 냉장고가 있었는데, 먹을거리를 보관할 수 있는 이 황홀한 물건은 최근에야 들여놓았다고 했다. 이렇게 세간이 몇 안 되는데도 남은 바닥에는 사람 한 명이 앉지 못하고 서 있어야 할 정도였다. 발을 모으고 팔을 옆구리에 딱 붙이고 말이다.

집을 둘러보면서 리마가 어떻게 이런 작품을 만들어냈는지 궁금해졌다. 부부의 사생활은 어떻게 할까? 밥은 어디서 먹지? 애들은 어디서 놀고 공부는 어디서 할까? 옷은 어디서 갈아입을까? 어떻게 이렇게 가까이 붙어 서 있을 수 있지? 비도 자주 오는데 시끄러운 양철판 안에서 어떻게 잠을 자려나? 한편으로는 이런 집이 유니세프의 기금 모금 영상에서 어떻게 왜곡될 수 있을지 생각이 꼬리를 물고 이어졌다. 실제로 그런 영상에는 방글라데시의 슬럼가가 자주 등장한다. 불결한 빈민가에서도 리마처럼 최선을 다해 살아가는 멋진 사람들이 있건만…. 모금 영상에서는 한 번도 그런 사람을 본 적이 없다.[16] 구호 기관들은 절실한 기부금을 모으기 위해 모든 사람에게 '희생자'라는 한 가지 라벨을 붙여버리곤 한다.

리마는 방글라데시 중남부의 바리샬에서 자랐다. 20년쯤 전 홍수로 농지를 잃은 뒤 가족과 함께 다카로 이사했다. 몇 년간은 띄엄띄엄 옷 공장에서 일했는데, 열아홉 살인 딸과 열두 살 된 아들이 어렸을 때는 제대로 일을 할 수가 없었다. 어린아이들을 돌봐줄 사람이 없었고, 비좁은 빈민가에 화재가 워낙 잦다 보니 무섭기도 했다고 한다. (흔한 일 같았다. 공장 수유실 이용자가 그렇게 적은 이유를 설명해주는 듯했다) 지금은 셔츠 공장에서 8년째 일하고 있다. 처음에는 나른 옷 공상에 보조로 들어갔다가 거기 재봉사에게서 재봉 기술을 배웠다. 그 덕에 다카와 가지푸르에 공장 두 곳을 두고 직원 1,400명을 거느린 회사에 취직할 수 있었다. 리마가 다니는 공장은 작업 라인 두 개에 500명이 일하는 다카의 공장이다. 도심지에 남아 있는 오래된 공장들은 이 공장처럼 규모가 작은 편이다.

리마는 이야기를 시작하자 놀라울 정도로 침착하고 명랑한 어조로 하루 일과를 묘사했다. 이야기를 듣는 동안 나는 내가 어디 있는지 잊을 뻔했다. 리마는 5시에 일어나 밥을 짓는다. 식구들의 아침과 점심밥이다. 공장까지 걸어가는 데는 45분 걸리고, 오전 8시부터 오후 5시까지 멈추지 않고 셔츠를 만든다. 오후 1시, 휴식 시간은 점심시간 1시간뿐이다. 근무일의 절반 이상은 야근을 하기 때문에 오후 8시나 10시까지 일하곤 한다. 초과 근무를 하더라도 휴식 시간은 빵 하나와 바나나 하나를 배식받는 10분이 전부다. 하루 9~14시간 일하고 나서는, 다시 집에 걸어와 저녁밥을 짓는다. 잠자리에 들었다가 일어나면 다음 날이고, 날마다 이 생활을 반복한다. 일주일에 엿새를 그렇게 보낸다.

리마는 주 62시간 일하는데, 최근 조사들을 보면 이게 방글라데시 의류 공장 근로자들의 평균 근무 시간이다.[17] 월급은 미화로 100달러가 채 안 되는 8,000타카. 초과 근무 수당이 최대치로 포함되었음에도 방글라데시의 최저 임금에 못 미치는 금액이다. 방글라데시나 스리랑카에서 리마 같은 노동자들이 법정 최저 임금을 버는 유일한 방법은 기나긴 초과 근무뿐이다. 또 한 가지 잊어서는 안 되는 것이 가족을 위해 떠안는 무보수 가사 노동인데, 이것만 갖고도 책 한 권은 너끈하다. 조사 결과를 보면 방글라데시에서 시간당 최저 임금을 받지 못하는 의류 노동자가 64퍼센트에 달하는데, 리마도 그중 하나다.[18]

설상가상으로 청정 의류 캠페인* 보고서에 따르면 아시아 국가 대부분에서 정부가 정한 최저 임금은 생활임금의 절반에도 미치지 못한다.[19] 리마 부부는 집세와 식료품, 아이들 학비 같은 기본적인 생활비도 감당하기 버겁다. 이뿐 아니다. 의류 공장 노동자 상당수가 영양실조 상태. 방글라데시의 한 연구에 따르면 재단·재봉공의 4분의 1이 체중 미달이고, 여성 노동자의 77퍼센트가 빈혈을 앓고 있다.[20]

리마는 아이들 때문에 산다. 희망을 물으니 금방 얼굴이 밝아져서는 이렇게 답했다.

"저는 꿈이랄 게 없고요, 우리 애들이 제 꿈이죠. 애들이 반듯하게 잘 커서 언젠가는 저와 제 남편을 돌봐주면 좋겠어요."

리마는 딸이 간호사가 되고 아들이 기술자가 되는 꿈을 꾼다. 그리고 한편으로 어린 시절 미처 받지 못한 중학교 교육을 받는 꿈도 꾸어본다.

나는 나중에 통역자에게 어떻게 하면 리마의 꿈이 이뤄질지 물어보았다. 그는 편치 않은 얼굴로 답했다. 딸의 간호학교 수업료 정도는 그리 비싸지 않으니 대출을 받을 수도 있겠지만, 아들의 꿈은 비관적이었다. 부부의 벌이를 합쳐도 교육비만큼 대출을 받을 수 있을지 회의적

---

*   Clean Clothes Campaign, 의류업계 노동조합 및 비정부 기구들로 구성된 다국적 기구.

이라는 것이었다.

나는 리마에게 재봉공으로 일하는 게 어떤지 물어보았다. 리마가 대답할 말을 찾는 잠깐 사이 방 분위기가 확 달라졌다. 공장 바닥의 경고등 앞에서 느꼈던 긴장감이 양철집 안에 맴돌았다. 주황색과 파란색이 어우러진 리마의 사리와 청록색 벽에 구름이 잔뜩 낀 것 같았다.

"일이 너무 고돼서."

말문을 연 리마가 눈을 내리깔았다. 목소리도 내려앉았다. 리마가 일하는 작업 라인에서는 매일 옷 1,000벌을 뽑아낸다. 목표치보다 뒤처지면 어느새 어깨 뒤에 나타난 관리자가 다그치면서 초과 근무 일거리를 주지 않겠노라고 위협한다. 다카의 빈민가 세 곳에 사는 의류 공장 여성 노동자를 대상으로 조사한 결과, 67퍼센트가 일터에서 물리적인 폭력을 당했다는 보고가 있었다.[21] 리마도 허락을 받아야만 화장실에 갈 수 있고, 작업 진행률이 떨어지기 전에 자리로 돌아와야 한다. 전문가의 말에 따르면 공상마나 화장실 이용 수칙은 조금씩 다르지만 일반적으로 노동자들이 화장실에 갈 수 있는 횟수가 정해져 있는 것은 다 똑같고, 여공이 자리를 비울 때는 관리자가 잠시 그 자리를 메운다. 일하는 동안 문은 잠가둔다. 명백한 불법인데 리마는 모르는 것 같았다. 노동자 대표도 없다. 대단히 드문 경우지만 노동자들이 뭔가에 항의할 때는 여자가 남자에 비해 경찰에 잡혀갈 확률이 낮기 때문에 보통 여자들이 계획을 세운다. 2018년 말과 2019년 초 파업으로 경찰과 대치하다가 노동자 한 명이 숨졌다. 이때 8,000여 명이 작업 중단에 참여했다는 이유로 부당 해고당한 사건이 있었는데, 이것이 노동자들이 주도한 파업의 대표 사례였다.[22]

지속 불가능한 패션 산업에 이의를 제기합니다

리마에게 다시 물었다. 몇 시간씩 재봉틀 앞에 앉아 기계처럼 움직이는 동안 무슨 생각을 하는지 궁금했다. 그녀가 혼란스러운 얼굴로 나를 쳐다봤다. 왜 쳐다보지? 무슨 생각을 하는 걸까? 나의 미천한 반복 작업 경험과 그동안 숱하게 읽은 저임금 노동 관련 기사나 체험기를 떠올리며,[23] 나는 리마가 마음속으로 그 지긋지긋하고 절망적인 상황에 소리 없는 비명을 지르면서 심리적 도피를 위해 다른 일이나 장소를 상상할 거라고 생각했다. 그러나 곧 리마가 내 잘못된 예상을 일깨워주었다. 기계 앞에서 할 수 있는 생각이라곤 오로지 목표량뿐이었다. 공상 따위가 끼어들 시간은 없었다. 전혀 정신을 팔 수가 없는 것이다. 불량 엄금, 작업 지속, 불량 엄금, 작업 지속, 바늘땀과 바늘땀 사이에는 이 주문만 존재할 뿐이다.

다시 리마에게 하고 있는 일을 어떻게 생각하느냐고 물었다.

"아침에 일어나면요, 공장이 새장 같아요."

리마는 거의 늘 우울하고 불행하지만 그래도 가끔은 행복하다고 덧붙였다. 공장에서 함께 일하는 동네 친구들 이야기를 할 때는 미소 비슷한 것이 떠오르기도 했다.

———

리마의 이야기는 특별할 게 없다. 스트레스가 극심한 재봉 일과 별다른 선택지가 없는 저임금 노동환경은 패션업계에 만연한 일상이다. 실상 현재의 경제 위기와 노동 위기의 핵심 원인이기도 하다. 역사가 스벤 베커트가 설명했듯 오로지 돈을 목적으로 노동을 기계화하는 것이야말로 미국 남부 노예 제도의 핵심이었다. 노동력을 완전히 통제하는 것만큼 생산성을 확실히 보장하는 방법이 없기 때문이다. 그는 경영학자 롭 쿡(Rob Cooke)의 말을 인용해 "초기 산업 규율이 노예 농장에서 싹트고 발전했다는 사실에는 의문의 여지가 없다"고 지적했다.[24]

스리랑카의 상업 중심지 콜롬보로 가보자. 나를 비롯해 업계 사람 대부분이 가장 윤리적이라고 추켜세우는 유명 브랜드의 대형 공장과 소규모 공장에서 모두 일한 노동자들과 대화를 나눴는데, 그 고되고 단조로운 노동 이야기에 속이 뒤틀렸다. 스리랑카의 의류 산업 노동자 대부분은 일자리를 찾아 대도시로 몰려드는 20대 젊은 여성이다. 가장 취약한 위치에서 최악의 저임금을 받다 보니 의류업계에는 철새 근무가 흔하디흔하다. 공장에서 일하는 여성들은 긴 노동 시간 때문에 가정에서도, 사회에서도 외떨어진 채 '주키 걸스*'라는 조소 섞인 멸칭을 들으며 천대받는다. 전깃불도 없고 따로 화장실도 없는 줄지어 선 비좁은 공동 숙소에 사는 이들은 초라한 지갑마저 털어가는 소매치기와 성추행이 일상인 만원 버스를 타고 공장에 다닌다.

몸집은 작지만 패기가 끝내주는 다누(Danu)는 북부에 사는 부모가 위급할 때를 생각해 어쩔 수 없이 일용직으로 옮겼다고 했다. 콜롬보 시내에는 시간을 마음대로 조정할 수 있는 일자리가 없기 때문에, 일용직 노동자들은 매일 아침 시내에서 40분 정도 떨어진 수출산업공단(EPZ, export processing zone) 정문으로 모여든다. 의류 공장이 많은

---

* Juki Girls, 일본의 재봉틀 브랜드 '주키'에서 나온 속어로, 의류 공장에서 일하는 여성들을 비하해 부르는 말이다.

지속 불가능한 패션 산업에 이의를 제기합니다

공단 앞에서 인력 사무소 사람이 여자들을 모아 밴에 태우고, 차가 출발하면 그제야 그날의 일터를 알려준다.

다누에게 물었다.

"그러니까 그렇게 하면 시간을 좀 조정해서 쓸 수 있다는 거네요. 맞죠?"

다누가 시선을 내리깔더니 통역사와 꽤 긴 이야기를 주고받았다. 통역사가 얼굴이 잿빛이 되어 나를 바라봤다. 그렇게 여자들을 태운 밴이 공장으로 가지 않는 일이 다반사라는 것이었다. 차 안의 여자들은 공장 대신 '마사지 업소'에서 일하기도 한다는 내용이었다. 나는 마른침을 삼켰다. 필연적으로 던질 수밖에 없는 다음 질문을 하기 전에 잠시 숨을 골라야 했다. 의류 공장에서 저임금에 불안정한 일자리를 얻어 생활하는 여자들은 불법 성매매를 강요당한다. 공개된 통계는 없지만 심각한 상황을 보여주는 연구 사례들이 있다.[25]

몇몇 소식통에 따르면 스리랑카 의류업계에서는 일용직 노동이 이런 식의 극악무도한 범죄로 발을 내딛는 경로가 되고 있다. 스리랑카뿐만 아니다. 캄보디아에서도 의류 공장 여자들이 매춘에 내몰린다.[26] 여자들은 처음엔 도망치려고 한다. 그러나 성매매에서 '구출'된 여자들은 다시 옷 공장으로 끌려가는 것으로 알려져 있다.[27] 의류업계와 성매매 산업이 공생 관계라는 사실은 놀라운 일이 아니다. 최악의 저임금으로 일하는 노동자 대부분이 여자들이기 때문이다. 가부장 사회에서 별다른 기술을 갖지 못했을 때 여자들이 팔 수 있는 것이 몸밖에 없다는 사실은 끔찍한 일이다.

수치스러워하는 다누의 눈빛을 마주 보며 남은 인터뷰를 이어가는 것이 고통스러웠다. 무슨 말을 해야 할지, 어떤 말이 적절할지 도저히 찾을 수 없었다. 나는 통역사에게 안타깝다는 말을 전하면서 할 말을 좀 알려달라고 도움을 청해야만 했다. 시간을 내준 두 사람에게 감사하며 스스로에게 중얼거렸다.

"맥신, 다누를 기억해야 해. 뉴욕의 일상으로 돌아가더라도 다누가 처한 상황을 잊지 말아야 해."

나는 자신과 한 이 약속을 지키기 위해 늘 애쓴다. 코라일에서 리마와 함께하는 동안 다누 생각이 났다. 리마는 새장 속에 사는 것 같다고 말했다. 이번에도 내가 할 수 있는 일이라곤 기꺼이 시간을 내 환대해준 리마에게 감사하면서 이 빈민가, 이 집, 이 얼굴, 그리고 내가 입은 옷과 이 모든 것이 어떻게 연결돼 있는지를 잊지 않겠노라 다짐하는 게 전부였다.

통역을 해준 교수와 나는 리마의 집에서 나와 비좁은 골목을 따라 빈민가 뒤편 호숫가로 향했다. 선너편 둑에 내가 묵는 호텔이 보였다. 고급 자재와 유리로 지은 화려한 건물이 멋진 스카이라인과 잘 어울렸다. 우리 사이에는 쓰레기 강이 흐르고 있었다. 여기서 근근이 살아가는 사람들이 고된 노동으로 나라를 먹여 살리건만, 호수 건너편 사람들은 그런 사실은커녕 코라일의 존재를 알기나 할까? 이렇게 옷의 일생을 파고들지 않았다면 내가 지구 반대편에서 내 옷을 만드는 사람들에 대해서 1분 1초라도 생각할 일이 있었을까?

이 상황이 절망스러운 건 굳이 이렇게까지 할 필요가 없기 때문이다. 이런 끔찍한 상황을 성장 비용이라고 우겨서는 안 된다. (이제는 이곳 사람들도 최소한 굶지는 않는다) 얼마든지 지금보다 더 낫게 만들 수

지속 불가능한 패션 산업에 이의를 제기합니다

있다. 개발도상국의 의류 산업 노동자 대부분은 자기들이 만든 옷의 소매가에서 기껏해야 0.5~4퍼센트를 번다. 그러니까 여러분이 20달러짜리 바지를 한 벌 사면 노동자는 10~80센트를 번다는 것이다.[28] 기계 60대가 50여 단계를 거쳐 하루 1,600벌을 만드는데, 여기 투입된 노동자 30명에게 돌아가는 돈은 옷 한 벌당 1달러도 채 되지 않는다.

리마가 화장실만 한 판잣집에서 벗어나려면 옷값이 터무니없이 비싸져야만 할까? 연구 결과에 따르면 절대로 그렇지 않다. H&M이 티셔츠 값을 12~25센트만 올려도 공장 노동자는 생활임금을 받을 수 있게 된다.[29] 의류 브랜드가 공급망 어딘가에서 옷 한 벌당 몇 센트를 할애해 노동자들에게 생활임금을 지급한다 해도 소매가는 채 1퍼센트도 올라가지 않는다. 25달러짜리 셔츠가 겨우 17센트 비싸질 뿐이다. H&M의 주주나 임원진 등 패션업계의 먹이사슬 가장 꼭대기에 선 사람들이 입는 손실은 제로에 가깝다. 현재 H&M 회장은 창업자의 아들로 자산이 170억 달러가 넘는다.[30] 그의 자식 셋과 누이동생도 패스트 패션이라는 굳건한 부의 암반층 덕에 이미 억만장자다. 자라의 모회사인 인디텍스 설립자에게도 거의 영향을 미치지 않을 것이다. 이 글을 쓰고 있는 현재 자라 창립자 아만시오 오르테가(Amancio Ortega)가 보유한 순자산은 649억 달러에 이른다.[31] 오르테가 일가족이 자산을 나눠 언론의 헤드라인을 피하려고 노력했지만, 그는 한때 빌 게이츠(Bill Gates)를 꺾고 지구상에서 가장 부유한 사람으로 기록됐다.[32] 부지런한 개개인의 성공은 축하받아 마땅하다. 하지만 노동자들의 기본 욕구와 인권을 희생시켜 쌓은 부를 어떻게 가치 있다 여기며 존중할 수 있을까? 옷을 사는 사람들에게 변화란 그저 옷을 갈아입는 것일 뿐이다.

옷 한 벌에 12~25센트를 더 내는 것으로 매일 아침마다 제 발로 새장에 들어가는 것 같다는 누군가의 형편이 조금이나마 나아진다면 여러분은 어떻게 할 것인가? 그 돈을 거부할 텐가?

차가 막혀 예정 시간보다 곱절로 걸려 호텔로 돌아오는 내내 여러 생각이 머릿속을 떠나지 않았다. 리마와 나는 동갑이다. 우리 둘 다 엄마고, 식구들과 함께 잘살고 싶어서 일하고 있다. 리마가 미국 내에서는 이미 한 세기 넘게 불법으로 규정된 방식으로 착취당하는 것이 괜찮을 수 없지 않은가?

노동조합
세계화된 세계, 근로자의 권리

리마의 삶과 전 세계 동료 노동자들이 처한 상황은 내게 우리 역사를 더 자세히 검토하도록 만든 초대장이 되었다. 역사적으로 중국(방글라데시도)의 데님처럼 지구를 둘러싼 수십 년간의 경제·사회·정치 정책이 빚어낸 산물이기 때문이다. 이제껏 세계의 변화가 현장에 미친 영향을 보았으니, 이제 문제의 근본 원인과 해결의 실마리를 파악해야 할 것이다. 그러기 위해 노동과 노동자의 권리, 국제법에 대한 간략한 역사 교육을 해볼 참이다.

세계가 하나가 된 오늘날 일단 우리는 임금, 노동자의 안전, 또는 환경보호 등에 대해 엄격하게 강제하는 보편적 법규가 없다는 사실을

지속 불가능한 패션 산업에 이의를 제기합니다

알아야 한다. 법률은 그 자체로는 공허한 말일 뿐 아무 의미가 없다. 요구하는 기준에 부응하느냐 아니냐는 강제력이 어느 정도인지에 따라 달라진다. 국제적인 맥락에서 법규로 볼 수 있는 몇 가지 사항(세계 인권 선언이나 파리 기후 협정처럼 공정한 임금과 환경보호에 관련된 것들)은 사실 국가들 간의 '협정'일 뿐이다. 해당 국가는 신념이나 원칙을 지키기 위해 이 선언에 서명하지만, 합의를 지키느냐는 전적으로 명예와 신용에 기반한 자율에 맡긴다. 사람이 태어나면 죽는 것처럼 모두가 아는 예를 들어보자. 세금이 좋겠다. 세금을 내지 않으면 국세청이 벌금과 징역에 처하겠다고 위협해서가 아니라, 사회가 제대로 굴러가려면 세금이 꼭 필요하기 때문에 모두가 납부해야 한다는 합의만 있다고 생각해보자. 대개가 동의한다 하더라도 모두 알아서 세금 신고를 제대로 할까? 내 생각을 말하자면 아니라고 본다.

흔히들 국제법의 원조라고 생각하는 UN에는 국가보다 더 높은 차원의 경찰권이 없다. 회원국들이 결의안과 선언문을 만들긴 하지만 UN은 누군가를 법정에 세울 힘이 없다. 국제법이 효과적으로 준수되려면 경찰과 사법 시스템을 포함해 규칙을 세우고 이 규칙을 강제하는 처벌 장치까지 갖춰야 한다. 우리에게는 노동과 환경에 관한 국제적 규범이 없다. 우리가 사람들이나 환경을 실질적으로 보호하기 위해 보편적 선언에만 의존할 수밖에 없는 이유다. 세계화와 세분화가 특징인 패션 산업에 환경 파괴와 인권 침해가 만연한 이유이기도 하다. 마치 서부 영화 〈와일드 와일드 웨스트(Wild Wild West)〉에서처럼 글로벌 브랜드들이 자국 내 규제가 거의 없고 국제 규제마저 덜 미치는 나라들에 보란 듯 쳐들어가고 있지만, 악당을 잡아야 할 총잡이 윌 스미스와 보안관 케빈 클라인은 이미 은퇴하고 없다.

그나마 좋은 소식이라면 나른 나라에서 벌어지는 악질적 상황을 효과적으로 규제하기 위해서는 국제법과 국제 경찰, 액션 영화 속 배우들을 동원할 필요가 없다는 사실이다. 미국 국내법에 따라 기준에 어긋나는 의류업체의 생산품 수입을 규제하면 된다. 다시 말해 미국(또는 그만큼 시장이 큰 어느 나라든)은 제품을 수입해 들어오는 브랜드에 이렇게 고지하기만 하면 된다. 미국처럼 큰 시장에 제품을 팔고 싶으면 우리 규칙을 따르라고. 미국은 워낙 시장이 큰 만큼 이런 규제는 심각한 위협이 될 것이다.

실제로 미국은 1930년 제정해 2016년 한층 강화된 법에 따라 아동 노동 착취를 포함한 현대판 노예제 생산품 수입을 금지하고 있다. 그러나 다른 한편으로는 불법 노동 생산품으로 추정되는 제품을 4,000억 달러어치 이상 들여오고 있다.[33] 이 가운데는 선풍적으로 유행하는 것들이 많다. 한 보고서에 따르면 의류 산업은 기술 분야에 이어 현대판 노예제에 두 번째로 많은 돈을 투입하는 업종이다.[34] 톰슨 로이터스 재단(Thomson Reuters Foundation)은 미국이 이런 수입품들 중 고작 630만 달러어치만 압수했다고 폭로했다.[35] 여기에는 짐바브웨산 다이아몬드, 중국산 의류, 콩고민주공화국산 금, 말레이시아산 고무장갑, 브라질산 콜탄 등이 포함된다. 미국 관세국경보호청(USCBP)은 예산과 인력 부족으로 노예 노동 생산품일 가능성이 있는 여러 수입품 가운데 극히 일부만 압수한다.[36] 델라웨어 상원 의원으로 상원세출위원회 소속인 크리스 쿤스(Chris Coons)는 로이터 통신과의 인터뷰에서 노예제 반대 규정에 우선순위를 두려면 강제 노동 대응팀의 예산을 200만 달러 늘리는 등 추가 투자를 해야 할 것이라고 발언했다. 현재는 관세국경보호청 직원 6만 2,450명 가운데 6명이 강제 노동 대응팀 활동을 꾸려가고 있다.[37] 강력한 강제 조치 없이는 패션 브랜드 같은 기업들이 규정을 준수하게 만들 실질적인 방책이 없다.

어떻게 하면 국내법을 성공적으로 적용할 수 있는지 보여주는 좋은 예가 유럽에 있다.[38] 2017년 프랑스는 '모기업 및 대표 기업의 실천감독의무에 관한 법(Law on the Duty of Vigilance of Parent and Lead Companies, 약칭 실천감독의무법)'에 따라 인권과 환경 실사 의무를 대기업(직원 수 기준)에 부여했다.[39] 각 기업이 '감시 계획'을 수립해 "인권과 자유 침해, 심각한 상해 유발, 환경 파괴, 직간접적인 건강상의 재해" 여부를 직접 식별하고 예방해야 한다는 내용이다. 기업은 불법 요소를 판단하고 위반 사항을 교정하는 규정을 마련해야 하며, 노동조합과 협력해 감독 시스템을 갖춰야 한다. 이해관계자라면 누구나 회사의 위반 사항을 고발할 수 있다. 불법이 인정되면 3개월 시한을 두고 바로잡는다. 원래는 벌금 1,000만~3,000만 유로를 부과할 수 있었지만 벌금 조항이 사라지면서 지금은 처벌이 명확하지 않다. 그렇더라도 기업은 부당 노동의 피해자들에게 보상금을 지불해야 한다는 책임을 진다.[40] 이 법률이 그 자체로 성과를 보장하지는 않지만, 적어도 신표준연구소 같은 기관이나 조직이 책임을 요구할 수 있는 법률적 경로가 되어준다. 이런 법을 채택하는 나라가 더 많아진다면 초대형 범법자들이 인간을 학대하고 환경을 파괴할 여지가 줄어들 것이다.

우리는 안전한 노동 조건, 노예가 아닌 노동을 보편적이고 양도할 수 없는 '인권'이라고 생각한다. 하지만 이에 관한 신성하거나 절대적인 기준은 아무것도 없다. 이를 실현하려면 의미 있는 강제력을 담아 성문화한 표준 규범이 마련되어야 한다. 결론은 이렇다. 강제 노동 표준 규범은 바로 이곳 미국에서 시작됐으며, 여성 의류 노동자들이 주인공 역할을 했다.[41]

패션과 미국의 노동운동

'메이드 인 차이나' 구두를 클릭한 다음 눈을 감고 역사 교과서에서 봤던 흑백 시대, 즉 인류 역사상 가장 큰 변화의 물결이었던 산업혁명을 떠올려보자. 목화를 따 옷을 만든다는 게 얼마나 힘든 일인지 기억하는가? 재배하고, 수확하고, 골라내고, 잣고, 물들이고, 천을 짜고, 자르고, 꿰매기까지 도대체 몇 사람이 얼마나 오랜 시간 일해야 했던가? 흑백 시대 사람들에겐 칭마오 공장의 획기적인 기술과 시설이 없었다. 따라서 옷을 만든다는 건 이만저만 힘든 일이 아니었다. 따갑지도 않고 땀도 차지 않는 옷의 수요 상승세를 타고, 재주 좋은 사람들은 산업혁명의 속도를 높여줄 새로운 발명을 꿈꾸며 움직이기 시작했다. 조면기와 함께 다축 방적기, 동력 직조기, 재봉틀이 발명되면서 의류 생산의 모든 단계에 가속도가 붙었다. 집에서 혼자 실을 잣고 베틀로 천을 짜고 손바느질로 지어 입던 옷이 불과 한 세대 만에 공장 생산 체제로 발전했다.

노예로 끌려온 사람들이 고된 노동으로 생산한 남부 지역의 목화는 뉴잉글랜드의 섬유 공장으로 이동했다. 막 설립된 뉴욕의 공장에서 이 원단을 재단하고 재봉해 옷을 만들었다. 뉴욕을 미국 최초의 의류 대량 생산지로 만들어준 신개념 기성복을 판매하기 위해 '백화점'이 등장했다. 1900년까지 의류 산업은 생산량과 가치 면에서 뉴욕의 산업 분야 2위인 설탕 정제업의 세 배 수준이었다. 10년 뒤 미국 내 여성복의 70퍼센트와 남성 기성복의 40퍼센트가 뉴욕에서 생산됐다.[42]

당시 뉴욕의 노동 인구는 여성과 아동으로 구성되었는데, 대부분 19세기 초 정치적, 종교적 박해에 직면해 대학살을 피해 탈출한 동유럽 출신 유대인들이었다.[43] 이들은 자유를 기대하고 미국에 왔지만 재봉 공장으로 대거 떠밀렸다. 유럽의 번성한 지역에서 온 유대인 상인들은 최초의 의류 공장 생산 시스템을 돌리기 위해 손 빠르고 값싼 이민 노동자들을 활용했다. 집에서 옷을 만들던 여성들은 마름질과 바느질에 능했고, 아이들의 작은 손도 세밀한 장비를 능숙하게 다룰 수 있어 유용했다. 의류 공장 일은 가정생활에도 꽤 큰 보탬이 되었다. 일용할 양식뿐만 아니라, 최소한 입을 거리도 보장해주는 일이었다.

매사추세츠주의 로웰 같은 곳은 방직 공장이 들어서면서 여성 노동자들이 몰려들어 '공장 아가씨들(mill girls)'로 유명해졌다. 처음에는 먹고살 만한 젊은 여자들이 공장에 모여 경제적인 면을 포함해 여러 측면에서 독립하게 됐는데, 오늘날 방글라데시와 스리랑카에서 나와 이야기 나눈 여자들과 똑같았다. 비슷한 점은 이뿐만이 아니다. 20세기 미국의 기계 발전 덕에 면직물 생산 공정이 빨라지기는 했지만(다시 한 번, 노예를 잊어서는 안 된다), 그렇다고 해서 기계를 작동하는 사람들에게 상황이 나아진 건 아니었다. 공장 일은 길고 지루하고 위험했다. 당시에 가장 중요한 건 어떤 대가를 치르건 오로지 생산량뿐이었다.

달리지는 건 여기부디다. 미국의 여성 노동자들은 앉아서 당하지만은 않았다. 그리고 오늘날 방글라데시 여성 노동자들이 시위를 벌이려고 할 때 직면하는 위험보다 상대적으로 외압이 덜했기 때문에, 미국 여성 노동자들의 요구는 실제로 받아들여졌다. 미국의 노동 역사에서 초기의 중요한 업적 가운데 하나는 뉴욕과 로웰의 섬유, 의류 노동자들이 일궈낸 성과다. 미국 여성들이 투표권을 갖기 전부터 이들이 진보의 시대*를 주도했다. 초기 노동자 협회들이 노동보호법을 이끌어낸 것도 이러한 노력의 결과다.[44] 1909년 가장 큰 규모의 트라이앵글 셔츠웨이스트 공장을 포함해 뉴욕의 셔츠 공장 노조원들이 모여 미국 역사상 가장 큰 여성 노동자 파업을 벌였다. 훗날 '2만 폭동'으로 불리게 된 사건이다.[45] 이들은 임금, 근로 시간, 안전, 성희롱 등 공통적인 고충을 공유했다. 오늘날 우리 의류업계 여성 노동자들이 겪는 것과 완전히 똑같은 것들이다.[46]

도심 곳곳에서 대규모 시위가 벌어졌다. 일부는 직장 내 여성 문제와 선거권 문제를 연관 지었다. 노동자 계층 여성(대부분 유대인, 이탈리아, 혹은 아일랜드계 이민자였다)과 상류층 여성 사이에 공개되지 않은 불신이 있긴 했지만, 고학력 참정권론자(대부분 백인, 개신교도, 미국 출생자였다)들도 합세해 여성 운동의 통합의 기치를 높일 수 있었다. 명문가 여성들도 힘을 보탰다. J. P. 모건의 딸인 앤 모건(Anne Morgan)은

---

* Progressive Era, 미국 역사상 사회 운동 및 정치 개혁에 대한 열망이 들끓었던 1890~1920년대를 가리키는 용어.

지속 불가능한 패션 산업에 이의를 제기합니다

파업을 지원하기 위해 폴란드 출신 이민자로 노동운동 조직가가 된 로즈 슈나이더만(Rose Schneiderman)을 찾기도 했다.[47]

먼 훗날에야 그 중요성이 입증된 여성들의 이러한 동맹은 당시에는 별로 효과를 보지 못했다. 딱 한 회사만 노동자들의 손을 들어주었다. 트라이앵글 셔츠웨이스트 공장은 그러지 않았다.[48] 파업 자금이 바닥나자 여성들은 시위를 멈추고 다시 일터로 돌아갔다. 미국에서 노동자의 권리 문제는 산업적 규모의 커다란 비극이 벌어지지 않는 한 큰 반전을 이루기 어려웠다.

1년 뒤 맨해튼의 워싱턴 스퀘어 공원(지금은 뉴욕 대학교 캠퍼스의 일부가 되었다)에서 그 비극이 발생했다. 1911년 3월 25일 트라이앵글 셔츠웨이스트 공장에서 불길이 솟았다. 공장 문을 잠가둔 탓에 젊은 노동자들은 탈출할 수 없었다. 불길이 걷잡을 수 없이 번지면서 열기에 견디다 못해 무려 62명이 뛰어내려 사망했다.[49]* 일부는 손을 잡고 함께 뛰어내렸다. 소방 호스와 사다리가 너무 짧아 불길에 닿지 못했다. 안전망도 너무 약해 추락하는 사람을 받아내지 못했다. 146명이 목숨을 잃었다. 가장 어린 사망자는 겨우 열네 살이었다.[50]

이 참사를 계기로 파업 당시 공장주 편을 들던 시 정부와 주 정부는 결국 노동자들의 요구 사항을 다시 논의하기로 합의했다. 의류 산업뿐 아니라 화학업계를 포함한 다양한 산업 분야의 상황을 검토하기 위한 특별 위원회가 설치됐다. 어느 주에서도 하지 않았던 의미 있는 결과였다. 위원회는 노동 안전 기준 등 오랫동안 거부당한 노동자들의 권

---

*   공장은 10층 빌딩의 8~10층에 있었다.

리를 보장하는 법안을 만들었다.[51] 일부 공장의 근로 시간 상한제는 뉴욕주에서 법으로 제정해 전국에 모범이 되었다.

　　노동자 계급의 높아진 목소리는 경제공황이 일어나면서 프랭클린 루즈벨트(Franklin Roosevelt) 정권의 전면적이지만 완전하지는 않은 뉴딜 개혁의 토대가 되었다(뉴딜 정책은 수많은 노동자를 배제했다. 이에 대해서는 5장에서 살펴보기로 한다).[52] 시장이 붕괴되자 노동자들, 특히 의류 노동자들이 요구해서 확보한 보호 정책이 정부 기관 수십 곳으로 확장되었다. 정부가 노동계를 보호하고 선진화하기 위해 취한 중요한 조치들이었다. 초기 공장 검토 위원회에서 중요한 역할을 하고 장차 노동부 장관이 되어 뉴딜 정책을 직접 구상하고 시행한 프랜시스 퍼킨스(Frances Perkins)는 트라이앵글 셔츠웨이스트 공장 화재에서 뉴딜이 비롯되었다고 발언했다. 블라우스를 만드는 여자들이 거둔 적잖은 승리였다.

노조 현황
어느 쪽도 얻은 게 없는 노동자의 권리 타협

어째서 우리는 방글라데시의 리마나 스리랑카, 중국 등지의 노동자들에게 이와 같은 결실을 똑같이 복사해서 붙여 넣을 수 없는 걸까? 답은 간단하지만 이유는 복잡하다. 그럴 수 없도록 설계되었기 때문이다. 기억하겠지만 1980년대 브랜드들은 사업 모델을 바꿔 제품을 해외에서 무자비한 방식으로 생산하면서 저가 상품으로 조용히 어마어마한 부를 축적했다. 지금 우리가 살고 있는 글로벌 세계의 국가 경제들을 하나로 묶는 무역협정이 만들어질 당시, 노동자와 환경을 보호하는 내용은 포함되지 않았다. 미국 노동자들이 투쟁 끝에 쟁취한 권리는 국경을 넘어 확장되지 못했다.

글로벌 패션 경제에서 소비자인 우리는 더 싸게 살 수 있게 되었고, 개발도상국들은 경제 성장의 기회를 움켜잡았다. 미국인들은 값싼 청바지를 손에 넣었다. 하지만 노동자들은 바닥 찍기 경쟁에서 지고 말았다. 우리 중 몇몇은 청바지를 사는 대신 일자리를 잃었다. 해외 노동자들은 크고 작은 일자리를 많이 얻었다. 그러나 대신 육신과 정신의 기본적인 필요도, 욕구도, 꿈도 무시하고 유독 물질이 든 음식을 먹으면서 탄소가 가득한 공기를 들이마시고 있다. 그렇다. 의류 생산의 무자비함은 한 단계 더 발전하기 위한 디딤돌일 뿐이며, 얻은 것도 있다고 주장하는 이들도 있다. 하지만 그게 사실인지는 알 길이 없으며, 이렇게까지 무자비할 이유는 그 어디에도 없다.

텍사스 여행에서 엘파소 세척장을 경영하는 세사르 비라몬테스(Cesar Viramontes)를 만났다. 일흔셋이라는 나이가 믿기지 않을 정도로 눈이 반짝이고, 세월과 함께 멋지게 색이 바랜 허리띠와 카우보이 부츠(그리고 물론 청바지도)를 착용하고 있었다. 전 세계에 데님 패션이 성행하는 동안 그는 한때 청바지 수도였던 엘파소의 폭발적인 성장을 직접 목

격했다. 그 위상이 이 도시와 나라를 떠나버렸을 때의 여파도 지켜보았다. 한때 업계에서 가장 큰 데님 공급업자였던 그는 내수 노동이 해외 외주 노동으로 바뀌면서 노동의 수급 균형과 노동자 보호에 무슨 일이 벌어졌는지를 직접 목격했다.

세사르는 미국 데님 산업에서 기업가 정신과 자본주의의 사다리를 타고 올라갔다. 아무리 미국이라 해도 그의 직원들이나 리마 같은 이들이 이제는 할 수 없는 방식으로 말이다. 그는 다섯 살 때 가족이 멕시코에서 미국으로 이주한 뒤 17년 동안 코인 세탁소에서 일했고, 결국에는 윗사람의 매장 네 곳을 사들여 사실상 경쟁자가 되었다. 상사는 후배의 성장을 응원했고, 시간이 지나 세사르는 성공했다. 세탁 설비에 대한 풍부한 경험과 빠삭한 지식으로 그는 게스(Guess)나 캘빈 클라인(Calvin Klein), 랭글러(Wrangle) 같은 신흥 브랜드들의 귀중한 보물이 되었다(당시에는 엘파소의 선 어패럴(Sun Apparel)이 위 브랜드들의 청바지를 만들었다).

세사르가 하는 세탁은 우리가 아는 빨래가 아니다. 데님 특유의 2단계 공정인 '세척'과 '마무리'를 말한다(앞서 광둥성에서 본 처리 과정이 바로 그것이다). 세척장에 들어오는 청바지는 재봉이 완료돼 청바지 모양을 하고 있지만 바로 입을 수 있는 상태가 아니다. 세척장을 거치지 않은 청바지를 입는다면 서부의 느긋한 카우보이보다는 검비[*] 같거나 잘해봐야 17세기 이탈리아 뱃사공 꼴을 면치 못할 것이다. 가공하지 않은 데님은 이루 말할 수 없이 뻣뻣하고 사포처럼 거칠다. 리바이스의

---

[*] Gumby. 미국 애니메이션에 등장하는 녹색 점토 인형 캐릭터.

대표 상품 '스톤 워시'도 세사르의 도움 아래 말 그대로 부석과 함께 초대형 세척기에 돌려 히트 친 상품이다. 이 과정을 거쳐야 좀 입은 듯 자연스러운 데님으로 바뀌는 것이다. 한때는 물에 젖은 선박 갑판을 닦을 때나 쓰던 천이 세사르의 세척장에서는 누구나 즐겨 입는 청바지 수십만 장으로 변신했다. 또 이곳에서는 청바지가 단순한 기능을 뛰어넘어 유행하는 스타일이 되도록 섬세하게 탈색하고 자연스럽게 찢거나 해진 느낌을 만들어낸다. 리벳 장식, 주름 무늬, 또 다른 효과도 여기서 만들어준다. 혹시 새 청바지를 샀을 때 주머니에서 돌가루 같은 것을 느껴본 적이 있다고? 그게 이때 쓰는 부석 가루다.

세사르는 수십 년 동안 데님을 진으로 재탄생시키는 놀라운 변혁을 이끌었다. 1970년대 시작된 호황기 동안 엘파소는 다른 주에 비해 인건비가 싸 데님 시장에서 인기가 높았다. 모든 게 순조로웠다는 의미

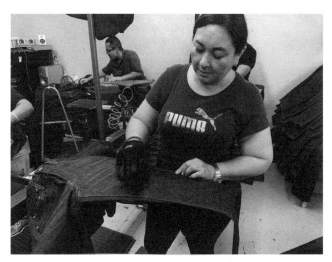

손으로 구김 무늬 만들기.

는 아니다. 세척과 마무리 처리는 모두 기술과 시간이 크게 투입되는 작업이다. 나는 한 여성이 청바지 주머니 아래쪽에 사포로 주름 무늬를 만드는 모습을 보았다. 보호용 장갑을 낀 덕에 진분홍 매니큐어는 망가지지 않았다. 건너편에선 풍성한 금발 여성이 면도날을 손에 들고 청바지의 다리 부분을 정확하게 찢고 있었다.

20세기 뉴욕 여성들의 노동운동 덕분에 세사르 회사의 남녀 직원들은 근로 환경과 임금을 법적으로 보장받고 있다. 데님 회사들에겐 비교적 적은 비용이다. 내가 둘러본 시설은 깨끗했다. 직원들은 적절한 안전 장비를 갖춰 입었고, 휴게실(직원들이 진짜로 쉬고 있었다)에는 법으로 보장하는 최저 임금과 이것이 지켜지지 않을 때 어떻게 하면 되는지를 영어와 스페인어로 적은 커다란 공정 근로기준법 포스터가 걸려 있었다. 수영을 해도 될 만한 직사각형 수조들이 가지런히 설치되어 배출물을 담아내고 있었고, 엘파소 당국이 그 현황을 실시간으로 감시했다. 유독성 폐기물이 공장 바닥과 강으로 쏟아져 나오던 중국 일부 현장이나, 맨발의 노동자들이 모욕적인 감독 아래 주 6일간 위험한 속도로 바느질에 내몰리는 방글라데시와 비교해보라.

비교적 높은 기준으로 운영되긴 하지만 엘파소도 완벽하지는 않다. 내가 가서 본 것은 세사르의 초창기 사업에 비하면 크게 축소되고 많이 달라진 상황이었다. 양방향 바닥 찍기 경쟁 탓이었다. 1990년대부터 상황이 안 좋아지기 시작했다. 북미자유무역협정(NAFTA, North American Free Trade Agreement) 초기 미국과 멕시코, 캐나다 3개국 기업들이 무역 장벽을 낮추기 위해 적극적으로 로비를 벌였다. NAFTA로 의류 생산이 해외로 확장되는 동안 국내 생산은 늘어나지 않았다.

지속 불가능한 패션 산업에 이의를 제기합니다

노동자의 안녕과 노동환경 역시 마찬가지였다.

세사르의 회사는 NAFTA로 인해 타격을 입었다. 사업가 기질을 발휘해 융통성 있게 멕시코에 공장을 차려 흐름을 따라가려 했지만 대가가 뒤따랐다. 수십 년 동안 함께해온 미국 노동자들을 내보내야 했다. 또 세사르 말로는 멕시코 정부의 조종을 받는 부패한 노조들이 2000년경부터 문제를 일으키기 시작했다. 사업가 입장에선 멕시코의 이점이었던 느슨한 노동법이 점점 조여들었고, 국경 이쪽이나 저쪽이나 양쪽 모두에서 인건비가 올라갔다. 어디든 중국보다 비쌌다. 수년간 굵직한 고객으로 함께해온 유명 브랜드들은 세사르 공장의 단가가 중국보다 높아지자마자 "개인적 감정은 아니고 사업적 판단에서"라는 편지를 보내왔다.

세사르의 세척 공장에는 노조가 없었다. 그는 노사 단체 교섭의 가치가 종종 시장 현실에 빛을 잃는다고 설명했다. 다시 말해 임금 상승 요구가 너무 높으면 공장이 원가 경쟁력을 유지하지 못해 결국 폐업으로 이어질 수 있다는 것이다. 그는 엘파소의 이웃 업체인 파라(Farah)가 노조의 손에 끝장나는 것을 지켜본 터였다. 1977년 전국적으로 파업이 잇달아 일어났다. 1955년 합병한 미국 최대 노조 미국노동연맹-산별노조협의회(AFL-CIO)의 주도로 보이콧과 파괴적인 파업이 줄을 이었다. 이후 파라는 노동자들의 요구를 따라가지 못하고 문을 닫고 말았다. 전성기 때 파라는 직원이 9,500명에 달해 엘파소에서 두 번째로 큰 사업장이었다.[53]

파라의 폐업은 세사르를 포함해 텍사스의 대규모 의류 산업의 몰락을 예고한 것이었다. 1995년부터 2005년까지 엘파소에서는 제조업 일자리 2만 2,000개가 사라졌다.[54] 2000년부터 2010년 사이 전국적으로 제조업에서 500만 명이 일자리를 잃었다.[55] 1997년 리바이스가 공장 문을 닫기 시작했을 때 노동자들은 의류업계 역사상 최고액의 퇴직금을 받았다. 리바이스는 이때 소규모 창업비뿐만 아니라 정신적, 재정적 전환기를 맞은 사람들이 어떻게 살아갈지를 알려주는 재취업 프로그램도 제공했다.[56] 세사르도 1960년대에 이런 경로를 통해 성공할 수 있었다. 직장 상사의 세척장을 사서 세탁업계에 명성 자자한 인물이 되었다.

그러나 이렇게 무일푼에서 시작한 자수성가형 성공담은 오늘날 여러 가지 이유로 힘들어졌다. 세사르가 갈고닦은 세척 마무리 가공 기술은 저임금 노동력을 찾아 모두 떠나버린 도시에서는 거의 쓸모가 없다. 진취적인 여성 노동자가 자립해 자영업에 도전할 기회도, 도전한다 해도 성공할 가능성이 거의 없다. 수요와 공급의 세계에서 공급 하나만으로는 답이 나오지 않는다. 퇴직자에게 제공되는 보상 패키지에 테크기업 등 다른 업계에서 일자리를 얻을 수 있도록 기술 훈련이나 다른 종류의 장기 보상 등이 포함됐더라면 이야기는 달랐을 것이다. 그러나 그렇지 못했다. 빌 클린턴(Bill Clinton) 대통령은 심지어 NAFTA에 제조업체의 해외 이전으로 일자리를 잃은 국내 제조업 노동자를 위한 보호 조항을 포함할 수 있다고 했었다.[57] 비록 공화당 반대파가 승인할 것인지에 대해서는 의구심을 나타냈지만 말이다.

이 이야기는 한 가정이 일자리를 잃는 것으로 끝나지 않는다. 세계화와 미국 내 일부 실업 인구는 심각한 정치적 문제로 이어졌다.[58] 연구자들은 인구 대다수가 백인인 지역에서 세계화로 인해 실직이 크게

지속 불가능한 패션 산업에 이의를 제기합니다

늘어날수록 폭스 뉴스 시청률이 높아지고, 선거 모금액이 이념에 따라 양극화되며, 공화당 후보가 선출될 가능성이 매우 높아질 뿐만 아니라, 대통령 선거에서 공화당 후보 쪽으로 표가 이동한다는 사실을 밝혀냈다. 요컨대 세계화에서 기인한 실직이 도널드 트럼프(Donald Trump)를 당선시킨 셈이다. 세계화가 그 자체로 나쁜 정책이라는 뜻은 아니다. 하지만 일자리를 잃는다는 사실을 무시하면 의도치 않게 심각한 결과로 이어진다는 의미다.

이러한 변화를 감안해 세사르와 전국 곳곳의 사업가들이 미국의 데님 이야기에 새 장을 열고 나아갔다. 바라건대 도산을 면하고, 무역협정 때문에 노동자들이 잃어버린 안전과 수입을 줄 수 있는 길이었다. 세사르는 시티즌스 오브 휴머니티(Citizens of Humanity)나 프레임(FRAME) 같은 고급 청바지 브랜드에 재단과 재봉은 물론 약품 세척과 가공 마감까지 모두 처리해주고 돈을 더 받는 풀 패키지를 제공하기 시작했다. 비싼 국내 인건비를 부담하는 데 도움이 되는 방법이었다. 앞으로 일이 어떻게 풀릴지는 알 수 없다. 우선 국내에서 작업하는 만큼 시간을 더 빠듯하게 잡는 고급 브랜드들의 기대에 부응하는 게 간단한 일이 아니다. 또 이 모든 상황을 불러온 저임금 게임에는 아무 영향도 주지 못한다. 세사르는 프리미엄 데님 브랜드 제조업체가 가장 많은 캘리포니아가 2022년까지 최저 임금을 15달러까지 올리는 법안을 통과시키고,[59] 프리미엄 데님 생산의 허브인 로스앤젤레스가 기업들에게 2020년 7월에 최저 임금으로 15달러를 지급하라고 요구했다는 데 희망을 품고 있다.[60] 상대적으로 인건비가 낮은 텍사스가 다시금 경쟁력을 갖게 될 수도 있다.

초세계화 경제에서
자유노동의 실질 비용

엘파소에서의 실직은 노동의 조직화를 통해 감당할 수 있는 것처럼 보인다. 노동자들이 미국 의류 산업 초기 때처럼 한목소리를 낸다면 말이다. 하지만 오늘의 현실은 그렇지 않다. 트럼프 행정부가 하는 말에 귀기울여본 적 있다면, 여러분은 노동조합이 번창하고 있다고 생각할지도 모르겠다. 그러나 그 미사여구는 가짜 뉴스다. 민간 부문의 노조 가입률은 사상 최저치인 6.2퍼센트로,[61] 노조가 불법이던 1935년 이전의 민간 부문 노조원 비율보다 더 낮다.[62] 서구의 다른 나라들, 특히 노조 소속 노동자가 훨씬 많은 유럽에 비하면 한참 뒤처진다. 아이슬란드는 임금 및 봉급 노동자의 90퍼센트, 이탈리아는 34퍼센트, 캐나다는 26퍼센트가 노조에 가입되어 있다.[63] 근본적인 이유는 주주 우선주의에 있다. 기업들은 노동자들의 권한을 제한하는 엄격한 법을 요구하는 동시에 노조원들의 일자리를 해외로 빼돌리기 위해 로비에 나섰다. 이런 가운데 세계화가 우리를 구할 것이라는 신자유주의적 메시지가 확산됐다. GDP와 주식 시장의 성장을 위해서였다. 그러나 임금과 근로 조건을 위해 단체로 협상할 수 있는 수단이 없는 미국 서민들은 성장의 이익을 함께 나눌 수 없었다. 미국의 임금은 제자리에 머물렀다. 중산층은 위축되어 현재의 극단적인 빈부격차를 야기했다(5장에서 더 자세히 이야기할 것이다).

현존하는 노조의 경우에도 미국과 다른 국가의 노조에는 질적으

지속 불가능한 패션 산업에 이의를 제기합니다

로 중요한 차이가 있다. 기업과 노조 간 협력은 상충하는 욕망들 사이에서 견제와 균형을 잡는 시스템을 만들어내지만, 미국에선 안 되고 유럽에서나 가능한 일이다. 노동자가 주도권을 잡으면 기업이 망한다는 세사르의 공포와는 달리, 유럽에서는 노사 양쪽이 공장 문을 닫지 않는 선에서 어디까지 주장할 수 있는지 서로가 잘 알기 때문에 협상의 성공률이 훨씬 높다. 가령 독일에서는 노조원들이 이사회에도 참여하기 때문에 노동자와 경영자 사이에 충분한 정보와 지식을 갖고 투명하게 소통할 수 있다.[64]

그러나 미국에서는 노조의 엔드게임[*]이 반대 의미인 경우가 많다. 미국에는 산업 전반에 걸쳐 임금, 근로 시간, 혜택 등을 표준화하기 위해 모든 노동 집단의 노동자들을 통합하기보다는 개별 기업을 기반으로 하는 노조가 많다.[65] 이는 리바이스 세척장 노조원들은 랭글러 세척장 노조원들이 쟁취해낸 보장 조치로부터 꼭 이익을 얻는 것이 아니라는 의미다. 또 산업 내 경쟁으로 인해 노동자들은 피해를 입지만 회사는 그렇지 않다는 의미기도 하다. 경제협력개발기구(OECD, Organization for Economic Cooperation and Development)가 각국의 노동자 보호 수준을 평가한 결과를 보면, 미국의 시스템이 얼마나 망가졌는지 알 수 있다. 미국은 비정규직 노동의 고용 보호 수준이 꼴찌였으며, 퇴직금 규정과 해고 사유 평가에서 71개국 중 가장 낮은 점수를 받았다.[66]

---

[*] endgame, 체스에서 양측의 말이 얼마 남지 않은 마지막 단계에 중요한 말을 희생시키면서 이기려는 수 싸움을 의미한다.

미국 노조원들이 더 좋은 조건을 요구하며 목소리를 높인 것은 부인할 수 없을 만큼 긍정적인 일이다. 하지만 전 세계 노동자들에 대한 인식 부족은 미국 노동자들을 자기 자신과 골육상쟁하게 만들 뿐만 아니라, 잔인한 로빈후드 거래* 방식으로 나머지 세계와 맞서게 만든다. 무역협정에 포함되거나 국내법으로 시행되는 국제 노동 표준이 없다면, 미국 노동자들이 '비용이 많이 드는' 보호를 요구할수록(임금 인상이든 건강 보험이나 퇴직 플랜이든) 기업들은 국경 넘어 비용이 덜 드는 해외 노동력을 찾을 것이다. 전 세계적으로 보면 한 세기 전 이곳에 정착한 이민자들의 상황과 달라지기는커녕 오히려 비슷한 점이 더 많다. 우리는 저임금 노동자들의 홍수에 직면하면서 원점으로 되돌아왔다.

하버드 케네디 스쿨의 경제학자로 신자유주의를 비판하는 대니 로드릭(Dani Rodrik)은 이러한 현재 상황을 '초세계화'라고 일컫는다.[67] 복지 기준을 낮춰버리는 무역에는 장벽이 거의 전무하기 때문이다. 초세계화된 현실에서는 의류업계를 포함한 다국적 기업이 정부의 통제권을 벗어나 세계 경제의 규칙을 정하고 있다. 갭(Gap), H&M, 제이 크루(J. Crew), 아마존(Amazon) 같은 다국적 기업들은 전 세계를 돌며 최저가로 물건을 사들이고, 나라 간에 경쟁하게 만들며, EPA나 OSHA 같은 환경보호 조치와 자국 노동자를 보호하는 법을 만들고 시행하려는 정부의 의욕을 꺾어버린다.

패션이 다른 산업보다 바닥 찍기 경쟁을 주도하는 큰 이유는 아

---

* 미국의 주식거래 중개 플랫폼인 로빈후드가 '수수료 무료'를 앞세워 개인 투자자의 주문을 독점하는 거래 방식을 의미한다.

이폰 같은 물건을 만드는 것과는 달리 공장을 세우는 게 어렵지 않고 큰돈이 들지 않기 때문이다. 비싸지 않은 재봉틀과 그 재봉틀을 다룰 역시나 비싸지 않은 사람들 정도면 충분하다. 공장은 사실상 어디든 세울 수 있는 만큼 최저 비용 역시 어디서든 찾을 수 있다. 따라서 오늘날 의류 생산 중심지들이 가장 허술한 민주주의 규범을 갖고 있다는 사실은 놀랄 일이 아니다. 글로벌 부패 척결 기구인 국제투명성기구(Transparency International)는 2018년 충격적인 통계를 공개했다. 180개국의 공공 부문 부패 순위를 평가한 부패 인식 지수에서 주요 의류 생산지인 중국이 87위, 스리랑카가 89위, 베트남이 117위, 방글라데시가 149위였다. 바닥을 뚫고 내려갈 수준이다.[68]

2013년 4월 방글라데시 다카의 외곽에서 표준과 규정 시행의 의지에 역행하는 최악의 사건이 일어났다. 수많은 서구 의류 브랜드의 대규모 하청업체인 라나 플라자(Rana Plaza)의 의류 생산 공장이 기계 무게와 진동을 견디지 못하고 붕괴한 것이다. 현지 빌딩 관련 기준과 조례를 명백히 위반한 초대형 참사였다. 노동자들은 회사 측이 규제를 어기고 밖에서 걸어 잠근 방화문에 갇히고 말았다. 사고 전날 노동자들이 건물에 균열이 생겼다고 지적하며 항의했지만, 회사 측은 임금을 주지 않겠다고 협박하며 안전하다고 우겨댔다. 그리고 다음 날 1,134명이 죽고 2,500명이 부상을 입었다. 노동자 보호 정책을 위배하는 패션 산업의 시스템이 역사상 최악의 산업 재해를 일으켰다.

나는 역사는 되풀이된다고 보는 운명론자가 아니다. 그랬다면 이 책을 쓰지도 않았을 것이다. 그러나 트라이앵글 셔츠웨이스트 공장 사건 이후 102년 하고도 한 달이 더 지나 흡사 거울에 비친 모습처럼 재현된 라나 플라자의 재앙은 그저 경악스럽다. 우리가 선택하기에 따라 이 서사의 뒷부분을 다시 쓸 수 있을 것이다. 그러나 거기까지 가려면 의류 제조업의 실상을 덮고 있는 또 하나의 꺼풀, 당신은 그런 게 있는 줄조차 몰랐을 그 꺼풀을 벗겨낼 필요가 있다.

지속 불가능한 패션 산업에 이의를 제기합니다

4

중개상, 경영, 마케팅 그리고
투명성의 새로운 정의

●

1960년대에 리바이스 청바지를 샀다면 그건 미국에서 만든 제품이다. CEO는 대부분 자체 소유인 전국 각지의 공장들이 어디에 위치하는지 안다. 하지만 초세계화 시대인 지금 청바지를 사면 원단과 지퍼, 기타 등등을 한 벌로 조합한 '메이드 인 차이나' 표시만 보일 뿐 그 하나하나가 어디에서 왔는지 전혀 알 수 없다.[1] 의류 브랜드의 CEO도 성탄절 마케팅 예산을 짜고 인스타그램에 뜨는 신상품이 제때 진열되는지에 신경을 쏟느라 세부 사항을 구체적으로 알지 못한다.

현대의 CEO들이 이렇게 느슨할 수 있는 이유가 있다. 이 책에서 다루는 의류 생산의 여러 단계 가운데 여러분이 가장 알기 어려운 다음 주자 때문이다. 이건 의도적이다. 점점 더 많은 나라와 브랜드가 세계화 게임에 뛰어들면서 몇몇 기업이 기회를 포착했다. 공급업체가 난

무하는 황야에서 브랜드들은 길잡이가 필요했다. 그래서 중개업자라는 새로운 선수들이 게임판에 등장했다. 그중에서 규모가 가장 큰 것이 홍콩을 기반으로 한 리 앤드 펑(Li&Fung)이다.[2] 이들은 전 세계 40개 시장을 넘나드는 조직망을 구축하고 어마어마한 양의 옷을 조달한다. 1906년 실크와 상아를 거래하는 무역상과 한 영어 교사가 합작 설립한 리 앤드 펑은 현재 전 세계에 230개 지부를 두고 있다.[3] 이들의 2018년 매출은 120억 달러를 돌파했다. 1998년 한 CEO의 말에 따르면(다자간 섬유 협정 쿼터제에 대한 언급이었다), 리 앤드 펑 그룹은 통상 1만 벌 단위로 주문을 처리한다.[4]

> 우리가 한국 업체에서 실을 산다면, 방직과 염색은 대만에서 한다. 그래서 실을 골라 대만으로 보낸다. 일본에는 최상의 지퍼와 단추가 있지만 거의가 중국에서 생산한 것들이다. 좋다, 그래서 우리는 일본의 대형 지퍼 제조사인 YKK로 가 그들의 중국 공장에 우리가 쓰려는 지퍼를 주문한다. 또 쿼터 할당량과 노동 조건을 고려해 태국을 최적의 장소로 결정하고 이곳에서 옷을 만들기로 결정한다. 모든 것이 태국으로 간다. 고객들이 빠른 배송을 원하는 만큼 우리는 태국 공장 다섯 곳에 주문을 배분한다.[5] 고객의 요구에 가장 효율적으로 부응하기 위해 우리는 가치 사슬을 최적화하고 있다.[6]
> 주문을 받고 다섯 주가 지나면 옷 1만 벌이 유럽에 있는 상점 선반에 안착하는데, 색으로 보나 다른 무엇으로 보나 모두 한 공장에서 만든 것으로 보인다. 이제는 물류와 조직화를 고민하라.

지속 불가능한 패션 산업에 이의를 제기합니다

각 브랜드의 개인 고객과 마찬가지로 리 앤드 펑은 월마트와 케이트 스페이드, 코치, 캘빈 클라인, 타미 힐피거(Tommy Hilfiger) 등 여러 기업의 '생산 단계 최적화'를 책임지고 있다. 여러분은 듣도 보도 못한 이야기일 것이다. 장담한다.[7]

리 앤드 펑 같은 업체들이 효율적인 중개업자로 활약함으로써 의류업계 공급망은 브랜드와 소비자 모두에게 한층 더 불투명해졌다. 중개업자들은 브랜드들에게도 속 시원하게 밝히지 않는다. 브랜드들 역시 공장에 대해서는 관심이 거의 없고 알려고 하지도 않는다. 제이디를 준비할 때 내가 재비츠 센터에서 판매자들에게 옷을 어디서 만들었는지 물었을 때, 그들이 멍청한 표정만 지었던 이유가 이런 시스템 때문이다.

정부 규제도, 공장 현장 감독도 없는 가운데 1911년경 뉴욕의 축소판이라 할 상황이 의류 생산국들에서 고요한 전염병처럼 발발했다. 바닥 찍기 경주에서 지하 세계의 열악한 노동력 착취 업장들이 암묵적인 주자가 되었다. 그러나 영원히 숨어 있을 수는 없었다. 결국 언론이 이 최악의 범죄를 폭로하기 시작했다. 1996년 케이시 리 기포드[*] 스캔들이 터졌다. 기포드의 월마트 제품 라인이 온두라스의 13~14세 아동 노동자들에 의해 생산된다는 사실이 보도된 것이다.[8] 나이키 역시 1990년대에 인도네시아 생산과 관련된 조사 내용이 폭로되면서 이미지 추락의 악몽을 겪은 바 있다.[9]

의류 브랜드들은 한순간에 리 앤드 펑 등등이 멋지게 둘러준 무지의 망토 뒤에 숨을 수 없게 되었다. 이들은 권위 있는 언론의 보도로

---

[*]   Kathie Lee Gifford, 미국의 토크쇼 진행자 겸 쇼 호스트로 활동하는 가수.

인해 이목이 집중되면서 명성을 위협받자 뭐든 하고 있다는 모습을 보여줘야만 했다. 자체 정책으로 파트너 제조업체의 자격 조건을 만들어 판매자 행동 준칙을 세웠다. 이 준칙에는 노동자들의 건강, 안전, 근무 시간, 초과 근무를 비롯해 폐기물 처리 같은 환경 관련 항목이 담겼으며, 아동이나 노예 노동력을 쓰지 않는다는 조건도 포함되었다. 2019년 정성 의류 캠페인 보고서가 설명하듯이 "이러한 행동 준칙이 의류 브랜드들의 공급망에서 노동자가 권리를 보장받는다는 사실을 고객에게 입증하는 주요한 도구가 되었다."[10]

이 마지막 문장을 해독해보자. 의류 브랜드들의 "보여주기용" 강령은 노동자의 권리 보호가 실행되도록 보장하는 것과는 아주 다른 목표다. 반복하건대 노동자들의 권리를 보호하기 위해 만든 행동 준칙이 아니라, 불미스러운 공장 운영 실태가 노출되는 것을 피하기 위해 만든 것이다. 가지푸르 공장 계단에서 본 포스터가 그곳에서 일하는 사람들 눈에 들어오지 않는 게 당연하다. 무의미한 말일 뿐이다. 다만 그런 포스터들이 벽에 붙어 있음으로써 브랜드들은 "행동 준칙이 있다"는 사실을 과시할 수 있다. 의류 브랜드들이 실제로 행동 준칙을 실천하려는 의미 있는 행동에 나서지 않는 한 그것들은 그저 추악한 전시용 포스터일 뿐이다.

행동 준칙과 기업의 사회적 책임

브랜드의 입장이 되어 잠깐 상상해보자. 그들은 모호한 준칙과 시행되지 않는 정책으로 무엇을 밀하려는 것일까? 의류 브랜드들은 지속 가능성과 윤리에 대해 최소한 입에 발린 말이라도 해야 하는 시대 상황에서 당당하게 홈페이지에 회사의 사명과 선언을 게시한다.

"철저하게 투명한" 스타트업 에버레인(Everlane)은 "우리는 에버레인에서 멋진 티셔츠를 입는 것만큼 쉽게 올바른 선택을 하고 싶습니다. 우리가 세계에서 가장 윤리적인 생산업체들과 함께하는 이유입니다"라고 주장한다.[11] 장사에 충실한 갭은 이렇게 말한다. "좋은 비즈니스가 세상을 바꿉니다."[12]

젊은 세대를 겨냥한 제이 크루의 자매사 메이드웰(Madewell)은 자랑스럽게 선언한다. "우리는 좋은 세상을 만들기 위해 열심히 노력하고 있습니다."[13]

제이 크루도 마찬가지다. "좋은 일을 하는 것이 곧 사업의 일부인 세상을 그려봅니다."[14] (제이 크루 그룹은 2020년 5월 코로나19 팬데믹의 파장으로 주류 의류업계 가운데 처음으로 파산 신청을 했다)[15] 또 자라(ZARA)의 모기업인 인디텍스(Inditex)는 이렇게 말한다. "우리가 하는 모든 일의 중심에 사람이 있습니다."[16]

하나같이 따뜻하고 보송보송한 말들이다. 그렇지 않은가? 이런 다짐을 읽는 것만으로도 얼른 달려가 뭔가 사고 싶어진다. 정말 필요해서가 아니라 더 나은 세상을 만들 수 있을 것만 같은 기분에 충실하기 위해서다. 이미 우리는 신자유주의의 핵심 교리, 즉 더 나은 세상을 만들겠다는 번드레한 말의 성찬에 속아 끊임없이 무언가를 사고 있다. 하지만 기업들의 이런 웅장한 선언을 넘어 정책의 실상을 찾아보면 죄다 무지개도, 유니콘도 아니라는 사실을 알게 된다.

가령 에버레인은 "최고의 윤리적 규범 아래 비즈니스를 수행하며, 우리와 함께하는 비즈니스 파트너들이 사회적 책임에 부응하는 관련 법규와 규정을 완벽하게 준수함으로써 지속적으로 공급망 전반의 작업 환경을 개선해나가기를 기대합니다"라고 써놓았다.[17] 갭, 메이드웰, 인디텍스, 제이 크루도 파트너 제조사와 공급업체가 해야 하는 일에 대해 비슷한 선언을 하고 있다.

이런 선언들을 보면 모두가 좋은 일을 하고 세상이 기대하는 혁신 그 자체가 되려고 발 벗고 나서는 것 같다. 그러나 실제 정책에서는 미묘하면서도 결정적으로 책임에서 빠져나가거나 떠넘기는 장치가 있으니, 임무의 수행 여부를 결정하는 것은 브랜드가 아니라 하청업체에 달려 있다는 사실이다. 따라서 공장이 붕괴되거나 제조업자가 노예 노동자를 착취한다는 보도가 터져도 브랜드는 책임에서 벗어날 수 있다. "실제로 옷을 만드는 건 우리가 아니랍니다." 브랜드들은 이렇게 항변한다. "우리가 아니라 공장들이 잘못한 거라고요." 우리가 '윤리적'이고 '지속 가능'하다고 여기는 일부 기업과 '패스트패션' 사이엔 사실 별 차이가 없다. 모든 브랜드가 너나없이 책임 떠넘기기에 뛰어든다.

회계 감사라는 기만

자, 한 걸음 더 들어가 살펴보자. 브랜드들은 회계 감사로 자기들의 규범 준수를 입증하려 든다. 주로 유럽 기반의 대형 회계법인을 택해 하정업체들이 지사의 지침을 지키는지 확인한다. 다시 말하지만 이들의 목표는 노동자들이 적법하게 일하고 수상쩍은 비즈니스를 벌이지 못하게 만드는 게 아니다. 그저 리스크를 덜어내는 것이다.

의류 중개업자들과 마찬가지로 회계사들도 해마다 수십억 달러를 벌어들이고 수천 명을 고용한다. 프랑스의 뷔로 베리타스(Bureau Veritas), 독일의 튀프 라인란트(TÜV Rheinland), 스위스의 SGS, 미국의 제품 안전 인증기관인 언더라이터스 래버러토리스(Underwriters Laboratories)가 대표적이다. 윤리적 거래 이니셔티브(ETI, Ethical Trading Initiative)의 추정에 따르면 제3자 감사 산업의 규모는 800억 달러에 달하며,[18] 이 금액이 기업의 '윤리적 조달(ethical sourcing)' 예산의 80퍼센트를 차지한다.[19] 윤리적 의류 수요는 이 기업들에 호재가 되었다. 2013년 「뉴욕 타임스」는 가장 큰 상장 감사법인 세 곳의 주가가 2년 동안 50퍼센트 상승했다고 보도했다.[20] 감사법인이 대중화된 이래 20년 동안 매년 수천 곳의 공장이 승인을 받았다. 이 모든 것은 브랜드들에게 감사가 그저 '나쁜 놈 아님'을 선전하는 수단이 되어버렸다는 사실을 보여준다.

감사가 소위 윤리적 제조업의 중심축이 된 것은 무언가 하고 있다는 걸 보여줘야 하는 기업들이 노동자를 배려하고 환경을 보살피고 있다는 홍보를 하기에 적절하기 때문이다. 제3자 외부 감사는 '빌트인 희생양'을 제공한다. 비극적인 사건이 일어나더라도 하청 공장이나 감사관의 잘못일 뿐 절대 브랜드의 잘못이 아니라는 의미다.

책임이라는 뜨거운 감자 게임은 이런 식으로 흘러간다. 브랜드는 고객들에게 세상을 구하고 있다고 알리고, 세상을 구하는 책임은 감사관의 손을 빌려 하청업체에 떠넘기며, 감사관은 공장들에게 건강하다는 진단서를 떼어준다. (감사관의 임무는 공장들이 세상을 구하고 있는지 확인하는 것이 아니라, 브랜드들이 뜨거운 감자를 떨어뜨려「뉴욕 타임스」1면을 장식하는 일이 없도록 보호하는 것이다) 그런데 이런 상황에서도 놀랍도록 많은 감자들이 떨어졌다. 하지만 브랜드들은 자기네 지침을 가리키며 "아닙니다"라고 그저 잡아떼고, 다른 이들이 바닥에 떨어진 감자를 치우는 악순환이 반복되고 있다.

룰루레몬(Lululemon) 제품을 생산하던 방글라데시 하청 공장의 여공들이 구타와 폭언('걸레, 창녀' 같은 쌍욕)에 시달리며,[21] 몸이 아플 때도 강제 노동을 당했다는 사실이 폭로되었을 때, 룰루레몬은 이렇게 말했다. "우리는 모든 거래처가 우리의 가치를 공유하고 일관되게 정책에 따라줄 것을 요구합니다. 우리는 지침 위반을 용납하지 않습니다."[22] 그러나 아무런 조치도 취해지지 않았다. 브라질 정부가 자라의 하청 공장에서 최저 임금 위반에, 심지어 14세 미만 아동 노동자까지 고용한 사실을 적발했을 때도,[23] 자라의 모기업인 인디텍스는 이 공장이 본사 지침을 위반한 '무허가 하청'이라고 일축했다. ASOS의 공장에서 7~8세 아이들이 학교에 가지 못하고 주 60시간씩 일하고 있다는 사실이 밝혀졌을 때에도,[24] ASOS는 어김없이 익숙한 대사를 읊었다.

이제 우리는 브랜드에서 하청업체로 얼마나 빨리 책임이 전가되고 있는지 알게 됐다. "대형 브랜드가 세상을 구한다"는 선언은 가짜 뉴스의 또 다른 헤드라인에 지나지 않는 셈이다.

지속 불가능한 패션 산업에 이의를 제기합니다

외부 감사의 허점

자, 로스쿨에서 하는 것처럼 이 시스템의 허점을 분석해 노동자도 환경도 지켜주지 않는 기업의 지침과 감사의 작동 방식을 정확히 알아보자.

물류 단계의 감사는 어려울 뿐만 아니라 시간과 비용이 많이 든다.[25] 이 모든 비용은 당연히 브랜드 본사가 아니라 하청업체가 부담한다. 감사 수수료는 하루 수백 달러부터 1,000달러 이상 들며, 기간은 1~12일 정도 걸린다. 규정 준수 여부를 감사하는 비용은 지침 하나당 평균 2,000달러다. 각 브랜드들의 규정은 같은 듯 다른데(간소화 작업이 계속 진행 중이긴 하지만),[26] 공장들은 전부 별도 감사를 받아야 하기 때문에 비용이 상당히 부담된다. 빠듯한 수입으로 운영하는 공장들은 (문제점을 지적받지 않기를 간절히 바라기 때문에) 가능한 한 빨리(때로는 하루 만에) 감사를 해치우려 하며, 자연히 감사가 부실할 수밖에 없다. 2015년 감사 보고서에 따르면 갭과 나이키, 월마트, 타깃(Target)에 납품하는 공장 열두 곳이 불과 이틀 만에 감사를 마쳤다.[27]

감사관들은 감사에서 노동자 면담에 큰 비중을 둔다. 이를 잘 아는 공장 측은 노동자들이 위반 사항을 드러내지 않도록 사전에 교육시킨다. 나는 스리랑카의 감사관과 대화를 나눈 적이 있었다. 내 평생 들어본 이야기 중 단연 인상적인 이야기였다. 의류 공장 노동자였던 아실라 단데니야(Ashila Dandeniya)는 스리랑카 여성 최초로 임금 인상을 요구하며 홀로 법정 투쟁을 벌였다. 단데니야는 노동자들에게 권리를 교육하고 경험을 공유할 수 있도록 여러 인적 · 물적 지원과 유인

물을 제공하는 단체인 '스탠드업 무브먼트-랑카(Stand Up Movement-Lanka)'를 설립해 운영하고 있다. 단데니야는 감사에 대비해 교육받은 노동자들에게서 안전한 답변들을 끌어내기 위해 감사관들이 써먹는 우스꽝스러운 방법들을 설명했다. 능숙한 감사관은 미리 교육받지 않은 답, 가령 "예"와 "아니오" 따위와는 질적으로 다른 답을 끌어내는 질문의 차이를 살 안다. "점심 드셨어요?"(노동자는 '예'라고 답하라는 지시를 받았을 것이다)와 "점심에 뭐 드셨어요?"라는 질문을 비교해보자. 후자는 교육받은 것과는 다른 답이 나올 수밖에 없다.

공장이 법규 위반을 지적받는 경우, 브랜드들은 당연히 느려터지게 조치한다. 스리랑카의 어느 공장주는 감사의 가장 큰 맹점을 바로 이것으로 꼽았다. 브랜드들이 정말 안전한 공장을 원한다면 공장주가 위험 요인을 바로잡도록 장려하고 가산점을 줘야 한다는 것이다. 규정을 계속 어기는 공장과 거래를 끝내는 방법도 있다. 그는 나이키를 예로 들었다. 그가 아는 한 감사에서 두 차례 불합격 판정을 받은 뒤 실제로 공장과의 계약을 해지한 유일한 회사가 나이키라고 했다(아마도 1990년대 저임금 아동 노동력 착취의 대표가 된 기억 때문일 것이다).

브랜드들은 공장이 규칙을 준수하지 않는다는 사실이 밝혀져도 합당하게 조치하지 않으며, 자기네 규정을 지키도록 실질적인 인센티브를 부여하지도 않는다. 채찍도 당근도 없다. 실제로 2018년 봄 '구매 지표 개선 보고서(Better Buying Index Report)'는 하청 공급업체의 60퍼센트 이상이 구매자인 브랜드의 지침을 준수하는 데 따른 인센티브를 전혀 받지 못했음을 밝혀냈다.[28] 본질적으로 브랜드의 의사 결정자들은 규정 위반 여부를 알지 못하는 구조일 수도 있다. 감사를 감독하고

지속 불가능한 패션 산업에 이의를 제기합니다

훌륭한 메시지 작성을 돕는 기업의 사회적 책임(CSR, Corporate Social Responsibility)팀은 일반적으로 도급업체 섭외나 주문 처리, 대금 지급 업무를 맡는 관리부서와 판이한 경로로 운영된다.[29] 노동 시간이나 임금 등의 규정 준수 여부를 담당하는 CSR팀이 외주 도급 업무, 브랜드가 요구하는 가격 등에 대해 무지할 뿐만 아니라 통제력도 떨어진다는 의미다. 기업의 CSR 정책은 관리부서가 아니라 법무팀이나 홍보부에서 맡는 경우가 대부분이다. 메이시스(Macy's)의 경우 커뮤니케이션팀 고위 임원이 CSR을 운영한다.[30] 월마트에서는 사회적 책임과 지속 가능성 업무 책임자가 대정부 관계 관리자, 쉽게 말해 로비스트다.[31] 실질적인 정책 실행이 아니라 커뮤니케이션과 위기관리를 접목시킨 아이들 동화 같은 이야기일 뿐이다.

잘못된 구매 관행

가격 얘기가 나와서 말인데, 의류 브랜드가 공장과 가격을 정하고 대금 지불 조건을 유지하는 (혹은 바꾸는) 방법 문제는 감사에서 별개로 다룬다. 공장은 대개 가격을 깎아주는 방식으로 일거리를 지키는 대신 노동자의 임금을 후려친다. 그리고 브랜드들이 세상을 어떻게 돕는지 떠벌리는 동안 앞서 인용한 '구매 지표 개선 보고서'는 의류 하청 공장 43퍼센트가 가격 인하를 강요하는 고압적 협상 방식을 겪고 있다고 보고했다.[32] 다시 말해 기업들은 신자유주의의 정점에 있는 이들의 이익 추구 정신을 지켜나가고 있는 것이다.

2013년 라나 플라자의 충격적인 붕괴 사건으로 공장 개선 비용이 많이 들었음에도 방글라데시의 2016~2017년 회계 연도의 상품 단가는 전년 대비 2.12퍼센트 내려갔다. 다음 회계 연도에는 다시 4.07퍼센트 떨어졌다.[33] 여러분이 종잇장처럼 얄팍한 이윤으로 돌아가는 산업에서 점점 더 싸게 물건을 살 때는 보통 노동 조건이나 임금, 환경보호에 들어갈 몫을 깎는 것이다. 다른 방법으로는 계산이 서지 않는다.

나는 주로 가짜 데드라인의 세계에서 일한다. 아무리 시급한 일정일지라도 언제나 몇 시간(혹은 몇 주)은 더 있게 마련이다. 하지만 의류업계에서는 그렇지 않다. 일정이 지연되는 순간 물류의 악몽이 시작되며 노동자들에게 가혹한 압박이 가해진다.[34] 많은 공장 관리자들이 발주사가 주문량을 늘리거나 납품일을 앞당기거나 디자인을 조금이라도 바꿀 경우 벌어지는 아수라장에 대해 설명했다. 그래도 제때 납품하지 못하면 불이익을 받는다. 국제인권감시기구(Human Rights Watch)에 따르면 제품 개발이나 사전 제작 단계에 합의한 일정을 지켜주는 발주사는 고작 16퍼센트에 불과했다.[35]

제품을 제때 완성하더라도 공장들은 대금을 제대로 받을지 여부를 확신할 수 없다. 2016년 국제노동기구(ILO, International Labour Organization) 조사에 따르면 의류 공급업체의 52퍼센트가 생산 대금을 원가보다 적게 받았다.[36] 방글라데시에서 그런 일이 가장 많이 일어났다.[37] 결제 지연이나 미지급은 최하층 노동자에게 심각한 문제를 야기하지만 부실 감사로 전부 은폐되고 만다. 2013년 ILO 조사 결과 노동자에게 급여를 줄 현금 유동성이 없는 공장에서는 회계 장부와 원장

지속 불가능한 패션 산업에 이의를 제기합니다

을 조작하는 이중 장부가 "일반적인 관행"이었다.[38] 특히 납품일 변경으로 급하게 달려야 할 때 공장이 노동자들에게 초과 근무를 시키도록 해주는 것이 바로 이 이중 장부다.

브랜드와 하청 공장 사이의 권력 불균형은 2020년 코로나19 팬데믹으로 전 세계 소매점들이 문을 닫고, 이미 주문을 받았거나 생산 중인 의류 수요가 급격하게 줄면서 큰 뉴스가 되었다.[39] 브랜드들은 마치 옷이 바이러스에 감염되기라도 한 것처럼 주문을 취소하기 시작했고(일부는 주문 금액을 할인하라고 요구했다), 일단 제품이 출고되어야 대금을 받을 수 있는 공장들은 궁지에 몰렸다.[40] 그 많은 옷들로 공장들이 뭘 할 수 있을까? 이런 지경에 이르면 직원들에게 임금을 주는 건 고사하고, 어떻게 사업이 망하지 않기를 바랄 수 있단 말인가? (상기시키자면 노동자들은 팬데믹 상황에서 엄청난 공포와 압박, 전염병 그 자체에 노출되어 있다. 급여를 못 받는다는 건 말 그대로 굶주려야 한다는 뜻이다) 고맙게도 언론과 시민 단체의 압박으로 H&M과 인디텍스, 막스 앤드 스펜서(Marks&Spencer), 키아비(Kiabi), PVH, VF 코퍼레이션(VF Corporation), 타깃 등 몇몇 브랜드가 기존의 주문 분량을 받고 대금을 지불하기로 했다.[41] 분명 의미 있는 지원이지만 이런 조치는 막 심장 수술을 받은 환자에게 일회용 반창고를 붙이는 정도일 뿐이다. 더 크고 핵심적인 문제는 무법천지의 업계 구조에 내재된 힘의 불균형 때문에 이런 사기극이 지속적으로 일어난다는 사실이다.

브랜드들은 정상적 상황이건 팬데믹 상황이건 협력업체와의 중요한 계약 사항을 마음대로 바꿀 수 있고, 무시하거나 생략할 수도 있다. 노동과 환경 관련 규정이 지켜지지 않는 것처럼 애초에 이 시스템에 내장된 의류 브랜드와 공장 간의 권력 불균형 때문이다. 내가 직접 찾아가 살펴본 공장 전부가 묻기도 전에 똑같은 문제를 제기했다. 모든 것이 케케묵은 수급 문제로 귀결된다. 브랜드들은 의류 공장(공장을 만드는 게 쉽다는 점을 기억하라) 선택권을 꽉 잡고 있다. 그만큼 우위에 있다. 그들은 최저가, 최상품, 신속 배송이라는 제정신이 아닌 요구를 들이댄다. 공장 입장에서는 이 고장 난 업계에서 계속 사업을 이어가려면 저들을 충족시키기 위해 무슨 짓이든 해야 한다. 브랜드가 발주할 때마다, 또 가격 인하를 요구할 때마다, 지속 가능성과 노동 법규를 지킬 만한 공장의 역량은 저 멀리 퇴보하며, 노동환경 개선이나 환경적 기준을 끌어올릴 능력도 제한된다.

스리랑카의 한 공장 간부는 브랜드들의 요구에 대한 대화를 나누면서 화가 났던 일화를 털어놓았다. 브랜드들의 요구와 지불하려는 비용은 별개 문제라는 것이다.

"수주 대금이 먼저 정해져야 (노동자들의) 임금을 정할 수 있잖아요."

노동자들의 피해

공급망의 거의 모든 단계에서 보편적 시행규칙이 된 감사 시스템의 실패는 지탄받아 마땅하다. 그런데도 가장 큰 짐은 노동자들이 짊어지고 있다.

첫 번째 위법은 임금 문제다. 지금까지 살펴본 것처럼 스리랑카와 방글라데시 등에도 최저 임금법이 있고, 브랜드 본사에는 공급업체가 현지의 최저 임금법을 준수해야 한다는 규정이 있다. 갭은 "노동자에게 최소한 법으로 정한 최저 임금, 또는 현지 업계의 표준에 부합하는 임금을 지급해야 한다"고 명시하고 있다.[42] 그러나 제이 크루나 에버레인 같은 회사들과 비슷한 뻔한 표현일 뿐이다.[43] 이러한 지침에도 불구하고 하청 공장 노동자들은 법정 최저 임금보다 적은 돈을 받으며, 실상 그 최저 임금조차 먹고살기에 충분치 못하다는 명백한 증거가 있다.

'현지 업계의 표준'은 또 뭐란 말인가? 여러분은 이 말뜻을 알아듣겠는가? 아닐 거라고 본다. 왜냐하면 이 책을 쓰면서 내가 배운 것처럼 이 바닥에는 현지건 어디건 그런 기준이 없기 때문이다. 명확한 공장별 급여 기준이 없는 상황에서, 감사관들은 공장이 규정에 맞춰 임금을 충분히 지급하고 있는지 어떻게 평가하고 승인할 수 있을까? (법률적 교훈이 또 하나 나왔다. 규정 적용을 어렵게 하려면 말을 애매모호하게 하면 된다) 이런 불명확성 때문에 시행율은 당연히 낮아질 수밖에 없다. 업계 전반에 만연한 위법 상황을 보여주는 연구 자료가 있다. 2013년에 나온 보고서를 보자. 의류업계 노동환경 개선을 위한 기구인 '베터 워크(Better Work)'의 보고서(우리가 가진 자료 중 가장 최신이다)에 따르면, 바닥 찍기 경쟁에 내몰린 베트남, 인도네시아, 레소토, 요르단, 아이티 등 조사 대상 5개국 모두에서 임금 관련 위반 사례가 있었다.[44] 2012년 ILO가 발간한 보고서에는 인도의 의류 공장 51퍼센트가 최저 임금법을 지키지 않는다고 지적했다.[45] 절반에 달하는 불법 비율은 운영 지침도, 감사 시스템도 다 사기라는 점을 분명하게 증명하는 셈이다. 이제 시간당 최저 임금만큼도 못 받는 리마가 어떻게 이 큰 그림과 들어

맞는지 알겠다. 리마는 예외 사례가 아니다. 슬프게도 그게 표준이다.

임금 불평등의 또 다른 요인이 있다. 공장들이 규정에 따라 지급하는 법정 최저 임금조차 생활임금이 못 된다는 점이다. '생활임금'의 정의는 노동자가 초과 근무 없이 부양가족과 함께 먹고살 수 있는 정도의 금액이다.[46] 청정 의류 캠페인 보고서에 따르면 아시아 국가 대부분에서 정부가 정한 최저 임금이 생활임금의 절반에도 못 미치는 것으로 나타났다.[47] 이런 나라에서는 브랜드들이 다른 나라로 가버릴까 봐 정부가 노동자 보호에 소극적으로 임한다는 이야기를 기억하는가? 여기다 나온다. 정부가 자국 경제에 투자하는 대기업(안녕, 신자유주의!)에 맞서 "당신들이 말하는 가격으로는 우리 노동자들에게 임금을 충분히 줄 수 없으니 당신네 청바지는 만들 수 없다"고 대응한다는 건 제 발등을 찍는 짓이나 다름없다. 그러니 죄다 유독성 폐수에서 자라는 채소를 먹는 사람들이 X 기업의 다음 주문 납품이 끝날 때까지 살아 있기만을 바라면서 그저 입을 꾹 다물 뿐이다.

상황은 더더욱 나빠지고 있다. 방글라데시와 스리랑카에서 만난 사람들에 따르면 단가 할인과 일정 단축 압박이 계속해서 높아지다 보니, 공장들은 임금뿐 아니라 생산비를 더 우회적인 방식으로 줄이면서 아예 기록조차 남겨놓지 않는다는 것이다. 우선 이들은 정규직 노동자들을 단기 계약직으로 바꿔 비용을 줄인다. '긱 이코노미*'의 일부분으로 계약직이 되는 서구 노동자와 비슷하다. 인력사무소에 휘둘리던 스

---

*   gig economy, 기업들이 필요에 따라 단기 계약직이나 임시직으로 인력을 충원하고 그 대가를 지불하는 형태의 경제.

　　지속 불가능한 패션 산업에 이의를 제기합니다

리랑카의 다누도 그런 경우다. 일용직으로 내몰리고도 감내할 수밖에 없다니, 절망적이다.

그나마 겉으로 드러난 공장들은 소위 '그림자 공장'(저임금 노동 착취 공장들이 꽤 많으나 이를 알려주는 정보 자체가 많지 않다)으로 불리는 하도급에 의존해 브랜드들이 요구하는 기준을 맞추고 있다.[48] 앞서 인용한 보고서를 돌아보자. 작업물을 납품해야만 하는 하청 공장들의 그늘진 실상(아마 일정이나 단가를 맞출 수가 없었을 것이다)에 대해 브랜드들이 내놓은 대답은 이랬다.

"음, 우리는 그런 걸 허용하지 않습니다. 공장 노동자들이 저임금, 초과 노동, 구타, 성매매를 당한 것은 우리 잘못이 아닙니다."

나는 실망스럽지만 당연하게도 이 취재 여정에서 무허가 하청 공장에는 들어가 볼 수 없었다. 그림자 공장이라 불리는 하도급들의 수가 정확히 얼마나 되는지는 알려진 게 없다. 방글라데시 산업에 대한 일부 조사에 따르면, 방글라데시 공장 전체의 절반가량이 불법으로 추정된다.[49] 하도급과 임금은 서로 연관돼 있다. 캄보디아의 상황을 보면 수출 제품 하청 공장이 2014~2016년 사이 82개에서 244개로 늘었고, 2014~2017년 동안 기본 급여가 월 100달러에서 153달러로 올랐다. 쉽게 설명하자면 이 나라들에서는 최저 임금이 올라가면 제조업자들이 노동자들을 착취할 새로운 불법 수단을 찾아낸다는 것이다. 하청 공장들은 노동자들이 분명 더 많이 받아야 하는 상황에서도 최저 임금조차 주지 않으면서 불법으로 공장을 돌린다. 수주 물량과 품질을 지키려면 이 방법밖에 없다. 브랜드들은 겉으로 드러난 노동자 일부에게 일정 기간 법정 임금을 지급하는 척하며 CSR 지침 위반을 모면하는 것이다.

아무런 주도권이 없는 CSR 정책과 최저가 사냥을 하는 업계의 관행 속에서, 우리는 아동 노동 착취와 현대판 노예제를 주도하는 의류 산업의 최종 결과물을 손에 넣는다. 2018년 의류 제조업의 3대 국가인 중국과 방글라데시, 베트남은 강제 노동과 아동 노동 두 항목 모두에서 유죄 판결을 받았다.[50]

해법
노동권 재분배와 노동자 옹호

현대 의류 산업의 문제점을 살펴보면서 데자뷰가 일어날지도 모르겠다. 20세기 초 미국의 의류 노동자들이 이와 다르지 않은 방법으로 뼛속까지 학대받고 착취당했다. 차이가 있다면 이렇게 위험하고 불완전한 시기에 노조 운동이 일어났다는 것이다. 미국은 진보의 시대에 부응해 초과 근무 수당이나 주말 개념 같은 뉴딜의 혜택을 거뜬히 확보할 수 있었다.[51]

이론적으로 공장주, 나아가 브랜드에 대항해 노동자들이 목소리를 내기에 노조만큼 효과적이고 직접적인 방법은 없다. 노동자를 고양시키는 것은 유명세나 자체 규제 같은 불투명한 지침이 아니라 스스로 권리를 찾아 나선 노동자의 싸움이었음을 역사가 증명한다. 하지만 발목을 잡는 것이 있다. 노조 사태로 경쟁사가 폐업하는 것을 지켜본 세사르의 말처럼, 노조의 요구가 공장의 경쟁력을 전반적으로 떨어뜨리

산업혁명 시기 의류 공장의 아이(왼쪽)와[52] 오늘날의 의류 공장 아동 노동자(오른쪽).[53]
섬뜩한 정도로 너무나 비슷하다.

게 되면 역효과를 가져올 수 있다. 브랜드들이 불합리한 가격으로 오랫동안 제조 공장의 임금과 노동환경 수준을 떨어뜨리는 것은 진입 장벽마저 낮은 패션업계에선 안타깝게도 자주 일어나는 일이다. 어느 브랜드가 한 나라에서 두 공장을 놓고 고민한다고 치자. 노조가 있는 A공장은 시간당 임금이 10달러이고, B공장은 노조가 없고 시간당 임금도 5달러. 어느 공장을 선택할까? 당국이 개입해야 할 이유가 바로 여기에 있다. 브랜드들이 바닥 찍기를 하지 못하도록 각국에 일관되게 적용할 수 있는 무역협정을 맺고, 각국은 노조 결성권을 포함한 노동자 보호법 등을 국내법으로 제정해야 한다.

브랜드들은 대부분 노동조합 결성권과 단체교섭권을 규정에 담고 있다. 그러나 여태 살펴본 것처럼 현장에서는 수두룩한 이유로 지켜지지 않는다. 아무 의미가 없는 셈이다. 무엇을 찾아내야 하는지도 모르고 노동자와 관리자에게 올바른 질문조차 하지 않는 감사관, 법규를 피해 비용을 아끼느라 노동자를 희생시키는 공장, 언론 스캔들을 모면하기 위해 엉성한 규정을 앞세워 눈 가리고 아웅 하는 기업, 게다가 시행할 장소의 특수성 따위에는 관심 없는 규정도 큰 문제다. 중국에서는 최저 임금 관련 조항이 제대로 문서화되지 않았고, 진정한 의미의 독립적인 노조는 사실상 불법이다.[54] 따라서 단체 교섭권을 요구하는 것 자체가 논쟁거리다. 브랜드의 CSR 명수들이 글로벌 시스템의 현실을 외면한 채 규정에 번드르르한 말을 써재끼는 한 밑바닥 찍기 경주는 계속될 것이며, 무엇보다 노조가 임금 인상을 요구할 수 없게 만드는 강력한 저해 요인이 될 뿐이다.

브랜드가 진정 노동자들의 발언권을 보장한다는 것을 보여주려면 우선 최저가 노동력 쇼핑을 멈추고 공장에 집중해 동등하게 거래할 수 있는 토대를 만들어야 한다. 앞서 살펴본 틈새를 메워야 한다. 노동자들의 요구와 환경보호 비용을 모두 원가 계산에 넣는 것이 공정한 구매 관행으로 자리 잡아야 한다. 더불어 감사관들이 노조의 대표성과 의미를 정확히 파악하는지 확인하는 것 또한 중요하다. CCC의 감사 보고서에서 언급했듯이 제대로 교육받지 못한 감사관은 노동자에게 결사의 자유가 없음에도 충분히 보장받고 있다고 보고할 수 있다.

브랜드가 공장과 함께하는 것이 이상적인 최선의 변화 방향이라면, 공장 바깥에 있는 산업 단체와 비정부기구(NGO)의 역할은 차선책이다. 이들은 단순한 개선이 아니라 업계의 구멍을 메워주는 지지대 역할을 해야 한다. ILO, 국제금융공사(IFC, International Finance Corporation)의 협력 기관인 베터 워크가 그런 조직이다. 베터 워크는 방글라데시를 포함한 주요 제조업 국가의 산업 표준을 개선하는 데 초점을 맞춰 노동자, 노조, 경영자, 정부를 위한 정책을 제시하고 있다.

그러나 나는 이러한 계획들과 CSR이나 마케팅을 구분하는 경계선의 두께가 종이 한 장 수준으로 얇다는 사실을 알게 되었다. 주요 브랜드 한 곳과 이야기를 나눴는데, 관계자들은 베터 워크가 자사의 하도급 공장에서 운영하고 있는 이른바 '역량 강화' 프로그램을 열심히 언급했다. 이 프로그램은 하위 관리자에게 노동자들의 업무상 불만을 보고하는 방법을 교육하고, 노동자들을 상대로는 상부에 문제를 보고해야 하는 관리자를 알고 있는지 등에 관한 설문조사를 진행했다. 하지만 이 원대한 프로그램은 교육 이후 실질적으로 삶의 질이 달라졌는지에 대한 평가를 빠뜨렸다. 돈을 들여 역량 강화 프로그램을 진행하고, 이를 CSR 보고서로 제출하는 것은 실질적인 해결책과는 거리가 멀다. 보고서 정도로는 시스템에 뿌리박힌 권력 불균형을 제대로 해결하지 못하기 때문이다.

안전하지 않은 공장 실상을 보고하는 방법 등 업무상 불만 사항을 개선하는 것도 중요하지만, 노동자들이 보편적으로 가장 중요하게 여기는 것은 무엇보다 임금이다. 내가 대화를 나눈 공장 노동자들 중 베터 워크를 긍정적으로 보는 노동자가 없었던 만큼 효과에는 의문이 들었다.

이 모든 부분을 한꺼번에 살피는 건 엄청난 일이다. 합당하게 시행되는 법 없이는 극단적인 신자유주의적 세계 시장에서 경쟁하는 브랜드들이 이익을 희생하거나 외부 규제 기관의 기준을 자발적으로 준수하는 것은 상상하기 어렵다. 그럼에도 우리에게는 본보기가 있다. 잿더미에서 솟아오르는 불사조처럼, 라나 플라자 사고의 여파로 비정부 규제 시스템이 생겨난 것이다. 바로 방글라데시 화재 · 건물 안전협정(Accord on Fire and Building Safety in Bangladesh, 약칭 '협정')으로, 방글라데시의 공장 안전을 획기적으로 개선하기 위해 브랜드와 노조가 함께 서명한 프로그램이다.

협정의 실무 책임자인 롭 웨이스(Rob Wayss)가 엉망진창인 시스템 속에서 어떻게 일을 해내는지 설명해주었다. 2013년 붕괴 이후 공식적으로 협정안이 채택되었지만, 주요 원칙들은 몇 년 전부터 이미 있었다고 했다. 2010년에는 다미 힐피거의 주요 공급업체인 히밈 공장에 화재가 났다.[55] 사고 직후 시작된 패션 위크 기간 동안 힐피거는 사고 대책을 요구하는 언론의 집중 포화를 맞았다. 언론과 소비자들의 폭풍 같은 반응 때문에 겁에 질린 회사는 현장 점검을 위해 공장을 개방하는 데 동의했다. 금상첨화로 힐피거의 모회사인 PVH는 방글라데시에 대한 다이앤 소여(Diane Sawyer)의 TV 뉴스 보도를 앞두고 공장의 안전을 책임지겠다는 또 다른 성명을 발표했다.[56] 이로부터 합의의 기초가 작성됐고, PVH는 (다른 주체 넷이 더 참여해야 했지만) 이를 실행하기 위한 서명에 동의했다.[57] 그래서 협정안이 만들어진 것이다.[58]

그러다가 라나 플라자 사고가 일어났다. 사상 최악의 산업 재해를 취재하려는 언론이 파리 떼처럼 몰려들었다. 대중들은 분노했다. 이는 글로벌 노조 인더스트리올(IndustriALL)과 청정 의류 캠페인, 노동자 권리 컨소시엄(Worker Rights Consortium) 등 NGO와 노조가 H&M과 C&A, M&S, 까르푸(Carrefour) 같은 대기업들을 협상에 이끌어내는 지렛대가 됐다. 협정안에 서명하기까지 채 일주일도 걸리지 않았다.

유럽을 기반으로 한 이 협정은 노동자·노조·경영자 위원회에서 제시한 보건 안전 정기 점검을 통해 방글라데시의 공장 안전 기준을 확 끌어올렸다. 나아가 직원 안전 교육과 고충 처리 절차도 수립했다. 대니 로드릭이 신자유주의적 초세계화의 종말로 여기는 국제 규제 체제는 아니지만, 그래도 한 걸음 나아간 것이다. 협정 이행을 위해 설립된 기구는 국제 기술진과 현지인으로 구성된 소규모 점검팀으로 시작해, 현재는 1,600곳이 넘는 공장과[59] 국내 노조 여덟 곳, 국제 노조 두 곳,[60] 190개 가입국으로 성장했다.[61] 자금은 브랜드들이 전적으로 지원한다. 방글라데시에서 공장을 돌리는 해외 브랜드들의 연간 생산 물량과 수출액(미국 달러 기준)에 기반한 수수료가 운영 자금이다. 롭은 결과가 공개되지 않는 기존 감사와는 달리 공장 점검 상황이 협정 웹사이트에 전부 등재된다는 사실에 자부심을 갖고 있다.[62] 협정은 5년 뒤 만료될 예정이었는데, 2021년까지 운영한다는 전환 협정이 체결되어[63] 2019년 '레디메이드 지속가능위원회(Readymade Sustainability Concil)'로 대체되었다.[64] 지금으로서는 새 기구가 얼마나 성공적인지 알 수 없다.

직접 대화해본 공장 운영자들은 처음엔 외부의 간섭에 회의적이었다. 하지만 시간이 흐른 뒤 대부분 협정의 성과를 높이 평가하는 듯 보였고, 노조 지도부는 매우 긍정적으로 표현했다. 협정이 성공한 이유는 여러 가지다. 가장 큰 이유는 내가 시종일관 강조해온 대로 변화를 일으킬 만한 강력한 집행력이다. 협정에 서명한 브랜드는 엄격한 검사를 통과하지 못한 공장에서 철수할 법적 의무가 있다.[65] 이를 어길 경우 노조(협정의 또 다른 당사자)가 중재위원회에 회부할 수 있다. 그렇게 되면 양측 모두 개선 압박을 강하게 느낄 수밖에 없다. 공장 개선을 지원하지 않는(비용을 대지 않는 등의 방식으로) 브랜드는 다른 제조업체를 찾아야 하고, 변화를 보여주지 않는 공장은 없어서는 안 될 거래처를 잃고 만다. 브랜드 또한 자체 강령을 내세우는 따위의 쇼를 하지 못한다. 협정 임원진의 50퍼센트는 업계 외부(즉 노조) 사람들로, 표준이나 기타 정책을 마련할 때 실제로 노동자들을 대표한다.[66] 평등한 지배 구조는 이들의 정책이 의류 산업에 과도하게 휩쓸리지 않는다는 것을 의미한다.

롭은 협정 임원진 피라미드의 꼭대기에 있지만 색깔이 다른 책임자다. 공장주나 정부 관계자 같은 기득권층이 아니라 ILO가 임명했기 때문이다. 협정이 힘을 갖는 핵심 요소로 롭의 기세 좋은(나는 '시원스럽고 단호하다'고 표현하려다) 태도를 꼽는 사람이 많다. 롭과 이야기를 나눠보니 알 것 같았다. 롭은 누구건 간에 일이 안 풀린다고 헛소리하는 꼴을 그냥 놔둘 사람이 아니었다. 정기 점검으로 공장에 제대로 된 방화문을 설치하도록 만드는 게 방글라데시에선 전례 없는 일일지 몰라도 재해 예방을 위해선 꼭 필요하다. 그리고 그걸 가능하게 만드는 건 강력한 협정이 있기 때문이다.

정책과 브랜드의 관계는 협정이 보여주는 것처럼 모든 주요 산업에 변화를 가져오는 성공의 열쇠다. 원대한 포부를 내세우는 브랜드라면 자체 규제에 의존해서는 안 된다. 도급 국가들이 강력하고 구속력 있는 노동·환경보호 정책을 실행하는 데 장애물이 되어선 안 된다. 브랜드들은 이러한 나라에서 큰 역할을 한다. 브랜드가 해당 국가에 "여러분이 독자적인 노동자 보호와 환경 규제 인프라를 구축해야 합니다. 지급해야 할 비용이 올라간다 해도 우리는 도망가지 않습니다"라고 말하는 것만으로도 강력한 힘이 될 수 있다. 그래야만 브랜드들도 더 이상 무역협정에서 노동·환경보호를 제외시키려는 로비를 하지 않아도

지속 불가능한 패션 산업에 이의를 제기합니다

될 것이다.

염원은 그러하다. 하지만 브랜드들은 정부 정책은 물론 협정에
자신들이 관여해서는 안 되는 이유에 대해 도리어 역행하는 논리를 들
이대고 있다. 집행이 문제다. 수년 동안 어느 누구의 눈치도 보지 않고
멋대로 규칙을 만들고, 바꾸고, 무시해온 터에 갑자기 자기 무대에 불
청객 심판을 두려니 불안할 수밖에 없을 것이다. 한 브랜드 담당자는
이런 말을 했다.

> 정부가 요청하면 브랜드는 도울 수 있다. 브랜드는 공장만 책임
> 지면 된다. 공장을 돌보는 건 정부 책임이다. 힘을 갖고 있더라
> 도 행사할 수는 없다. 나눌 수 있을 뿐이다. 협박은 통하지 않는
> 다. 사람들을 위협하면 (정부가) 하긴 할 테지만 속으로는 받아
> 들이지 않을 것이다.

오늘날 이 지경으로 판을 끌고 온 뒤틀린 역학 관계를 고스란히
드러내는 말이다. 브랜드들은 "더 좋은 규칙을 만들 수 있는 힘은 정부
에게만 있다"며 뻔한 말을 늘어놓지만, 이는 글로벌 경제 체제에서 바
로 그들 때문에 각국 정부가 좋은 규칙을 만들고 시행할 의지가 꺾인
현실을 무시하는 말이다.

그렇다면 브랜드들은 정부가 요구하는 건물에 대한 요건(또는 임
금, 휴식 시간, 보육 등에 대한 요건)을 어떻게 보고 있을까? 따뜻하고 포
근한 포옹? 아니면 협박으로? 웬만한 지방 정부보다 주머니가 훨씬 두
둑한 브랜드들은 그만큼 권력도 크다.

개발도상국 정부에 힘을 돌려주는 것이 신자유주의적 초세계화 시대를 끝내려는 로드릭의 핵심 비전이다. 우리는 사회적, 환경적 규제를 명시하는 한층 강력한 무역협정 제정으로 수입국의 수출국 착취를 막는 법규를 만들어야 한다. 로드릭은 정부가 구속력 있는 법을 만들기 위해 이러한 정책 시행 비용을 확대해야 한다고 주장한다.

"진정 시장 확장을 바란다면 정부가 이런 일을 해야 합니다."[67]

그의 말이다. 여러분은 패션 산업 안에 있는 사람이라서 국제 무역에 대해 할 말이 없다고 할지도 모르겠다. 그러나 여러분이 입법 기관에게 이 중요한 문제를 말하지 않는다면 자율 규제에 실패한 지금의 산업이 승리하고 말 것이다.

정부 정책(무역협정, 또는 국경을 넘어 내수 시장에 대한 접근을 확장하는 국내법을 통해)이 최고의 외적 변화라면, 브랜드들에게 진행 상황을 투명하게 밝히라고 요구하는 것도 변화를 이끌 수 있다. 내가 말하는 것은 CRS 관계자들이 인스타그램에 떠들어대는 '투명성'이 아니다. 브랜드들은 자기네 공장에 이름을 내거는 것뿐만 아니라 감사 결과를 공개하고 그 결과를 토대로 하청 여부를 결정할 수 있다. 브랜드는 협정의 성공을 본받아 공장 감사 비용을 책임져야 하며, 만일 공장이 따르지 않는다는 사실이 드러났을 때 합당한 시간이 지나고도 여전히 준수하지 않을 경우 도급 관계를 끝내는 등 실제 시행할 규정을 마련해야 한다. 브랜드 하청 노동자들의 임금 투명성도 확인해야 할 것이다.

실제로 숫자를 살펴보면 뭔가가 빠졌다는 게 분명히 드러난다. 즉 브랜드 운영의 투명성이다. 회사들이 제3의 조력자를 이용할 경우 현실은 점점 더 동떨어지게 된다. 목화 농부인 칼 페퍼가 상상한 것처

지속 불가능한 패션 산업에 이의를 제기합니다

럼, 브랜드는 제조업체와 더 직접적인 관계를 맺고 한층 동등한 관계로 발전시켜야 한다. 그럴 수 있다. 자기들이 부르는 가격이 업체에 어떤 영향을 미치는지, 공장은 어떤 식으로 운영되고 노동자들 급여는 얼마로 할지 터놓고 협의하는 관계가 되어야 한다.

고객들의 눈앞에 브랜드의 민낯이 드러나는 순간 입게 될 잠재적인 손실을 고려해본다면 이 가운데 특별히 어렵거나 엄청나게 돈이 들어 못 할 일은 하나도 없다. 스리랑카 공장주의 질문이 생각난다.

"지속 가능성 문제를 해결하려는 건가, 아니면 홍보 문제를 풀자는 건가?"

대화의 방향을 바꾸는 것은 전적으로 우리 손에 달려 있다.

―――

영국 경제학자 조앤 로빈슨(Joan Robinson)은 말한다.

"자본가들에게 당하는 착취의 비극은 전혀 착취당하지 않는 비참함에 비하면 아무것도 아니다."[68]

40년 전 우리의 웅장한 '언덕 위 도시'*에 세계화의 약속이 찬란하게 빛날 때, 의류 산업은 전 세계 국가와 사람들이 가난에서 벗어나 발전하는 길을 제시하는 듯했다. 실제로 중국, 방글라데시, 스리랑카 등등에서 본 것처럼 국민 소득과 삶의 질을 끌어올리는 지표가 되었다.

―――

*   city on the hill, 17세기 청교도 지도자 존 윈스럽이 성경에 나오는 산상수훈의 표현을 빌어 아메리카가 전 세계인이 주목하는 '언덕 위의 도시'가 될 것이라고 선언한 이래 미국 국민의 정체성과 근본적 세계관으로 자리 잡은 표현이다.

그러나 역시나 우리가 함께 본 것처럼, 헤드라인을 장식하는 숫자들이 전부가 아니다. 지금의 시스템은 지구를 망가뜨리고, 낙오한 이들을 외면하며, 불확실한 미래와 불안정한 일자리를 만들어냈다. 산업과 사회 전반에서 '시스템'의 변화를 요구하는 지금 현재에도 많은 사람들이 여전히 이 체제를 붙들고 있다. 시장에서 진리처럼 떠받드는 케케묵은 신조로 기업들 간 부자연스러운 경쟁을 유발하기보다는, 시장이 국민의 요구를 충족시키는 진정한 민주적 자본주의로 돌아가는 것이야말로 미래의 비전이다. 극단적 신자유주의 자본가들은 시장의 권력을 일부나마 포기했다가는 수백만 명이 "빈곤으로부터 벗어나는 에스컬레이터"에서 쫓겨날 것이라고 떠든다. 그들 눈에는 일자리가 전혀 없거나 범람하는 밭에서 농사도 제대로 짓지 못해 굶주리는 농부가 되기보다는 월 95달러밖에 못 버는 24시간 교대 근무를 '자유'라고 부르며 쓰레기와 누더기 천이 가득 찬 뜰이라도 갖는 게 낫다.

　　그러나 이게 정말 우리를 위한 목표일까? 환경과 노동자의 권리를 보호하는 정책과 법 시행은 전례 없는 일이 아니다. 1900년대 초 노동운동가들은 우리가 전 세계 노동자에게 확대시켜야 하는 보호 정책을 위해 싸웠고, 쟁취했다.

　　"우리는 변화 대상이 아니다, 변화를 알리는 사람들이다."

　　방글라데시에서 만난 ILO 담당자의 말이다.

　　"변화에는 시간이 걸린다. 유럽에서 소비자들이 달라지면 구매 방식도 달라질 것이다. 없어지는 일자리도 있겠지만, 그만큼 생겨나는 일자리도 있다. 지금의 경제 체제를 끌고 가기 위해 계속해서 세상을 망가뜨리겠다는 말 따위는 해서는 안 된다."

내게는 별로 시적이지 못한 가슴 아픈 표현이다. 그러나 바라건 대 효과적일 것이다. 우리는 일어서서 깨끗한 사업을 창조하고 다른 사람들을 끌어올리기 위해 우리가 가진 지식의 힘을 발휘해야 한다. 스리랑카의 아실라는 "불공정한 일이 벌어지면 마음속에서 분노가 터져 나오기 때문에" 행동한다고 말했다.

5

모두를 위한 본질로 돌아가기

포장과 배송

로라(Laula)는 대형 항공사에 근무하면서 경력을 쌓기 시작했다.[1] 일은 재미있었지만 자기에게 다른 소명이 있다고 느끼고 전문대학의 야생생물학 과정에 들어갔다. 하지만 3학기를 다니고 임신을 하는 바람에 공부를 마치지는 못했다. 아이 셋을 낳고 이혼한 로라는 그렇게 20년이 지나 마땅한 이력서도, 고소득 직종에 적합한 기술도 없이 새 일자리를 찾게 되었다.

그러다 우연히 노다지를 발견했다. 로라가 사는 시애틀 외곽 인근의 아마존에서 사람을 뽑고 있었다. 기술과 학력 등 자격 요건은 최소 수준인 데다 한부모 가정에 꼭 필요한 의료보험 혜택이 아주 좋았다. 무엇보다 지원서를 낸 뒤 연락이 오면 '방문 면접'만 하면 되고, 진짜 '면접'은 마약 검사뿐이었다. 로라는 첫 방문 때 회사 배지를 달고 나

지속 불가능한 패션 산업에 이의를 제기합니다

왔고, 며칠 뒤 마약 검사까지 통과해 출근 날짜를 받았다.

　새 일은 이전까지 하던 일과는 완전히 달랐다. 육체적으로 굉장히 고되고 정신이 멍했다. 연말을 앞둔 성수기 두 달은 아침 6시 반에 출근해야 할 만큼 바빴다. 막내를 어린이집에 맡기고 제시간에 출근하는 건 불가능했다. 아이를 맡기고 출근하기 위해 30분씩 무급 휴가를 쪼개 쓴다면 결국 휴가는 바닥나고 회사에서도 잘릴 게 뻔했다.

　시간이 지날수록 고통은 (실제로도, 비유적으로도) 더 심해졌다. 로라는 이게 자기만의 문제가 아니라는 걸 알게 되었다. 동료들 상당수가 아이를 키웠지만 회사에는 임시이건 상설이건 보육 시설이 없었다. 주 연방 지침에 따르면 (로라를 포함해 많은 동료가 해당되는) 저소득층 가정은 육아에 소득의 7퍼센트 이상 써서는 안 된다.[2] 그런데 로라의 경우는 보육비가 70퍼센트를 넘었다. 실제로 미국 농무부가 파악한 결과, 보육비는 1960년대 이후 전국적으로 800퍼센트나 폭등했고, 주거비와 건강보험 같은 필수 비용도 상승했다.[3] 하지만 로라가 현장 소장과 함께 수많은 노동자가 짊어진 어마어마한 부담을 덜어주기 위해 보육 지원 제도를 주장하고 나설 당시만 해도 "거기에 대해서는 아는 게 없다"는 답을 듣기 일쑤였다. 아마존에 연락해 의견을 요청하자 그들은 2020년 6월에 시작된 사내 프로그램을 알려주었다. 웹사이트에 게시된 내용으로는 회사가 2021년 1월까지 육아 휴가 최대 10일을 제공하고, 비상 보육 지원금으로 회사 내 어린이집에 아이를 맡기면 하루 25달러, 집에서 아이를 볼 때는 시간당 5달러를 지급한다는 내용이었다. 이 옹색한 대책으로는 로라의 근무 시간에 맞춰 보육 시설이 문을 열지 않는 문제를 절대 해결할 수 없다.

아마존은 월마트에 이어 미국에서 두 번째로 큰 민간 기업이다.[4] 청바지의 여정에서는 재봉의 다음 정거장이다. 온라인 쇼핑몰로 유명한 아마존은 이용자 수로 보면 실상 미국 최대 의류 소매 시장으로, 오랜 경쟁사 월마트로부터 최근 이 타이틀을 빼앗았다.[5] 오프라인에서 온라인 거래로 소비 방식이 바뀌면서 의류업계에서 유일하게 성장한 곳이 바로 아마존이다. 2019년에는 온라인 의류 판매량이 처음으로 오프라인 거래를 앞질렀다.[6] 그리고 온라인 상거래의 3분의 1 이상이 아마존에서 일어난다.[7]

코로나19 팬데믹 이후 온라인과 오프라인 상거래의 격차는 더 커졌다. 2020년 6월 미국 내 온라인 매출은 732억 달러로, 전년보다 76.2퍼센트 상승했다.[8] 전문가들은 이러한 변화가 팬데믹 이후 고착화될 것으로 예상한다.[9] 제이 크루나 브룩스 브라더스(Brooks Brothers), 앤 테일러(Ann Taylor), 제이시페니(JCPenney), DVF 등 온라인과 오프라인 소매를 주름잡던 유명 브랜드가 코로나19의 영향으로 파산 보호나 상환 유예를 신청했다. 이제 의류 소매의 미래는 곧 아마존을 의미하게 되었다.

아마존이 패션으로 돈을 버는 방법은 여러 가지다. 첫째, 도매가로 옷을 사 아마존 사이트에서 파는 전통적인 소매 방식. 둘째, 자체 상표로 옷을 파는 방식(이 두 가지 경우에는 제조업자가 곧장 아마존 유통센터로 제품을 보낸다). 셋째, 제3의 플랫폼을 만들어 옷을 파는 방식(이 경우 제3의 업체나 아마존이 주문과 발송 등을 총괄한다). 넷째, 의류업체가 자체 쇼핑몰(Amazon.com이 아닌 곳)에서 옷을 팔고 주문과 배송을 아마존이 수행하는 방식. 아마존은 상거래의 모든 인프라를 보유 중이다.

물건을 팔고, 다른 물건과 경쟁하고, 대부분의 거래가 이뤄지는 플랫폼을 갖고 있디. 아마존이 불공정 경쟁에 초점을 맞춘 의회 청문회의 주요 표적이 된 이유다.

아마존 의류 판매의 주 소득원은 기본 아이템(티셔츠, 탱크톱, 양말 등)이지만, 수년째 고급화 작업을 진행 중이다. 2011년에는 고급 브랜드의 반짝 세일 사이트인 아라길트(à la Gilt)를 만들어 2016년까지 운영했다. 2012년에는 아마존 창업주이자 CEO인 제프 베이조스(Jeff Bezos)가 패션계 최고의 행사인 메트 갈라(Met Gala)를 공동 주최했다. 또 2015~2016년 미국 패션디자이너협회(CFDA, Council of Fashion Designers of America)와 공동으로 제1회 뉴욕 남성 패션 위크를 후원했다. 이 기간에 맞춰 온라인 패션 전용 플랫폼인 '아마존 패션'을 열고 자체 상표를 확대해, 지금은 2만 2,000가지가 넘는 개별 상품을 취급하고 있다. 아마존은 제품 전체에 걸쳐 자체 상표 111개를 갖고 있다. 그중 절반이 의류, 액세서리, 신발이다.[10] 2020년 봄 《보그(Vogue)》의 편집장 애나 윈투어(Anna Wintour)는 아마존 패션과의 제휴를 알리며 커먼 스레드(Common Thread)를 발표했다. 보그와 아마존 패션이 손잡고 팬데믹에 쪼그라든 미국 디자이너와 브랜드에 힘을 실어주는 온라인 매장을 만든 것이다.[11] 이렇게 패션업계를 구하러 온 베이조스의 손아귀로 점점 더 많은 것들이 흘러 들어가고 있다.

아마존은 판매와 유통에 이어 이제 디자인마저 장악했다. 막 공장에서 나온 청바지가 우리 옷장에 걸리기까지 과정에서 가장 주의 깊게 봐야 할 지점이다. 이 과정에서 우리는 아마존의 사업 방식이 패션 산업뿐만 아니라 다른 소매업과 세계 경제에 어떤 영향을 미치는지 알게 될 것이다.

"아마존을 이야기한다는 건 곧 노동의 미래를 이야기하는 것과 같다."

소매·도매 및 백화점 노조(RWDSU, Retail, Wholesale, and Department Store Union) 위원장 스튜어트 아펠바움(Stuart Appelbaum)이 IT 전문 매체 「리코드(Recode)」의 시린 개퍼리(Shirin Ghaffary)와 제이슨 델 레이(Jason Del Rey)에게 한 말이다.

"살아남고 싶은 고용주들은 아마존의 방식을 가져와 사업 환경을 바꾸고 있다."[12]

RWDSU는 메이시스, 블루밍데일스(Bloomingdale's), H&M 등 소매업계와 제너럴 밀스(General Mills), 코카콜라(Coca-Cola) 같은 소비재 기업의 노동자 수천 명을 대표한다.

지금까지 세계 여러 곳을 다니면서 우리의 청바지를 만드는 수백만 명이 건강하게 살 수도 없고 삶에 만족할 수도 없게 만드는 여건들을 들여다보았다. 이제 우리 문 앞까지 그 옷들을 배달해주는 담당자들을 만날 차례다. 미국 아마존의 풀필먼트 센터*(완전히 충족시킨다니, 참 아이러니한 말이다)에서는 25만 명이 넘는 노동자들이 일한다.[13] 이들의 평균 연봉은 2만 8,446달러로,[14] 아마존에서 일하는 노동자 중 상당수가 식품 바우처 같은 정부 지원에 의지할 수밖에 없다.[15] 로라는 그마저도 아마존 내 카페테리아에서는 쓸 수 없는 바우처라고 지적했다.

---

* fullfillment center, 고객 주문에 맞춰 제품을 포장 및 배송하고 환불 및 교환까지 책임지는 서비스를 제공하는 곳. 이하 '물류센터'.

지속 불가능한 패션 산업에 이의를 제기합니다

세계 최고로 성공한 기업에서 일하면서도 급여만으로는 기본 생활조차 충족할 수 없는 이들을 위해 세금이 지원되는 상황에서, 아마존은 2016~2019년 동안 연방세를 한 푼도 내지 않았다.[16] 그 꼭대기에 앉은 베이조스의 재산은 2020년 8월 무려 2,046억 달러를 기록해[17] 빌 게이츠, LVMH 대표 베르나르 아르노(Bernard Arnault), 워런 버핏(Warren Buffett), 마크 주커버그(Mark Zuckerberg)를 넘어섰다.[18] 그는 세계 최초로 재산 2,000억 달러를 돌파한 갑부다.[19]

코로나 바이러스로 베이조스와 아마존 물류 노동자의 임금 격차는 더 크게 벌어졌다. 여러분도 2020년 3월 초 코로나19가 미국 전역을 무너뜨리기 시작했을 때 광란의 '클릭질'로 이 땅을 휩쓴 쇼핑 광풍 소식을 들었을 것이다(어쩌면 직접 참여했을 테고). 생필품 중에서도 특히 화장지는 모든 곳에서 품절되었다. 동네 상점이 문을 닫은 상황에서 "집에 있으라는 주문"이 온 세상을 뒤덮었으니 물건을 사는 방법은 온라인 쇼핑뿐이었다. 그 결과 아마존 주가는 2020년 1~9월 사이 약 50퍼센트 폭등했다. 베이조스 개인의 재산도 급증했다. 베이조스의 순자산이 2,000억 달러를 돌파한 것도 이때다.

아마존이 우리가 원하는 각종 편의를 완벽히 통제하고 있다는 건, 로라뿐만 아니라 아마존에서 비슷한 일을 하는 이들의 물류 업무가 '필수(essential)'로 승격됐다는 의미다. "사람들이 필요로 하는 것들을 전달하는 것이 그 어느 때보다 중요한 때" 운운하면서 이를 가능케 한 "아마존의 소매 영웅들"에게[20] 감사한다는 아마존의 신파조 CF가 방송을 탔다.[21] 다른 광고에서는 아마존 물류센터에서 일하는 걸 자랑스러워하는 아이들과 함께 한껏 웃음 짓는 직원들을 내세웠다. 코로나19가

미니애폴리스 교외에 머물던 팬데믹 상황 초기, 거리에서 아마존 프라임의 군청색 배송 트럭에 박힌 스마일 로고는 나와 내 이웃의 필수품이 곧바로 문 앞으로 오고 있다는 생각을 들게 만들었다.

하지만 아마존 물류센터 내에는 상당히 다른 일이 벌어지고 있었다. 노동자들은 간신히 생활을 유지할 수 있는 수준의 급여를 받기 위해 전염병 감염의 위험을 무릅쓰고 계속해서 고군분투했다. 아마존은 시간당 기본급 2달러 인상과 초과 근무 수당 2배 지급, 무급 휴가 제공 등 노동 조건을 개선하는 제스처를 취했다. 하지만 몇몇 주에서 전염병이 통제되는 듯한 상황을 보이자 이 '필수' 노동에 대한 혜택은 싹 없어졌다. 2020년 6월 리코드의 시린 개퍼리와 제이슨 델 레이의 보도에 따르면, 아마존은 저임금에 대한 공공의 비판에 대응하기 위해 풀타임 직원들에게 보너스로 500달러를 지급하고, 다른 직원들에게는 250달러를 지급했다.[22]

미국 경제는 소매를 기반으로 하기 때문에 아마존 노동자들의 처우는 대단히 큰 문제가 됐다. 1장에서 살펴본 것처럼 미국 경제는 그동안 뿌리박혀 있던 제조업 경제에서 소매업 경제로 전환했다. 1960년대 중반부터 2000년대까지만 해도 제조업이 꾸준히 유지됐지만, 그 후 10년간은 제조업 일자리가 3분의 1로 곤두박질쳤다. 그 10년 동안 소매업과 온라인 쇼핑 매출은 2008년 경기 침체 이후 일시적 하락을 제외하고 3분의 1 이상 증가했다.[23]

소매 경제로의 전환은 리바이스, 제이 크루, 갭 같은 무역 브랜드의 부상과 맞물려 있다. 이들이 원가 절감을 위해 미국 밖으로 공장을 옮기고 옷값을 낮춘 만큼 우리는 더 많이 사들였고, 그렇게 소매업계의

지속 불가능한 패션 산업에 이의를 제기합니다

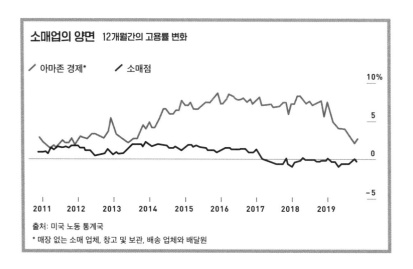

출처: 미국 노동 통계국
* 매장 없는 소매 업체, 창고 및 보관, 배송 업체와 배달원

일자리는 늘어났다. 그러나 실물에서 디지털로 전환되는 최근 소매의 진화는 세심하게 들여다봐야 한다. 디지털 수요를 충족시키기 위해 온라인 기업들, 그중에서도 특히 아마존은 2010년 이후 물류 일자리 수십만 개를 창출했다. 전체 일자리 증가의 4배에 달하는 가파른 속도로 직원 수를 늘렸다. 경제정책연구소(Economic Policy Institute)는 이런 수치에도 불구하고 실상 아마존이 비즈니스를 하는 지역의 일자리 수가 순증가하지 못했다고 지적했다. 그럼에도 아마존은 물류센터 개설로 일자리를 창출한다는 전제 아래 주 정부와 지방 정부로부터 최소한 10억 달러 이상의 지원금을 끌어모았다.[24] 위 그래프는 아마존 소매점과 오프라인 상점의 고용을 비교한 것이다. (그래프에서 2019년을 전후해 '아마존 경제'의 일자리 증가율이 감소하는 부분에 대해서는 조금 뒤에 설명하겠다)

일자리를 만들어낸다는 건 훌륭한 일이다. 그러나 막강한 경제 권력자인 아마존은 자기에게 유리한 방식으로 우리 세계의 미래를 만들어가고 있다. 이는 건강한 사회로 가는 길과는 반대로 향한다. 계속 이런 방식으로 세계 지배의 길을 간다면 일자리는 줄어들 것이고, 노동자들에 대한 보호도 사라질 것이다. 지금 우리가 목소리를 높여 힘을 모은다면 미래는 달라진다. 투표하고 쇼핑하는 방식을 바꿀 만큼 충분히 "필요한" 일이라고 판단하는 것은 우리에게 달려 있다. 가장 좋은 방법은 오늘 우리에게 진짜 필요한 것이 무엇인지 돌아보는 것이다.

필수 작업은 어떻게 진행될까
아마존 속으로

"열심히 일하고, 재미있게 놀고, 역사를 만들라."[25]

뉴저지 에디슨의 아마존 물류센터에 들어섰을 때 나를 맞이한 말이다. 이곳은 110곳이나 되는 미국 내 아마존 센터 가운데 하나로, 나는 시설 공개 투어에 참여했다. 쾌활한 가이드는 사람들에게 깊은 인상을 심어주려는 듯 유니폼에 TGI 프라이데이 레스토랑풍 핀을 꽂고 줄창 들뜨는 얘기만 재잘거렸지만, 나는 직원 세 명(두 명은 전직, 한 명은 현직)으로부터 이미 이곳 직원들이 날마다 겪는 일 몇 가지를 들은 바가 있었다.[26] 나는 저들이 휴대전화를 가져가기 전에 얼른 사진을 찍었다. 로라와 투어 가이드가 설명했듯 작업장에서는 "휴대전화 사용 금지"다. 직원들은 매일 이곳에 도착하면 보안 검색을 받기 전에 전화기와 귀중품을 사물함에 넣는다. SNS와 이메일은 물론 아이나 지인의 급한 메시지 역시 보안 검색대를 다시 통과해 15~30분가량 주어진 휴식 시간에만 확인할 수 있다.

에디슨 센터 투어는 피크 시즌이 아닌 어느 날 아침 7시, 전형적인 아침 교대 뒤 시작됐다. 나는 브루클린에서 비교적 쉽게 그곳으로 갔지만, 이야기를 나눠본 사람들에 의하면 많은 직원들이 작업장에서 한 시간 이상 걸리는 먼 곳에 산다.

"지각은 있을 수 없어요."

로라가 강조했다. 직원들은 출퇴근 시간 대도시의 교통량과 센터 인근 집값 때문에 새벽 4시 반이나 5시에 일어나 통근하는 형편이다. 전에 이곳에서 일한 중서부 출신의 스물다섯 살 베키(Becky)는 그나마 좀 가까운 곳에 살았던 걸 감사히 여겼다. 힘들게 일터에 도착해 출입구 가까운 주차 자리를 찾다가 늦지 않아도 되니까. 에디슨 센터는 8만 5,750제곱미터의 프리지데어(Frigidaire) 공장 자리에 있다. 말 그대로 제조업이 소매업으로 뒤바뀐 생생한 현장이다. 축구장 열여섯 개를 합친 면적에 정규직 2,500명이 일한다는 가이드의 유쾌한 설명처럼,[27] 하루 일과를 시작하기 위해 거대한 주차장을 가로질러 소지품을 사물함에 집어넣고 보안 검색대를 통과해 마침내 자리에 도착할 때까지는 상당한 시간이 걸린다.

어린이집 때문이건, 차가 막히건, 주차 때문이건, 행여 신들이 웃어주지 않는 운수 나쁜 날이건, 만일 7시가 넘어 출입증을 찍었다간 규정 위반을 알리는 수많은 비공식 경고 중 하나인 "띵" 소리를 듣게 될 것이다. 지각을 할 때 무급 휴가를 쓸 수도 있지만 그건 좋은 방법이 못 된다. 날마다 15~30분 늦어 분기당 무급 휴가를 20시간 이상 쓰게 되면 인사과에 호출되어 해고당할 수도 있다.[28]

로라가 근무했던 시설에서 일하는 샘(Sam)이 말하길, 진짜 일과는 자의 반 타의 반으로 시작된다고 한다. 팀원들이 구역 매니저와 함께 '스탠드업' 미팅을 하는데, 이때 몸을 푸는 스트레칭을 한다. 직원들이 아마존에서 스포츠 경기를 하는 건 아니지만 육체노동의 강도를 고려한 워밍업이다. 직원들은 소속 시설과 업무에 따라 5~20킬로그램 정도의 물건을 끊임없이 들어 올려야 한다. 쪼그려 앉거나 기어오르고, 팔을 뻗고, 가만히 서 있어야 할 수도 있다. 그리고 걷고, 걷고, 걷고, 세상의 모든 축구장을 가로지를 만큼 끝없이 걷는다. 매니저는 준비 운동 중간중간 어떻게 하면 더 효율적으로 일할 수 있는지, C형 그립을 어떻게 써야 손과 손목 부상을 피할 수 있는지 설명한다. 그리고 무엇보다 강조하는 것은 효율적인 작업 역량이다.

아마존 경영진과 효율성에 대한 비전을 직접 수행하는 당사자들의 차이는 작은 예로 분명하게 드러난다. 샘의 설명처럼 C형 그립은 로라가 한쪽에 한 번씩 두 차례 수술한 손목터널증후군과 기타 등등의 통증에 "도움이 되는 게 맞다." 하지만 싱지의 크기, 모양, 무게가 제각각인 예측할 수 없는 상품을 다뤄야만 하는 직원 입장에서 보면, C형 그립은 "현장의 실제 작업과는 맞지 않다. 빨리빨리 일하려면 물건 하나만 붙잡고 있을 수 없기 때문이다." 잘리지 않기 위해서는 빨리빨리 해야 한다. 직원 모두가 알지만 좀처럼 말하지 않는다. 경영진과 논쟁하는 건 의미가 없다. 경영진도 '안전한' 작업 방식이 생산성 향상과 양립

할 수 없다는 걸 잘 아는 상황에서 이를 권장해야 하기 때문이다.

물류센터의 일은 입고와 출고로 분류되는 주요 역할 대여섯 종류가 있다. "분류원"으로 불리는 입고 작업자들은 방글라데시에서 오는 우리의 청바지처럼 센터에 도착한 상품들을 아마존의 체계에 맞춰 처리하는 역할을 한다. 물건이 항공이나 철도로 오기 때문에 아마존의 물류센터는 대부분 인근 공항 코드에서 이름을 따온다. 에디슨 센터는 라과디아 공항의 이름을 따 LGA9가 됐다. 데님 의류는 유행이 바뀌기 전에 제품을 출고해야 하기 때문에 항공편으로 오는 반면, 기본형 청바지같은 비유행 품목은 배로 들여온다.

분류원들은 스크린과 사다리, 노란색 스캐너 시설을 갖춘 해당 구역에서 화물을 받는다. 이 스캐너는 보기에 따라 아마존 업무를 크게 돕는 요술봉이기도 하고 족쇄이기도 하다. 말 그대로 작업자들의 움직임을 빠짐없이 추적하기 때문이다. 이 필수 작업이 개별적으로나 전체적인 측면에서 얼마나 효율적으로 진행되는지 파악하기 위해 데이터를 수집하는 것이다. 현대식 자동화 시설 속에 거대한 울타리를 둘러친 보관소 구역이 있다. 이동식 '포드(pod)'로 가득 찬 보관소가 약 2미터 간격으로 이어지고, 분류원들은 새로 들어온 물건들을 여기에 보관한다. 여기 작업자들은 의사소통하기엔 거리가 너무 멀어 이곳 업무를 '사회적 거리 두기' 또는 '독방 감금'이라 부르곤 한다.

포드라 불리는 이동식 정리장은 굉장히 단순해 보인다. 긴 다리에 노란색 케블러* 천으로 감싼 사각 알루미늄 골조는 사방으로 구획

---

*   Kevlar, 1973년 미국 듀폰사가 개발한 내열성 합성섬유.

을 나누고 선반이나 주머니를 달 수 있는 형태다. 담당 작업자들이 출근하는 아침이면 포드들은 충성스런 반려견처럼 문 앞에 나와 이들을 맞이한다. 로라의 포드는 로봇 청소기처럼 생긴 오렌지색 로봇을 타고 도착했다. 이 로봇의 공식 명칭은 '드라이브 유닛(Drive Unit)'이지만 직원들은 '드라이버'라고 부른다(전 세계 아마존 물류센터 175곳 중 26개 센터에서 이 로봇을 사용한다).[29] 이 드라이버는 포드를 들어 올린 뒤 담당자들이 물품을 처리할 수 있도록 작업대로 옮겨준다. 외부와 차단된 거대한 공간, 내부 이동 과정이 완벽하게 자동화된 에디슨 센터에서 포드들이 작은 로봇을 타고 움직이는 걸 지켜보자니 마치 영화 속 미래의 한 장면을 보는 것 같았다. 보통 비슷한 품목을 크기나 색상별로 분류하는 여느 상점의 상품 관리 방식과 달리 포드는 디자인에 따라 무작위로 정리되어 있다. 예를 들면 이런 식이다. 비슷비슷해 보이는 청바지 더미 속에서 29 사이즈의 부츠컷 청바지를 찾는 것보다 청바지 옆에 있는 탈취제를 찾는 것이 훨씬 쉽다. 이 시스템은 아마존이 가능케 하는 과도한 소비주의를 보여주는 것이기도 하다. 샘은 최근 있었던 이야기를 들려주었다.

"비닐로 포장한 어마어마한 청바지 더미가 섹스 토이 위에 찌그러져 있었죠. 섹스 토이는 애플 상품권과 블루 라이브스 매터* 패치 보따리와 미시즈 마이어 비누, 『백인의 취약성(White Fragility)』 책 더미에 파묻혀 감자칩 보따리를 깔고 앉아 있고요. 그리고 이 모든 것이 무

---

* Blue Lives Matter, '경찰의 생명은 소중하다'란 뜻으로, 경찰 살해범을 증오범죄법에 따라 엄벌에 처해야 한다는 운동.

거운 개 사료 위에 있는 거예요."

트렌드의 매드 립스*인 셈이디. 샘의 말은 분명 우리가 이야기를 나눈 직후 2020년 몇 달의 시대정신을 분명히 예견한 것이었다.

내가 본 자동화 시설에서는 분류원이 혼잡한 포드 속에서 물건을 어디에 두어야 하는지 파악하지 않아도 된다. 분류원이 상품 코드를 스캔하면 포드에 불이 들어오면서 번호에 맞춰 짐을 보관할 최적의 자리로 빠르게 안내한다. 말했듯이 스캐너는 분류원의 모든 동작을 제어한다. 분류원은 개 사료 상자를 회수해 적정 위치에 두면서 구태여 뭔가를 판단해 입력할 필요도, 말을 할 필요도 없다. 스캐너의 화면에 상품 사진이 있기 때문이다. 분류원의 스캔 속도 추적으로 능률 향상 엔지니어의 작업이 자동화된다. 방글라데시 다카에서 봤던 것과 마찬가지다. 작업자의 스캔 속도가 2분간 활발하게 유지되지 않으면 화면에 '작업 중단' 상태를 표시하는 숫자가 나오고, 이 기록은 무급 휴가와 근태 기록에 축적된다. 로라와 다른 직원들은 스캔할 물품이 일시적으로 소진된 상황에서도 종종 작업 중단으로 질책을 받는다고 지적했다.

주제에서 벗어났다. 다시 돌아와서, 여러분이나 내가 '구매' 버튼을 클릭하는 순간 다음 과정이 시작된다. 출고의 첫 단계, 골라내기(picking)다. 로봇 기사가 물품이 무작위로 가득 찬 포드를 작업 담당자 구역으로 가져가면 우선 주문한 바지를 골라내야 한다. 높은 곳에 있다면 슬라이딩 사다리를 오르내리고, 낮은 곳에 있다면 쪼그려 앉아 꺼낸

---

* Mad Libs, 품사나 조건에 맞춰 떠오르는 대로 단어 리스트를 작성한 다음 이야기를 만들어나가는 게임.

다. 청바지를 스캔한 뒤 바구니에 넣어 컨베이어 벨트에 태워 보낸다. 이렇게 넘어가고 넘어가고 또 넘어간다. 베키의 일터처럼 로봇이 없는 곳에서는 사람이 시설 전체를 돌아다니면서 거대한 상점 통로처럼 늘어선 선반과 짐 더미를 둘러보고 물품을 골라낸 뒤 물건을 스캔하고 통에 담는다. 베키는 이 일을 하면서 하루 평균 15킬로미터를 넘게 걷는다고 했다. 최고 기록은 24킬로미터였다.

청바지든, 좋아하는 커피든, 혹은 인스타그램 인플루언서가 추천한 '셀프 케어' 용품이든, 우리가 주문한 물건은 컨베이어 벨트를 타고 골라내기 작업 담당 직원의 출고함에서 포장대로 이동한다. 포장 작업자들은 두뇌 역할을 하는 스크린 앞에 여러 크기의 납작한 상자, 테이프, 충전재 등 각자 필요한 재료와 연장을 준비한 채 서 있다. 물품이 도착하면 화면에는 적절한 상자 크기가 뜨고 거기에 맞춰 계산된 길이로 테이프가 잘려 나온다. 몇 초 만에 완료되는 포장 작업에서 작업자가 머리로 개입할 일은 거의 없다.

상품은 컨베이어 벨트를 타고 발송장으로 계속 내려간다. 그리고 초당 8개의 처리 속도로 운송장을 상자에 붙이는 슬래머를 통과한다. 분류실과 발송장 다음으로 상자가 갈 곳은 '시스템'이 결정한다. 트럭에 탈 준비가 되면 담당 직원이 "벽돌 쌓듯 상자로 트럭을 가득 채운다"고 샘이 전했다.

"트럭에 물건을 쌓는 게 젠가 게임 같아요."

트럭이 운행 중에는 상자들이 움직여 느슨해진다. 게임에서 그렇듯 죄다 와르르 무너질 수도 있다. 샘은 상자가 떨어져 뇌진탕을 입은 사람을 여럿 알고 있었다.

지속 불가능한 패션 산업에 이의를 제기합니다

정신없이 창고 여행을 마치고 포장이 완료된 상자들은 이제 준비가 되었다. 다음 목적지로 갈 차례다.

골라내기, 배송하기
자동화되는 필수 작업의 미래

2020년 7월 내가 이 책을 집필하는 동안 제프 베이조스의 순자산은 단 하루만에 130억 달러 증가했다.[30] 아마존이 아니라 베이조스 혼자 번 돈이다. 시간당 15달러에 일하는 아마존 노동자가 이 경영주만큼 벌려면 400만 년 넘게 일해야 한다.

이런 성장 속도가 영원히 이어질 것인지보다 패션계의 가장 심각한 불평등 문제에 좀 더 관심을 기울여보자. 문제를 악화시키는 것은 가혹한 노동환경과 노동력 착취 문제에 대한 아마존의 비공식적이지만 분명한 대응 방식이다. 노동자의 건강을 지켜주는 C형 그립이나 물류센터 직원들을 '동료(associate)'로 부르자는 아이러니한 주장, 입구에 내걸린 모토, 공공연히 떠들지만 일시적인 '임금 인상' 같은 것들이 표면적으로는 직원들을 위하는 것으로 보일 수 있다. 하지만 그 밑바탕에서 아마존을 이끄는 것은 문자 그대로 '자동화'다. 기계는 로라, 베키, 샘을 위협해온 존재다. 사람들이 하는 '필수' 작업은 아마존의 수익성 면에서 보자면 점점 더 비필수적이 되고 있다.

아마존 투어를 하면서 내 눈으로 직접 보았다. 로봇 드라이버를

예로 들어보자. 아마존에 따르면 로봇 드라이버는 '걷기'라는 육체노동을 제거함으로써 인간 직원들이 수월하게 일하게끔 도와준다고 한다. '골라내기' 담당인 베키는 하루 종일 창고를 가로질러 돌아다니며 일했지만, 이제는 로봇 드라이버가 물건이 꽉 들어찬 포드를 나른다. 그러나 물류센터 직원들은 걷는 게 줄어든 대신 날마다 10시간 가까이 쪼그려 앉았다 일어섰다 시다리를 오르내린다. 일이 쉬워진 게 아니다. 그저 달라졌을 뿐이다.

아마존은 로봇 20만 대를 도입하면 사람들의 일자리도 늘어난다고 주장한다.[31] 로봇을 제작해 업무 현장에 투입하는 과정에서 추가된 일자리 30만 개를 가리키는 것이다. 굉장하게 들리지 않는가? 한 걸음 물러서서 이렇게 늘어난 일자리라는 게 오로지 물류 속도와 우리의 소비 욕구를 충족시키기 위해 필요한 것이라는 사실을 깨닫기 전까지는 말이다. 일자리를 창출한다는 아마존의 주장과는 달리, 로봇과 자동화 시설은 앞의 그래프에서 봤던 이른바 '아마존 경제'에서 일자리 감소의 배후다. 기계가 더 많이 투입돼 빠르게 일을 해치우면 수요가 증가해도 아마존에 필요한 인력은 줄기 때문이다.[32]

자동화는 로봇 드라이버로 그치는 게 아니다. 무작위로 모아둔 물건 속에서 원하는 상품을 찾는 '골라내기' 업무는 최근까지 사람만 할 수 있는 업무 영역이었다. 기계화된 환경에서도 이런 종류의 인식까지 기계가 수행하지는 못했다. 하지만 독일의 신생 기업이 최근 사람의 속도와 효율로 이 작업을 해내는 코베리언트(Covariant) 로봇을 출시했다.[33] 코베리언트와 사촌 격인 다른 로봇들이 아마존 물류센터에 진출하는 것은 시간문제일 뿐이다.

지속 불가능한 패션 산업에 이의를 제기합니다

아마존에서는 기계가 사람을 대체할 뿐만 아니라, 둘 사이의 경계가 흐려지면서 아예 사람들이 기계가 되도록 몰아붙인다.

"노동자들처럼 기계도 재충전을 해야 합니다."

투어 가이드가 로봇 이동 통로 밖에 서 있는 로봇 드라이버 앞에서 떠들었다. 하지만 샘과 베키, 로라의 얘기는 달랐다. 인간 노동자는 그런 사치스런 혜택을 누리지 못하고 있었다. 스캐너와 자동화된 포드가 내리는 지시가 사람을 로봇처럼 만들고 있었다.[34] 샘은 자동화 시스템이 작업에 도움이 되지 않는다고 퉁명스럽게 말했다.

"일하는 게 더 힘들어졌어요. (시스템이) 전보다 더 인체공학적으로 빨라져서, 생각은커녕 잠시도 쉬지 않고 계속 움직여야 하거든요. 보고 잡고 들고 스캔하고 넣고, 보고 잡고 들고 스캔하고 넣고, 보고 잡고 들고 스캔하고 넣고…."

샘이 말끝을 흐리는데, 나는 숨이 가빠오는 듯했다. 그런 일이었다. 일어서서 스캔하고 분류하고 스캔하고.

"한 시간에 80~100개쯤요."

베키의 계산이었다. 로봇처럼 재충전할 시간은 없었다.

패션 산업의 기계화는 수세기에 걸쳐 진행돼왔다. 그런데 지금 우리는 로봇 활용이 확대될수록 인간에게 얼마나 광범위한 영향을 미치는지 보고 있다. 물건 하나를 1초 이내에 처리해야 할 때 인간 노동자의 육체보다 기계가 적합하다는 사실은 쉽게 알 수 있다. 쉬지 않고 처리량을 늘리라는 스캐너의 요구에 인간은 대항하거나 불평하곤 한다. 사람은 근육이 다치고 뼈가 부러지며, 코로나 바이러스에 감염돼 끙끙 앓는 폐를 갖고 있다. 로봇은 어떤가. 임금이 낮아도 짜증내지 않고(아예 공짜로 일한다!), 절대 지각하지 않으며(잠도 회사에서 자고!), 소리를 질러도 울지 않는다. 아무 요구도 하지 않으니 회사의 부담은 확 줄어든다.

예를 들자면 로봇은 화장실에 갈 필요도 없다. 여러 업무를 처리할 수 있는 훈련을 받은 샘은 나와 대화하는 동안에도 다른 직원들이 화장실에 가면 대신 일을 처리했다. 매 순간 모니터링당하고, 문자 그대로 사방에서 상자들과 로봇들과 스크린들이 다가오는 상황에서 도대체 직원들은 어떻게 화장실에 갈 수 있을지 궁금해졌다. 다카 공장에서도 비슷한 걱정을 한 적이 있었다. 베키는 생리적 욕구에 좀 더 쉽게 대응하는 방법이 있다고 말했다. 상품들이 담긴 박스가 컨베이어 벨트 위에 떨어지면 그걸 화장실 가까운 쪽으로 끌고 가면서 스캐너로 상품 한 개를 스캔한 다음 잽싸게 화장실로 뛰어가 욕구를 해결하고 2분 이내에 다시 스캔을 하면 된다는 것이다. (무급 휴가 차감을 막는 방법이다!) 하지만 주문이 들어온 상품을 골라 담는 파트에서 일할 경우 물류센터 안의 여러 곳을 돌아다녀야 하는데, 한 가지 상품을 가지러 갔다가 카트로 돌아오는 데 10~15분이 걸리기도 한다.

아마존 직원들이 근무 중 쉴 수 있는 시간은 딱 한 시간이다. 오전과 오후 중에 각각 15분씩, 그리고 점심을 먹기 위해 30분 쉰다. 그때 화장실을 가는 것도 쉽지 않은 일이다. 화장실이 가까운 곳에 있다면 5분 안에 다녀올 수도 있겠지만, 아주 먼 데 있을 때도 있기 때문이다(로라가 일했던 곳은 물류센터 내에서 가장 구석진 장소라서 화장실까지의 거리가 대략 2.4킬로미터나 됐다). 휴식 시간 내에 화장실에 다녀오려면 '달린다'는 표현으로도 부족할 지경이다. 휴식 시간에 휴대전화 메시지를 확

지속 불가능한 패션 산업에 이의를 제기합니다

인하는 건 어떨끼? 앞에서 직원들이 출근할 때 개인 소지품을 출입구 근처 로커에 넣어야 한다고 언급했던 게 기억나는가? 휴대전화 메시지를 확인하려면 보안 검색대를 통과해 건물 밖으로 나갔다가 다시 검색대를 거쳐 자기 자리로 돌아와야 한다.

점심을 먹는 시간도 턱없이 부족하다(로봇은 음식물을 먹지 않으니 해당되지 않는다). 로라는 "뭔가 데워 먹으려면 신의 가호가 필요하다"고 털어놓았다. 전자레인지가 부족해 도시락을 데워 먹으려고 순서를 기다리다가 점심시간이 끝나버리기 일쑤라는 것이다. 점심시간에 동료들과 사교적 대화를 나누는 일도 거의 없다. 팀원들이 수다를 떨거나 친분을 쌓으려 하면 매니저들이 잔소리를 한다면서 로라는 씁쓸해했다. "친구들이 있으면 하루가 빨리 지나가잖아요!" 그는 입사 때 같이 훈련 수업을 받았던 사람들에게 종종 친한 척 굴곤 했는데, 진짜로 친해서 그랬던 건 아니라고 말했다. 로라는 축 처진 얼굴을 한 직원들 속에서 아는 얼굴이 보이면 "아는 사람이네. 얼굴이 눈에 익네"라고 생각하면서 손을 흔들곤 한다고 말했다.

직원들은 신체적으로는 서로 가까이 지내지만 휴식 시간에 거의 대화를 하지 않는다. 힘든 일상 속에서 느끼는 짜증에 대해선 특히나 언급하지 않는다. "그런 문제는 우리가 컨트롤할 수 있는 게 아니에요"라고 로라가 말했다. 베키 역시 근무 환경을 좀 더 좋게 만들 수 있는 방법 같은 거창한 주제는커녕 사소한 대화조차 동료들과 나누지 못한다고 했다. "내가 얼마나 무기력한지 새삼 깨닫게 되기 때문"에 헛된 짓일 뿐이란 이야기였다. 동병상련이란 말이 있긴 하지만, 하루 중 10퍼센트만이라도 그런 고통으로부터 벗어난 휴식 시간에 다시 그런 고통에 대해 떠들고 싶진 않을 것이다. "(직원들이 느끼는) 깊은 체념이 내겐 늘 충격적"이라고 샘은 말했다. 게다가 큰 소리로 불평하면 작은 파장만 일으킬 뿐, 누구도 야수를 건드리고 싶어 하지 않는다.

샘에 따르면 이런 온갖 어려움 속에서도 대부분의 직원들은 일을 잘해내고 싶어 한다. 아마존이 만들어낸 게임화 전략 때문이다. 스캐너의 속도계를 켜서 다른 직원들과 일처리 속도 경쟁을 벌이는 것이다. 스캐너가 일종의 닌텐도 게임기가 되는 셈이다. 가장 높은 점수를 얻으면 추첨을 통해 상품을 받을 수 있다(스니커즈 초콜릿바를 받을지도 모른다). 이런 게임은 마조히즘이라고 할 만큼 멍청하고 오만해 보이지만, 한편으로 업무에 몰두하는 방법이 되기도 한다는 점에서 좋아하는 직원도 있다. 샘 역시 긍정적인 면을 보면서 자신의 일에 자긍심을 가지려 노력하고 있다. 시스템에서 벗어날 방법이 없다는 걸 곱씹어봤자 "비참해지기만 할 뿐"이니까.

샘은 퇴근해서 집에 가면 녹초가 돼버려 비번인 날에도 TV나 보는 게 전부라고 했다. 육체적으로 너무 탈진해버린 나머지 체력을 회복하기 위해 가끔 무급 휴가를 내 리조트에 가서 휴식하기도 한다. 베키는 일할 때 두뇌를 다른 곳으로 손쉽게 떠나보낼 수 있었다고 말했다. 스캐닝을 하는 동안엔 고차원적인 두뇌 프로세스는 "잠을 잔다"는 것이다. 업무를 처리할 때는 "정말로 집중해야 할 만큼" 하지만, 그렇다고 해서 "기계가 될 정도"는 아니다. 스캐닝을 하고, 상품들을 박스에 담고, 매일 24킬로미터나 걸으면서 무슨 생각을 하느냐고 물었다. 답은 "좋은 생각은 절대 아니죠"였다. 베키는 기계 모드에 들어갈 때마다 동료들의 얼굴도 자기와 똑같았다고 말했다.

자율권이라곤 거의 없이 기계 같은 성과를 내놓으란 요구를 받으면 단순히 짜증스러운 차원을 넘어 정말로 심각한 건강 문제를 겪을 수 있다. 자기 일에 대해 통제권을 갖지 못한 노동자는 우울증에 빠지거나 심각한 감정적 스트레스를 받기 쉬우며 급여에 좌지우지되기 쉽다는 연구 결과가 있다. 말이 된다. 작가 요한 하리(Johann Hari)는 "당신은 부품이 고장 난 기계가 아니라, 충족되지 못한 욕구를 가진 동물이다"라고 말했다.[35]

나는 샘과 통화하면서 방글라데시의 리마와 스리랑카의 다누가 일하던 의류 공장 노동자들도 자신이 기계가 된 것 같다는 말을 하더라고 전했다. 샘은 자기 경우는 그들과 비교하면 아무것도 아니라고 겸연쩍게 말했다. 그래서 샘과 리마, 다누가 직면한 도전들 중 어떤 건 정말로 비슷하다고 했더니, 샘은 불편한 듯 웃음을 터트리며 아무 말도 하지 않았다.

불안정과 불평등

아마존에서 물류 업무를 담당하는 직원들의 개인적, 직업적 배경은 명확하지 않다. 내가 대화를 나눴던 사람들은 대부분 20~30대 나이에 튼튼한 체력을 갖고 있다고 말했다. 내가 보기에도 그랬다. 그보다 나이든 사람은 순전히 생물학적 이유 때문에 적응에 실패할 것 같아 보였다. 로라는 아마존에서 일한 지 2년이 채 안 된 39세 때 심각한 족저근

막염과 손목터널증후군, 무릎관절병을 앓았다. 자신은 물론이고 같은 팀에 일했던 사람들 모두 알고 있는 것처럼 아마존이 처방한 아침 스트레칭으로는 어찌 할 수 있는 상태가 아니었다. 아마존은 직원들에게 최소한의 의료보험을 제공한다. 하지만 일이 너무나 "육체적으로 거칠다" 보니 의료보험을 자주 이용하게 된다. 베키의 경우엔 아마존에서 일한 지 이틀 만에 25년밖에 안 된 양쪽 발목이 다시는 돌아올 수 없는 상태가 되는 걸 몸소 겪었다. 그러니 샘이 일하는 곳에서 만났던 70대 후반의 할머니처럼 나이 든 직원은 어떨지 상상해보라. 베키는 샘에게 "내가 상상했던 은퇴 생활은 아니다"라고 털어놓았다.

매년 11~12월이 되면 아마존의 쇼핑 주문 건수는 하늘을 찌를 듯 치솟는다. 그리고 그런 주문을 처리하는 일이 로라와 베키, 샘의 손에 떨어진다. 2019년 겨울 휴가철에 샘이 일하는 물류센터는 2개월 동안 2,600만 개의 상품을 발송했다. 직원들의 근로시간은 주당 40시간에서 초과근무로 인해 주당 55시간으로 늘었다. 샘에 따르면 대목에는 일처리 속도의 경쟁 수위도 올라가 모두들 1등을 차지하려고 애쓴다. 경쟁에서 이기는 게 윗사람들에게는 좋을지 몰라도 샘과 베키, 로라 같은 노동자들에겐 그렇지 않다. 아마존은 1등을 한 직원이나 작업장에 AI 스피커 에코나 공짜 점심 등의 상품을 추첨해 제공한다. 그러나 중노동으로 인한 부정적 측면에 비하면 보상은 너무나 짜다. 게다가 대목에 직원들이 얼마나 신속하게 일할 수 있는지 드러나면, 그게 바로 나머지 10개월간의 업무 처리 속도 기준이 된다.

아마존의 이직률은 충격적일 정도로 높다. 대목 때 폭증하는 업무량은 여러 이유들 중 하나일 뿐이다. 대목 기간에는 평소보다 일을

지속 불가능한 패션 산업에 이의를 제기합니다

빨리 시작해야 한다는 점을 기억하지. 그러다 보니 로라는 아이와 일 가운데 한쪽을 선택할 수밖에 없었다. 로라는 자신이 일했던 센터의 연간 이직률을 80퍼센트로 추성했나. 나는 센티를 구경하던 중 신입 사원들을 위한 출입구가 별도로 존재한다는 사실을 알게 됐다. 아마존의 높은 이직률이 건축 디자인에까지 반영된 셈이다. 로라는 아마존에서 일한 지 2년이 채 안 됐을 때 퇴사했다. 함께 훈련받았던 20명 중 19명이 퇴사하고 혼자만 남았다가 결국 그만둔 것이다. 입사한 지 6개월만에 16명이 나갔다고 한다. 샘이 일하는 센터에서 고르기 작업을 하는 직원들의 연간 이직률은 거의 100퍼센트에 달한다고 했다. 이런 추정치는 조사 결과와 일치한다. 아마존 물류센터가 있는 지역에서 창고업무 노동자의 평균 이직률은 2017년 100.9퍼센트를 기록했다.[36] 가장 최근 데이터다. 이직률이 어떻게 100퍼센트가 넘는다는 거지? 한 해동안 창고 일에 종사한 노동자의 평균 숫자보다 이직한 사람의 숫자가더 많다는 의미다. 로라는 이직하지 않고 3년간 일해도 승진할 기회는없었을 거라고 말했다. 육체노동을 하지 않는 중간급 이상 고위급 직원들에게는 이곳이 너무나 편한 일자리여서 아무도 나가지 않기 때문이다. 터널의 끝에 빛이 없는데 누가 1년이나마 버티겠는가.

급여 역시 도움이 되지 않는다. 내가 대화를 나눈 노동자들은 시간당 14~17달러 사이의 급여를 받았다. 아마존이 근로 환경 개선 압박에 대응해 2018년 말 최저 임금을 15달러로 올리기 이전이다. 샘은 2년 전 일을 시작했을 때 시간당 14달러를 받았다. 최저 임금이 15달러로 올랐을 때 사측은 이를 언론에 대대적으로 광고했다. 그러나 그 대신 스톡옵션과 생산성 보너스가 사라졌다. 정기 실적 보너스 역시 사라졌다.

다른 사람이 생리적 욕구를 해결할 수 있도록 도와주는 일 말고, 지금 아마존에서 개인에게 주어지는 보상은 별로 없다. 로라는 시간당 17.25달러를 벌었는데, 항공사에서 일할 때 시간당 75달러를 벌었던 것과 비교하면 훨씬 적었다. 그나마 인간답게 살 수 있는 기본 생활비인 시간당 35달러에 턱없이 부족한 액수다. 로라가 4인 가족을 위해 방 3개짜리 괜찮은 아파트를 얻고, 장을 보고, 아이들을 병원에 데려가고, 미장원에 가서 머리를 다듬고, 가끔 커피를 마시려면 그 정도는 벌어야 한다.

사실 아마존 차원을 넘어서는 문제이긴 하다. 코로나19 이전 경제가 급속도로 성장했을 때에도 주거비, 의료비, 보육비, 고등 교육비는 엄청나게 오르는 데 비해 임금 상승률은 그에 미치지 못했다. 한 언론인은 이런 상황을 '구매력 대위기(Great Affordability Crisis)'라고 표현하기도 했다.[37] 1968년부터 최저 임금이 생산성 향상과 속도를 맞춰 계속 올랐다면 지금쯤 시간당 24달러가 됐을 것이다.[38] 임금을 15달러로 올리면서 언론에 떠들썩하게 홍보하는 동시에 보너스와 스톡옵션을 없애버렸던 아마존도 임금을 더 인상했을 수 있다. 이마존 노동자들을 포함해 미국인들의 평균 소득은 인플레이션을 반영하면 1979년보다 줄었다. 그 결과 코로나19 이전에도 성인의 17퍼센트는 매달 청구되는 비용을 완불하지 못했으며,[39] 비상용 저축이 400달러도 채 안 되는 미국 성인이 전체의 절반 가까이 됐다.[40] 팬데믹과 부적절한 정부의 대응은 많은 가정을 위기로 내몰았고, 수년간 표면 아래에서 노동력의 불안정을 증폭시켰다.

지속 불가능한 패션 산업에 이의를 제기합니다

이런 저임금 노동자들은 전 세계에서 가장 부유한 사람들에게 고용돼 일한다(미국의 최상위 소득자들의 수명은 최저 소득자보다 15년 더 길다).[41] 팬데믹 직전 푸드 스탬프*로 살아가는 미국인 숫자는 2008년에 비해 30퍼센트 늘었는데,[42] 억만장자 숫자는 10년 전에 비해 두 배가 늘었다.[43] 아마존 설립자 베이조스는 말이 안 될 정도로 부자이긴 하다. 부유한 기업인들의 숫자는 전반적으로 지난 40년에 걸쳐 점점 더 증가해왔다. 1965년 최고경영자(CEO)의 평균 연봉은 92만 4,000달러(일반적인 피고용인 평균 연봉의 약 20배)였는데,[44] 2018년 평균 연봉은 1,700만 달러(피고용인 평균 연봉의 278배)였다. 상위 1퍼센트는 1989년에 비해 21조 달러 더 부유해진 반면, 하위 50퍼센트는 더욱 가난해졌다.[45]

노동자와 경영자 간의 이런 엄청난 격차는 2장에서 다뤘던 신자유주의 개념, 즉 주주 중심주의와 경영자에 대한 보상에서 비롯된다. 앞서 살펴봤듯 주주 중심주의는 회사가 모든 이해당사자를 살피느라 발목을 잡혀선 안 되고 최대한의 이익을 창출하는 데 집중해야 한다고 주장한다.[46] 이사회는 이를 위해 경영자에게 고정급보다는 주식과 연계된 보상을 더 많이 준다.[47] 경영자들은 더 저렴한 노동력을 가진 국가로 일자리를 이전하고 업무를 자동화하며, 그나마 남아 있는 노동자들이 노조를 만들지 못하도록 해서 임금을 낮춘다. 비용은 줄어들고, 수익이 증가하며, 주가가 오르고, 급여 격차는 더 벌어지게 된다. 아마존은 이런 모델의 가장 대표적 예다. 간부들에겐 시장의 평균적인 보상

---

* 미국의 저소득층 식비 지원 제도.

수준보다 더 많이 주고, 물류센터에서 일하는 직원들에겐 평균보다 더 적게 지급하며, 주식으로 그 격차를 더욱 벌린다.[48]

아마존 경영자가 우주에 식민지를 건설하는 데 눈을 돌리고 있는 동안,[49] 그의 직원들은 부적절한 급여와 부당한 근로 여건으로 인한 스트레스로 수명이 줄어들고 있다. 미국의 GDP는 꾸준히 상승하고 있지만 미국인의 기대수명은 2014년 이후 매년 감소했다. 증가한 해도 있지만 전체적으로 2014년 당시 기대수명보다 떨어졌다.[50] 미국의 일부 지역은 평균 기대수명이 방글라데시보다 낮다.[51]

기대수명이 이처럼 감소하는 이유는 무엇일까? 보건경제학자 앤 케이스(Ann Case)와 노벨경제학상 수상자 앵거스 디턴(Angus Deaton)은 알코올과 약물에 의한 사망과 자살이 늘어나는 현상에 대해 '절망의 죽음(Deaths of Despair)'이란 이름을 붙였다. 두 사람은 "삶을 더 나쁘게 만드는 무엇인가가 존재한다"라고 지적했다. 그건 과연 무엇일까? "기업의 경제적 정치적 파워 증가와 노동자의 경제력·정치력 감소", 그리고 노동자들이 기울어진 운동장 위에서 대기업의 자비에 기대어 살아야 하는 상황이다.[52] 아마존뿐만 아니라 다른 저임금 노동자들의 건강을 최상의 상태로 유지하기 위해선 노동시장 전체를 형성하는 경제력·정치력을 포함해 노동자들이 일하는 시스템의 변화가 필요하다. 그렇게 해야만 우리가 타인의 필수적 웰빙을 희생시키지 않을 수 있다.

지속 불가능한 패션 산업에 이의를 제기합니다

전략적으로 움직이기
노조와 산업 정책을 통한 노력

앞 세대의 미국인들이 열심히 노력해서 노동 여건의 개선을 이루어냈는데, 왜 지금 우리는 미국의 기대수명 감소를 말하는 것일까? 경영자들은 노동자 보호 규정이 없는 국가로 일자리를 아웃소싱하는 한편, 손쉽게 아웃소싱할 수 없는 미국 내 일자리에 대해선 노동자들이 스스로를 보호할 수 있는 권리를 없애버리고 있다. 아마존 물류센터가 바로 그렇다. 아마존은 노조 결성에 관해 그 어떤 말도 꺼내지 못하게 한다. 노조를 욕하는 말은 예외지만. 베키는 노조에 관해 언급하는 게 "바보 같다는 기분이 들도록 만든다"고 말했다. 아마존은 노조의 필요성을 묵살하는 방법으로, 신입 직원들에게 이곳에서 일하는 게 얼마나 좋은지 설명하는 비디오를 보여준다. 베키의 말로는 노조 결성 문제가 불거졌을 당시 직원들은 아마존에서 일하면서 몸무게가 9킬로그램이나 줄었고, 하루 종일 돈을 벌며 운동을 할 수 있으니 특전이 아니고 무엇이 겠냐는 동료들의 주장을 들어야 했다. 로라가 일하는 곳에선 간부들이 회사 측 근로자를 통해 "노조가 동료들 간의 인간관계를 파괴할 것"이라고 말했다. 로라가 보육 지원 제도를 제안했을 당시 회사가 보여주었던 반응에서 증명되었듯, 아마존에서 인간관계란 사랑과 존경으로 만들어지지 않는다. "아, XX!" 로라가 회사에 들려줘야 했던 말이다.

사실 매니저들은 직원들이 노조를 나쁘게 생각하도록 만들기만 한 것이 아니다. 직원들은 노조를 만들면 엄청난 압박을 받게 될까 봐

두려워했다. 모든 것을 감시당하고 추적당할까 봐 노조에 대해선 아예 말을 피하곤 했다. 만약 어떤 영향력을 갖는 방식으로 노조 이야기를 꺼낸다면, 아마존에서 해고당하고 많은 자회사들에서도 블랙리스트에 오를 수도 있다. 베키 역시 걱정했다. 실제로 물류센터의 근로 환경에 대해 언급한 노동자들이 해고당했다는 몇몇 보도가 있었다.[53]

노조의 생존력을 확보하는 건 쉬운 일이 아니다. 일부 회사들이 노조 결성을 막으려고 모든 수단을 다 동원하기 때문만은 아니다. 로라는 노조를 막으려는 회사들에게 힘을 실어주는 전형적인 심리에 대해 말했다. 노조는 로라 같은 사람이 아니라 기계를 조작하는 노동자나 철로를 놓는 노동자 등 전통적인 '블루칼라'에게 더 맞는다는 식으로 설득하는 것이다. 샘도 자신의 작업장에서 비슷한 태도를 접했는데, 이를 미국인의 개인주의 정서 탓으로 돌렸다. 그의 동료들은 자신이 처한 상황에 대해 시스템의 문제점을 따지기보단 스스로를 탓했다. 본질적이고 우위에 있다는 '블루칼라' 제조업 일자리가 다른 직종으로 이동하고 있는 오늘날 경제에서, 그리고 누구나 자연스럽게 시스템의 힘에 영향을 받지 않을 수 없다는 것을 알고 있는 시대에, 어떤 사람에게 노조가 필요하고 왜 변화가 필요한지에 대해 이런 어이없는 발상이라니. 미 노동총연맹산업별조합회의(AFL-CIO)의 리즈 슐러(Liz Shuler) 의장은 말했다.

"사람들이 경제적으로 거덜 난 상태에 익숙해져 있고, 자기 자신을 위해 일하지 않는 게 우리 경제 상황인 것 같다. 경제가 상당 기간 동안 그런 식이었다. 코로나19 탓만은 아니다."[54]

집단적인 목소리를 갖고 일하면 더 높은 소득을 얻는다는 매우

지속 불가능한 패션 산업에 이의를 제기합니다

분명한 증거가 있다. 노조원은 비노조원보다 평균 13.6퍼센트 더 번다.[55] 현재 아마존 경영진은 직업장 내에서 일어나는 모든 것들에 대한 규정을 만들고 있다. 노조 허용은 경영진과 주주로 하여금 파이의 일부, 즉 권력과 돈의 일부를 나누도록 강제하는 것이다. 노조 결성은 노동자들에게 진짜 혜택을 제공한다. 익명의 한 전직 아마존 간부는 "노조 결성은 아마존의 비즈니스 모델에 가장 큰 위협"이라고 말했다.[56]

아마존의 반노조 정책에서 한 가지 중요한 측면은 2020년에 집단의식으로 끓어 넘쳤던 또 다른 팬데믹, 즉 인종주의와 관계가 있다. 노조 대 비노조 임금에 관한 통계를 보면 노조에 가입한 흑인 노동자는 비노조 흑인 노동자보다 16.4퍼센트 더 버는 것으로 나타났다.[57] 아마존의 경우 흑인 비율이 높으며,[58] 흑인은 미국 노동력의 4분의 1 이상을 차지하고 있다(미국에서 흑인 인구는 13.4퍼센트다).[59] 그런데 아마존 물류센터에서 일하는 흑인 직원 대다수가 다른 물류센터에서 일하는 흑인 직원보다 훨씬 적게 번다.

아마존 물류센터에만 흑인 노동자가 과다하게 많은 건 아니다. 인종주의의 오랜 유산 때문에 저숙련 창고업 전반에 걸쳐 나타나는 현상이다.[60] 흑인 노예는 패션 산업뿐만 아니라 글로벌 경제의 기반이 됐다. 노예 해방 이후 미국의 흑인들은 차별과 숱한 법적 장애물에 직면했다. 남부에서는 흑백 분리를 강제한 짐 크로법(Jim Crow Law)으로 인해 흑인들이 얻을 수 있는 일자리는 농장과 잡부 등 저임금 직종으로 제한됐다.[61] 뉴딜 입법은 노동자의 단체 교섭, 최저 임금, 주당 40시간 근무 및 과다 근로 규제 등을 합법적으로 허용했다. 하지만 짐 크로법 때문에 흑인들이 주로 하던 집안 허드렛일, 농장 일, 서비스 노동 등은 여기에서 제외됐다. 이런 법들의 한계선 때문에 인종에 근거를 둔 거주의 차별이 생겨났으며, 오늘날 우리가 살고 있는 도시들이 인종적으로 분리된 것은 이와 같은 이유 때문이다.[62] 이런 관행은 당연히 불법이다. 그렇지만 그 영향은 저임금, 비백인 거주 지역의 열악한 교육 예산으로 나타나며,[63] 실질적인 인종 차별과 저투자의 악순환을 만들어내고 있다.[64]

흑인들은 제도화된 인종주의 때문에 자동화와 오프쇼어링*의 초기 단계부터 백인들보다 더 큰 타격을 입었다.[65] 처음부터 저숙련 일자리를 가질 수밖에 없었던 것이 원인이었다. 1954년 이후 흑인 노동자들은 백인보다 두 배나 많은 실업을 겪었고,[66] 이런 경향은 매년 비슷하게 나타났다.[67] 최저 임금을 받는 직종에서 일하는 사람은 경제적 상승에 대한 희망도 제한적이다.[68] 마틴 루서 킹 주니어(Martin Luther King Jr) 목사는 1961년 노동조합 총회에 참석해 이렇게 말했다. "우리의 요구는 모든 노동자의 요구와 동일합니다. 적절한 임금, 공정한 노동 조건, 살기 좋은 주거, 안정적인 노후 보장, 보건 및 복지 조치, 가족이 성장할 수 있는 조건, 자녀 교육, 그리고 지역 사회에서의 존중입니다."[69]

인종주의적 법과 정책, 그리고 오랜 역사 속에서 노골적으로 또는 암시적으로 형성된 인종 차별적 태도가 서로 얽히고설키면서, 작가 이사벨 윌커슨(Isabel Wilkerson)이 '카스트 시스템'이라고 표현한 상황에까지 이르렀다. 미국 흑인 사회의 진보는 기회의 사다리를 놓친 채 좌절됐다.[70] 노조 결성은 기회의 사다리를 창조할 수 있는 중요한 방법

---

* offshoring, 비용 절감을 위해 생산 기지를 해외로 이전하는 경영 방식.

지속 불가능한 패션 산업에 이의를 제기합니다

이다. 우리가 익히 보았듯 의미 있는 임금 인상은 인종적 임금 격차의 축소로 이어진다. 그런데 아마존은 노조 결성을 막음으로써 경영진의 힘을 키워줄 뿐만 아니라 구조적 인종주의를 영구화하고 있다.*

　이 책에서 살펴봤듯 노동 개혁의 또 다른 길은 정부 차원의 개입이다. 지난날 흑인 노동자들은 사업장과 노조에서 차별적 정책들을 철폐하기 위해 연방 정부에 도움을 청했다. 성과는 엇갈렸다. 아마존은 모든 노동자들에게 부정적인 영향을 미치며, 흑인들에겐 더 타격을 가하는 방식으로 대응했다. 노조 결성을 막기 위해 사내에서 음모를 꾸미는 차원을 넘어 다른 기업과 협력해 엄청나게 많은 돈을 로비에 쓰고 있다(2019년 아마존은 로비에 1,600만 달러 이상을 썼으며,[71] 로비 예산은 2012년 이후 거의 470퍼센트가 늘었다).[72] 아마존만 그러는 게 아니다. 시사지 「디 애틀랜틱(The Atlantic)」은 2015년 "노조와 공익 단체가 로비에 1달러를 쓰는 동안, 대기업과 관련 단체들은 34달러를 쓰고 있다. 로비에 많은 돈을 쓰는 상위 100개 조직 중 95개가 기업 이익을 지속적으로 대변하고 있다"고 보도했다.[73] 아마존 역시 퇴직한 정부 관료들을 고용해온 역사를 갖고 있다.[74] 회사의 이익을 보호하고 위협을 막기 위한 방법으로 정부 관료들 앞에 막대한 힘과 연봉이 걸려 있는 일자리를 흔들어 보이는 것만큼 효과적인 게 있을까? 이들의 경제력·정치력을 올려주는 게 친노동법으로부터 회사를 안전하게 지키는 방법이다.

---

* 　2022년 4월 아마존 최초로 뉴욕 스태튼아일랜드에 있는 JFK8 물류센터에서 노조가 결성됐다. 같은 해 8월 올버니에 있는 ALB1 물류센터는 노동관계위원회에 노조 결성 신청서를 제출했다. 그러나 일부 센터에서는 직원 투표를 통해 노조 결성안이 부결됐다.

미국 기업들이 노동과 경영 간 제로섬 게임을 하고 있다는 건 불행한 일이다. 단체 교섭을 많이 하는 국가들이 더 높은 생산성과 고용률을 나타내며, 경제가 나빠졌을 때 그런 국가의 노동자들이 좀 더 나은 회복력을 보인다는 강력한 증거가 있다.[75] 피고용자들의 말에 귀 기울인다고 해서 고용자가 힘을 잃어버리는 건 아니다. 그들이 겪고 있는 어려움을 알아줌으로써 생산성을 높이고, 무엇보다 인력 공백을 줄일 수 있다(이는 곧 새로운 직원을 훈련시키는 비용이 덜 들어간다는 의미다). 예를 들어 노조가 로라가 겪은 보육 문제를 아마존 경영진과 논의하는 게 가능했더라면, 자녀를 둔 직원들을 위한 해법을 모색하는 데 분명 도움이 됐을 것이다. 그랬더라면 로라가 아마존에서 좀 더 오래 일했을 지도 모른다. 아마존의 퇴사 회전문이 돌아가는 속도가 느려지고, 생산성이 전반적으로 향상되었을 수도 있다.

당신은 이제 전 세계 노동자들의 대우뿐만 아니라 노조의 역사에 대해 어느 정도 알게 됐을 것이다. 이 두 가지가 함께 잘 나아가길 바란다. 하지만 경영자들은 시스템이 어떻게 굴러가고 있으며, 그 속에서 자신의 역할이 무엇인지에 대해 여전히 눈감고 있다. 2018년 에릭 슈미트(Eric Schmidt) 진 구글 CEO는 트위터에 올린 글에서 "중산층을 위한 유니콘(테크업계에서 '유니콘'이란 기업 가치가 10억 달러 이상인 비상장 스타트업을 말한다)"을 찾고 싶다는 바람을 나타낸 적이 있다. 중산층의 임금을 늘려줄 유니콘 기업이 필요하다는 것이다. 인터넷의 반응은 뜨거웠다. 하지만 중산층의 상당수가 사라지고 있는 것에 대한 진정한 해법은 멋지고 새로운 스타트업이 아니라 100여 년 전 의류업계 노동자들이 했던 중요한 역할을 통해 찾아야 한다는 점을 일깨우지는 못했다. 노동자들을 새로운 시스템이나 소프트웨어에 더 많이 노출시키는 것보다 기본으로 돌아가야 한다. 청바지, 티셔츠, 노조 같은 기본으로 말이다.

═

노동운동을 부활시킬 필요가 있긴 하지만, 그것만으로는 우리가 주문한 청바지를 오늘 우리 집 문 앞에 배송해주는 사람들이 내일도 그 일자리를 유지할 수 있을지 확실치 않다. 노조는 기존 일자리를 개선하는 데 도움이 된다. 더 강력한 국내법과 국제 무역협정은 글로벌 시장에서 좀 더 공정하게 경쟁을 벌일 수 있게 해준다. 그렇다고 해서 앞으로도 일자리 보장이 가능할지는 확실치 않다. 앞서 2장에서 중국에 대해 살펴봤는데, "옷에 관한 책인데 왜 중국 역사까지 알아야 하지?"라고 생각했을지도 모르겠다. 하지만 역사는 중국이 어떻게 해서 오늘날 패션 산업을 장악하게 됐는지를 보여준다. 즉 중국 정부가 그 분야에 투자를 했기 때문이다.

중국, 독일, 일본을 포함해 성공한 많은 산업 국가들은 직업 훈련과 보조금을 통한 정부 투자, 즉 산업 정책을 활용해 국내 산업을 촉진시키는 계획을 발전시켰다. 중국 정부는 선진 제조업 육성을 위한 '메이드 인 차이나 2025(Made in China 2025)' 계획에 수천억 달러의 보조금을 쓰고 있다.[76]

미국 정부도 산업과 노동 분야에서 비슷한 역할을 한 적이 있다. 뉴딜 정책은 2,000만 명의 일자리를 마련했고, 9년 만에 실업률을 25

퍼센트에서 10퍼센트로 감소시켰다.[77] 오늘날에도 이와 비슷한 통찰력과 투자가 필요하다. 입법부는 글로벌 경제 환경을 점검해 리스크를 방어할 수 있는 계획을 수립하고, 대학과 기업, 민간 투자업계와 협력해 국민을 잘살게 만드는 데 도움이 되는 흥미로운 부문들, 예를 들어 고속 전기열차, 그린 에너지, 또는 암이나 코로나 바이러스를 치료할 수 있는 의료기술 등에 대한 투자를 이끌어내야 한다. 우리를 현재와 같은 상황에 처하게 만든 신자유주의 속 극단적 자본주의 교리를 넘어서서, 미국을 위대하게 만든 핵심 가치로 되돌아갈 필요가 있다. 진취적인 개인, 혁신적이고 안전하며 공정하고 신뢰할 만한 일자리로 돌아가야 한다. 우리가 자랑스러워할 수 있는 경제와 사회로 말이다. 경제학자 대니 로드릭과 공공 정책학자 찰스 세이블(Charle Sabel)은 사람에게 필수적인 것들, 즉 안정감, 교섭권, 생활임금, 경제적 상승과 승진의 기회를 제공하는 노동 조건들을 '좋은 일자리(Good Jobs)'라고 통칭했다.[78]

청바지를 내 집 문 앞에 배송해주는 사람들을 포함해 미국의 많은 백인 노동계층이 자신의 이익에 반하는 투표를 하는 것은 모순된 일이다. 왜 그럴까? 일부 백인 노동자들이 미국의 번영으로부터 단 한 조각도 얻은 게 없다는 분노를 느끼는 건 이해할 만하다. 그런데 그들은 엉뚱하게도 이민자와 소수 인종을 화풀이 대상으로 삼고 인종주의를 부추기는 후보에게 투표하고 있다. 앞서 텍사스 상황을 살펴봤듯 세계화 때문에 타격을 받은 백인 노동자들은 뉴딜 형태의 사회복지 서비스를 주장하는 후보에게 투표할 가능성이 매우 낮다. 재교육 같은 서비스를 통해 더 많은 급여의 좋은 일자리를 얻는 데 도움을 받을 수 있음에

지속 불가능한 패션 산업에 이의를 제기합니다

도 오히려 권위수의적인 가치에 지지표를 던지는 경향을 보인다. 유럽도 비슷하다. 세계화의 부성적 영향을 더 크게 받은 지역일수록 민주주의를 덜 지지한다는 연구 결과가 있다.[80]

사실 미국 내 다른 노동자가 백인 노동자의 일자리를 빼앗아간 게 아니다. 일자리를 빼앗은 사람은 상사들, 백인 노동자가 현재 처한 상황으로부터 자신을 구원해달라며 뽑은 정부 관료들(어떻게 해서든 자신의 지위를 누리고 지키려는 부유한 백인 남성이 대부분)이다. 외모와 쓰는 언어는 달라도 자신과 같은 걱정거리와 (충족되지 못한) 필수적 욕구들을 가진 이들을 탓하는 건 온당치 않다. 실직의 좌절, 열악한 근무 환경, 오르지 않는 급여의 문제를 해결하려면 노동자들 덕에 엄청난 돈을 벌고도 나누려고 하지 않는 기업 경영진과 주주들, 정부에서 지저분한 짓을 벌이는 관료들에게서 문제의 원인과 해결책을 찾아야 한다.

"전 역사에 걸쳐 가난한 백인과 노예화되었다가 해방된 흑인은 갈등 관계에 있었으며, 바로 이것이 정치적 도구로 이용돼왔다."

「폴리티코(Politico)」 보도에 따르면 루이지애나주립대 역사학과 교수이자 『백인 쓰레기: 아무도 말해주지 않은 미국의 400년 계급 역사(White Trash: The 400-Year Untold History of Class in America)』의 저자인 낸시 아이젠버그(Nancy Isenberg)는 이렇게 말했다.

"백인 우월주의에 대해 우리가 한 가지 알아야 할 점은 두 그룹이 서로 싸우면 엘리트층이 어부지리를 얻는다는 사실이다."[80]

좋은 일자리로 우리 경제의 체질을 개선하려면 노동력의 파편화된 부분들 간에 협력이 이뤄져야 한다. 공공 부문과 민간 부문의 협력도 필요하다. 정부, 공공 부문, 기업이 힘을 합쳐 산업 정책을 통해 교육, 일자리 훈련, 일자리 창출 확대를 위한 투자에 나서야 한다.[81] 상층부에서 이런 협력을 이뤄내지 못한다면, 가장 결속력 있고 수용적이며 협동적인 노동자들조차 잊히고 축소되며 밀려나거나, 로봇으로 대체될 위험에 처할 것이다.

우리가 뽑은 정부가 우리를 위해 일하고, 보다 나은 세계를 위해 서로가 건강한 경쟁을 하도록 장려하게 만들려면 어떻게 해야 할까? 시민의 힘으로 정확히 어떤 일을 해야 하는지에 대해서는 9장에서 자세히 살펴보겠다.

가진 것 없는 노동자들은 아마존 물류센터 안에서 로봇처럼 돌아다니면서 일한다. 그들은 조만간 일자리를 로봇에게 빼앗기고 암울한 노동시장에 내동댕이쳐질 것이다. 좌절한 노동자들은 익숙한 형태의 구원자를 간절하게 바라고 있다. 앞서 살펴보았듯 우리 미래의 많은 가능성은 과거에 뿌리(좋은 일자리와 노조 보장)를 두고 있다. 그래서 이런 기억들을 정확하고 선명하게 일깨워 우리가 필요로 하는 법을 위해 싸워줄 의원들을 뽑아야 한다.

자본주의 시스템을 내던져버리자는 이야기가 아니다. 자본주의가 좋은 것들을 많이 만들어내는 데 아주 효과적 방법임은 이미 증명되었다. 역사학자 스벤 베케르트(Sven Beckert)에 따르면 자본주의는 진화하는 시스템이며, 항상 진화해왔다. 그런데 자본주의의 이점을 보존하고 싶다면 제거해야 할 것이 있다. 양질의 일자리를 없애고, 인종주

지속 불가능한 패션 산업에 이의를 제기합니다

의를 퍼뜨리며, 소수를 위해서만 작동하는 경제로 바꾸고, 환경을 파괴하는 신자유주의적 극단주의다.

베케르트는 '성장'에 관한 우리의 인식을 비꼬는 대안을 다음과 같이 제안한다.

"자본주의의 오랜 역사는 인간의 엄청난 창조력, 노동 생산성을 크게 늘리기 위한 인간의 집단적 능력을 증명한다. 이를 위협으로 볼 수 있다. 일자리가 줄어들고 있으며, 사람들은 일자리를 찾을 수 없게 될 것이다. 또는 기회로 볼 수도 있다. 미래 세대는 훨씬 적게 일하고, 공동체로서 우리는 부를 계속 유지할 수 있다."[82]

아마존은 여전히 제 일을 할 수 있다. 제프 베이조스는 화성에 가서 살아도 된다. 샘과 로라, 베키는 창고 안에서 기계처럼 일하느라 인생의 한창때를 전부 날려버릴 필요가 없다. 그렇게 되면 사람들은 우리 세대와 미래 세대의 여러 부분에 영향을 미칠 것들에 대해 정신적, 감정적, 심리적 자산을 활용하기 시작할 것이다. 7장에서 살펴보겠지만 기본적 욕구를 넘어 생각하려면, 먼저 생계에 대한 어수선한 스트레스를 마음속에서 지워버릴 필요가 있다. 우리는 미국과 세계의 노동자들이 기본적 욕구를 충족하도록 도움으로써 열심히 일하고, 번성하며, 수십 년 뒤 우리 손자들이 배우고 싶어 하는 역사를 함께 만들어나가야 한다.

6

더 많이, 더 더 많이

소비주의가 휩쓸다

●

> 너한테만 알려주는 건데, 패스트패션 앱들을 다 없애기로 했어 :)
>
> 누가 그러라고 했는데?
>
> 생각해봤는데, 난 우리가 갇혀 있는 이 세상이 싫어.
> H&M, 자라, 이런 것들이 나를 지배하고 있다는 걸 깨달았어…

2020년 4월 초 어느 날 오후, 파리에 사는 친구 클레르(Claire)가 위와 같은 내용의 메시지를 보내왔다. 내가 지금 뭘 읽고 있는 거지? 몇 번이나 눈을 깜박이며 확인했다. 클레르가 보낸 메시지 가운데 가장 특이했다. 2008년 나는 법학대학원에 입학하기 전 파리에서 멋지고 자유로운 여름을 보냈는데, 당시 클레르는 내 룸메이트였다. 그때 나는 겉핥기로 프랑스어를 배웠고, 롤브러시와 헤어드라이어로 헤어스타일을

지속 불가능한 패션 산업에 이의를 제기합니다

꾸미는 것을 중단했으며(그렇게 단정한 헤어스타일이 전형적인 미국식이라는 걸 알게 됐다), 클레르의 옷장 같은 옷장을 갖는 걸 인생의 새로운 목표로 세웠다. 클레르의 옷장은 모든 옷들이 여유 있게 걸려 있어 옷 하나하나가 잘 보였다. 꽉꽉 들어차 뒤죽박죽인 미국의 내 옷장과는 전혀 달랐다.

코로나19 이전인 2020년 초 클레어와 이 책에 대해서 대화를 나눴다. 그때 클레어는 자신의 스타일을 '엘레강트 쉬크(elegante chic)'라고 설명했다. 클레르처럼 멋진 운율의 악센트로 발음할 수는 없지만 전적으로 맞는 말이다. 클레르는 캐시미어와 라이더 재킷처럼 클래식한 스타일에 관심이 많으면서도 반짝이가 주렁주렁 달린 옷으로 악센트를 주기도 하고, 우리가 만났을 때 입고 있던 테디베어 코트처럼 유행에 따라 옷을 선택하기도 한다. 그 코트는 팔로우한 어떤 인플루언서의 인스타그램에서 본 후 세일 시즌의 첫날에 택시를 타고 가면서 휴대전화로 샀다고 털어놓았다(대다수의 나라와 달리 프랑스에는 정부가 법으로 규정한 세일 시즌 '레 솔드Les Soldes'가 있다). 클레르는 인스타그램의 토끼굴 속으로 굴러 떨어져 들어가는 자기 자신을 자주 발견하게 됐다고 한다. 새로운 컬렉션과 세일에 관한 최신 포스트와 업데이트는 물론이고, 좋아하는 인플루언서와 디자이너를 확인하는 데 집착했다는 것이다. 가까운 곳에 사고 싶은 옷을 파는 상점이 있어도 항상 온라인으로 구매했다. 수년에 걸쳐 쇼핑 취향을 세련되게 다듬을 수는 있었다. 최근에는 살을 뺀 후 새로운 몸매에 맞게 좀 다른 옷을 입어보고 싶어진 참에, 저렴하면서도 대담하고 쉽게 살 수 있으면서도 재미있는 옷들에 굴복하면서 '패스트패션의 희생자'가 되고 말았다고 한다.

클레르는 온라인 쇼핑의 확산을 보여주는 좋은 사례다. 온라인 쇼핑은 소셜미디어와 결합해 우리에게 옷으로 즉각적인 만족을 제공한다. 오늘날 쇼핑 공간은 클레르가 자주 가는 곳이나 내가 처음 시원한 에이드 음료를 사서 홀짝거리며 쇼핑했던 미네소타주의 몰보다 훨씬 거대하다. 인터넷이 있는 곳이라면 언제 어디서든 쇼핑할 수 있다. 무개념 패션을 딱 끊기 전에는 이런 식으로 쇼핑하는 게 신날지도 모른다. 클레르는 자신의 습관을 걱정했다. "내 행동이 자랑스럽지 않아." 생기발랄하던 목소리가 불과 몇 분 만에 축 쳐졌다. 몇 주 후, 클레르의 내면에서 커지기 시작한 이렇게 사는 건 옳지 않다는 후회의 속삭임은 사회 기저에서 오랫동안 요동쳤던 또 다른 수많은 목소리들과 함께 함성으로 터져 나왔다.

코로나19는 늘어나는 좌절감, 부당함, 집단적 욕망의 메시지, 그리고 다방면에서의 변화 필요성 등 많은 것들을 드러내는 계기가 됐다. 그중 하나가 바로 '물건들과의 관계'다. 내가 사는 집이 아마존의 초대형 창고 진열대처럼 넓지 않다는 사실을 갑자기 깨달았을 뿐만 아니라, 사무실과 놀이터, 요가 스튜디오(운이 좋다면)에 쌓아놓은 물건들이 이전보다 눈에 거슬려 보이게 된 것이다. 우리가 생활히는 공긴은 쇼핑 집착에 맞춰 늘어났다. 1970년대에 한 사람이 거주하는 공간의 크기는 평균 47제곱미터였다. 뉴욕시에서 일반적인 스튜디오형 아파트의 크기다. 그런데 2015년에는 85제곱미터로 커졌다.[1] 우리는 온라인에서 재미를 얻고, 즉각적으로 만족감을 채울 수 있는 쇼핑을 하고, 넷플릭스를 보기 위해서만 시간을 쓰는 건 아니다. 학교 수업을 듣고, 일하고, 의사와 진료 상담을 하고, 사교를 위해서도 시간을 써야 한다. 그렇

지속 불가능한 패션 산업에 이의를 제기합니다

지만 쇼핑에 쓰는 돈을 벌기 위한 일자리는 줄어들고 있다. 팬데믹이 정점에 올랐던 2020년 4월 미국인의 14.7퍼센트가 일자리를 잃었다.[2] 2020년 2분기에 백인 노동자의 실업률이 10.8퍼센트였던 데 비해[3] 흑인의 실업률은 17.4퍼센트, 라틴계는 16.9퍼센트였다.[4] 이전에는 미팅이나 데이트 때는 물론이고 심지어 쇼핑을 하러 갈 때조차 '엘레강트 쉬크'해 보이고 싶은 욕망이 있었다. 하지만 지금은 컴퓨터 화면의 작은 네모 안에 상반신만 보여주면 된다. 클레르를 비롯한 많은 사람들은 한때 기쁨과 행복감, 만족감, 그리고 가치 있는 순간들을 가져다주었던 물건들이 더 이상 자신을 진짜로 행복하게 만들지 않을 뿐만 아니라, 부적절하고 쓸모없으며 불필요하다는 사실을 몸소 체감했다.

코로나19가 소매업에 미친 영향에 관한 보도로 나타났듯이, 클레르를 포함해 많은 사람들은 자신의 쇼핑 습관을 장기적으로 다시 생각해보게 됐다. 코로나19가 삶의 모든 측면에 어떤 영향을 주었는지에 대한 데이터는 제한적이며 계속 변하고 있다.[5] 하지만 매킨지 앤드 컴퍼니가 영국과 독일 쇼핑객 2,000명을 대상으로 실시한 조사를 보면, 응답자의 절반 이상이 자신이 구매한 상품 및 브랜드가 환경에 미치는 영향에 우려를 나타냈고, 지속 가능성을 더 많이 반영하는 라이프스타일로 바꾸었다고 답했다. 옷의 내구성에 대한 관심도 많았다. 응답자의 65퍼센트가 내구성이 더 좋은 옷을 구매할 계획이라고 답했으며, 71퍼센트는 지금 갖고 있는 옷을 좀 더 오래 입을 생각이라고 답했다. 57퍼센트는 옷을 수선해서 입는 것에 긍정적이었고, 특히 젊은 층은 중고 의류에 관심이 높았다. 클레르를 포함한 많은 사람들의 자각 덕분에 저렴하고 쉽게 버려지는 옷들을 생산하는 일회용 패션 기계의 속도가 느

려질지도 모른다.[6]

앞서 우리가 살펴봤던 패션 산업의 이면에 감춰진 시스템을 생각하면 보다 의식 있는 쇼핑은 분명 축하할 만한 일이다. 하지만 우리의 쇼핑 습관보다 더 주목해야 할 충격적인 이야기가 있다. 바로 마케팅이다. 광고업계를 배경으로 한 드라마 〈매드맨〉[*]을 본 적이 있다면 익숙한 이야기일 수도 있다. 오늘날 우리가 쇼핑하는 방식(요즘은 온라인 쇼핑을 점점 더 많이 하고 오프라인 매장에는 덜 간다)은 우연의 일치가 아니다. 소비 패턴은 패션이나 경제, 또는 인간 행동의 자연적 진화의 결과가 아니다(마케터들은 유기적 소비 수요라고 부르기도 한다).[7] 옷이 만들어지는 과정에서 봤던 것처럼, 옷을 구매한다는 것은 복잡하고 때론 섬뜩하기까지 한 '조작 매트릭스(matrix of manipulation)'의 일부분이다. 시장의 힘은 인적자원과 천연자원의 기록적인 소비, 그리고 인스턴트 패션의 급성장을 만들어냈다. 이번 장에서는 이 모든 것의 심장에 바늘을 꽂아보겠다. 우리 모두가 간과했던 문제에 대한 질문을 던져보자. 애당초 청바지를 새로 사고 싶은 이유가 뭐지? 세로토닌이 즉각 치솟을 정도로 행복해진다는 게 답이라면 핵심을 대단히 벗어난 것이다.

무엇이 쇼핑을 하게 만드는가? 지난 수십 년 동안 사람들, 특히 여성들이 자신의 몸과 마음을 감싸온 조작의 베일을 어떻게 하면 들춰올릴 수 있을까? 이런 질문들을 통해 소비주의 심리학을 파헤쳐보겠다. 광고업계의 진짜 매드맨(어느 정도는 미친 사람들이다!)들의 일상부터 소셜미디어까지 우리의 욕구를 형성하는 시장 원리들을 탐색할 뿐

---

[*]   Mad Men, 2007~2015년 방송된 미국 TV 드라마 시리즈.

만 아니라, 패션 기계에 먹이를 주기도 하고 먹히기도 하는 일반 쇼핑객, 스타일리스트, 인플루언서와도 대화를 나눠보겠다. 온라인 쇼핑몰의 구매 버튼을 클릭하기 전에 다시 한 번 쇼핑 습관의 360도 거울 속으로 들어가 보자. 희망컨대 여러분이 이 책을 통해 자신만의 욕망과 스타일을 되찾고, 진정한 행복을 발견하는 방법(최고의 친구와 나누는 포옹인가, 아니면 신상 청바지인가?)을 이해할 수 있게 되길 바란다.

브랜드 이름
컨슈머 마케팅의 근원

요즘엔 누구나 브랜드를 갖고 있다. 온라인 장터의 '와일드 웨스트'*에서는 특히 더 그렇다. 같은 물건을 사거나 파는 무리들 속에서 눈에 띄어야 하고, 이상적으로 생각하는 소비자와 딱 들어맞아야 한다. 브랜드의 근원을 찾아보면 이 개념이 우리 사회 속에 얼마나 단단히 자리잡고 있는지 새삼 알게 된다. 950년경 고대 스칸디나비아에서 '브랜딩(branding)'이란 목재나 소에 소유권을 표시하기 위해 불붙인 나무 조각으로 찍는 표식을 뜻하는 말이었다. 미국과 다른 국가들에서는 잔혹하게도 노예의 몸에 소유권을 나타내는 브랜드 표시, 즉 낙인을 찍었다. 벌을 주는 방법으로 낙인을 찍기도 했다.

---

* Wild West, 서부 개척 시대.

패션은 브랜드의 역사에서 독특한 위치를 차지하고 있다. 루이 14세 시대를 보자. 프랑스를 '세련된(très chic)' 자아로 바꿔놓은 '태양왕'은 시장이 오늘날과 같이 성장하는 데 씨앗 역할을 했다. 1643년 태양왕이 즉위했을 때 유럽의 초강대국은 프랑스가 아닌 스페인이었다. 스페인은 '모던'의 의미를 규정한 국가였다. 무역망을 세계 곳곳으로 넓혔고, 제국주의와 식민주의를 통해 땅과 금을 차지했으며, 허리가 잘록하게 들어간 격식 있는 검은색(당시엔 가장 비싼 염료여서 부의 과시 수단이었다) 스페인 드레스는 유럽 각국 궁정에서 가장 고상한 스타일로 여겨졌다.

루이 14세는 스페인이 아니라 프랑스가 경제적 초강대국이 되길 바랐다. 그래서 경제 촉진 계획을 실행하면서 패션 산업을 이용했다. 그렇다. 패션 산업은 루이 14세 시대부터 산업화된 미국, 현대 중국에 이르기까지 경제적으로 중요한 위치를 차지해왔다. 루이 14세는 당시 프랑스 노동력의 3분의 1을 고용했을 정도로 모든 힘을 기울여 국내 섬유 산업에 투자했다. 초기 경제 정책으로 길드를 조직해 경쟁력을 키웠고, 프랑스에서 생산할 수 있는 물품의 수입을 금지했다. 현대 경제학자들은 이를 보호주의라고 부른다.

루이 14세는 프랑스라는 새로운 럭셔리 브랜드의 대표로 자신의 이미지를 다듬는 데에도 신경 썼다. 저녁의 오페라 공연은 대담한 앙상블 패션과 자신의 시그니처인 곱슬머리 가발, 빨간색 펌프스 구두를 자랑할 수 있는 기회였다. 또 프랑스제 상품과 의복을 그린 패션 판화들을 배포했는데, 이런 판화에는 위트 넘치고 때론 외설적인 문구가 들어가기도 했다. 루이 14세 시대의 패션 잡지, 요즘으로 치자면 틱톡 영상

지속 불가능한 패션 산업에 이의를 제기합니다

이나 인스타그램 포스트였던 셈이다.

하지만 초강대국이 되는 수단으로 패션을 이용하기 위해선 무엇인가가 더 필요했다. 패션 엔진을 더욱 가속화할 필요가 있었다. 이를 위해 태어난 것이 바로 '패션 시즌'이었다. 루이 14세의 재상이었던 장-밥티스트 콜베르(Jean-Baptiste Colbert)는 연중 두 번의 패션 시즌을 개최하면서, 패션의 유행이란 돌고 도는 것이란 인식이 자리 잡도록 하는 데 중요한 역할을 했다. 스타일의 선택이 아니었다. 중요한 것은 매년 일정한 간격으로 새로운 스타일이 소개되도록 만든 경제적 지원책이라는 점이었다. 프랑스 패션은 스페인 문화와 선명하게 달랐다. 스페인 패션은 한결같은 모습을 유지하는 데 자부심을 갖고 있었던 반면, 프랑스 패션은 디자인이 계속 바뀌어 한 시즌 입고 나면 다음 시즌에는 사라져버렸다. 이렇게 해서 파리는 새로운 패션 수도가 됐고, 프랑스는 유행 지난 모든 옷들이 만들어내는 경제적 이익의 수혜자가 됐다. 패션의 영향력은 막대했다. 콜베르가 "프랑스에게 패션이란, 스페인에게 페루 광산과 같다"라고 말할 정도였다. 누가 패션을 부질없다 말하는가?

바로 이것이 오리지널 '계획적 구식화'*다. 새로운 패션 시즌은 사람들로 하여금 아름다움과 계절의 변화뿐만 아니라 계속해서 바뀌는 사회적 기대에 맞춰 옷을 바꿔 입으라고 요구했다. 프랑스 궁정에서는 45년(1645년) 여름에 전년도 옷을 입는 일은 용납되지 않았다. 가장 화

---

* planned obsolescence, 의도적으로 제한된 수명을 가진 제품을 만들어 일정 기간이 경과하면 그 제품을 더 이상 쓸 수 없게 만들어버리는 전략.

려한 옷조차 재사용이 안 됐다. 경제 성장을 촉진하기 위한 욕망의 조작이 시작된 것이다.

=

에드워드 버네이스(Edward Bernays)란 사람이 누구인지 아마도 들어본 적이 없을 것이다. 그러나 당신이 가진 모든 것은 의심의 여지없이 이 남자로부터 영향을 받았다. 그는 현대 심리학을 혁명적으로 활용한 인물이다.

　오스트리아에서 태어난 버네이스는 어렸을 때 미국으로 이주해, 제1차 세계대전이 발발한 1914년 당시 언론 홍보 담당자로 일하고 있었다. 메시지를 설득력 있게 만들어내는 데 재주가 뛰어났던 그는 미국 공공정보위원회(US Committee on Public Information)에서 전쟁에 대한 국민들의 지지를 이끌어내는 작업을 했다. 탁월한 성과를 낸 버네이스는 우드로 윌슨(Woodrow Wilson) 대통령을 수행해 파리 평화회담에 참석했다. 유럽 전역에 미국의 민주주의 복음을 퍼뜨리고 윌슨의 이미지를 자유세계의 수호자로 만드는 일을 돕기 위해서였다. 버네이스는 한 인터뷰에서 이렇게 말했다.

　"(전후) 미국으로 돌아왔을 때, 전쟁을 위해 프로파간다를 사용할 수 있다면 평화를 위해서도 그렇게 할 수 있겠다고 생각했다. 프로파간다는 독일이 많이 써먹었기 때문에 나쁜 어감을 가지게 됐다. 그래서 다른 말을 찾으려고 했고, '홍보위원회(Council on Public Relation)'란 개념을 잡았다."

버네이스에겐 PR 게임에 관한 몇몇 조력자가 있었디. 인간의 감정과 행동, 자의식을 형성하는 무의식의 힘에 관한 이론으로 심리학계를 뒤집어놓은 오스트리아의 심리학자 지그문트 프로이트(Sigmund Freud)가 그의 삼촌이었다. 세상이 다시 한 번 갈등에 휩싸이고 독일에서 히틀러가 권력을 잡자, 프로이트는 인간성의 근저에 있는 악마가 밖으로 나오고 있다고 생각했다. 삼촌에게 영향을 받은 버네이스는 사람들이 어떤 물건을 구매하는 동기는 실질적 유용성뿐만 아니라 그 물건에 대한 무의식적이고 감정적인 관계 때문이라고 생각했다. 제2차 세계대전 당시 나치가 인간의 행동 속에 깃든 선천적 어둠을 이끌어내는 것을 보고 두려움을 느낀 그는 이를 억제하기 위한 최선의 대책이 사람들의 관심을 예쁜 드레스와 정장 같은 물건들로 돌리는 것이라고 결론지었다. 버네이스의 부하 중 한 명이었던 피터 스트라우스(Peter Straus)에 따르면 그의 전략은 이러했다.

"중요한 것은 옷이 필요하다고 판단하는 것이 아니라, 옷을 가지면 기분이 좋아질 거라고 느끼는 것이다."

쇼핑은 그렇게 대중을 조종하는 수단이 됐다.[8]

당신도 그럴 것이다. 나도 그렇고, 우리가 알다시피 클레르도 그렇다. 클레르의 소셜미디어 중독은 사람들을 주의가 산만한 행복 기계로 바꾸려는 버네이스 전략의 확장판이다. 일단 사라, 그다음 생각하고 느껴라. 반품 날짜를 넘기도록 너무 오래 그러진 말고. 버네이스의 목표는 사람들의 얼굴 앞에 반짝이는 신상을 흔들어 관심을 집중시킴으로써, 나치당 같은 위협에 가담하지 않도록 만드는 것이었다. 하지만 경제적, 정치적 이해관계가 패션 속에 너무나 견고하게 자리 잡은 현대에는 사람들의 관심을 진정한 악이 아니라 모든 정치적 참여로부터 멀어지게 만든다. 생각해보자. 클레르는 쇼핑할 때 다른 생각을 하지 않는다. 예를 들어 아마존을 클릭할 때 베이조스의 소득이 11초마다 저임금 노동자의 연봉만큼 늘어난다는[9] 생각을 하는 건 아니다(최근 들어 이런 생각을 하면서 쇼핑 습관을 바꾸기 전까지는 나도 그랬다. 웃기게도 얼마나 빨리 바뀌었는지…).

타마라(Tamara)도 마찬가지다. 미네소타 출신인 그는 반짝반짝 빛나는 눈과 멋진 헤어스타일을 가진 45세 여성이다. 타마라가 입는 옷은 두 가지 목적을 갖고 있다. 실용성과 감성. 이 둘은 가끔 겹치기도 한다. 전자는 헤어스타일리스트로서 미용실에서 하루 몇 시간씩 서서 일할 때 입는 옷이고, 후자는 편안함을 느끼게 해주는 옷이다. 타마라는 약 한 시간 동안 나와 대화하면서 '편안함'이란 말을 열댓 번이나 했다. 일할 때는 정장을 입지만, 집에 있거나 볼 일을 볼 때는 허름한 스웨터에 할인 매장 홈굿즈(HomeGoods)에서 '득템'한 담요를 두른다고 한다. 타마라는 T. J. 맥스(T. J. Maxx)보다 홈굿즈를 더 자주 가는데, 쇼핑은 그날그날의 기분과 지갑 사정에 영향을 받는다.

"난 현금으로 쇼핑해요. 부업으로 버는 돈이나 팁으로 받는 돈이 내 용돈이죠. 일주일에 몇백 달러를 그냥 바보같이 써버려요. 사실 낭비죠."

그나마 타마라는 대부분 T. J. 맥스 같은 할인 매장에서 낭비를 한다. 미용실에서 퇴근해 집에 가는 길에 매주 한 번씩 들르는데, 가방 한 가득 물건을 담아 매장을 나설 때마다 좋은 물건을 싸게 샀다는 만족감은 별로 들지 않는다고 한다. T. J. 맥스에서 몇백 달러를 낭비했다는 것은 그저 싼 물건들을 많이 샀다는 의미일 뿐이다. "그냥 싸기 때문에 물건을 사는 경향이 있어요. 정말 좋아하거나 필요하기 때문이 아니죠. 일단 사놓고는 좋아하지 않아요. 쇼핑할 때는 괜찮은 물건 같은데, 집에 와서는 그런 느낌이 절대 들지 않아요. 말이 되나요?" 말이 된다.

시민에서 소비자로
패션은 어떻게 물질주의 혁명을 일으키고 정치 참여를 침묵시켰나

타마라가 의존하는 쇼핑 치유[*]는 일부분이다. 크게 보면 버네이스가 원했던 것처럼 쇼핑은 사회 통제를 위한 수단이 되었다. 우리가 알고 있듯 폭력이 문명을 위협하고 있을 당시 미국의 영향력 있는 사상가들과 정치 경제 엘리트들은 경제를 통해 문명의 엔진을 계속 돌리기 위해 버네이스의 개념을 채택했다. 버네이스 때문에 전후 세계에서 소비는 곧 민주주의가 됐다. 다시 말해 청바지를 사는 것으로 사회 동요를 막은 것이다. 루이 14세의 방식처럼 쇼핑으로 관심을 돌려 경제 성장을 부채질한 셈이다.

프로이트와 버네이스에 따르면 타마라 같은 고객들은 자신도 모르는 욕망에 시달리고 있기에 내버려두면 악과 파괴를 저지를 위험이 있다. 그렇기 때문에 경제를 이끄는 '이성적' 정신의 소유자(대부분 백

---

[*]　retail theraphy, 쇼핑으로 마음을 치유한다는 의미다.

인 남성)에게 자신들의 욕망을 점검받아야 한다. 이렇게 해서 사람들은 공손함을 유지하고 평화를 파괴하지 않으면서 자신이 행복하다고 여기는 방식으로 물건을 사게 된다. 동시에 GDP도 끌어올린다. 이는 윈-윈으로 여겨졌다. 하지만 이런 현상은 우리가 시민으로서 갖는 중요한 역할을 소비자 역할로 한정 짓고, 민주주의 이념 전체를 부패하게 만든다. 언론인이자 문화 비평가인 새뮤얼 스트라우스(Samuel Strauss)는 1924년 "신상(something new)이 미국 민주주의와 맞서고 있다"고 썼다. 그는 이를 '소비주의'로 칭하면서 "미국 시민은 더 이상 시민으로서가 아니라 소비자로서 나라에 중요한 의미를 지니게 됐다"고 지적했다.[10]

'국민을 위해, 국민에 의해 수립된' 정치 시스템은 어느 순간 억압과 순응으로 대체됐다. 버네이스가 윌슨 대통령을 도와 전 세계와 공유하고 싶어 했던 참여 정부, 개방성, 평등 개념은 사라졌다. PR 역사학자인 스튜어트 이웬(Stewart Ewen)은 이런 새로운 방식의 민주주의를 이렇게 설명했다. "중요한 역할을 하는 건 사람이 아니라 사람의 욕망이다. 이런 환경 속에서 (사람은) 결정권을 행사하지 않는다. 이에 따라 민주주의는 적극적인 시민권이 작동하던 것에서 본능적이거나 무의식적인 욕망에 사로잡힌 수동적 소비자로서의 대중 개념으로 격하된다. 만약 당신이 그런 욕구와 욕망을 촉발할 수 있다면, 대중으로부터 원하는 바를 얻어낼 수 있다."[11]

소비주의는 이념적, 심리적 기능뿐만 아니라 실용적 기능도 갖고 있다. 전쟁이 끝났을 때 소비주의 전략은 즉각적이며 실용적인 서비스를 제공했다. 미국은 악의 축과 싸우는 동시에 강건한 전쟁 기계들을 개발했다. 일본의 진주만 공격 이후에는 비행기 18만 5,000대, 탱크 12

지속 불가능한 패션 산업에 이의를 제기합니다

만 대, 대공포 5만 5,000대를 생산했다. 생산의 관점에서 보자면 전쟁은 산업화를 완성시켰다. 악을 물리친 이후 경제는 총알 대신 옷과 냉장고(또는 화학비료와 살충제) 같은 것들을 계속 생산해내는 공장들에 의존했다. 수백만 개의 상품이 끊임없이 쏟아져 나오게 됐지만, 전시 배급에 지쳤던 국가들조차 당장 받아들이기에는 상품이 너무 많았다.[12]

한편으론 좋은 문제로 볼 수 있다. 수요는 많은데 공급이 적은 것보다는 훨씬 나았다. 궁극적으로 경제 성장은 건강한 중산층의 형성으로 이어졌다.[13] 하지만 기업들은 이런 식의 성장이 갖고 있는 잠재적 어두운 측면, 즉 과잉 생산 가능성에 대해 다시 한 번 뭔가를 할 필요가 있다고 느꼈다. 이는 한 가지 방법으로만 완화시킬 수 있었다. 바로 안정적인 구매 흐름이다. 투자사 리먼 브러더스의 폴 마주르(Paul Mazur)는 이렇게 썼다.

"우리는 미국을 필요(needs)의 문화에서 욕망(desires)의 문화로 옮겨야 한다. 욕망하도록 사람들을 훈련시켜야 한다. 그래서 기존에 쓰던 물건을 다 쓰기도 전에 새로운 것을 원하도록 만들어야 한다. 우리는 미국의 새로운 멘털리티를 형성해야 한다. 욕망은 필요를 능가해야 한다."[14]

바꿔 말하면 우리는 T. J. 맥스의 폭탄 세일에서 물건들을 카트에 쓸어 담으며 느끼는 일시적인 기쁨에 따라 행동하도록 훈련돼야 한다는 뜻이다. 카트 안에 있는 상품들 중 실제로 필요한 건 하나도 없다는 이성적 생각으로 스트레스를 받는 대신 말이다. 타마라는 옷장과 서랍장 안에 운동복들이 쌓여 있다고 말했다. "T. J. 맥스에 가면 대개 운동복을 더 사려고 뒤져봐요. 운동복을 사면 운동을 더 할 것 같거든요. 근데 솔직히 말하면 이미 운동복이 50벌이 넘어요."

버네이스는 '새로운 멘털리티'를 만들어내는 일에 딱 맞는 인물
이었다. 물건을 생산하는 속도로 욕망을 제조해내는 임무를 수행했던
그는 경제적 성장과 사회적 순응을 결합시켰다. 그는 소비자의 마음을
조종하는 것을 '동의의 조작(Engineering of consent)'이라고 규정했다.
어떤 상품에 대해 사람들이 '예스'라고 말하도록 분명한 조건들을 만들
어내는 것이기 때문이다. 드라마 〈매드맨〉에서 보았듯, 사람들은 상품
광고가 무의식적 욕망에 딱 들어맞기 때문에 구매한다.

오늘날 사람들은 매일 1만 개 이상의 광고에 노출된다.[15] 50여 년
전에는 대략 500개였다.[16] 이런 광고에 노출되면 뇌 속에서 기분을 좋
게 만드는 호르몬인 도파민이 나온다. 이에 따라 우리는 광고 속 상품
을 사면 기분이 좋아진다고 연상한다. 여기에 온라인 쇼핑이 만들어내
는 상품에 대한 쉬운 접근성까지 더해져, 모든 국민들이 시민 역할은
하지 않고 쇼핑 중독자로 변해버릴 수 있다.[17] 그러는 동안 시장 지배자
들은 엄청난 부를 축적한다.

우리의 뇌가 쇼핑에 작동하는 방식
동의의 신경학, 그리고 소비주의 위에 세운 국가

다행스럽게도 프로이트 이후 여러 심리학자들이 마케팅과 그 효과에
대해 연구했다. 현재 학자들은 '조작된 동의'와 '오락거리'를 혼합한 칵

테일에 취하면 우리의 뇌에 어떤 일이 벌어지는지 연구하고 있다. 일리노이주 녹스칼리지의 명예 교수이자 소비주의에 관한 기념비적인 저서『물질주의의 비싼 대가(High Price of Materialism)』의 지지인 팀 케이서(Tim Kasser)는 쇼핑을 하게 만드는 것들에 대한 연구에 학자로서 자신의 커리어를 바쳤다. 우리는 쌀쌀한 2월의 어느 아침에 전화로 대화를 나눴다.

모든 것은 1980년대 말~1990년대에 시작됐다. 겉으로는 다 장밋빛이었다. 로널드 레이건(Ronald Reagan) 미국 대통령과 마거릿 대처(Margaret Thatcher) 영국 총리에 의해 고무된 자유경제(즉 신자유주의) 시대였다. 의류 생산 라인을 해외로 보내고, 세계 곳곳에서 돈이 흘러들었다. 케이서는 여기서 뭔가를 포착했다. 자신과 친구들이 이전보다 물건을 더 많이 사지만 더 행복해 보이는 사람은 아무도 없었다. 불행은 극단적 신자유주의식 자본주의와 맞물려 있는 듯했다. 1993년 케이서와 그의 지도교수 리치 라이언(Rich Ryan)은 「아메리칸 드림의 어두운 이면: 삶의 핵심 지향점으로서 금전적 성공의 연관성(The Dark Side of the American Dream: Correlates of Financial Success as a Central Life Aspiration)」이란 기념비적인 논문을 공동 집필했다.

이 연구에서는 물질주의와 연관된 다섯 가지 핵심적 영향 요인을 정의했는데, 이를 "부, 소유, 이미지, 지위에 집중된 일련의 가치와 목표"로 규정했다. 논문에 따르면 물질적 가치와 목표를 추구하는 사람은 다음과 같은 다섯 가지 특징을 보인다. 첫째, 금전적 어려움을 더 많이 갖고 있다. 둘째, 상대적으로 웰빙 수준이 낮아서 행복감은 적고 정신적·육체적 질병은 많다. 셋째, 반사회적 행동 성향이 상대적으로 높아서 나누는 것을 좋아하지 않는다. 넷째, 생태적으로 부정적인 태도와 행동을 보인다. 케이서는 이것이 웰빙보다 훨씬 강력한 상관관계가 있다고 봤다. 다섯째, 차선적 학습 스타일을 보인다. 시험을 잘 보거나 학교에 들어가는(즉 지위를 얻기 위해) 데에만 관심이 있을 뿐 실제로 정보를 배우는 건 별로 좋아하지 않는 스타일, 즉 자기가 얻은 정보를 단기적으로만 기억하고 잘 간직하지 않는 스타일을 뜻한다.[18]

케이서는 모든 사람이 물질주의적 경향을 품고 있다고 믿었다. 때론 물건들이 정말로 필요하다. 욕구를 충족하면 뇌 속에서 보상을 얻기 때문에 진화적으로 보자면 좋은 일이다. 그렇지만 보상 회로가 24시간 고감도 상태로 켜 있을 필요는 없다. 케이서는 수년간의 연구 끝에 물질주의를 촉발하는 두 가지 핵심 요소를 찾아냈다. 첫 번째는 사회적 모델링(social modeling)이다. 주변에 있는 믿을 만한 누군가를 본보기 삼아 어떤 행동을 하는 것을 뜻한다. 그 누군가는 학교 친구일 수도 있고, 인스타그램이나 틱톡의 좋아하는 인플루언서, 수없이 접하는 수백만 개의 광고일 수도 있다. 두 번째는 불안감이나 위협감이다. 안전하게 보호받고 있다는 느낌이나 자존감을 충족하는 방법으로 물건을 소중하게 여기는 깃이다.

그럼 집 안에 정말 원하지도 않는 물건들이 꽉꽉 들어차 있다면 어떨까? 거기에는 물질주의가 우리의 행태에 미치는 영향에 관해 살펴봤던 모든 면들이 포함되어 있다. 우리가 입는 옷이 어떻게 만들어져, 어떻게 세계 곳곳으로 배달되는지에 대해 알게 됐던 모든 면들이 있다. 이 모든 것들을 배제한다 하더라도 신경안정제 통 안에 든 알약보다 더 오래가는 일련의 개인적 부작용들이 있다. 물질주의적 가치는 우리로

지속 불가능한 패션 산업에 이의를 제기합니다

하여금 사악한 정치에 관심을 덜 갖도록 만들 수 있지만, 많은 불행을 가져다줄 수 있다. 더 깊은 차원에서 진정으로 필요와 욕구를 충족시키는 요소들, 즉 유대감, 공동체, 건강 등과 멀어지게 되는 것이다. 물질주의 사회에서 이런 것들은 한쪽으로 내동댕이쳐진다.

청바지를 구매하는 이유를 생각해보자. 우선 버네이스 모델이 있다. 내가 흉내 내고 싶은 누군가가 그 청바지가 멋지다고 말하면 나도 사고 싶어진다. 다음은 인간적 모델이다. 청바지를 만드는 노동자들의 복지를 고려해 구매하면 기분이 좋고 멋진 느낌이 든다. 세 번째 모델도 있다. 나의 진짜 문제는 가족이나 사회적 관계를 치유하고 싶은 건데 청바지로는 그 문제를 풀 수 없다는 사실을 인식하고 있다. 그럴 때 광고주들은 휴대전화의 블루라이트를 타고 들어와 부드럽게 속삭인다. "그래, 이 청바지를 입으면 진짜 멋지게 보일 거야. 게다가 아프리카에 사는 시각장애 어린이에게 1달러를 기부할 수도 있어." 이런 이유들로 우리는 청바지를 산다. 그러나 정작 그 청바지를 더 빨리 만들라는 고함을 들으며 일하는 노동자들의 노동환경이나 중국 공장의 화학약품이 가득 담긴 수조, 면사를 방적하는 데 들어가는 화석연료에 대해선 전혀 생각하지 않는다. 왜냐하면 아프리카 어린이에게 1달러 기부한 걸로 나의 사회적 업보를 이미 치렀기 때문이다.

이보다 더 교활한 쇼핑 촉발 요인은 바로 불안감이다. 과도한 물질주의로는 이를 완화시킬 수 없다. 불안감은 분명 감정적 요인에서 생겨나며, 진짜로 죽고 사는 식의 불안감도 있다. 이런 불안감은 패션이 물질주의를 먹고사는 방법으로 꽤나 유용하다. 어떤 사람이 원하는 물건을 살만큼 충분히 돈을 벌지 못한다고 치자. 앞서 살펴봤던 의류 공장 노동자와 창고 노동자 사이에선 흔한 일이다. 케이서의 연구에 따르면 불안감을 가진 사람은 보호 수단으로 더 많은 물건을 추구하며, 반사회적이고 반생태적이며 차선적인 학습 경향을 보인다. 따라서 사람들이 서로 관계를 맺는 방식, 그리고 우리가 자연과 관계를 맺는 방식을 다루고 싶다면 금전적 불안감에 대해서도 살펴봐야 한다.

모든 쇼핑이 죽고 사는 문제와 연관된다는 건 아니다. 나는 쇼핑을 통해 정말로 기쁨을 얻어왔다. 패션과 나 자신, 그리고 내 정체성과 내 일은 의미 있는 관계다. 새로운 청바지를 사서 입는 즐거움은 진짜여야 한다. 번드레한 사무실에서 어떤 남자들이 조작한 즐거움이 아니어야 한다는 의미다. 우리는 청바지를 구매할 때 '동의'를 행사하는 능력을 되찾을 필요가 있다. 누구에게 투표할 것인가, 어떻게 살 것인가에 대해서도 마찬가지다. 그렇게 하지 않으면 이 세상은 순응과 안정이라는 그릇된 현실로 너무나 뒤틀려 스스로 붕괴될 수밖에 없다.

좋은 뉴스도 있다. 우리는 광고들이 작동하고 있는 보다 큰 시스템을 잘 알고 있다. 팬데믹 때문에 온갖 물건들로 꽉 찬 집 안에 갇혀 아마존 프라임보다 빠르게 광고들을 쏟아내는 휴대전화 화면을 들여다보면서, 우리는 일상에서 얼마나 많은 광고에 노출돼 있는지 직시하게 됐다. 어떤 사고방식을 갖고 살아갈지 선택할 기회를 가질 수 있다. 물질주의의 방아쇠들이 모르는 사이에 어떻게 우리의 동거인이 됐는지, 그리고 어떻게 하면 집에서 쫓아낼 수 있는지 더 깊이 살펴보자.

지속 불가능한 패션 산업에 이의를 제기합니다

모델 행동
셀러브리티, 소셜미디어, 인플루언서 그리고 당신의 뇌

케이서가 지적한 물질주의의 방아쇠들 중 하나는 우리 모두 어느 틈엔가 굴복해버린 것이다. 바로 사회적 모델링이다. 소셜미디어의 근간으로 눈에 가장 잘 띄는 소비 형태다. 소셜미디어는 청바지와 운동화 등 물건의 매력뿐만 아니라 휴가 때 머무를 아름다운 숙소와 미용용품, 심지어 딱 맞는 물건을 소유함으로써 얻을 수 있는 인기에 대해서까지 알려준다. 소셜미디어는 우리의 관심을 조금씩 갉아먹으면서 소비의 대상이자 소비의 주체가 됐다.

로버트 칸(Robert Kahn)과 빈트 서프(Vint Cerf)가 인터넷의 핵심 기술을 만들어내기 훨씬 전에, 버네이스는 유명 연예인 광고를 통해 사회적 모델링을 기반으로 소비를 촉발하는 트렌드를 만들어냈다. 그는 잡지와 신문 재벌인 윌리엄 랜돌프 허스트(William Randolf Hearst)에게 고용돼 특정 상품을 홍보하기 위해 무성영화 스타 클라라 보우(Clara Bow) 등 유명인들이 등장하는 광고를 만들어 매체에 게재했다 (보우는 자신을 PR하기 위해 버네이스를 고용했다). 버네이스는 광고 영역을 확대해 영화 속에 특정 상품을 심는 개념도 만들어냈다(공식적으로 광고라는 걸 드러내는 방식과 달리, 소비자의 잠재의식에 슬쩍 끼어드는 장치를 영화 곳곳에 배치하는 방식을 적용한 것이다. 고마워요, 지그문트 프로이트 삼촌!).[19]

이런 것들은 오늘날에도 많이 사용되는 마케팅 수단이다. 아마존이 완벽한 예다. 앞서 봤듯 아마존은 화장지와 책, 옷, 신발, 액세서리 등을 팔기만 하는 게 아니라 영화도 만들어 판다. 베이조스는 할리우드에 투자하는 이유를 이렇게 말했다. "골든 글로브 상을 수상하면, 신발을 더 많이 팔 수 있죠."[20]

유명인 광고는 지난 수십 년 동안 계속 확대돼왔다. 지금도 수많은 종류가 있다. 첫 번째는 일명 원조 셀러브리티다. 유명 배우, 가수, 댄서에게는 많은 디자이너들이 광고 좀 해달라며 매달린다. 물론 공짜 광고가 아니다. 브랜드 이름이 들어간 드레스를 입고 레드카펫 위를 걷거나 그 브랜드의 '얼굴'이 된 셀러브리티들은 대사나 가사 한 줄 외우지 않고도 수백만 달러를 벌 수 있다. 이런 사기 같은 어마어마한 부수입과 당신이 라이프스타일 블로그로 버는 수입을 비교해보자. 영화배우 줄리아 로버츠는 랑콤 화장품 광고로 5,000만 달러를 번다. 브래드 피트(Brad Pitt)는 샤넬 광고로 700만 달러, 블레이크 라이블리(Blake Lively)는 구찌 광고로 400만 달러를 번다. 케이트 블란쳇(Cate Blanchett)은 조르지오 아르마니 광고로 1,000만 달러, 로버트 패틴슨(Robert Pattinson)은 디오르 광고로 1,200만 달러를 번다.[21] A급 스타에게 당신이 디자인한 옷을 입히는 데는 얼마가 들까. 10만 달러에서 25만 달러 사이다.[22] 방글라데시 의류 공장에서 일하는 리마가 1년 동안 버는 돈의 100배가 넘는다. 단 한 번 드레스를 입히는 데 들어가는 돈이다.

꿈같은 이야기라고? 카메라 앞에 서거나 사진 위에 포토샵으로 로고를 붙이기만 하면 되는데 과연 누가 굳이 힘들게 '진짜 일'을 하려고 할까? 유명 아이돌의 화려한 삶에도 어두운 면은 있다. 사람들에게

지속 불가능한 패션 산업에 이의를 제기합니다

기쁨이 아니라 질투심을 유발하는 삶을 살아가는 유명인 역시 버네이스가 만들어낸 물질주의 시스템의 피해자이기 때문이다. 셀러브리티에게 드레스를 입히기 위해 벌이는 투쟁에 관해 가장 잘 아는 사람은 바로 스타일리스트다. 레드카펫 산업 속에서 일하는 스타일리스트는 보석, 신발, 드레스 등 셀러브리티 브랜드의 모든 부분들을 작동시키는 핵심 역할을 한다. 내부자에게 들은 이야기다.

나와 대화를 나눴던 셀러브리티 스타일리스트(본인과 클라이언트를 보호하기 위해 익명을 요구했다)들은 함께 일하는 남녀 셀러브리티들이 후원 광고 계약[*]에 매달리는 방식에 불만을 나타냈다.

"그들은 근본적으로 광고판이에요." 한 스타일리스트는 옷과 귀걸이처럼 심플해 보이는 것에도 홍보 담당자, 에이전트 등 수많은 이들이 관여돼 있으며, 모두가 지분을 갖고 있다고 말했다. 레드카펫은 셀러브리티의 커리어를 위한 중요한 브랜딩 기회다. 또 다른 스타일리스트는 "앞으로 얻게 될 역할을 위해 스스로를 파는 것"이라고 말했다. 레드카펫에서의 관심은 홍보력으로 직결된다. 레드카펫 위에 서면 수익성이 매우 높은 광고 일로 이어질 수 있다.

"레드카펫에서 큰 관심을 받는 셀러브리티에게는 금전적으로나 업무적으로 많은 기회가 생겨요. 클라이언트에게 가능한 한 많은 미래의 기회들을 제공하기 위해 전략적으로 준비하지요."

셀러브리티는 레드카펫 위에서 어떤 디자이너의 옷을 입음으로

---

*   endorcement agreement, 유명 연예인이나 스포츠 선수 등 저명인과 초상권 및 상품화권, 상품 판매권 등에 관해 맺는 계약.

써 엄청난 액수의 수표를 받을 수 있지만, 그 돈을 팀원들과 나눠야 한다. 이 과정에서 수표에 적힌 0의 개수는 크게 줄어든다. 에이전트, 스타일리스트, 헤어·메이크업 담당자 들이 각자 제 몫을 받고 나면, 전 세계에 노출되는 '얼굴(자기 것도 아닌 얼굴)' 노릇을 하는 소셜 모델링은 보기보다 그리 돈이 되지 않는다(비교해서 그렇다는 말이며, 여전히 큰돈이기는 하다). 게다가 모든 상황은 인기에 따라 차등 적용된다. 디자이너와 브랜드는 가장 큰 상을 받을 가능성이 있는 셀러브리티에게 더 많은 돈을 주고 자기네 옷을 입혀 방송이 나가는 동안 시청자들에게 깊은 인상을 주려고 한다. 셀러브리티는 두 개의 전선, 즉 오스카와 그래미 상을 받는 동시에 레드카펫 위에서 완벽하게 보여야 하는 치열한 게임을 벌인다.

　　패션이 여성들에게 미치는 해악에 관해선 굳이 언급할 필요도 없다. 유명 연예인들도 마찬가지다. 한 스타일리스트는 미투 운동 이후 시상식에서 여성의 몸에 대한 논의가 바뀌기 시작했다고 말했다. 하지만 고액의 후원 광고 계약에는 또 다른 젠더 요소들이 있다. 알다시피 여배우는 남배우에 비해 돈을 적게 받는 경향이 있다. 그러다 보니 이런 격차를 메우기 위해 여배우들은 종종 부수입을 올리기 위해 광고를 찍고 레드카펫에 선다. 유명 남녀 연예인들 간의 급여 격차는 유명인과 일반인(대부분은 의류 제조 및 포장 일을 하는 여성 노동자)의 격차와는 전혀 다른 성층권에 있지만, 그것도 격차이긴 하다.

　　가진 자(셀러브리티, 금융인, 국가지도자 등 모든 부류)와 가지지 못한 자 간에 부의 격차가 급증하면서, 후원 광고 문화 뒤의 자포자기 역시 계속 늘어나고 있다. 베이조스가 주최하는 메트 갈라 같은 행사에서 그다지 유명하지 않은 억만장자들과 함께 있다 보면, 여섯 자리나 일곱 자리인 자기 연봉이 갑자기 보잘것없게 느껴져 더 벌어야 할 것만 같은 느낌이 든다.

"엔터테인먼트업계에선 얼마를 버느냐만 있어요. (셀러브리티들은) 무도회와 자선행사에서 사교적으로 만나는 사람들을 둘러보면서 다음 단계로 올라서야겠다고 결심하죠."

CNBC의 재산 담당 기자인 로버트 프랭크(Frank Robert)의 말이다. 하룻밤 입는 드레스 한 벌은 상대적으로 적은 고통으로 빠르게 정상으로 갈 수 있게 해주는 촉진제 역할을 하는 셈이다.

최근까지 많은 셀러브리티들이 약국에 뛰어갈 때 찍히는 타블로이드 사진에서조차 같은 옷이 두 번 노출되길 꺼리는 것에는 이와 같은 이유가 일부분 원인이 됐다(하지만 엘리자베스 뱅크스는 2020년 오스카 시상식 후 열린 파티에 신표준연구소에 대한 지지의 의미로 16년 전 입었던 드레스를 다시 입어 화제가 됐다). 어떤 연예인이 청바지를 입고 편의점으로 가는 모습이 찍힌 사진이 주간지 《인 터치(In Touch)》의 표지에 실린 후 그 청바지가 완판되면, 그 연예인은 청바지 브랜드로부터 일감을 얻어 로맨틱 코미디 영화에 또 출연할 필요가 없어진다.[23]

소셜미디어 역시 인간 광고판으로서 셀러브리티 시장을 폭발적으로 증가시켰다. 팬데믹 덕분에 소셜미디어 사용량은 2019년 7월부터 2020년 7월 사이에 10퍼센트나 늘었다.[24] 2018년과 2019년에 감소했던 경향이 뒤집힌 것이다.[25] 레드카펫과 매장, 광고 등에서 브랜드를 홍보하는 인간 광고판의 기회는 천정부지로 급증했다. 과거엔 TV와 잡지 광고를 통해 수백만 명에게 노출됐다면, 지금은 하루 종일 스마트폰 화면을 스크롤하는 수십억 명에게 노출되고 있다. 셀러브리티들은 멋진 드레스로 '좋아요'를 더 많이 받아 자신의 후원 광고 가치를 높일 수 있고, 브랜드들은 자사 제품의 판매 증가 효과를 얻을 수 있다.

소셜미디어는 셀러브리티가 가진 진짜 가치와 재능 앞에 세워진 놀이공원의 요술거울 같은 존재일지 모른다. 때론 셀러브리티 자체의 본질을 바꿔놓기도 한다. 21세기 셀러브리티 광고의 주인공은 연기나 노래를 하거나, 런웨이를 걷는 모델이거나, 왕족일 필요가 없다. 자신이 입고 있는 옷과 사용하는 화장품, 휴가를 보내는 장소나 듣는 음악, 또는 스마트폰을 서핑하면서 누워 있는 소파 등을 사고 싶게 만드는 이야기들을 보여주면 된다. 그들은 바로 인플루언서다.

인플루언서가 광고를 해주고 받는 돈의 액수가 얼마나 늘었는지 보여주는 자료가 있다. 소셜미디어에서 1만~2만 명 정도의 팔로워를 갖고 있으면 '마이크로 인플루언서'로 평가받아 포스팅 1건당 몇천 달러를 받는다. 팔로워가 100만 명 이하라면 건당 1만 달러를 받을 수 있다. 100만 명이 넘으면 수익은 열 배로 폭증한다. 특히 유튜브 콘텐츠는 가치가 높다(헬로! 뷰티 블로거들). 동영상 1건당 수만 달러를 받을 수 있기 때문이나.[26] 틱톡 같은 신생 플랫폼에서 인플루언서가 벌어들이는 액수는 폭발적으로 증가하고 있다. 예를 들어 틱톡에서 가장 많은 돈을 버는 스타는 Z세대가 좋아하는 20세 여성 애디슨 레이 이스털링(Addison Rae Easterling)으로, 6,300만 명 이상의 팔로워와 자체 화장품 브랜드를 갖고 있다. 스포티파이를 통해 음원까지 판매하고 있으며, 아메리칸 이글 브랜드의 모델로 청바지도 많이 팔고 있다. 그의 연간 순수입은 약 500만 달러다.[27]

이제 인플루언서들이 왜 새 옷을 입는지 쉽게 이해될 것이다. 모든 포스트와 스토리, 동영상은 돈을 받든 안 받든 노골적인 광고판이다. 뭔가를 입어주는 대가로 돈을 받는 건데, 같은 옷을 왜 두 번씩이나 노출해주겠는가? 원조 인플루언서인 패리스 힐튼(Paris Hiton)은 "브랜드들이 포스팅을 해달라고 옷을 보내온다. 그래서 하루에 옷을 여섯 번이나 갈아입는데, 좋아하지 않는 옷도 있다"고 말했다.[28] 그 결과 우리의 소비 기준은 왜곡됐다. 100만 명의 팔로워를 거느린 유명인도 아닌데 주말에 해변에 가려고 새 수영복을 사고, 가족 결혼식이나 파티에 참석하기 위해 새 드레스와 구두를 사고 싶어 한다. 일반 대중들까지 어떤 옷을 한 번 이상 입기 싫어한다면, 그 요구에 맞춰 가스(석탄일 수도 있다)로 돌리는 제품 생산 사이클이 더 늘어나게 된다.

브랜드들은 이와 같은 이유로 전통적인 셀러브리티보다 인플루언서를 더 가치 있게 여기기 시작했다. 마케팅업계의 용어로 표현하자면 "개종을 한" 셈이다. 사람들이 무엇인가를 구매할 때 인플루언서를 가이드로 삼는데, 레드카펫에 서는 유명인과 달리 인플루언서는 "우리 같은 사람"이라고 생각하기 때문에 더 신뢰한다. 인플루언서의 관객들은 소셜미디어를 통해 내재적으로 더 결속돼 있기에 '사회적 모델링' 이론에 딱 들어맞는다. 매킨지 리포트에 따르면 브랜드의 86퍼센트가 인플루언서 마케팅을 활용하고 있다.[29] 또 인플루언서의 영화적 '스토리텔링'과 마케팅 캠페인의 중요성은 점점 커져, 2023년에는 중국 온라인 광고 시장의 20퍼센트를 차지해 1,660억 달러 규모가 될 것으로 전망된다(인플루언서의 가격대는 톱클래스 배우보다는 상대적으로 낮은 편이라, 브랜드는 광고 예산 내에서 여러 명의 인플루언서를 고용해 수백만 명의

헌신적인 팔로워들에게 접근할 수 있다).[30]

특히 옷을 구매할 때 인플루언서의 영향력이 크다는 사실을 보여주는 데이터가 있다. 유럽의 구매자들을 대상으로 한 조사에서, 소셜미디어의 추천을 받아 구매한 물품이 전체의 4분의 1에 달하는 것으로 나타났다. 그중 3분의 2는 직접적으로 영향을 받아 구매한 물품이었다. 의류는 인플루언서 마케팅에서 가장 중요한 카테고리 중 하나다. 5퍼센트의 인플루언서들이 소셜미디어를 기반으로 한 구매의 45퍼센트를 차지하고 있다. 그들은 새로운 상위 1퍼센트 부자가 됐다.[31]

또 한 가지 중요한 변화가 있다. 진짜로 일회용 옷을 살 수 있다는 점이다. 패스트패션이 보다 저렴한 새 옷들을 내놓는 것과 동시에 인플루언서들은 그 옷을 포스팅한다. 그런 과정을 통해 루이 14세 시대에 만들어진 연중 두 번의 패션 시즌은 기하급수적으로 불어나 연중 52번의 '마이크로 시즌'이 생겨났다. 틱톡 세대는 부후(Boohoo)와 패션 노바(Fashion Nova) 같은 사이트에서 자기가 좋아하는 인플루언서가 어제 입었던 옷을 곧바로 구매할 수 있다. 게다가 H&M이나 자라보다 싸다. 부후는 매년 거의 50퍼센트씩 성장했다(옷을 생산하는 과정 대부분이 영국을 기반으로 하고 있어서 매우 신속하게 디자인-생산이 가능하다).[32] 하지만 매우 놀랍게도 공장 노동자들에게 지급하는 급여는 시간당 4.40달러에 불과하고, 코로나19를 막기 위한 보호 방안을 충분히 제공하지 않고 있다는 사실이 드러났다. 이런 부정적 보도에도 부후의 판매 실적은 팬데믹 동안 계속해서 45퍼센트씩 증가했다.[33]

'자뻑' 소녀들
안정감을 위한 쇼핑

팀 케이서가 꼽은 두 번째 방아쇠, 즉 불안과 위협은 어떻게 물질주의를 촉발할까? 이 두 가지는 기본적 욕구가 충족되지 못한 가난하고 불안정한 사람들에게만 해당하는 건 아니다. 우리는 사회 구성원으로서 나의 매일매일 삶이 화면으로 보는 이미지들보다 못하다는 생각에 짓눌려 있다(증거를 찾고 싶으면 #quarantinelife를 검색해보라). 그런 이유로 소셜미디어는 디자이너 드레스나 완벽한 맘 진(mom jean), 또는 포근한 오가닉 라운지 팬츠(organic loung pants)를 애타게 원하게 만들면서, 모든 세대에게 매일 24시간 동안 사회적 압박을 가하는 글로벌한 무대가 되고 있다. 불안감에 대한 처방전은? 당연히 더 많은 물건이다.

　2월 중순의 화창한 오전 브루클린의 한 카페에서 제시카(Jessica)를 만났다. 평소와 달리 따뜻한 날씨였다. 제시카는 태양과 견줄 만큼 반짝반짝 빛났다. 얼마 전에 있었던 밸런타인데이를 축하하는 의미로 마젠타 핑크색 코트에 버건디색 스카프를 둘렀으며, 은색 자수가 놓인 밤색 벨루어 드레스를 안에 받쳐 입고, 입술에는 옷과 어울리는 립스틱을 바른 모습이었다. 자칭 트렌드 중독자인 그는 의류, 잡화, 액세서리 대여 플랫폼인 렌트 더 런웨이(RTR, Rent the Runway)의 홍보 대사이자, 이 플랫폼의 '무제한' 멤버십(이 프로그램은 2020년에 없어졌다) 회원으로, 일정 액수의 돈을 내고 매달 18~30벌가량의 새로운 옷을 받았다. 제시카는 자신이 '과시적인' 맥시멀리스트 스타일이라고 말했다.

하지만 실제로 갖고 있는 옷은 스웨트셔츠와 파자마 같은 기본형뿐이어서 옷장은 미니멀리스트라고 했다.

이 플랫폼의 멤버가 되면 집에다 옷을 쌓아두지 않고도 출근할 때 거의 매일 새로운 옷을 입을 수 있으며, 특별한 자리를 위해 차려입을 수도 있다. 뉴욕의 아파트에 살면 수납공간이 적을 수밖에 없는데, 제시카처럼 특별한 누군가와 동거하고 있으면 더 그렇다.

제시카는 따뜻한 프레첼을 먹으면서 매일 새로운 옷을 입는 장점에 대해 늘어놓았다. 유행에 맞는 새로운 옷, 게다가 아주 잘 만든 옷을 입을 수 있는데, 이는 한때 자신이 열광했다가 지금은 중단한 패스트패션과는 정반대라는 것이다.

제시카는 처음 뉴욕으로 이사 왔을 때 중서부 스타일의 평범한 외출용 청바지와 티셔츠 대신 레오파드 문양이 들어간 미디스커트를 입었다. "요즘 우리 사회는 매우 비판적이예요." 그는 자신이 하는 말을 다른 사람이 듣지 않기를 바라는 듯 목소리를 낮췄다. "친구와 내가 밖에 나가서 '셀카'를 찍었는데, 같은 옷을 두 번 입고 있는 게 찍히면 어떨까요? 절대 그렇게 보일 수는 없어요."

제시카 자신은 다른 많은 사람들처럼 인플루언서로부터 영향을 많이 받는 편은 아니지만, 최첨단 하이패션을 보여주는 몇 명을 팔로우하고 있다고 했다. 인플루언서들은 옷이란 즉각적으로 기쁨을 채운 다음 내버릴 수 있는 것이어야 하며, 그래야만 당신이 비판받지 않을 수 있다는 인식을 만들어내고 있다. 레드카펫 산업과 소셜미디어 덕분에 패션에 대해 좀 안다고 인정받으려면 옷을 두 번 입어서는 안 된다는 믿음이 형성되어버린 것이다. 조사에 따르면 영국 여성 세 명 중 한 명은 한 번 또는 두 번 입은 옷은 낡았다고 생각한다. 또한 일곱 명 중 한 명은 사진을 찍을 때 예전에 입었던 옷을 다시 입는 것을 '무례한 패션 실수'라고 여긴다.[34] 신용카드사 바클레이의 조사에선 영국 쇼핑객의 9퍼센트가 인터넷에 포스팅하기 위해 온라인으로 옷을 구매하며, 포스팅을 한 다음에는 반품해버린다.[35]

옷을 한 번만 입고 싶은 욕구를 채우기 위해 대여 서비스를 택한 제시카의 해법은 혁신적이다. 일회용 옷을 사들였다가 내버리는 것보다는 금전적, 환경적으로 신중한 방법일 수 있다.[36] 하지만 전적으로 트렌드를 기반으로 한 셀러브리티와 인플루언서 문화에 동조하다 보니, 자기만의 스타일을 갖는다는 주인의식을 놓쳐버렸다. 대여를 통해서라도 끊임없이 유행을 좇는 것은 산업 전반의 차원에서 패션 문제를 해결할 수 있는 장기적 해법이 아니다. RTR은 옷 한 벌당 세 번 대여하며, 반납받은 옷은 드라이크리닝으로 청결함을 유지한다고 하는데, 그게 과연 생태계에 미치는 충격을 실제로 유의미하게 줄이는 방법일까? RTR이 생태계에 미치는 탄소발자국 데이터는 여전히 명확하지 않다. 하지만 배송과 드라이크리닝에는 많은 에너지가 소비된다. 환경적 영향이 적을 수가 없다.

그보다 근본적인 소셜미디어 FOMO*에 대해 이야기해볼까? 자아 존중감에 위협을 느끼는 이유를 이야기해보면 어떨까? 에드워드 버네이스는 우리에게 그런 집단적 능력을 기대하지 않았다. 하지만 나는 그가 틀렸다는 확신을 갖고 있다. 그리고 모든 것은 지금 당신 몸 가까

---

*   Fear of Missing Out, 자신만 뒤처지거나 소외되는 것 같아 두려운 증상.

이 있는 조그만 사각형 물건에서 시작된다.

말할 필요가 있다
휴대전화와 사회적으로 멀어지기

레드카펫의 패션 규칙은 어떻게 우리의 일상 속으로 스며들었을까? 친구와 가족에 관한 모든 소식들을 어떻게 업데이트했을까? 당신이 좋아하는 브랜드의 세일과 데이트앱에서 만난 사람에 관한 소식, 팟캐스트의 새로운 에피소드, 상사가 보낸 이메일, 뉴스 속보는 어떻게 얻고 있는가? 바로 스마트폰을 통해서다. 미국 성인의 80퍼센트 이상,[37] 전 세계 성인의 거의 절반이 현재 스마트폰을 갖고 있다.[38] 미국인은 하루 평균 96번 스마트폰을 확인한다.[39] 바쁘게 움직이는 손가락으로 메시지뿐만 아니라 쇼핑하는 횟수도 증가하고 있다. 중국에서는 평균적으로 온라인 쇼핑에 매일 최소 두 시간을 쓴다.[40] 믿을 수 없는 이 숫자는 코로나19로 계속 증가 중이다. 매킨지 앤드 컴퍼니의 조사에서 응답자의 43퍼센트가 팬데믹 이전에는 온라인 쇼핑을 하지 않았는데 지금은 한다고 대답했다. 약 28퍼센트(Z세대와 밀레니얼 세대는 더 많다)는 앞으로 오프라인 매장에 가서 쇼핑하지 않을 것이라고 밝혔다.[41]

　스마트폰이나 컴퓨터 등으로 쇼핑하는 데 시간을 많이 쓰면 여러 측면에서 건강에 해롭다. 또한 소비 증가는 보이지 않는 결과를 초래한다. 자원을 파괴하고, 기후변화를 앞당기고, 노동 속도를 가속화한

지속 불가능한 패션 산업에 이의를 제기합니다

다. 앞서 살펴본 것처럼 전 세계 의류 공장과 아마존 노동자들의 육체적, 정신적 건강을 벼랑 끝으로 내몰게 되는 것이다. 쇼핑하는 사람 역시 쇼핑 습관 때문에 고통을 느낀다. 화면을 너무 오랫동안 들여다보는 바람에 목과 허리에 통증이 생기고, 수면의 질이 나빠진다. 심리적으로도 나쁜 영향이 크다.

스마트폰을 통해 엉뚱한 패션 메시지에 계속 노출되면 옷은 물론이고 몸에도 나쁜 영향을 받는다. 우선 스마트폰을 확인하는 빈도가 많다는 것은 광고를 통한 물질주의 신호에 더 많이 노출되고 있다는 의미다. 그래도 어른들은 이런 쇄도하는 메시지들에 대해 청소년들보다는 표면적으로나마 자기통제력과 결정력을 갖고 있다(이론의 여지가 있기는 하다). 하지만 청소년들은 어른 수준의 자기통제력이 없으며, 어린이들은 광고가 주도하는 패션 문화에 갈수록 깊이 빠져들고 있다. 연구에 따르면 광고로 가득 찬 텔레비전과 스마트폰 영상과 앱에 노출된 어린이들은 물질주의적 가치관에 더 쉽게 빠진다. 네 살 전후 어린이들이 장난감 광고를 본 후 다른 어린이들과 함께 놀기보다는 장난감을 갖고 혼자 놀기 쉽다는 연구 결과도 있다.[42]

휴대전화가 우리의 보다 높은 기능, 즉 충동 조절, 관심, 학습, 정보 기억, 사람과의 관계, 사회적 책임을 다하겠다는 약속과 직장에서의 활력 등에 부정적 영향을 미친다는 과학적 증거는 너무나 많다.[43] 휴대전화를 사용하고 있지 않아도 그렇다. 가까이에서 휴대전화가 울린다든지, 주머니 속에서 울리는 휴대전화 진동을 느끼는 것만으로도 영향이 있다.[44] 한 연구에 따르면 여러 가지 미디어를 동시에 켜놓고 일을 보는 경우가 잦은 '미디어 멀티태스커'는 뇌 속에서 주의력을 관장하는 회백질(전방대상피질)이 감소하는 것으로 나타났다.[45] 클레르는 스마트폰에 깔려 있는 자라앱이 자신의 머릿속에서 논리적 추론을 밀어내고 뭔가 새로운 것을 살 때라고 알려주는 메시지에 저항할 수 없었을 것이다.

말할 필요도 없지만 온라인 쇼핑을 포함해 인터넷에 더 많은 시간을 쓴다고 해서 우리가 더 행복해지는 건 아니다. 온라인에 쓰는 시간은 특히 10대 청소년들에게 깜짝 놀랄 정도로 큰 영향을 미친다. 2018년 퓨 리서치(Pew Research)는 미국 10대 청소년의 95퍼센트(성인보다 많다)가 스마트폰을 갖고 있으며,[46] 하루 약 아홉 시간을 스마트폰을 보는 데 사용한다는 조사 결과를 발표했다.[47] 일부 응답자는 업데이트되는 정보를 놓치지 않으려고 스마트폰을 쥔 채 잠을 잔다고 답했다. 패션뿐만 아니라 모든 종류의 해로운 메시지에 노출될 위험이 엄청나게 높은 것이다. 미국 질병통제예방센터(CDC)는 여자 청소년들의 자살률에서 충격적인 경향성을 발견했다. 1993~2007년 사이 자살 건수가 꾸준히 감소하다가 그 이후 급증했다.[48] 인과관계가 명확히 밝혀진 건 아니지만, 자살이 급증하기에 앞서 2006년 9월에 페이스북이 대중에게 공개됐던 사실을 주목할 필요가 있다.

많은 물건을 갖고 있으면 숨이 막힌다. 타마라의 옷장이 그 증거다. 타마라의 침실에 있는 두 개의 옷장은 옷으로 꽉 들어차 있다. 한 개는 원래 남편이 썼는데, 지금은 둘 다 타마라 차지다. 가끔 입는 옷들은 아예 다른 방에 있는 옷장에 있다. 서랍장 안에는 레깅스들이 있고, 침대 아래 서랍에는 스웨터들이 들어 있다. 그것으로도 부족해서 침실 벽을 허물어 수납공간을 늘릴 계획을 세워놓고 있다. 집 안 여기저기에

지속 불가능한 패션 산업에 이의를 제기합니다

있는 그 많은 옷들 중 진짜 입는 옷이 얼마나 되냐고 물었더니, 타마라는 겸연쩍게 웃으면서 답했다. "아주 솔직히 말하자면, 아마도 5~10퍼센트 정도일 걸요."

물건들이 우리의 정서에 미치는 영향은 믿기 어려울 정도다. 남캘리포니아주립대의 다비 색스비(Darby Saxbe) 교수는 2010년 부부 간에 서로 다르게 나타나는 코티솔 수치에 관한 연구 논문을 발표했다. 조사 대상 부부의 75퍼센트 이상은 집 안에 물건이 너무 많아 차고에 자동차가 아니라 잡동사니들을 쌓아놓고 있었다.[49] 연구진은 그렇게 사는 부부의 코티솔 수치를 측정했다. 스트레스 호르몬인 코티솔은 아침에 치솟았다가 시간이 가면서 내려가는데, 아내의 코티솔 수치는 남편보다 느리게 떨어졌다.[50] 지나치게 많은 물건들로 인해 몸의 긴장이 자연스럽게 완화되지 못해 기분이 가라앉으며 스트레스가 늘어나기 때문이었다.

색스비 교수는 인간과 물건의 관계가 패스트푸드를 먹고 싶어 하는 욕망과 비슷하다고 말했다. 기름지고 짭짤한 샌드위치나 설탕이 많이 들어간 쿠키를 먹으면 우리의 뇌 속에서 쾌감을 느끼게 하는 신경물질 전달 호르몬인 도파민이 치솟는데, 좋은 물건을 싸게 사거나 물건을 카트(실제 카트나 온라인 쇼핑몰의 카트 둘 다)에 담으면서 쾌감을 느낄 때에도 이와 비슷하다는 것이다.[51] 우리 사회는 즉각적이고 충동적인 갈망을 채우는 음식 대신 오랫동안 몸에 좋은 영향을 줄 음식에 점점 더 관심을 기울이고 있다. 영양을 우선시하는 것처럼 쇼핑도 그렇게 할 수 없을까?

물론 패션업계가 불안감과 우울증을 증가시키는 유일한 요인은 아니다. 세계보건기구(WHO)는 코로나19 이전부터 2030년에는 우울증이 전 세계적으로 주요한 질병 원인이 될 것으로 전망했다.[52] 셀러브리티와 인플루언서가 지금 우리 사회의 롤모델이라면, 그들은 자신의 후원 광고 계약이 과연 물질주의로 인한 정신적 육체적 절망의 사이클을 영구화하고, 사람들을 적극적인 사회 참여로부터 멀어지게 만들며, 지구를 파괴하고, 가장 취약한 사람들을 착취할 만한 가치가 있는지 의문을 가져야 한다. 또 그들로부터 영향을 받는 우리들 역시 자신의 역할에 대해 질문을 던져야 한다.

집 안이 온갖 잡동사니들, 특히 거의 입지 않아 새것이나 다름없는 옷들로 넘쳐나기 시작했다면 좋은 옵션이 있다. 치워버려라! 타마라는 또 T. J. 맥스에 가서 옷을 잔뜩 사서는 집에 돌아와 입어보고 "전부 다 끔찍하네"라고 말할 수 있다. 하지만 우리는 그게 다 장황한 변명이란 걸 알고 있다.

타마라는 다른 사람들처럼 재향군인회 같은 단체에 기부하는 방법으로 원치 않는 옷들을 치워버릴 수 있다. 다음 장에서 기부 센터에 대해 알아보겠지만, 우선 간단히 말하자면 기부받은 옷들 중 다시 팔리는 옷은 극히 일부에 불과하다. 요즘엔 많은 옷들이 몇 번 입고 버리는 질이 낮은 용도로 만들어져 재판매가 잘 되지 않기 때문이다. 이런 옷들은 전 세계에 있는 기부 단체들을 거친 끝에 거의 대부분 어딘가에 매립되거나 소각로에 들어간다.

반품 상품 역시 비슷하다. 소매상들은 반품받은 상품을 어떻게 처리하는지 감추려고 하지만, 프랑스 정부는 2014년 6억 8,900만 달러어치의 소비재가 폐기 처분됐다고 밝혔다. 독일에서는 2010년에 91억

지속 불가능한 패션 산업에 이의를 제기합니다

달러어치가 폐기됐다.[53] 온라인 쇼핑은 이런 상황을 더욱 확대시키고 있다. 온라인으로 옷을 쇼핑할 때 여러 사이즈를 동시에 주문해서 맞지 않는 건 무료로 반품하면 된다고 생각하는 경향이 있기 때문이다. 이처럼 온라인 쇼핑은 더 많은 반품과 더 많은 폐기 처분으로 이어진다. 온라인으로 구매한 상품의 약 11퍼센트가 반품되는데, 의류의 반품률은 훨씬 더 높다.[54] 브랜드들은 반품받은 상품을 검사해서 재포장하는 데 노동을 투자하기보다는 그냥 내다버린다.[55]

타마라는 자신의 쇼핑 습관과 느낌에 대해 나와 대화를 나눌수록 T. J. 맥스에 가는 것이나 옷장 리노베이션 계획에 대해 열의가 줄어드는 듯했다. 그는 여전히 많은 옷을 갖고 있으며, 사고 나선 이내 "사지 말았어야 했는데"라고 후회하는 옷들이 많다. 타마라가 가진 수백 벌의 옷들 가운데 "완전 좋아하는 옷"은 단 하나도 없었다. 쇼핑을 통해 찾으려 했던 행복은 침실 바닥에 쌓인 옷 꾸러미나 스웨터가 든 옷장 속 상자, 탱크톱과 티셔츠를 수납한 서랍장 안에는 없다. 그럼 그 행복은 어디에 숨어 있을까?

패션에서 우리 목소리 되찾기
옷 입기로 기쁨을 촉발하는 방법

에드워드 버네이스는 '조작된 동의'에 대한 이론을 토대로 광고 캠페인을 만들어 성공시켰는데, 가장 성공한 건 바로 담배 광고였다. 이는 광고계의 가장 큰 성공 사례 중 하나로 꼽힌다(드라마 〈매드맨〉을 봤다면 럭키 스트라이크 광고가 얼마나 중요한지 떠오를 것이다). 20세기 초 수십 년 동안 럭키 스트라이크, 카멜, 버지니아 슬림스 등의 메이저 담배 브랜드들은 담뱃불을 붙이게 만들기 위해 기발한 수법들을 활용했다. 여성이 힘을 갖는 것과 흡연을 동일시한 게 좋은 예다. 순진한 소비자들은 잡지 페이지를 넘기거나 자동차를 운전하면서 길가에 세워진 광고들을 접했다. 광고 속에서 웃고 있는 의사나 영화 스타(1950년 체스터필즈 담배 광고에는 젊은 시절 로널드 레이건이 모델로 등장했다), 또는 활기차게 뛰어다니는 야생 동물의 이미지는 담배 연기를 내뿜는 게 멋지고 자유로울 뿐만 아니라 안전하다는 메시지를 쏟아냈다. 당시엔 담배 광고에 의사들이 경쟁사 제품보다 더 좋다고 추천하는 문구도 들어갔다.[56] 담배 브랜드들은 행복해졌고, 흡연자들은 중독자가 됐다.

1964년 1월 11일 미 연방 공중보건국장(US Surgeon General)이 보고서를 발표했다(토요일에 발표했는데, 보도 효과를 최대화하면서도 주식 시장에 미칠 타격을 최소화하기 위해서였다). 니코틴과 담배가 폐암, 만성 기관지염, 선천성 결손증 등 건강에 많은 손상을 일으키며, 사망률을 70퍼센트 증가시킨다는 게 보고서 내용이었다.[57] 이듬해인 1965년 미 하원은 모든 담뱃갑에 요즘 흔히 보는 공중보건국 경고문과 비슷한 건강 경고문을 넣도록 의무화한 법안을 통과시켰다.[58] 소비자가 담배를 사기 전에 생각해보라는 의미였다. 5년 안에 TV와 라디오에서 담배 광고가 모두 금지됐다. 담배업계는 여전히 암을 유발하는 담배를 팔기 위해 광고에 연간 수십억 달러를 쓰지만, TV와 라디오 광고 금지는 흡연 감소와 분명 연관성이 있다. 담배광고금지법의 원동력이 됐던 공중

지속 불가능한 패션 산업에 이의를 제기합니다

보건국장 보고서가 나온 지 50여 년 만에 미국의 흡연율은 반토막 났다.[59]

옷은 어떻게 해야 할까? 흡연과 쇼핑(특히 온라인 쇼핑)은 습관을 형성하고, 충동적이며, 건강에 좋지 않고, 환경에 나쁘다. 담배를 피우지 말라는 이야기는 아니다(물론 피우지 않는 게 좋겠지만). 담배 광고는 국민들의 인식과 법이 결합할 때 어떤 일이 일어날 수 있는지를 보여주는 전형이다. 9장에서 법에 대해 더 알아보겠지만, 지금까지 쇼핑하는 동안 머릿속에서 어떤 일이 벌어지는지 살펴봤다는 점에서, 내가 독자 여러분에게 말하고자 하는 점은 바로 이것이다. 우리는 두뇌를 갖고 있으며, 자유롭게 소유하고 행동한다. 무엇을 입을지, 그리고 옷이건 아니건 무엇으로 기쁨을 얻을지에 대한 지식을 추구하는 인지 통제력을 갖고 있다. 뇌와 목소리를 사용해 변화를 말할 수 있다. 미국의 니코틴 습관을 바꿨던 것처럼 현재의 트렌드 중심 패션, 인플루언서들이 부추기는 일회용 패션을 변화시켜야 한다.

옷장에서부터 시작할 수도, 옷을 사기 전 단계에서부터 시작할 수도 있다. 버네이스 같은 마케터들이 조작하려고 하는 무의식적이며 선천적이고 개인적인 선호 및 감정을 되찾아야 한다. 그럼으로써 잘못된 쇼핑 행위에 저항하고, 시민으로서 정체성의 우선순위를 다시 매길 수 있다. 또 자신만의 스타일을 되찾고, 소비 사이클로부터 자유로운 옷장을 만들 수 있으며, 옷을 입기 위해서가 아니라 자신만의 삶을 살기 위해 옷을 입을 수 있게 된다. 패션 저널리스트 레이첼 타시잔(Rachel Tashjian)은 말했다.

"패션이 아니라 자신만의 스타일이 가장 큰 보상을 준다. 어떤 사람이 되고 싶다거나 돼야 한다는 생각보다는 당신 스스로에게 투자해야 한다."[60]

자신만의 스타일을 연마하는 방법을 어떻게 찾아야 할지 몰라 한숨이 나오고 머리를 긁적거리게 된다면, 이번 장에서 언급했던 사람들을 살펴보자. 우선 가장 많이 입는 옷들이 어떻게 만들어져 있으며, 소재는 무엇인지 알아보자. 클레르는 어떤 소재의 옷을 좋아하느냐는 내 질문에 망설임 없이 답했다. "캐시미어와 실크. 부드럽고 편하니까." 이런 소재들은 클레르가 생각하는 이상적인 옷장, 즉 "굉장히 좋은 소재의 아름다운 옷들"로 구성된 옷장에 대한 비전과 일맥상통한다. 클레르는 프렌치 스타일과 아메리칸 스타일의 핵심적 차이를 지적했다. 프랑스 여성은 자신의 몸에 맞게 옷을 입지, 단순히 유행에 따르기 위해서라거나 억지로 어울려 보이기 위해 옷을 입지 않는다는 것이다(클레르는 패션 위크 때 다이슨이나 다른 헤어드라이어로 부풀린 헤어스타일을 자랑스럽게 뽐내며 파리 시내를 돌아다니는 미국 여성들에 대해 언급할 때도 비슷한 말을 했다).

파리에서 클레르와 함께 살 때 내 스타일은 좀 더 심플하고, 시간이 흘러도 변치 않으며, 더 신중하게 옷을 선택하는 쪽으로 진화해갔다. 그리고 가끔은 헤어드라이어를 덜 썼다(다이슨 헤어드라이어를 갖고 있기는 하다). 이 책을 쓰기 위해 대화를 나눴던 미국 소비자들에게서 내가 알게 된 점이 바로 이것이었다. 그들은 자기가 좋아하는 옷 소재를 대지 못하거나(타마라는 편하게 입을 수 있는 합성섬유를 좋아한다고 했는데, 정작 자기가 좋아하는 셔츠를 살펴보고 나서야 면화로 만들었다는 사실을 알게 되었다), 선호하는 소재가 있기는 한데 그 소재로 만든 옷을 많

지속 불가능한 패션 산업에 이의를 제기합니다

이 갖고 있지는 않았고, 드라이크리닝이 생각했던 것만큼 죄책감 없는
게 아니란 사실을 잘 모르고 있었다. 더 많은 쇼핑객들이 자신이 실제
로 어떤 물건을 구매해서 소유하고 있는지 알아야 할 필요가 있다. 단
순히 옷장 안에 걸어둘 게 아니라, 자신이 구매해서 집 안에 수납해놓
은 옷이 어떻게 만들어진 것인지 알아야 한다. 그리고 내 몸에는 남들
로부터 영향을 덜 받은 나만의 브랜드를 걸칠 필요가 있다.

　어떤 종류의 옷을 입고 있는지 모르는 게 전부 우리 탓만은 아니
다. 버네이스를 비롯한 광고주들은 생각이 없어지도록 시스템을 디자
인했다. 광고를 보고 사면 그걸로 끝이다(옷의 생산과 배송도 마찬가지
다). 일회용 패션 사이클의 빠른 속도는 어느 쪽에도 도움이 안 된다.
인류학자이자 『우리는 왜 구매하는가(Why We Buy)』의 저자인 파코 언
더힐(Paco Underhill)이 우리를 패션의 미래로 이끌 것이라고 예견한
핵심이 바로 잘 교육받은 쇼핑이다. 그는 내게 "변형해서 다시 쓸 수 있
는 물건이 아주 적다는 사실을 배우는 나이가 어리면 어릴수록" 뭔가
를 사기 전에 생각을 하게 되고, 후회스런 구매를 덜하게 되며, 옷장에
옷을 내던져버리거나, 갖고만 있다가 기부해버리는 행동을 덜한다고
말했다. 어떤 물건을 하나 더 가지면 달라지거나 더 나아질 것이란 생
각을 버린다면, 자신이 진정으로 어떤 사람이며 어떤 옷을 입어야 자신
을 돋보이게 할지 더 분명히 알 수 있다. 또 그런 아이템을 발견한다면
더 소중히 간직할 것이다.

　스타일 면에서 당신이 어떤 사람인지 알아내는 것은 〈매드맨〉의
모든 마케팅 노하우에 저항한다는 의미다. 마케팅 노하우 중에는 마켓
분할(market segmentation)이란 기법도 있는데, 이는 소비자들의 관심

사, 인구 통계 등에 관한 데이터를 분석해 특정 제품이 소비자의 필요에 딱 맞고 삶을 향상시킬 것이란 느낌을 갖도록 만드는 광고를 제작하는 것이다.

우리 자신이 진짜 어떤 사람(복잡하고 서서히 발전하는 자의식을 가진 사람)인지, 광고주들이 우리를 밀어 넣으려는 상자가 뭔지를 가려내자. 마케터들이 당신에게 하려는 말을 의심하자. '영적 소비주의(spiritual consumerism)'란 개념을 숙고해보자.[61] 브랜드들은 사회적 이슈와 관련된 후원이나 건강 개선에 관한 기분 좋은 메시지들을 상품에 끼워 넣는가 하면, 일본의 '정리 여왕' 곤도 마리에 방식으로 세 번 접을 수 있는 티셔츠를 사면 영혼이 깔끔하게 정리될 거라고 속삭인다. 이 모든 것이 구매라는 이름 뒤에 숨어 있다. 좀 더 영적인 사람이 되고 싶다면 그냥 영적으로 살면 된다. 심지어 공짜다!

지갑으로 페미니즘을 지원하는 개념인 '시장 페미니즘(marketplace feminism)'에 대해서도 생각해보자.[62] 나이지리아 출신 작가 치마만다 응고지 아디치(Chimamanda Ngozi Adichie)가 소설 『우리 모두 페미니스트가 되어야 한다(We Should All Be Feminists)』를 통해 한 (탁월한) 선언이 유행했던 게 전형적인 예다. 디오르는 860달러짜리 고가 티셔츠에 이 문구를 넣었다. 아디치가 한몫 챙겼는지는 잘 모르겠다. 그가 자신의 독자들에게 진보를 막는 법적 장애물을 무너뜨리기 위한 페미니스트 비영리 활동을 지원하거나 돈 낭비 말고 좋은 삶을 살라고 말하는 대신, 티셔츠 한 장 구입에 그렇게 많은 돈을 쓰라고 부추겼으리라고는 상상하기 어렵다. 더 나은 사회로 가는 길을 돈으로 살 수 있다고 생각할 수 있지만, 그건 그저 물건 구매가 전부인 사회를 만들 뿐이다.

지속 불가능한 패션 산업에 이의를 제기합니다

본래의 질문으로 돌아가 보자. 쇼핑이 우리를 행복하게 만들어줄까? 그건 맞다. 하지만 우선 행복이 어떤 의미이며, 어떤 모습이고, 어떤 느낌인가를 알아야 한다. 〈매드맨〉에서 주인공 돈 드레이퍼가 말한 "뭐가 되어야 하는 것"은 행복이 아니다. 좋아하는 후보에게 후원금을 보내기 위해 폰뱅킹을 하면서 입고 있는 옷이 고급스러운 캐시미어 스웨터일 수도 있고, 해진 곳을 덧댄 중고 청바지일 수도 있다. 어떤 옷을 입든(둘 사이엔 수천 가지 옷이 있을 수 있다), 구매의 모든 단계를 자신이 통제하고 있다고 충분히 느낄 때 건전한 선택을 한다는 사실을 알게 될 것이다. 그게, 진정한 인간이다.

7

정리하기

우리가 버린 옷은 어떻게 되나

●

8월의 어느 날, 산 정상에 섰다. 내가 본 가장 인상적인 산이었다. 뉴욕 윌리엄스버그에 있는 집 근처 체육관에서 러닝머신으로 달리기를 할 때 신는 나이키 운동화에 등산 장비도 없이 그 산을 올랐다. 등산용 로프도 착용하지 않았고, 가이드도 없었으며, 가는 길에 가게 같은 것도 없었다. 사실 정상까지 20분밖에 걸리지 않았다. 사진을 찍으려고 자주 쉬었는데도 그랬다. 오른쪽으로는 끝없이 푸른 하늘이 펼쳐져 있었고, 왼쪽으로는 검은 연기가 맹렬하게 피어오르는 게 보였다.

　흔한 산이 아니었다. 가나 수도 아크라에서 40킬로미터가량 떨어진 크폰(Kpone) 매립지에는 가정에서 나온 쓰레기, 비닐봉지, 음식물 쓰레기(놀랍게도 냄새가 거의 나지 않았다), 그리고 옷이 산을 이루고 있었다. 진짜 쓰레기는 재활용 플라스틱 자루들 아래에 가려져 있긴 했지만, 들춰내려고 허리를 굽힐 필요는 없었다. 거대한 쓰레기 산에 수십 개의 알 만한 브랜드의 쓰레기들을 곧바로 집어 들 수 있었다. 퓨마 하이톱 운동화, H&M 옷, 짝퉁 베르사체 가방, 심지어 내가 신고 있었던 나이키 운동화와 비슷한 운동화 등등. 한쪽에서는 소각 작업이 진행 중이라 검은 연기가 치솟았다. 한 주 동안 쓰레기 산 전체가 불길 속에 사라질 예정이었다.

가나의 매립지에 얼마나 많은 외국 브랜드 신발과 옷, 액세서리 쓰레기들이 있는지 궁금한가? 당신만 모르는 게 아니다. 사실 버린 옷들이 어떻게 되는지 생각해보는 사람은 거의 없다. 더 이상 '기쁨을 불러일으키지 못하는' 옷들은 어떻게 처분될까? 쓰레기 봉지에 한가득 담아 구세군 등의 자선기관에 가져다줄 수도 있고, 마시고 난 스타벅스 종이컵과 함께 쓰레기통에 던져버릴 수도 있다.

우리는 쓰던 물건을 좋은 뜻으로 기부할 때 그 물건이 다른 사람에게 가서 제2의 인생을 살게 되길 원하며, 또 그렇게 되리라 믿는다. 쓸모없다고 판단해서 기부하지만, 누군가 그 물건을 유용하게 쓰기를 바라는 것이다. 가끔은 그렇게 되기도 한다. 하지만 우리가 기부하는 엄청난 규모의 중고품, 특히 저가 의류에 대한 세계적 수요가 그렇게 많지는 않다는 게 진실이다. 그 결과 우리의 좋은 의도는 지구 반대편에 사는 사람들에게 엄청나게 많은 쓰레기와 악몽 같은 환경을 안겨주고 있다.

앞 장에서 미국인의 거주 공간이 1970년 이후 거의 두 배로 늘었다고 언급했던 게 기억나는가? 공간이 늘어났음에도 미국인 한 사람이 한 해 동안 버리는 의류의 무게는 4킬로그램이 넘는다.[1] 2017년 미국

검은 연기가 치솟고 있는 크폰 쓰레기 매립지.

인이 버린 쓰레기는 총 2억 6,800만 톤(매일 한 사람 평균 2킬로그램) 규모로, 이중 4.8퍼센트가 옷과 신발이었다. 무게로는 약 1,280만 톤이나 된다.[2]

이번 장과 나음 장에서 자세히 살펴보겠지만, 간략하게 만든 다음 도표를 보면 버려진 옷의 여정은 앞서 언급했던 생산과 제조 과정만큼 복잡하다. 옷을 버리겠다고 결심하면 쓰레기가 되기까지 생각보다 빠르게 여러 문제를 일으킨다. 어떤 소재가 한 벌의 옷으로 만들어지기까지 먼 거리를 이동해야 하는 것처럼, 우리가 인스타그램의 감언이설에 솔깃해서 구매한 후 한 번도 입지 않은 옷이 마지막을 맞으려면 또다시 먼 거리를 이동해 여러 사람의 손을 거쳐야 한다.

지속 불가능한 패션 산업에 이의를 제기합니다

5분 뒤 같은 매립지의 모습.
불길이 거세지면서 검은 연기가 점점 더 치솟고 있다.

힘들이지 않고 옷을 버리는 게 가장 큰 문제다. 이번 장에서는 옷을 버리면 어떤 일이 벌어지는지 살펴보려고 한다. 잘 작동하는 쓰레기 수거 시스템과 기부 시스템 덕분에 감춰졌던 현실을 조명해보겠다. 기부 단체들조차 해외에서 벌어지는 뜻하지 않은 결과를 잘 모르고 있는 듯하다. 다음 장에서는 크폰으로 돌아와, 미국의 시스템이 다른 나라에 미치는 충격적인 현실을 살펴보겠다. 다음 도표는 우리가 버린 옷이 쓰레기가 되는 과정이다. 가끔은 다른 사람의 보물이 될 수도 있지만, 대부분 그냥 쓰레기가 되어 매립되거나 소각된다.

기부하거나 버린 옷의 여정

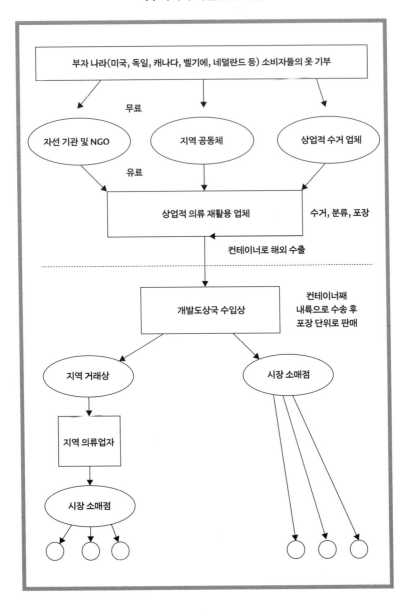

쓰레기통 뒤지기
뉴욕시의 쓰레기 수거

"끔찍한 것도 없고, 불가능한 것도 없어요." 2020년 초 어느 추운 날 옆에 앉아 있던 27세 남성 비토(Vito)가 입을 열었다. 지금까지 우리는 면사를 뽑아내 방적한 후 염색하고 천을 짜서 재봉과 세척 과정을 거쳐 만들어진 청바지가 아마존에서 포장돼 온라인 시장을 통해 판매되는 과정을 살펴봤다. 이제 다음 단계로 넘어가 보자. 우리는 입지 않는 옷을 바나나 껍질이나 아마존 포장재 등과 함께 쓰레기통에 버린다. 뉴요커들이 버리는 의류 및 섬유 제품은 연간 20만 톤에 달한다.[3] 뉴욕시에서 환경미화원으로 일하는 비토는 내가 브루클린에 있는 집에서 청바지를 버리면 어떻게 되는지 설명해주었다.

비토는 윌리엄스버그의 고급 카페에서 친절한 미소와 악수로 나를 맞아주었다. 몹시 추운 날이었지만 후드만 입고 있었는데, 다부진 몸매에 문신이 새겨진 나무통처럼 굵은 팔뚝이 강한 체력을 보여주는 듯했다. 뜻밖에 말투는 부드러웠다. 커피를 사겠다는 내 제안을 계속 거절했는데, 대화 끝에 가서야 왜 그러는지 알려주었다. "전 던킨을 더 좋아하거든요."

비토는 마틴 스코세이지(Martin Scorsese) 감독의 신작 영화 주인공이 쓸 법한 스테이튼 아일랜드 억양으로 자기가 일하는 과정을 설명했다. 그는 몇 년 전 뉴욕시에서 지금 일하는 직종(의료, 소방, 경찰, 환경미화 등)에 필요한 시험을 봤다. 시험에 통과한 지 채 1년이 되지 않았을 때 환경미화국으로부터 전화를 받았다. 이렇게 빨리 취업하는 건 아주 드문 일로, 4~5년이나 기다릴 정도로 인기가 많은 자리였다.

비토는 "아주 좋은 시청 일자리"라면서 혜택도 많다고 말했다. 오전 6시부터 오후 2시까지, 또는 오후 4시부터 자정까지 일해야 해서 이상적인 근무 시간은 아니지만, 노조의 보호를 받을 수 있고 시간외 근무 수당(눈이 내리면 당연히 더 받는다)도 받기 때문에 상관없단다. 게다가 증조부가 20여 년 동안 트럭을 몰았기 때문에 환경미화 일이 약간 가업처럼 느껴지기도 한다고 말했다. 노조의 보호를 받는다고는 하지만 객관적으로 힘든 데다 냄새나고 더러운 쓰레기를 다루는 일을 긍정적으로 말해서 솔직히 놀랐다. 아마존 노동자들이 전반적으로 불만족을 나타냈던 것과 비교가 됐다. 비토가 하는 일이 더 힘들어 보이지만(더 냄새도 나고) 정말로 만족하는 그의 모습을 바라보며, 아마존에서 일하는 로라와 샘, 베키가 기회만 된다면 상품을 찾기 위해 올라가는 사다리와 포장 테이프 대신 환경미화 일을 선택할지도 모르겠다는 생각이 들었다.

비토와 대화를 나누며 쓰레기에 대해 상상했던 것보다 훨씬 많이 알게 됐다. 내가 사는 브루클린의 윌리엄스버그 거리는 쓰레기가 많은 곳은 아니다. 그렇지만 뉴욕시나 서구의 다른 곳들은 쓰레기로 몸살을 앓고 있다. 뉴욕시에서는 연간 1,400만 톤 이상의 쓰레기가 나온다. 이를 치우는 데 연간 23억 달러 이상이 들어가며, 이 비용은 우리의 세금과 상품 가격에 포함된 돈에서 나온다.[4] 쓰레기를 치우고 관리하는 데 이렇게 많은 돈이 들어가지만, 대다수 미국인은 쓰레기가 눈에서 보이지 않으면 잊어버린다. 비토 같은 환경미화원들이 한밤중이나 새벽에

지속 불가능한 패션 산업에 이의를 제기합니다

쓰레기를 수거하고 나면, 낮 동안 우리는 일상의 방해물 없이 깨끗해진 거리를 만끽하는 것이다.

뉴욕시 환경미화원들은 일반적인 쓰레기 수거 작업을 할 때도 있고, 재활용품을 수거할 때도 있다. 그날그날 어디에 가서 어떤 쓰레기를 수거하는지 지시를 받는다고 한다.

"뭐가 제일 좋아요?" 쓰레기에도 서열이 있는지 궁금해 물었다.

"음, 개인적으로요? 전 쓰레기 수거요."

"왜 그렇죠?"

"그게 더 쉽거든요. 장소에 따라 다르긴 하지만요. 어떤 지역 쓰레기는 다른 데보다 깔끔하고, 어떤 지역은 아무 생각 없이 버려서 뒤죽박죽이죠. 쓰레기 봉지를 뜯어서 뒤지는 사람들이 있는데, 환경미화원들이 그런 봉지를 집어 들어 쓰레기차에 던져 넣으려다 안에 있는 쓰레기들이 전부 다 쏟아져 나오는 경우도 있어요." 쓰레기에 "더 깨끗한 것"과 "더 더러운 것"이 있다는 사실을 그 누가 알까?

비토는 "끔찍한 적은 한 번도 없었다"고 말했지만, 재활용품이 쓰레기 유형 중 '하위'라고 털어놓았다. "재활용 쓰레기를 수거하는 날은 일을 약간 더 해야 하거든요. 보통 쓰레기 봉지는 크기가 커서 트럭이 금방 꽉 차요. 그런데 재활용품 쓰레기는 자리를 덜 차지하죠. 얇은 유리와 플라스틱 같은 건 금이 가서 깨지기도 하고요." 그래서 트럭 용량을 채우기 위해 일을 더 오래 한다는 것이다. 비토가 재활용에 대해 불평하는 건 아니었다. "배심원 의무 같은 거죠." 놀랍게도 그는 시스템이 잘 돌아가게 만들기 위해 시민으로서 우리 모두가 해야 할 일이라고 긍정적으로 말했다.

하지만 재활용을 번거로운 배심원 의무처럼 짜증 내는 사람이 대부분이다. 미국인은 재활용을 잘 못한다. 뉴욕시에서 나오는 재활 가능 쓰레기 중 56퍼센트가 매립된다.[5] 재활용 종류에 맞게 잘 분류하기만 하면 비토 같은 환경미화원들이 적절한 시설에 가져다 줄 수 있는데도 말이다.[6] 2030년까지 뉴욕시에서 배출되는 쓰레기를 90퍼센트 줄이겠다는 빌 더 블라지오(Bill de Blasio) 시장*의 계획은 팬데믹으로 인해 환경미화국 예산이 1억 600만 달러로 깎인 점을 고려하면 너무 오만스러워 보인다.[7] 이 책을 쓰고 있는 2020년 10월에는 퇴비 쓰레기 및 전자제품 쓰레기의 수거가 중단됐고, 거리 모퉁이에 있는 쓰레기통에는 쓰레기들이 넘쳐났다. 일요일 가정용 쓰레기 수거도 중단됐으며,[8] 온갖 물건들로 가득한 집에 갇혀 지내는 사람들은 점점 더 많은 물건을 버렸다.

코로나19 동안 쓰레기 처리에 변화가 생기면서 공중보건에 대한 우려가 제기됐다. 환경미화원들은 일하는 동안 바이러스를 다른 사람들에게 옮길 가능성이 높았다. 사회적 거리 두기도 쉬운 일이 아니었다. 쓰레기를 처리하기 위해서는 두 사람이 필요한 데다 트럭 안에서 1.8미터나 떨어져 있기는 불가능하기 때문이다. 마스크와 기타 보호장구를 착용하고 일하는 것 역시 상당히 불편하다. 게다가 오염 가능성이 높은 쓰레기에 노출되는 문제도 있다. 매일매일 쓰레기 처리 과정이 바이러스와의 전쟁에서 최전방 중 하나가 됐고, 환경미화원은 핵심적인 대민 서비스 및 복지 서비스를 공급하는 최전선 영웅이 됐다.[9] 우리

---

* 뉴욕 시장은 2022년 민주당 소속 에릭 애덤스로 바뀌었다.

가 버린 청바지는 뉴욕시가 운영하는 쓰레기 수거 트럭 2,200대 중 하나에 실린 이후 포장용기와 낡은 이케아 가구 등과 함께 쓰레기를 임시보관하는 각 지역 적환장을 거쳐 최종 목적지로 향한다. 뉴욕시 5개 구의 쓰레기 수거를 감독하고 있는 키스 멜리스(Keith Mellis) 반장을 적환장에서 만났다.

해밀턴 애브뉴 마린 적환장(Hamilton Avenue Marine Transfer Station)에 가려고 고와너스 고속도로 아래쪽 길을 건너는데, 멜리스 반장이 나를 태우려고 자동차를 길옆에 댔다. 그동안 택시를 타고 이 길을 여러 번 지나갔지만, 브루클린 남쪽 지역에서 수거된 모든 쓰레기가 버지니아에 있는 한 매립지로 가기 전에 머무는 이 적환장 건물을 눈여겨본 적은 단 한 번도 없었다. 멜리스 반장의 설명에 따르면 내가 방문한 이 현대적인 적환장은 눈에 잘 띄지 않으면서도 커뮤니티에 잘 통합될 수 있도록 설계되었다. 2017년 9월 완공됐으며, 하루 평균 1,600톤의 쓰레기를 처리할 수 있다. 이해를 돕기 위해 몸무게가 1톤에 달하는 불곰 1,600마리가 뉴욕시 안을 돌아다닌다고 상상해보라. 뉴욕시 전체에서는 매일 약 2만 4,000톤의 쓰레기가 나온다.[10]

쓰레기를 실은 트럭들은 램프 위로 올라가 무게를 달고 위험한 쓰레기인지 여부를 검사받는다. 우리는 특별 통행증을 받아 멜리스 반장의 자동차(쓰레기 트럭은 아니었다)를 타고 건물 안으로 들어가 아치형 천장이 있는 콘크리트 공간에 도착했다. 우리 바로 앞에는 아주 큰 구덩이가 있었고, 주차 구역과 구덩이 사이에 줄이 그어져 있었다. 트럭들은 모아온 쓰레기를 그 구덩이 안에 쏟아부었다. 멜리스 반장이 시설 관리자 크리스와 잡담하는 동안 나는 트럭 뒤쪽에서 흰색과 검은색 쓰레기봉지들이 쏟아져 나오는 모습을 넋 놓고 바라봤다. 침대 매트리스도 몇 개 있었고, 물(더러운 구정물)이 줄줄 흘러나왔다. 시곗바늘은 해밀턴 애브뉴 마린 적환장의 피크 타임인 오전 9시를 가리키고 있었다.

쓰레기 처리 과정은 산업공학의 신물이다. 우선 거대한 불도저들이 쓰레기봉지와 커다란 폐기물을 깊은 구덩이 네 곳에 계속 밀어 넣었다. 그리스 신화의 시시포스가 커다란 돌덩이를 산 정상으로 밀어 올리는 과정을 반복하는 것처럼, 쓰레기를 끊임없이 옮기는 이 과정은 시시포스의 움직임처럼 보였다. 한 트럭이 쓰레기를 비우자마자 새 트럭이 와서 쓰레기를 쏟아냈다. 뒤쪽 벽에 걸린 디지털 전광판의 숫자들은 각각의 구덩이에 얼마만큼의 쓰레기가 차 있는지 나타내고 있었다. 불도저들이 쓰레기를 구덩이 속에 넣고 나면 거대하고 육중한 분쇄기로 뭉개는 작업을 하는데, 부피를 줄여 구덩이에 가능한 한 많이 넣기 위해서다.

"각 구덩이에 얼마큼 들어가나요?"

"2만 2,700킬로그램이요."

크리스기 즉각 대답했나. 식원들이 제일 먼저 전광판에 그 숫자를 찍어 종을 울리는 게임을 하는 모습을 상상해봤다.

마치 탱고를 추는 것 같은 쓰레기 트럭들의 움직임에 매혹돼 있는 와중에 멜리스 반장과 크리스가 통제실로 나를 데려갔다. 느긋해 보이는 오퍼레이터 두 명 사이에 서서 창문을 통해 구덩이 안에 꽉꽉 들어찬 쓰레기들이 어떻게 되는지 지켜봤다. 쓰레기들은 구덩이 아래 지하 컨테이너 속으로 들어갔다. 통제실에서는 쓰레기들이 처리되는 과

지속 불가능한 패션 산업에 이의를 제기합니다

정뿐만 아니라 건물 밖의 고와너스 운하 도로에 컨테이너들이 늘어서 있는 모습도 보였다. 우리가 버린 청바지들은 아마도 저런 컨테이너에 실려 배를 타고 다른 곳에 도착할 것이다. 지금 다른 청바지들이 또 다른 거대한 컨테이너 속에 들어가 뉴욕을 떠나려 하고 있다.

갈매기 떼가 컨테이너 주변을 맴돌며 날고 있었다. 하지만 컨테이너는 밀폐돼 있어서 냄새가 난다든지, 옮겨지는 동안 뭔가 흘러나오지는 않았다. 크리스는 예전과 비교하면 크게 좋아졌다고 말했다. 예전에는 쓰레기를 바지선에 실어서 스탠튼 아일랜드로 가져가 매립했다는 것이다. 매립할 만한 땅이 그나마 있었던 시절 이야기다. 시설 전체에서 냄새가 거의 나지 않아서 놀라웠다. 악취 분자를 억제해주는 최신 먼지 집적 시스템 덕분이다.

적환장에서 일하는 직원들은 비토처럼 청결에 상당한 노력을 기울였다. 적환장은 법적으로 직원들의 건강을 위해 매일 한 시간 동안 시설을 완벽하게 깨끗이 청소해야 한다. 일부 시설들은 바쁘지 않은 밤에 시간을 내 청소한다. 크리스의 팀은 한 단계 더 끌어올려 시간이 날 때마다 물청소를 한다. 아침에 트럭들이 수거한 쓰레기가 오전 9시쯤 몰려들어 30분쯤 뒤에는 구덩이가 차버리지만, 정오쯤에는 먼지 한 톨 없을 정도로 깨끗하게 청소가 끝난다.

뉴욕시는 쓰레기를 심각하게 여기고 있다. 해밀턴 애브뉴 마린 적환장을 방문하기 전에는 잘 몰랐던 사실이다. 멜리스 반장과 크리스는 쓰레기 수거 과정의 전문가였으며, 자기가 하는 일이 뉴욕시를 깨끗하게 만드는 것에 큰 자부심을 갖고 있었다. 두 사람이 입고 있는 군복 같은 유니폼과 직함을 통해 그런 면이 드러났다. 800만 명이 사는 도시에서 쓰레기는 웃어넘길 일이 아니다. 2019년 뉴욕시는 300만 톤의 쓰레기[11](가구당 21킬로그램의 섬유 쓰레기를 배출한다)를 밀폐 컨테이너에 넣어 다른 곳으로 보냈다.[12] 쓰레기 처리 과정은 아주 잘 짜여 있었는데, 드물게 문제가 생겨도 신속하고 정확하게 처리한다. 예를 들어 컨테이너 뚜껑을 닫는 과정을 보는 중에 무언가 잘못됐는지 경보음이 비명을 질러대기 시작했다. 녹색 점프수트를 입은 환경미화원이 좁은 철제 통로 위로 성큼성큼 걸어가 내게 길을 좀 비켜달라고 정중하게 요청하더니, 차가운 날씨 때문에 제대로 잠겨 있지 않았던 나사를 재빨리 돌려 바로잡았다.

뉴욕 환경미화국에서 쓰레기 처리 업무를 하는 남자들(여성 직원도 있다고 했지만 그날은 못 봤다) 중 비토처럼 자기 일에 만족감을 느끼지 않는 사람은 한 명도 없었다. 모든 일은 각자 나름의 형태를 가진 쓰레기(문자 그대로건, 은유적이건 간에)를 만들어낸다. 환경미화원들은 한여름 쓰레기 폭증 시즌에도 자부심을 갖고 임무를 해내고 있다. 거리에 있는 녹색 쓰레기통을 하루 두 번 비우는데, 시장에서 사서 쓰고 버린 물건들, 그러니까 피크닉용 종이 접시와 식탁보, 7월 폭풍우를 피하기 위해 입는 일회용 우비 등등 온갖 쓰레기들이 들어 있다. 환경미화원들은 뉴욕시를 위해 중요한 일을 하고 있다. 멜리스 반장은 내게 이렇게 말했다.

"뉴욕 최강자(환경미화원을 가리키는 말이다)는 못하는 일이 거의 없죠."

지속 불가능한 패션 산업에 이의를 제기합니다

최종 목적지
매립지의 옷들

하지만 좋은 일에도 끝이 있다. 뉴욕 환경미화국의 세심한 쓰레기 수거도 그렇다. 컨테이너가 밀봉되고 나면 환경미화국이 할 일은 끝난다. 컨테이너 속 쓰레기에 대한 책임은 이제 대형 공기업 웨이스트 매니지먼트(Waste Management)로 넘어간다. 이 회사는 2020년 5월 《포춘 (Fortune)》 500대 기업 리스트에서 207위를 차지했다.[13] 뉴욕시는 비토 같은 미화원들이 하는 쓰레기 수거 업무는 아웃소싱하지 않지만, 쓰레기 처리는 아웃소싱했다. 쓰레기를 매립지와 재생에너지 시설(후자가 곧 많아질 것이다)로 보내는데, 가장 가까운 곳이 400킬로미터 이상 떨어진 뉴욕주 페어포트에 있는 시설이다. 뉴저지, 펜실베이니아, 사우스캐롤라이나로도 보낸다. 2019년 뉴욕시는 쓰레기 처리에 4억 1,100만 달러를 책정했는데,[14] 8,700만 달러를 추가로 더 지출했다.[15] 쓰레기 비용은 2014년의 3억 달러에서,[16] 2021년에는 4억 2,000만 달러로 늘어났다.[17] 재활용품 수거를 위해 1톤당 512달러, 폐기용으로 1톤당 202달러를 쓴 것이다.[18] 연간 300만 톤의 쓰레기가 나오는 뉴욕시 입장에선 적은 돈이 아니다[19].

웨이스트 매니지먼트는 쓰레기 컨테이너를 바지선에 실어 뉴저지주 엘리자베스로 보낸 다음 화물 기차를 이용해 남쪽으로 600킬로미터 이상 떨어진 버지니아주 웨이벌리에 있는 5,260제곱미터 넓이의 자사 소유 매립지로 가져간다. 도로로 수송하는 것보다는 교통난과 환경오염을 덜 일으키는 방법이다. 뉴욕시는 웨이스트 매니지먼트와 20년 계약을 맺고 있다. 웨이벌리 지역 정부는 뉴욕의 쓰레기를 인근에 매립할 수 있는 허가를 내주었다. 매립 장소는 땅만 있으면 되는 게 아니다. 6장에서 살펴봤듯 독성 폐기물에 대한 접근성은 상품 생산의 바닥 찍기 경쟁과 연관성이 있으며, 당신이 위험한 쓰레기에 얼마나 가까이 있는가는 사회적, 경제적 편견과 연관돼 있다.[20]

쓰레기 매립지는 일반적인 부동산과 다르다. 냄새가 나고 보기에도 좋지 않다. 위스콘신대에서 재활용 시스템에 관해 가르치고 있는 쓰레기 및 재활용 전문가 피터 앤더슨(Peter Anderson)은 쓰레기 매립지가 기본적으로 "아주 큰 기저귀 같다"고 말했다. 그는 통화에서 활기 넘치는 목소리로 매립지에 관해 설명해주었다. 우선 장소가 선정되면 주변에 장벽이 세워진다. 내가 브루클린의 적환장에서 봤던 것처럼 쓰레기에서 흘러나오는 오수가 주변 환경, 특히 지하수를 오염시키지 않도록 처리한다. 오수 제거용 파이프를 통해 다른 장소로 보내 처리한다는 것이다. 쓰레기가 새로 들어오면 계속 압축해 공기를 가능한 많이 빼내기 때문에 매립지는 기본적으로 공기가 없는 상태다. 악취와 벌레, 쥐를 최소화하기 위해 일정 간격을 두고 쓰레기 위에 흙이나 기타 물질을 덮는 작업도 한다. 이런 과정을 반복하면 매립지는 타마라의 옷장 안에 입지 않는 옷들이 쌓이는 것처럼 높이가 계속 올라간다. 매립지가 다 차는 데는 일반적으로 30~50년이 걸리는데, 수명을 다한 매립지는 점토나 플라스틱, 또는 흙으로 밀봉된다.

이처럼 뉴욕에서 버린 청바지는 브루클린의 적환장으로 보내져 압축된 다음 버지니아 매립지에서 다시 한 번 압축 과정을 거친다. 그

지속 불가능한 패션 산업에 이의를 제기합니다

다음엔 어떻게 될까? 알다시피 모든 옷이 평등하게 만들어지는 건 아니다. 옷의 불평등은 버려지는 순간에도 이어진다. 면화 같은 유기농 제품은 공기와 습기에 노출되면 천천히 분해된다. 버려진 청바지가 내립지 어디에 있느냐에 따라 분해될 수도 있고 분해되지 않을 수도 있다. 분해된다 해도 다 좋은 건 아니다. 분해 과정에서 강력한 기후변화 물질인 메탄가스가 나오기 때문이다.

유기농이 아닌 합성섬유가 들어간 청바지는 그 어떤 매립 조건에서도 분해되지 않는다. 거의 모든 청바지에 엘라스틴 섬유가 5퍼센트 들어가 있거나 합성섬유가 혼방돼 있다는 점을 생각해보자. 그런 청바지가 매립지에 묻히면 자연섬유 부분은 분해되면서 메탄가스를 내뿜고, 화석연료로 만든 나머지 부분은 분해되지 않고 그대로 남는다. 앤더슨에 따르면 엉덩이를 멋지게 보이도록 만들어주는 합성섬유 청바지를 몇 번 입고 돌아다니다가 버리면 "1,000년 이상 가는 위험"을 초래하게 되는 셈이다.

옷을 버리는 또 다른 방법도 있다. 그리 일반적인 건 아니다. 맨해튼의 웨스트사이드에서 나오는 쓰레기는 뉴저지주 뉴어크에 있는 코벤타 에너지 시설로 간다.[21] 이곳에 있는 소각로는 미국 내 쓰레기의 12.7퍼센트, 즉 연간 3,400만 톤의 쓰레기를 태워 없앤다.[22] 쓰레기 소각은 '쓰레기로 에너지를 만드는 작업'이다. 쓰레기로 만든 에너지를 전력망에 공급하고 공해 물질을 걸러낸다는 점 때문에 실용적이며, 그냥 소각시키는 것보다는 월등히 좋은 방법이라고 생각할 수도 있다. 하지만 쓰레기를 완벽하게 처리하는 방법과는 거리가 멀다. 소각 시설들은 다이옥신, 납, 수은 등 건강에 해로운 공해 물질을 내뿜는 것으로 알려져 있다. 이런 공해 물질에 노출된 사람들은 대부분 소수 인종과 저소득층이 압도적으로 많은 공동체에 속해 있다. 뉴어크의 소각 시설 주변은 인구의 71퍼센트가 소수 인종이고, 37퍼센트가 빈곤선 이하에서 삶을 이어가는 공동체다.[23] 그런 곳에 쓰레기를 보내는 맨해튼 웨스트 사이드는 미국에서 가장 부유한 사람들이 사는 지역이다.

쓰레기의 정치학은 정치 시스템만큼이나 예민하다. 쓰레기를 강과 바다, 땅 위에 그냥 버렸던 옛날 옛적 1970년대에 시민들은 캠페인(환경보호국 설립을 이끈 캠페인 등)을 벌였다. 그 결과 매립지를 어떻게 만들어야 하며 위험 물질이 나오는 것을 막고 오수가 지하수를 오염시키지 못하도록 하는 법률이 제정됐다. 하지만 쓰레기가 다 차서 매립지를 봉인해버린 다음 어떻게 할지에 관한 법은 무서울 정도로 아무것도 없다. 예를 들어 30년 뒤 매립지에서 일어나는 일은 아무도 책임지지 않는다. 쓰레기 분해 과정은 수십 년, 아니 수백 년 이상 걸리는데도 말이다. 정부가 이런 쓰레기에서 손을 떼고 나면, 걱정은 지역 공동체 몫으로 남는다. 다시 한 번 말하는데 쓰레기 처리 과정에 구조적 인종 차별이 있다는 점을 인식하는 게 중요하다. 누가 매립지 근처에 살 것인가를 결정하는 가장 큰 요인은 바로 의류 산업의 바닥 찍기 경쟁이나 마찬가지다.[24]

뉴욕시는 이런 결과가 생기는 것을 막고 표면적으로나마 지구를 돕기 위해 '쓰레기 제로' 목표를 세우고 옷 기부를 장려하고 있다. 시 정부는 옷이 환경미화원 비토와 마주치는 것을 피할 수 있는 여러 가지 방안들을 시행 중이다. 매주 그린마켓에서 옷을 수거하고, 사람들이 입던 옷과 가정용품을 '새로운 물건'과 교환할 수 있는 '스톱 앤 스왑(Stop

N Swap)' 이벤트를 개최하기도 한다.[25] 2007년부터 지금까지 이런 방법으로 2,800톤 규모의 의류를 수거했는데, 앞서 언급했듯 연간 20만 톤에 달하는 의류, 침구, 신발, 액세서리 쓰레기의 약 6퍼센트에 해당하는 양이다.[26]

의류의 재사용 및 재활용에 관한 통계 수치는 그리 좋지 않다. 환경보호국에 따르면 재활용되는 섬유류(옷 포함)는 16.2퍼센트에 불과하다.[27] 거대한 국제 중고품 시장으로 넘어가는 재활용 옷은 소수에 불과하며, 대다수는 재활용되지 못하는 게 현실이다.

쓰레기에서 보물로
우리가 기부한 물품들에 어떤 일이 벌어지나

입지 않는 청바지를 없애는 첫 번째 방법이 쓰레기통에 그냥 버리는 것이라면, 다수가 택하는 두 번째 방법은 기부다. 어찌 됐든 지난 15년간 기부 물품은 두 배로 늘었는데,[28] 여기에는 몇 가지 재미난 이유가 있다. 우선 곤도 마리에 효과다. 이 깔끔한 일본 여성의 책과 넷플릭스 쇼는 전 세계 사람들에게 안 쓰는 물건 없애기 욕망을 불러일으켰다. 사람들은 없애고 또 없앴다. 2019년 1월 그의 쇼가 방송됐을 당시 기부센터들은 쏟아져 들어오는 기부 물품에 어안이 벙벙해졌다. 팬데믹은 이런 변화의 속도를 더 높였다. 수많은 사람들이 더 많은 시간을 집에서 보내게 되면서, 옷장 청소는 기쁨을 얻는 근원이 됐다. 온라인 중고 의류 및 가방 판매 사이트 스레드업(ThredUp)에 따르면, 버려지는 옷이 팬데믹 이전에 비해 약 50퍼센트 증가했다. 우편으로 옷을 기부하겠다고 신청한 건수는 여섯 배나 늘었다.[29] 하지만 기부 센터의 닫힌 문 앞에 놓인 헌 옷들은 적절한 선별 작업을 거쳐 판매되기보다는 매립지로 보내질 가능성이 높다.[30]

기부하는 사람은 자기가 입던 옷이 다른 사람에게 기쁨을 주거나 홈리스에게 보내질 것으로 믿지만, 실제 그런 식으로 이용되는 헌 옷은 20퍼센트에 불과하다.[31]

다시 말해 80퍼센트는 가난한 사람이나 중고 매장 구경을 좋아하는 좀 더 나은 사람의 손에 집히기보다는, 기부 센터 바닥에 쌓여 있다가 커다란 자루 속에 들어간 후 해외를 포함해 여러 곳으로 간다는 이야기다.

1월의 어느 쌀쌀한 아침, 나는 구세군의 기부품 처리센터 책임자인 프레드 머스(Fred Muhs) 소령*을 만나 기부의 실상을 알아보기 위해 맨해튼 미드타운 지역으로 갔다.[32] 그는 힘찬 악수와 밝은 미소로 맞아주었다. 센터 2층에 있는 그의 사무실은 1970년대 분위기였는데, 구세군에 입대한 지 34년 됐다는 말을 들으니 이해가 됐다. 부인과 아들 딸도 같은 일을 하고 있을 정도로 구세군은 이 가족의 진정한 소명이다. 구세군은 진짜 군대와 같은 계급을 갖고 있다. 프레드는 계급을 나타내는 붉은색 견장이 달린 군복 차림이었다.

1800년대 말 영국에서 설립된 구세군은 수레를 끌고 돌아다니면

---

* 한국 구세군의 계급 명칭은 참령이다.

지속 불가능한 패션 산업에 이의를 제기합니다

서 팔리지 않은 신문을 모으는 일로 수거 사업을 시작했다. 영국이 점점 더 부자가 되면서 사람들은 갖고 있던 옷을 없애고 싶어 했다. 그래서 수레에 옷을 던져 넣거나 구세군 본부에 가져오기 시작했다. 처음에는 낡은 드레스와 슈트를 어떻게 해야 할지 몰랐기 때문에 대부분 찢어서 대장장이나 다른 상인에게 팔았다. 하지만 갈수록 많은 의류가 들어오자, 구세군은 옷이 자선 활동 자금 조성에 쓸모가 있다는 점을 깨달았다.

내가 방문했던 곳은 의류 판매로 얻은 수익금을 몇 블록 떨어진 곳에 있는 재활 센터 운영비로 쓰고 있었다. 그곳은 125명을 수용할 수 있다. 우리가 버리거나 기부한 옷이 어려운 사람들에게 따뜻한 침대와 음식, 그리고 다른 생필품을 보낼 자금 조성에 도움을 주는 것이다.

프레드가 일하는 시설에는 매일 7톤이 넘는 옷, 대략 1만 9,000벌이 들어온다. 구세군이 뉴욕시에서 거둬들이는 옷이 이게 전부가 아니다. 브롱크스 지역에 있는 한 시설도 매일 1만 벌씩 받는다. 프레드가 1년 중 제일 좋아하는 달은 계절이 바뀌는 10월, 그리고 이듬해 3월과 4월이다. 사람들이 옷장을 깨끗하게 비우고 새로운 스타일의 옷을 입고 싶어지는 게 기부와 구매에도 영향을 미친다. 12월 마지막 주에는 구세군 기부가 피크를 이루는데, 소득세 신고서의 기부 항목에 내역을 올리고 싶기 때문이다.

중고 의류의 평균 판매가는 3.99달러, 청바지는 조금 더 높아서 6.99달러다. 들어온 물품을 남김없이 다 팔면 하루 매출이 7만 6,000달러란 계산이 나온다. 기부는 당연히 공짜로 받는다. 구세군의 경쟁자들 중 하나인 중고품 기부 업체 굿윌(Goodwill)은 2017년에 소매 판매로

59억 달러를 조성했다. 중고품업계 전체의 수익은 175억 달러를 기록했다.[33]

사람들로 북적거리는 센터를 바라보고 있자니, 프레드가 '미국 최초의 재활용 기관'이라고 부르는 구세군 조직이 그토록 미약하게 출발했다는 사실을 상상하기 어려웠다. 초기에는 사람들이 자신이 뭘 원하는지 생각하지도 않고 구세군 헌 옷 수거함을 뒤져 그저 걸칠 뭔가를 찾았다고 한다. 그래서 '뒤지기 세일(rummage sale)'이란 표현도 생겼다. 하지만 지금은 좀 다르다.

시스템이 살짝 업그레이드됐다. 프레드의 센터는 이웃 주민들이 가져온 옷을 전부 다 받지 않는다. 매일 수만 벌이 들어오는데, 모두 판매할 수 있는 상태는 아니기 때문이다. 어떤 옷을 기부받을지 어떻게 결정하냐고 물었더니, 프레드는 마치 천국을 가리키듯 손가락으로 위쪽 4층을 가리켰다. 분류 담당 직원들이 그곳에서 모든 옷들을 일일이 살펴보고 판매할 수 있는 옷인지 가려낸다는 것이다. 기준(주관적이긴 해도)은 이렇다. 직원 본인이 사고 싶은 옷은 통과다. "구멍이 있거나 오염된 옷, 지퍼가 고장 났거나 버튼이 없는 옷, 옷깃이 노랗게 번색된 옷은 시민들이 사지 않아요. 그런 건 판매할 수 없는 옷이죠." 나는 그 말에 웃으며 고개를 끄덕였지만, 팔 수 있는 상태가 아닌 옷들을 기부했던 게 생각나 움찔했다.

구세군에 들어오는 물품 중 약 40퍼센트는 판매할 수 있는 상태인데, 그런 것들은 매장으로 간다. 그중 약 20퍼센트는 실제로 팔린다. 간단히 말해 기부한 물건 100개 중 8개만이 매장에서 팔리는 셈이다. 팔릴 가능성이 있는 물건이 7만 6,000달러어치인데, 실제로 팔리는 물

지속 불가능한 패션 산업에 이의를 제기합니다

건은 6,000달러어치가 조금 넘는다는 이야기다(나머지 92개가 어떻게 되는지도 살펴볼 예정이니 걱정 마시라).

판매 가능성 심사를 통과한 옷에는 색깔 표식이 붙는데, 이 옷이 센터에 들어온 지 얼마나 됐는지 보여준다. 5주마다 새 표식을 단 새 옷을 진열하고, 이전 표식이 붙어 있는 옷은 '패밀리 데이'인 수요일에 50퍼센트 세일을 한 다음, 5주째에는 일주일 내내 반값 세일을 한다. 99.99달러에 샀던 청바지를 기부하면 6.99달러에 팔리다가 반값으로 떨어져 마지막에는 3.49달러에 팔리는 것이다. 커피 한 잔 값이나 H&M 티셔츠 한 장 값도 안 되는 액수다.

색깔 표식 시스템은 기부 시장에서 전통적인 패션 '시즌'에 가장 가깝다고 할 수 있다. 구세군은 시즌이 있는 브랜드들과는 달리 1월에도 한여름용 하와이언 셔츠나 카고 반바지를 판매한다. 그래서 재판매할 수 있는 상태이기만 하면 철 지난 옷을 기부하는 게 가능하다. 왜 그럴까? 구세군에서 쇼핑하는 사람들은 대부분 이민자들인데, 구매한 물건을 고국에 보낸다고 프레드가 설명했다. 게다가 이 센터는 맨해튼 여객선 터미널 근처에 있어서 터미널 직원들도 쇼핑하러 많이 온다고 한다(여객선 직원들 중에는 임금이 아주 낮은 국가 출신이 많다).

근검절약하는 사람이면 알고 있듯이 구세군 매장 선반에서는 놀라운 보물을 발견할 수도 있다. 프레드는 패션계의 귀족으로 대접받는 샤넬이 최근 많은 기부를 했다고 전했다. 하지만 이곳에선 샤넬이 자라의 폴리에스터 상의에 밀린다.

구세군은 물건들을 빨리 회전시키기 위해 가격을 낮게 유지하는데, 요즘은 갈수록 어려워지고 있다. 몇 가지 이유로 미국에서 중고 상점을 찾는 발걸음이 줄어들고 있기 때문이다. 첫 번째 이유는 옷 자체에 있다. 저가에 판매되는 패스트패션은 질이 낮아 유효 기간이 짧은데다, 몇 달러 내고 싸구려 중고 상의를 사는 것조차 필요 없게 만든다. 미국에서 가장 성공한 구세군은 월마트 근처에 있는데, 월마트 역시 구세군과 유사하게 저소득층을 겨냥하고 있다. 대다수는 6.99달러짜리 중고 청바지를 살 바에야 12달러짜리 새 청바지를 살 것이다. 패스트패션과의 경쟁은 감당하기 어렵다. 프레드는 스레드업처럼 디지털로 가는 아이디어를 비웃었다. 하지만 현대는 온라인 쇼핑이 대세다.

프레드가 34년 전 구세군으로 일하기 시작했을 때와 상황이 달라진 이유는 옷의 질 말고도 다른 이유가 더 있다. 당시엔 옷을 기부하겠다고 마음먹으면 두 가지 선택지, 즉 구세군이나 굿윌 중 한쪽을 선택해 기부하면 됐다. 그러나 시간이 지나 사람들이 무절제하게 사들였다가 버리는 옷으로 돈을 벌 수 있다는 사실이 드러나면서, 영리 회사들이 치열한 경쟁을 벌이기 시작했다. 이런 회사들은 기본적으로 중개상 역할을 한다. 버려진 옷들을 모아 수출업자에게 넘기거나 소비자에게 재판매한다. 자선 단체들도 서로 경쟁하고 있다. 의료 단체들(미국신장협회, 미국안과협회, 미국신장재단 등등)까지 기금 조성을 위해 중고 의류를 수거해 직접 중간상에 팔고 있다. "이전 상사는 의료 단체들의 헌 옷 기부 상자를 '몸 쪼가리 상자'라고 낮잡아 부를 정도였어요." 프레드의 설명에 얼굴이 찡그려졌다.

팔 수 없는 옷이 가는 다음 단계는 등급 나누기(grading)다. 구세군에 들어오는 옷들 중 92퍼센트가 팔 수 없는 상태인데, 그런 옷들은 그 자리에서 한 뭉치로 포장해 그레이더(grader)에게 팔아넘긴다. 그레

지속 불가능한 패션 산업에 이의를 제기합니다

뉴욕 구세군의 한 센터에 있는 포장 기계. 검수 과정에서 판매 불가로 분류된 옷들을 모아 한 뭉치로 포장한다. 옷 뭉치들은 해외로 나간다.

이더는 옷들을 좀 더 꼼꼼하게 조사해 다음 단계로 넘길 수 있는 옷인지 여부를 결정하는 일을 한다. 의류 재활용 캠페인을 펼쳐온 '중고물품 및 재생섬유협회(SMART, Secondary Materials and Recycles Textiles Association)'에 따르면, 기부 기관에서 팔리지 않은 옷들 중 45퍼센트가 '의류로 재생'된다. 인용 부호를 단 이유가 뭐냐고? 그건 다음 장에서 살펴보겠다. 30퍼센트는 산업용 걸레가 된다. 다시 입을 수 있는 상태가 아닌 옷이라도 흡수력이 높은 면처럼 질 좋은 재료로 만들어졌으면 걸레로 제2의 삶을 살 수 있다. 20퍼센트는 가구 충전재, 단열재, 건축 자재 등으로 재가공되며, 마지막 5퍼센트는 쓰레기로 처분된다. 젖었거나 곰팡이가 핀 옷, 오염된 옷도 폐기된다.[34]

등급 나누기 작업은 보통 미국 내에서 이뤄지지만, 옷의 여정에서 거의 모든 단계가 그렇듯 이 과정 역시 빠르게 아웃소싱되고 있다. 미국과 캐나다에서 나오는 헌 옷의 3분의 1이 모이는 곳이 있다. 바로 캐나다 온타리오주의 미시소거에 있는 유즈드 클로딩 엑스포츠(Used Clothing Exports)다. 이곳은 헌 옷 분류(예를 들어 여성 의류와 남성 의류)와 등급 나누기(A급, B급, 쓰레기급), 가격 산정, 수출의 메카 같은 곳이다. 연간 2만 7,000~3만 2,000톤의 헌 옷을 처리한다.[35] 별로 놀랄 만한 일도 아니지만, 아웃소싱의 목적 중 하나는 인건비 절감이다. 비용을 바닥까지 끌어내리려는 경주는 한 벌의 옷이 생명을 마치려는 순간에도 벌어지고 있다. 구세군을 거쳐서 들어온 옷들을 분류하고 등급을 매기는 일을 하는 사람들에게 미국의 최저 시급을 지불하는 대신, 인도 북부의 파니파트 같은 곳에 보내는 방법도 있다.[36] 파니파트는 전 세계에서 의류 재활용업자들이 가장 많이 몰려 있는 곳이다.[37] 다른 대안은 파키스탄이다. 그런 곳에서는 인건비가 미국보다 매달 몇백 달러나 적게 들어간다.[38]

———

이제 청바지는 미국 밖에서 다시 한 번 세계여행을 하게 된다. 역사적으로 볼 때 버려진 옷은 걸레로 사용하는 게 최선이었다. 의류 제조 및 시장의 원조 격인 뉴욕은 걸레 분야에서도 중심지였다. 특히 브루클린에서는 많은 사람들이 걸레를 만들어 파는 일을 했다. 대부분은 유대계 이민자였다.[39] 오늘날에는 걸레 제조 및 유통 체인도 국제화돼 있다. 남아시아에서 만든 옷이 미국으로 보내져 팔린 후 중고 매상에 기부됐다가, 인도에서 분류 작업을 거쳐 미국 오하이오주 뉴어크의 스타 와이퍼스(Star Wipers) 같은 회사로 보내지는 것이다. 이 회사는 매년 전 세계에서 사용하는 수십억 개의 걸레 중 일부를 만들고 있다.[40]

모직 옷은 아프리카나 아시아의 더운 나라 거래상들에겐 인기가 없지만, 당신이 생각하는 '재활용'에 좀 더 가깝게 다시 사용될 수 있다. 울 섬유는 길이가 짧고 성글기 때문에 종이나 가구 충전재(또는 건축 단열재)로 만들 수 없고, 면 걸레처럼 기름이나 물을 흡수하지도 못한다. 그래서 모직 옷은 찢어서 으깬 다음 다시 합쳐 '재생 모직 담요'를 만든다. 의학 드라마나 자연재해 뉴스를 보면 환자나 구조된 사람들이 담요를 두르고 있는 장면이 많이 나오는데, 그게 바로 이런 담요다. 실제로 적십자 같은 곳에서 하는 긴급 구조 서비스에 많이 사용된다. 하지만 오늘날에는 재생 모직이 유일한 담요 재활용 옵션이 아니다. 합성섬유들이 너무 많이 유통되고 있어서, 재생 모직 말고도 여러 가지 소재를 사용해 담요를 만들 수 있기 때문이다. 중고 모직 가격은 지난 15년 동안 킬로그램당 50센트에서 15센트로 급락했다.[41]

기부된 옷에 관한 상당히 보편적이고 오래된 관행에 대해 패션 산업의 또 다른 분야들, 즉 판매와 마케팅 쪽은 최선을 다해 진실을 감추고 있다. 의류 브랜드에서 사회적 책임을 담당하고 있는 귀재들은 자사의 옷을 입다가 기부하면 어떻게 되는지에 관한 진실을 철저히 숨기고 있다. 제이 크루의 자매 브랜드인 메이드웰과 H&M 같은 브랜드들은 고객들에게 입지 않는 옷을 다시 갖고 오라는 '테이크 백(Take Back)' 프로그램을 권한다. 옷들을 매립지에서 구출해 재활용하거나,

건축 단열재 등으로 만들 수 있다는 명쾌한 설명도 붙여서 말이다(대체로 사실이긴 하다).

그런데 여기에 수상쩍은 구석이 있다. 입던 옷을 갖고 가면 나중에 새 옷을 구매할 때 쓰라며 쿠폰을 준다. 메이드웰은 옷을 기부하면 '무제한 굿 바이브(infinite good vibes)'에다 쿠폰까지 따라온다고 고객들에게 홍보한다.[42] 굿윌도 자기네 버전이 있다. "우리는 전자 제품부터 책까지, 섬유 제품부터 플라스틱 장난감에 이르기까지 모든 것들을 재활용하고 목적에 맞게 다시 만들어 사용하기 위해 지역 기관들과 함께 일하고 있다. 매립지에 보내지 않고 이렇게 재활용되는 물품이 매년 수만 톤에 달한다."[43]

하지만 시각을 넓혀 맥락 전체를 살펴보면 이런 테이크 백 프로그램 역시 기부 센터처럼 헌 옷들이 매립지로 가는 또 다른 길일 뿐이다. H&M, 리바이스, 아디다스, 앤아더스토리즈, 컬럼비아 등과 파트너십을 맺고 있는 전 세계적 헌 옷 수집 기구인 아이콜렉트(I:Collect)가 웹사이트를 통해 밝혔듯이,[44] 브랜드들의 "매장 내 (헌 옷) 수거는 고객들의 참여와 보상 인센티브를 통해 고객 수와 판매를 끌어올리는 혁신적 비용 절감 콘셉트다."[45] 메이드웰은 청바지를 단열재로 바꾸기 위해 그다지 노력하지 않으면서(원래 그런 거다), 고객이 새 상품을 사도록 유인하기 위해 그저 자사의 재활용 프로그램을 홍보할 뿐이다. 어쨌든 당신이 새것을 사려고 매장에 가져가 기부한 청바지는 아마도 다시 입기에 부족함이 없는 좋은 상태일 것이다. H&M은 2018년 2만 2,761톤의 옷을 수거했으며, 웹사이트를 통해 기부받은 옷의 세 가지 미래를 제시했다.[46] 첫 번째는 옷으로 재사용, 두 번째는 자사 컬렉션 제작에 사용하거나 청소용 걸레로 제작, 세 번째는 위에서 언급했던 건축 자재 등 다양한 제품을 만들기 위한 섬유 재활용이다. 또 옷을 기부한 사람은 새 옷을 잔뜩 구매할 때 15퍼센트 할인 혜택을 받을 수 있다고 밝혔다.[47] 고객들이 기부한 옷의 50~60퍼센트가 다른 헌 옷들과 같은 운명, 즉 해외로 수출된다는 현실에 대해선 언급하지 않았다.[48] 또 한 가지 잊지 말아야 할 사실은 H&M이 2017년에 팔리지 않은 상품들을 태워버렸다는 점이다.[49]

물론 이런 브랜드들은 구세군이나 중고 매장들과는 다르다. 하지만 '눈에서 멀어지면 마음에서도 멀어진다'는 점에서는 다르지 않다. 팔 수 없는 옷들을 돈을 받고 처분하고 나면, 그 옷이 아프리카에 사는 사람의 옷장으로 가는 건지, 걸레나 주택 단열재가 되는 건지, 아니면 매립지로 직행하는 건지에 대해선 별로 상관하지 않는다.

프레드에게 옷에 대해 어떻게 생각하느냐고 물었더니, 입고 있는 유니폼 셔츠와 바지를 내려다보면서 빙그레 웃으며 그가 말했다. "나는 아무것도 사지 않아요. 쇼핑을 싫어해요." 구세군에서 해온 일이 옷에 대한 그의 견해를 형성했다는 사실을 잘 알 수 있는 말이었다.

8

의도는 좋았는데
가나에서 만난 옷의 최후

●

"코즈 아이 엠 뷰티풀, 아이 갓 뷰티풀 씽스." 스피커에서 흘러나오는 퍼커션 비트와 아베나(Abena)의 듣기 좋은 노랫소리가 몇 주 동안 머릿속에서 맴돌았다. 서부 아프리카 전체에서 가장 큰 중고품 시장 중 하나인 칸타만토(Kantamanto)의 소매상 아베나는 깔끔하게 정리돼 쌓여 있는 물건들을 드라마 배우 같은 몸짓으로 가리켜 보였다.[1]

"출근용 셔츠, 캐주얼 셔츠, 드레스, 긴 상의, 점프 슈트… 모든 게 다 있어요."

의심의 여지가 없었다. 가판대에는 여성용 옷 수백 벌이 걸려 있거나 바닥에 쌓여 있었다. 둘둘 말려 있는 옷들은 마치 헝겊 꽃이 피어난 듯 보였다. 옷들이 깔끔하게 정리돼 있는 서구 백화점들과는 천양지차였다. 하지만 서구에서 들어온 기부 옷이나 버려진 옷을 파는 이곳 칸타만토에서는 어떤 일이든 가능하다.

칸타만토는 가나 수도 아크라의 중심 상업 지구에 2만 4,000세곱 미터의 크기로 자리 잡고 있다.[2] 과장이 아니라 정말로 압도적인 모습이었다. 다행히 믿을 만한 가이드 리즈 리켓츠(Liz Ricketts)가(가나 친구들은 리지라고 부른다)가 안내를 해주었다. 리즈는 파트너 브랜슨 스키너(Branson Skinner)와 함께 비정부기구인 OR 재단을 만들어 지난 30여 년 동안 이 시장에 있는 약 5,000개의 가판대들을 돌아다니면서 소매상, 배달꾼 등으로 일하는 약 3만 명 중 일부와 사귀었고, 매주 엄청난 규모의 옷들이 어떻게 이 시장에 들어왔다가 나가는지 조사했다. 리즈는 내가 묵고 있는 에어비앤비 숙소를 출발해 칸타만토로 걸어가는 30여 분 동안 다음 몇 가지 조언을 들려주었다. 판매상들은 아주 거칠다. 하지만 오늘은 소매상들을 위한 시장이 열리는 목요일이기 때문에 사람이 많지는 않을 것이다. 수요일과 토요일에는 일반 소비자들이 몰리는데, 하루 1만 명에 달한다. 뉴욕과 미국 중부 지역의 사나운 쇼핑센터들을 경험했을 뿐만 아니라 지난 몇 달 동안 방글라데시, 스리랑카, 중국을 돌아다녔던 터라, 가나에서 이제 곧 보게 될 광경에 마음의 준비는 돼 있었다. 오히려 흥분도 됐다. 대체 얼마나 난리법석이라는 거지?

15분쯤 걸어갔을 때 나는 캔자스(또는 미네소타, 또는 다카나 맨해튼)에 있는 게 아니라는 사실을 깨달았다. 온갖 물건을 파는 노점상들이 도로를 따라 늘어서 있었다. 옷, 속옷, 신발뿐만 아니라 얌[*], 달걀, 토

---

[*]   열대 뿌리채소의 한 종류.

마토, 양파, 생강 등 야채를 파는 노점상들도 있었다. 다채로운 색깔과 냄새, "3세디*, 3세디, 3세디"라고 외치는 상인들의 목소리, 그리고 여기저기에서 쿵쾅거리는 드럼 소리가 뒤섞여 정신이 쏙 빠질 지경이었다. 인파를 헤치고 걸어가면서 정신을 놓지 않으려 애썼다. 내 주변에 있는 모든 여성들은 양철 바스켓이나 중고 옷 더미, 또는 농산물을 머리에 이고 있었고, 아기까지 등에 업고 있는 여성도 많았다. '여자 짐꾼'을 뜻하는 카야예이(kayayei)도 있었다.

몇 해 전 온라인 쇼핑몰 제이디를 준비하면서 뉴욕 재비츠 센터에 처음 갔던 기억이 났다. 한 공간에 그렇게 많은 옷이 있는 것을 본 건 그때가 처음이었다. 터질 지경인 내 옷장은 물론이고, 법률회사에서 근무하던 시절 자주 갔던 H&M 매장도 그 정도는 아니었다. 그러나 재비츠 센터는 칸타만토에 비할 바가 아니었다. 여러 층으로 이뤄진 패스트패션 브랜드 매장을 포함해 뉴욕의 그 어떤 쇼핑 메카나 구세군의 중고품 매장과도 달랐다. 매주 약 2,425톤, 약 1,500만 개의 중고품들이 칸타만토 시장을 거쳐가며,[3] 가나 전국은 물론 서아프리카 여러 국가들에서 매일 수만 명이 이곳을 찾는다. 중고품 수입이 금지된 나이지리아에서 오는 사람들도 있다.

"헤이, 오브루니(obruni)!"

날카롭게 외치는 소리에 퍼뜩 정신을 차렸다. 나를 부르는 것 같았다. 오브루니는 '외국인' 또는 '백인'이란 뜻이다. 리즈나 나 같은 외모를 가진 사람은 드물었는데, 칸타만토를 다섯 번 방문하는 동안 만난

---

* 가나 화폐 단위.

지속 불가능한 패션 산업에 이의를 제기합니다

백인은 단 두 명뿐이었다. 그중 한 명은 아프리카 예술품을 파는 곳을 물었고, 또 한 명은 길을 물었다.

리즈 뒤에 바짝 붙어 칸타만토를 돌아다니면서, 처음엔 낯설게 느꼈던 이곳이 내가 아는 쇼핑몰이나 백화점과 다를 게 없다는 사실을 깨닫기 시작했다. 엄청난 규모와 통풍 및 조명을 위해 반노점 형태로 돼 있다는 점만 다를 뿐이었다. 시장은 여러 개의 구역으로 나뉘어 있었다. 남성, 여성, 아동 구역이 있고 데님, 정장, 블라우스, 드레스 등 세부 구역도 있다. 그뿐만 아니라 푸드 코트, 미장원, 맞춤복, 재봉 구역까지 있었다.

길을 따라 걸어가면서 아프리카풍 프린트가 들어간 어린이 옷, 운동화 등을 파는 구역을 지나니 회색 건물이 나왔다. 오른쪽으로 돌아 나지막한 언덕을 넘어 남성 옷을 파는 노점상들을 지나치자 시장의 메인 스트리트로 다시 돌아왔다. 리즈가 말했다. "닭고기 냄새가 나면 남자 상인들이 겨울 코트 등을 팔고 있는 게 보여요. 그런 다음 오른쪽으로 돌아서 지붕 있는 구역을 지나가면 남성복 구역이 보이는데, 흰 셔츠만 파는 가판대가 눈에 띄면 길을 잘 찾아온 거랍니다."

칸타만토 시장을 돌아다는 일은 많은 가나인들에게 제2의 천성 같은 것이다. 중고품 시장은 가나 문화 속에 깊이 뿌리내리고 있다. 이곳에서 파는 중고품들은 워낙 싸서, 가나 현지의 유튜브 블로거들은 12세디(약 2달러)를 주고 산 청바지나[4] 7세디를 주고 셔츠 다섯 장을 샀다는 식의 쇼핑 노하우를 자랑하곤 한다.[5] 또 가나인들은 다양한 패턴, 색깔, 재단, 섬유로 만든 중고 옷으로 첨단 서구 패션 스타일이나 자신들만의 구미에 맞는 스타일을 누리고 있다. 이 나라 사람들은 서구와 달리 중고 옷을 전혀 창피하게 생각하지 않는다.[6] 인구의 90퍼센트에 해당하는 3,000만 명이 소득 수준에 상관없이 중고 의류를 구매한다.[7] 나는 칸타만토가 가나인들에겐 하나의 라이프스타일, 게다가 매우 멋진 라이프스타일이란 걸 알게 됐다.

　　모든 가나 사람이 복잡한 칸타만토 시장 안을 헤집고 돌아다는 걸 좋아하는 건 아니다. 돈 있는 상류층은 개인 쇼퍼를 고용해 자신이 원하는 스타일의 옷을 칸타만토에서 사오도록 지시하기도 한다. 중간 상인이 칸타만토에서 세심하게 골라온 상품들을 파는 중고품 부티크에서 쇼핑하는 것을 더 좋아하는 사람들도 있다. 최첨단의 상인은 인스타그램으로 넘어가 칸타만토에서 사온 '고급 스타일' 옷들을 포스팅하고, 가격도 물론 '고급'으로 올려 DM으로 거래한다. 인터넷을 잘 할 줄 모르는 사람은 '이동 판매상'을 이용하는데, 이들은 칸타만토에서 옷을 사 아크라 변두리나 인근 지역으로 가져가 판다. 단골의 부탁을 받아 개인 쇼퍼처럼 옷을 사다 주는 상인도 있다고 한다. 칸타만토에서 쇼핑하지 않는 사람은 최상류층 부자들뿐인데, 아이러니하게도 그중에는 중고품 수입상도 있다. 그런 부자들은 신상을 유럽에서 구매한다. 내가 만난 가나 사진작가와 판시 어머니를 둔 법대 재학생은 칸타만토에 한 번도 가본 적이 없고 몰에서만 쇼핑을 한다고 말했다.

　　칸타만토의 판매상들은 고객에게 까다롭지 않은 편이다. 자기네 물건을 벌크로 구매하는 고객이 중고품 부티크 사장인지, 인스타그래머인지, 일반인인지, 행상인지 신경 쓰지 않는다. 물품 목록도 문제되지 않는다. 가나 남동부 테마 항구에는 매주 가로세로 12미터 크기의 컨테이너 100여 개가 들어온다.[8] 테마 항구는 아크라로부터 자동차로

한 시간 거리에 있으며, 크폰 매립지와는 약 20분 거리다. 각 컨테이너에는 50킬로그램짜리 옷 뭉치 400여 개가 들어 있다. 캐나다와 인도에서 분류 작업을 거친 옷들이 들어 있는 뭉치에는 성별과 상품 카테고리, 예를 들어 여성 상의인지, 남성 정장인지 등을 적은 표식이 붙어 있다. 옷 뭉치를 보낸 도매상에 관한 정보도 적혀 있다. 유럽과 미국에서 온 옷 뭉치가 특히 인기 있는데, 옷의 질이 상대적으로 좋은 것으로 여겨지기 때문이다. 한 조사에 따르면 영국 여성은 옷 한 벌을 평균 일곱 번 입고 버리기 때문에 중국에서 오는 옷보다는 상대적으로 새 옷이라고 할 수 있다.[9] 많은 서구인들이 자기가 기부한 옷이 벌크로 아프리카 수입상에게 팔린 다음 칸타만토 같은 시장에서 재판매된다는 사실을 인식하지 못하고 있는 것처럼, 가나인 역시 외국에서 들어온 옷이 공짜로 버린 것이란 사실을 잘 모르고 있다.

내가 칸타만토 시장에 간 목요일 아침에 마침 엄청난 규모의 옷 뭉치들이 배달 중이었다. 수레에 2층, 3층, 4층 높이로 쌓인 옷 뭉치들이 간당간당하게 균형을 유지한 채 이곳저곳으로 옮겨지는 모습은 마치 시장을 누비는 유령처럼 보였다.

———

하지만 내가 본 것은 일부에 지나지 않았다. 그날 새벽 칸타만토 외곽에서는 청년들이 테마항에서 온 트럭에 실린 옷 뭉치들을 내려 수입상의 창고로 옮기는 작업을 했다. 카야예이가 옷 뭉치를 시장 안에 있는 상인에게 배달하는데, 하루 동안 창고와 시장 사이를 열 번이나 왕복한

칸타만토 시장 인근에 쌓인 옷 더미들.

다. 한 번 왕복에 1~3세디를 받는다.[10] 시장은 보통 오전 6시에 문을 열기 때문에 부지런한 고객이 오기 전 상인이 옷 뭉치를 받아 정리하는 시간을 고려하면, 카야예이는 보통 동틀 무렵에 일을 시작해야 한다. 상인들은 보통 주당 5개 정도의 옷 뭉치를 받는다.[11]

　목요일 아침 목 빠지게 배달을 기다렸던 상인들은 옷 뭉치 앞에서 잠시 좋은 물건들이 들어 있게 해달라는 기도를 올렸다. 안에 무엇이 들었는지 풀기 전엔 전혀 알 수 없다. 불투명한 플라스틱으로 포장돼 있는 데다, 구매 전에는 풀어볼 수가 없기 때문에 상인 입장에선 엄청난 리스크다. 쓸 만한 물건이 없는 뭉치를 샀다가는 파산할 수도 있

지속 불가능한 패션 산업에 이의를 제기합니다

다.[12] 좋은 뭉치가 걸리면 자식이나 형제자매의 일주일치 학비를 벌 수도 있다. 상인들이 지체 없이 뭉치를 열면 그 안에 든 헌 옷들은 출발지로부터 수천 킬로미터 떨어진 이곳에서 다시 한 번 생명을 얻게 되는 것이다.

옷 뭉치들은 겉에서 보면 똑같아 보이지만 안은 완전히 다르다. 상인은 내용물을 세가지로 (다시 한 번) 나눈다. 질에 따라 1차, 2차, 3차 등급으로 나누는데 기준은 주관적이다. 남성 정장 전문 가판대를 갖고 있는 데이비드 애덤스(David Adams)에게서 헌 옷을 분류하는 방법을 배워봤다. 데이비드는 대학 수학과 3학년이었던 2013년에 칸타만토에서 장사를 시작했다. 화재로 인해 시장에 큰 피해가 발생한 지 얼마 지나지 않았던 시점이었다. 이곳에서 가판대를 운영하던 부모님이 데이비드에게 간곡하게 도와달라고 요청하자, 그는 학업을 미뤄놓고 여동생들의 학비를 벌기 위해 일했다. 여동생 한 명은 가나 대학, 또 한 명은 인터내셔널 고등학교에 재학 중이었다. 처음에는 옷 뭉치에서 나온 2치와 3차 등급 물건을 파는 행상으로 시작했다. 일주일 반쯤 지났을 때 정장 재킷들이 든 뭉치들을 개당 150세디에 사서, 아버지의 시장 내 고객에게 팔았다. 데이비드는 두 달 만에 여동생들의 학비는 물론 수학과 과정을 마치러 대학으로 돌아갈 수 있을 만큼 큰돈을 벌었다.

하지만 4학년 재학 내내 데이비드를 찾는 옛 고객들의 전화가 쇄도했다. "서로 통하는 게 있다"며 그가 필요하다는 요청이었다. 데이비드는 현장의 인플루언서였다. 그를 칸타만토로 다시 부른 것은 정장이었다. 졸업 후 1년간 군 복무를 하면서 쥐꼬리만 한 급여를 받다 보니 칸타만토 일의 매력을 다시 보게 된 것이다. 데이비드는 정장이 든 옷 뭉치가 돈이 된다는 사실을 알고 있었다. 때론 말 그대로 돈 되는 일이 벌어지기도 했다. 헌 옷 정장 주머니 속에 종종 달러 지폐가 들어 있곤 했기 때문이었다. "요즘은 아무것도 없어요. 있어 봤자 휴지뿐이죠." 데이비드가 빙그레 웃으면서 말했다. 돈을 버는 방법을 이해하는 데는 수학 전공 학위는 필요 없었다. 600세디를 내고 정장들이 들어 있는 뭉치들을 샀다면, 재킷 두 벌만 팔아도 300세디를 벌 수 있기에 "마이크로소프트 휴대전화를 살 수 있다"는 이야기였다.

데이비드의 하루는 오전 6시에 시작된다. 한 시간 반 동안 새로 받은 옷 뭉치들을 개봉해 사이즈를 분류하고 등급을 나누는 일을 한다. 크림색 크롭은 1차 등급이다. 이런 옷들은 거의 새것이거나 가격표도 떼지 않은 진짜 새 물건이다. 굿윌 표식이 붙은 옷도 괜찮다. 나도 시장 안을 돌아다니면서 굿윌 표식이 달랑달랑 그대로 달린 옷을 많이 봤다. 1차 등급은 패셔너블한 옷이거나 유명 상표가 붙은 옷이어야 한다. 데이비드는 슬림컷 스타일의 옷을 들어 올리더니 주머니 입구가 박음질로 막혀 있는지를 먼저 살폈다. 박음질이 뜯어지지 않은 상태면 한 번도 입지 않은 새 옷이거나, 몇 번밖에 입지 않은 옷일 가능성이 높다.

데이비드가 사들인 옷 뭉치에서 1차 등급은 약 10퍼센트다. 2008년에는 50퍼센트가 넘었다고 한다. 그때는 옷 주머니에 지폐도 들어 있곤 했다. 요즘은 한 뭉치에서 60~70퍼센트가 2차 등급으로 분류되는데, 많이 입지 않았거나 일부 고객에게는 괜찮아 보일 수 있는 옷들이다. 색깔이 바랬거나 해진 옷, 또는 3버튼 정장 재킷 같은 오래된 디자인, 목이 늘어나 있고 때가 묻은 티셔츠는 3차 등급이다. 데이비드는 가끔 이런 옷도 팔려고 시도해봤지만, 대개는 폐기용 옷 더미에 던져버

지속 불가능한 패션 산업에 이의를 제기합니다

린다. 이런 옷 더미를 '아사에이(asaei, 아래)'나 '볼라(bola, 쓰레기)'라고 부른다. 그는 여성용 드레스 한 벌을 예로 들었다. 상표와 지퍼를 살펴보던 그가 약간 역겹다는 투로 말했다. "이것 좀 보세요. 우리 할머니나 입었을 것 같지 않나요?" 그 말이 맞았다. 상표와 지퍼가 오래되었고 상태도 좋지 않았다.

폐기용 옷 더미 위에 던져지는 옷들 중에는 가게에서 팔리지 않은 재고품들도 있다. 가나 사람들의 요구와 맞지 않는 옷도 3차 등급 신세가 된다. 고온 다습한 날씨 때문에 비단처럼 구김이 잘 지고 땀에 젖기 쉬운 천으로 만들어진 통기성 나쁜 옷은 팔 수 없다. 뚱뚱한 사람이 많은 서구에서 온 뭉치에는 사이즈가 큰 옷이 많은데, 그런 옷들 역시 판매 불가로 분류된다. 구세군의 프레드에 따르면 요즘 중고 시장에서는 일본 옷이 인기라고 한다.

데이비드가 3차 등급으로 분류한 정장 양복 여섯 벌 중 네 벌은 팔릴 가능성이 있다. 돌아가신 분에게 입혀드리려고 사는 경우엔 낡거나 오래된 스타일이어도 상관없기 때문이다. '중고 의류'를 가나 말로 '오브로니 와우(obroni wawu)'라고 하는데 "백인이 죽었다"는 뜻으로도 해석할 수 있다.[13] 가나 사람들 입장에선 누군가 진짜 죽지 않고는 이렇게 귀한 물건을 내다버리는 게 이해되지 않을 것이다. 가나 사람들에게는 여전히 입을 만한 귀한 옷들이기 때문이다.

모든 상인들이 데이비드처럼 팔릴 만한 옷을 확보하는 건 아니다. 정장은 판매와 이윤 면에서 가장 좋은 카테고리에 속한다. 가판대마다 파는 옷의 성별과 종류가 다르다고 앞서 말했다. 리즈가 이끄는 NGO가 청바지를 전문적으로 판매하는 상인이 옷 뭉치 하나를 분류하는 과정을 기록한 적이 있는데, 이 상인은 뭉치 안에서 나온 헌 옷들 중 3차 등급으로 여덟 벌, 2차 등급은 열세 벌, 1차 등급으로는 고작 여덟 벌을 건졌다.[14] 하지만 청바지는 2, 3차 등급이어도 시장 안에 있는 맞춤복 가게와 염색 가게에 가져가 근사한 스타일로 변신시킬 수 있다. 미국인들은 리바이스의 카우보이 스타일 청바지를 선호하는 데 반해, 가나 사람들은 단정해 보이는 어두운 색의 각 잡힌 청바지 스타일을 더 좋아한다.

하지만 가나 쪽에서는 옷 뭉치 내용물을 컨트롤할 수 있는 사람이 없다. 옷 뭉치를 사들이는 수입업자들은 보통 자본을 많이 갖고 있는데, 그중 상당수가 1960년대부터 이 일을 해왔다. 리즈에 따르면 성공한 수입업자는 주당 10만 달러(세디가 아니라 달러)를 번다.[15] 그런 업자도 매주 배달받는 옷 뭉치들에 관해 발언권이 없고, 질이 낮아도 협상권이 없다. 그래도 그들이 리스크를 감수하지는 않는다. 상인들에게 곧바로 넘기기 때문이다.

상인은 옷 뭉치 1개당 평균 937세디(165달러)를 지불하고, 평균 478세디(84달러)의 (수입에서 비용을 뺀) 수익을 남긴다. 그 돈으로 짐꾼 고용비, 가판대 임차료, 청소비, 휴대전화 요금 등을 지불한다. 이렇게 나가는 돈이 주당 100세디(18달러) 정도다. 매출의 절반 이상은 1차 등급에서 나온다.[16] 이 옷들은 인기가 많아 바쁜 수요일 점심시간 이전에 다 팔리곤 한다. 목요일과 금요일에는 나머지 옷들을 판다. 히트를 치느냐 마느냐 여부는 전적으로 옷 뭉치 안에 어떤 옷이 들어 있는지와 어떤 사람이 파느냐에 달려 있다. 리즈의 파트너인 스키너가 쓴 석사학위 논문에 따르면, 시장에서 남성 옷을 주로 파는 남성 상인들은 수익

지속 불가능한 패션 산업에 이의를 제기합니다

을 남기는 반면, 여성 옷을 주로 파는 여성 상인들은 평균적으로 손해를 본다.[17] 이렇게 된 데에는 다양한 요인이 있다. 우선 여성 옷을 파는 구역은 남성 옷 구역보다 오래돼서 괘직하지 못하다(또한 극도로 붐빈다). 둘째로 여성 옷이 많이 수입될수록 팔리지 않는 질 낮은 옷도 많이 들어온다. 세 번째 요인은 가나 여성의 구매력이 남성에 비해 낮다는 점이다.

데이비드는 정장 양복이란 좋은 아이템을 택해서 사업을 잘하고 있다. 옷 뭉치 하나당 50퍼센트의 이익을 올리는데, 이런 점이 그가 가나 사회에서 특별히 일류급은 아닌 이 일을 계속하는 이유다. 칸타만토는 번창하고 있는 경제 허브다. 집 앞마당에 쓰던 물건들을 늘어놓고 파는 수준쯤으로 생각하면 오산이다. 물론 칸타만토에서 일하는 모든 사람들이 동등한 혜택을 얻는 건 아니다. 남성 상인에 비해 사업 운이 없는 여성 상인뿐만 아니라, 상인에게 고용된 하청업자들도 그리 많은 돈을 벌지는 못한다. 데이비드는 평일에는 매일 30세디에 남성 셋을 고용해 시장 외곽에서 옷 뭉치들을 가게로 갖고 오는 일과 기타 잡무를 시킨다. 토요일에는 50세디를 준다. 이 남성들은 주말에 일하면 밤에 나가서 놀 수 있는 가욋돈을 벌 수 있어서 좋아한다. 생활할 수 있을 만큼 돈을 벌기는 하지만 돈을 모을 정도는 아니다. 헌 옷 수입업자, 가게 주인, 노동자 등 칸타만토와 관련된 일을 하는 모든 사람들은 이곳에 대한 정부 투자가 늘어나기를 강력히 원하고 있었다. 칸타만토는 가나 국민들의 생계를 책임지는 중심이며, 많은 기회가 있는 곳이다. 데이비드는 학업을 계속하는 것부터 정장 양복 공장 창업, 버섯과 달팽이 키우기(그는 생물학을 좋아한다)에 이르기까지 다양한 미래 소망들을 내

게 펼쳐 보였다. 탁월한 정치 리더가 될 것 같다고 말해주었더니, 지금
은 "이 일이 더 좋다"고 답했다.

시스템의 노예
살아 있는 역사로서 카야예이

칸타만토에서 가장 핵심적인 노동자 집단은 말 그대로 가장 극단적인
방식으로 시장을 어깨에 짊어지고 있다. 바로 여성 짐꾼인 카야예이다.
이들은 옷의 생애에서 최종 단계에 등장하는 보이지 않은 히로인이자
피해자다.

　내가 방문한 첫날, 많은 여성들이 50킬로그램이 넘는 옷 뭉치들
을 머리에 이고, 등에는 아기를 업은 채 시장 안을 바쁘게 오갔다. 그들
의 존재는 시장의 평범한 일부분인 듯했다.

　카야예이의 주요 업무는 시장 외곽에서 옷 뭉치를 받아 시장 안
상인의 가판대까지 배달해주는 것이지만, 사실 무엇이든 다 옮겨주는
일을 한다. 부유한 상인은 그날의 전리품을 자기 집으로 옮겨놓으려고
여성 짐꾼을 고용하고, 또 다른 상인은 도시 외곽에서 더 멀리 떨어진
곳에 사는 사람에게 야채를 배달하는 일을 시키기도 한다. 토마토를 파
는 상인에게 고용된 짐꾼은 다른 짐꾼보다 더 먼 거리를 오간다. 평균
60~90킬로그램 무게의 토마토를 머리에 이고 그 길을 오가는데, 무게
가 성인 여성의 몸무게보다 더 무겁다.[18] 소수의 남성 짐꾼은 90킬로그

여성 짐꾼 카야예이는 시장을 짊어지고 다닌다.

램 이상(더 큰 짐은 트럭으로 옮긴다)을 나른다. 칸타만토 안에서만 돌아
다니는 경우도 있는데, 자동차나 손수레로는 들어갈 수 없는 좁고 붐비
는 골목길들을 발로 누비며 배달한다.[19]

　　옷 뭉치들을 머리에 이고 걸어가는 여성 짐꾼의 모습을 보고 있
자니, 발레와 데드리프팅*이 혼합된 무언가를 바라보는 느낌이었다.
여성 짐꾼이 헝겊으로 만든 조그마한 링을 정수리 위에 쿠션처럼 올려
자리를 잡은 후 쪼그려 앉으면, 다른 여성이 옷 뭉치를 잡아서 올려놓
거나 양철통 안에 물건을 채워준다. 앉아 있던 짐꾼은 허리를 곧게 편

---

* 　　deadlifting. 바닥에 놓인 바벨을 잡아 팔을 구부리지 않은 자세로 엉덩이 높이까
　　지 들어 올리는 웨이트 트레이닝 종류.

다음 몸을 일으켜 세운다. 아사나(Asana)란 이름의 카야예이는 주당 10세디를 번다고 내게 말했다. 바쁜 주에는 50세디를 벌 때도 있단다. 9달러도 안 되는 돈이다.[20] 고생에 대한 보상으로 목과 등에 통증이 생기는데, 잘못하다 목이 부러진 여성도 있다고 한다.[21]

아사나 같은 여성 짐꾼들은 여러 가지 이유로 칸타만토에 온다. 대다수는 북부 출신으로 매매혼으로 팔려가는 대신 카야예이를 선택하거나, 남편이나 아버지가 사망해 가족을 부양하려고 카야예이를 한다. 기후변화는 가나 농업에 큰 어려움을 초래하고 있는데, 홍수나 가뭄으로 농작물이 큰 피해를 입으면 많은 여성들이 집을 떠나 멀리 일하러 간다. 방글라데시에서 기후변화로 가장 많은 피해를 입은 사람들이 기후변화를 일으키는 산업의 가장 취약한 노동자로 전락하는 것처럼. 카야예이는 고통이 끓어오르는 고향을 떠나 고통에 푹 전 도시의 일부가 된다. 칸타만토 근처에 있는 올드 파다마(Old Fadama)는 가나에서 가장 오래된 슬럼이자 세계에서 가장 큰 전자기기 쓰레기장 아그보그-블로시(Agbog-bloshie) 바로 옆이다.[22] 미국에서도 마찬가지지만 사회 주변부에 있는 사람들은 독성 쓰레기 옆에서 살 수밖에 없는 경우가 흔하다. 이곳에서는 방 하나에 10~12명이 사는가 하면, 숨 막히게 더운 좁은 방 안에서 온 식구가 겨우 몸을 끼워 넣고 잠잔다.[23] 집에 문열쇠가 한 개뿐이라 열쇠를 가진 사람이 올 때까지 온 식구가 들어가지 못하고 기다려야 하는 경우도 있다. 집 임차료를 제때 내지 못하면 온 식구가 쫓겨난다. 공해가 엄청나고 생활 여건이 절망적이어서 '소돔과 고모라'라는 별명을 갖고 있는데, 올드 파다마를 방문했을 때 내 머릿속에 떠오른 단어도 바로 그것이었다.

지속 불가능한 패션 산업에 이의를 제기합니다

이곳에 사는 여성 짐꾼의 하루는 오전 4시 30분에서 5시에 시작한다. 칸타만토 시장 외곽에 있는 수입업자 구역에 가야 하기 때문에 오전 7시에는 시장에 도착한다. 그때 시장이 열리고 옷 뭉치를 푸는 작업이 시작되는데, 아마존 물류센터에서 일하는 사람들의 업무 스케줄과 그리 다르지 않다. 지치지 않고 끊임없이 일해야 하며, 힘든 만큼 보상을 못 받는 일이지만, 카야예이는 시장이 작동하기 위해 필수적인 존재라서 매주 재고용이 보장된다는 사실을 그들 스스로도 알고 있다. 어떤 사람은 그런 일이 없는 것보다는 낫다고 주장할지 모르겠지만, 리즈는 "카야예이들은 시스템의 노예"라고 말했다.

코로나19 사태 동안 카야예이들은 큰 타격을 입었다. 좁은 집에 많은 식구가 모여 사는 데다, 위생 시설이 없고 의료 시설과 멀리 떨어져 살기 때문이다. 또한 그들의 삶을 가장 크게 위협한 것은 시장이 문을 닫는 바람에 적은 액수나마 늘 벌어왔던 돈이 사라졌다는 점이다.

칸타만토를 방문했을 때, 마침 바쁜 시간이라 트럭과 사람으로 길이 꽉 막혀 있었다. 한 여성이 머리에 커다란 양철통을 이고 있었는데, 그 안에는 내가 여태껏 본 것들 중 가장 큰 얌들이 깔끔하게 정리돼 있었다. 또 다른 여성은 머리 위에 올려놓은 티셔츠 더미를 끈으로 턱 아래까지 묶었고, 자줏빛 점박이 무늬와 레오파드 프린트 블라우스를 옷걸이에 걸어서 가슴에 걸쳐놓았다. 길을 따라 내려가니 짐꾼들의 머리 위에서 흔들거리는 옷 뭉치들이 보였다. 엄청나게 큰 옷 뭉치 밑에 깔린 인간 캐리어들이 잘 보이지 않을 정도였다.

그들은 무슨 생각을 하고 있을까? 궁금해졌다. 비천한 일이라도 하기 위해 스리랑카 북부에서 콜롬보로 이주해 옷 공장에서 일하는 다누와 다른 노동자들처럼, 가나 사회는 카야예이에게 다른 선택지를 주지 않고 그들을 보호하기 위해 아무 일도 하지 않는 것일까? 지금 이 순간 전 세계에서 얼마나 많은 여성들이 우리에게 패션을 서비스하기 위해 일하고 있을까? 급여를 제대로 받는 사람도 있고, 받지 못하는 사람도 있을 것이다. 존중받는 사람이 있으면 이용당하는 사람도 있고, 합법적으로 일하는 사람이 있으면 불법적으로 일하는 사람도 있을 것이다. 옷들이 무덤으로 향하는 이곳에서, 과연 우리는 사람들에게 삶의 기회를 제공하는 길을 찾을 수 있을까?

쓰레기를 말하다
중고 시장, 왜 다시 봐야 하나

칸타만토는 본능적인 에너지를 갖고 있다. 끊임없이 울려 퍼지는 드럼 소리와 가판대에서 가판대로 이동하는 쇼핑객들의 움직임, 물건을 팔면서 가격을 외쳐대는 상인들의 날카로운 목소리가 어우러져, 놀랍게도 화음이 잘 맞는 코러스 같았다. 쇼핑객들은 건초 더미에서 황금 바늘을 찾는 것처럼 보물을 발견하려고 시장 안을 돌아다녔다. 언뜻 보면 큰 파티 같다는 생각마저 든다. 그렇다 하더라도 칸타만토가 존재하는 이유는 우리가 이 책에서 지금까지 살펴봤듯 옷의 과잉 생산과 가치 하락 때문이다. 이 세계적 문제의 책임은 미국에 있다. 미국은 매년 45만 톤이 넘는 중고 의류를 수출한다.[24] 이 수치는 전 세계 중고 의류

지속 불가능한 패션 산업에 이의를 제기합니다

무역량의 일부일 뿐이다. 2016년 데이터에 따르면 전 세계 중고 의류의 40퍼센트가 3개국, 즉 미국(15퍼센트), 영국(13퍼센트), 독일(11퍼센트)에서 나온다. 유럽연합 소속 국가와 미국을 더하면 전 세계 중고 의류 수출의 65퍼센트를 차지한다. 부유한 나라가 되면 될수록 중고 의류 수출량이 늘어난다. 모든 경주에서 두각을 나타내는 중국의 경우에는 2006~2016년 동안 중고 의류 수출량이 두 배로 늘었다.[25] 이 기간 중국에서는 중산층과 상류층 인구가 크게 늘었다. 앞서 살펴봤듯 가나에 모인 중고 의류들은 다양한 곳에서 온다. 구세군에서 온 옷도 있고, 의류 업체들의 보상 프로그램으로 온 옷도 있으며, 안 팔린 옷, 안 입은 옷, 소매상 재고 등도 포함되어 있다.

코로나19는 좋은 의미에서건 나쁜 의미에서건 여러 차원에서 이런 사이클에 영향을 주었다. 구세군과 다른 자선 기관들이 기부 감소로 인해 일시적으로 문을 닫았다고 언급했던 게 기억나는가? 공급 감소와 바이러스 확산을 막기 위한 국경 폐쇄, 그리고 사회적 거리 두기 노력으로 인해 칸타만토 같은 시장들은 거의 하룻밤 사이에 문을 닫아야만 했다. 캐나다 오타와의 중고 의류 분류 회사인 뱅크 앤드 보그(Bank & Vogue)의 스티븐 비델(Steven Bethell) 사장에 따르면, 2020년 봄 아프리카로 보내는 헌 옷 가격이 절반 아래로 폭락했다. 각국 정부는 헌 옷들이 자국으로 들어오는 것을 거부했다. 케냐는 일시적으로 금지했고, 멕시코 역시 여행 금지 조치를 이유로 중단했다.[26] 미국과 가까운 멕시코는 미국 국민들이 기부한 헌 옷들 중 최소 30퍼센트가 갔던 나라다.

코로나19로 인한 시스템 붕괴는 우리로 하여금 어떻게, 왜 이런 일이 벌어졌는지를 처음부터 점검해볼 것을 요구하고 있다. 우선 우리의 소비 습관에서 시작해야 한다. 반품 프로그램 같은 매력적인 말을 만들어낸 마케팅 및 기업의 CSR 팀, 기부 센터들의 탓도 있다. 어떤 사람들은 기부한 헌 옷들이 개발도상국에서 일자리를 만든다고 주장한다. 데이비드와 아베나, 그리고 3만 명에 이르는 다른 상인들은 칸타만토 시장에서 그럭저럭 먹고살고 있다. 그런데 왜 그들로부터 일자리를 빼앗아야 하느냐는 것이다.

헌 옷 재판매가 일할 기회를 만들어내는 건 사실이다. 하지만 데이비드처럼 수익을 내는 경우는 흔치 않다. 많은 여성 상인들이 오히려 손해를 보고 있으며, 현지 수입업자들에게서 돈을 꾸는 바람에 손해가 커지는 경우도 많다. 현재는 일자리보다 빚의 굴레를 더 많이 만들어내는 듯하다. 또 중고 의류 시장은 개발도상국 경제를 위한 좀 더 안정적이고 탄력적인 다른 기회들을 막고 있다. 현지 경제가 좀 더 잘사는 나라들의 자비에 계속 의존하도록 만들기 때문이다. 트럼프 행정부는 르완다가 자국 산업을 키우기 위해 헌 옷 수입을 금지하자 아프리카성장기회법(AGOA)에 따라 부여하던 혜택을 중단하기까지 했다. 그 결과 르완다는 미국 쓰레기를 받아들이지 않은 것에 대한 보복으로 자국산 의류를 미국에 수출할 때 무관세 혜택을 받을 수 없게 됐다.[27]

가나에서 전통 기법으로 왁스 면직물을 생산하는 아코솜보 텍스타일 유한회사(ATL)의 새미 악쿠아(Sammy Acquah)는 소비자들이 칸타만토 시장에서 다양한 헌 옷들을 접하면서 변덕스런 취향을 갖게 돼 자사 제품 판매가 타격을 입고 있다고 말했다. 더 큰 위협은 '짝퉁'이다. 2001년 중국이 WTO에 가입한 이후, 몇몇 중국 사업가들이 ATL 같은 가나의 직물 회사 및 판매점을 찾아 100퍼센트 면사로 만든 제품들을 사서 돌아간 다음 거의 똑같은 제품을 생산했다. 가짜 '메이드 인 가나' 직물은 싸구려 티가 나고 촉감이 뻣뻣한데, 상표에는 가짜 디자인 번호까지 버젓이 찍혀 있다. 무엇보다 중요한 건 새미의 회사가 만든 제품보다 가격이 4분의 1에 불과하다는 점이다. 그 결과 중국은 가나 섬유 시장의 50퍼센트를 망하게 만들었다.[28]

이와 같은 점들은 지난 수년간 싸구려 중고 의류 수입이 한때 활발했던 아프리카 직물 산업을 어떻게, 그리고 왜 지속적으로 대체해왔는지 분명하게 보여주고 있다. 오늘날 개발도상국들이 태양왕 통치하의 프랑스, 산업혁명기의 영국과 미국, 시장 개방 정책을 취한 중국과 극명하게 다른 점은 자국의 산업을 발전시키기 위한 수단으로 보호주의를 사용할 수 없다는 사실이다. 왜 그럴까? 바로 신자유주의 때문이다. 1989년 체결된 워싱턴 컨센서스(Washington Consensus)는 미국과 세계은행, 국제통화기금이 표면적으로 자유무역을 내세우면서 개발도상국들의 무역장벽 제거를 강요한 신자유주의 정책이었다. 이 정책은 근본적으로 개발도상국들이 자국 산업을 육성해 수출국이 될 수 있도록 하는 게 아니라 우리가 만든 상품, 즉 미국 쓰레기의 수입국이 될 것을 요구했다. 결과적으로 개발도상국들은 강대국에 휘둘리면서, 특히 달러화 환율 변화나 국경 폐쇄 같은 문제에 너무나 취약해졌다.

칸타만토 시장 상인들의 미래는 그리 좋아 보이지 않는다. 헌 옷 뭉치를 사서 돈을 벌려면 1차 등급이 50~90퍼센트가 돼야 하는데, 요즘은 평균 18퍼센트에 불과하다. 우리가 일회용 옷을 많이 버리면 버릴수록, 칸타만토 시장 상인들은 팔 만한 옷이 없다는 압박감을 더 많이 받는다. 2차, 3차 등급이 될 만한 옷이나, 현지인들이 선호하는 스타일 및 소재의 옷이 없기 때문이다. 가나 사람들은 신축성 있는 니트보다는 각이 잡히고 단정해 보이며 재봉과 재단이 잘된 옷을 좋아한다.

쓰레기에서… 쓰레기로
존재조차 몰랐던 매립지

질 좋은 중고 의류는 줄어들고 몇 번 입고 버리는 의류는 증가하면서, 가나 사람들은 우리가 옷을 기부할 때 상상조차 하지 않았던 일을 할 수밖에 없는 상황에 놓이게 됐다. 미국으로부터 수천 킬로미터 떨어진

크폰 매립지의 쓰레기 산 위에서.
칸타만토 시장에서 매주 나오는 의류 쓰레기 77톤이 이곳에 매립된다.

곳으로 간 옷들은 제2의 삶을 누려보지도 못하고 쓰레기로 버려진다. 게다가 가나 등 대다수 개발도상국의 폐기물 처리 시스템은 우리가 뉴욕과 미국 전역에서 봤던 것보다 훨씬 열악하다. 그 결과 미국에서 옷을 버리는 것보다 더 많은 공해 물질이 배출돼 기후에 악영향을 미치고 있다. 쓰레기 처리에 들어가는 환경 비용은 말할 것도 없다.

쓰레기는 패션만큼이나 칸타만타 시장의 일부분이다. 오전 5시 30분부터 6시 30분까지 옷 뭉치를 풀어 내용물을 분류하고 가판대에 진열하는 작업이 끝나면, 아무도 원하지 않는 3차 등급과 그 이하 옷들은 곧바로 쓰레기가 된다. 상인들은 팔리지 않는 옷을 갖고 협상을 해야 한다. 스키너의 관찰에 따르면 아크라 시 정부는 칸타만토에서 매주 6일간 총 77톤, 즉 280만 벌의 옷을 수거한 다음 가장 큰 매립지인 크폰으로 가져간다.[29] 칸타만토에 들어온 헌 옷 세 벌 중 두 벌이 매립지로 가는 것이다.[30] 여기서 잠시만 생각해보자. 우리가 아크라로 보낸 옷

칸타만토 시장 안의 의류 쓰레기 더미.

매립지로 보낼 의류 쓰레기들이 트럭에 실려 있다.

의 절반 이상이 그대로 쓰레기 매립지로 가는 셈이다. 스키너의 논문보다 좀 더 많은 데이터가 필요하기는 한데, 어쨌든 이와 같은 놀라운 수치는 헌 옷 재판매와 기부 시스템에 관한 전반적인 관점을 뒤집는다.

칸타만토는 아크라뿐만 아니라 가나 전체에서 가장 쓰레기 배출량이 많은 곳이다. 미국에서 매립되는 쓰레기 중 옷과 신발은 약 5퍼센트인데, 칸타만토는 네 배나 더 많다. 이곳에서 나오는 쓰레기가 매립지 전체 용량의 20퍼센트를 차지한다. 그런데 칸타만토에서 나오는 쓰레기 가운데 매립지로 가는 것은 25퍼센트에 불과하다. 15퍼센트는 비공식적인 개인업자들이 수거해서 불법으로 수로에 버리거나, 바닷가 모래사장에 파묻거나, 야외에서 태우거나, 길가에 그냥 버린다. 2004년 가나에서 콜레라가 발생해 243명이 사망한 이면에는 이처럼 불법

지속 불가능한 패션 산업에 이의를 제기합니다

칸타만토 시장 주변 도로에 쌓여 있는 쓰레기들.

쓰레기 폐기 문제가 있었다.[31] 2013년 문을 연 크폰 매립장은 25년 뒤인 2038년까지 사용될 예정이었지만 불과 6년 만에 매립 용량을 이미 초과했다.[32]

옷의 여정이 이렇게 슬프게 끝나버린 건 당연한 일이다. 우선 노동력이 저렴하고 규제가 없는 해외 국가로 생산지를 옮겨 옷을 싸게 만들어내는 게 가능해졌고, 의류 문제의 현실을 보이지 않게 감추고 더욱 더럽혔기 때문이다. 이제 똑같은 일이 우리가 버린 헌 옷에서도 일어나고 있다. 폐기물을 처리할 수 있는 적절한 인프라가 없는 국가들이 우리가 버린 쓰레기 속에 파묻히고 있는 것이다.

지구를 반쯤 돌아 도착한 엄청난 양의 의류 쓰레기는 이미 심각한 궁핍에 처한 아크라에 큰 짐이 되고 있다. 거주지의 뒷마당에서 옷

크폰 쓰레기 매립장에서 피어오른 검은 연기가 하늘을 메우고 있다.

을 소각하는가 하면, 하수관은 옷 쓰레기로 막혀 있고, 매립지는 정말로 지속 가능할 수 없는 어마어마한 속도로 채워지고 있다. 시민들에게 끔찍한 일이다. 당연히 지구에도 끔찍한 일이란 사실을 크폰 매립지 방문에서 배울 수 있었다.

안개가 끼어 흐릿한 금요일 아침, 나는 매립지 위에 올라갔다. 이책을 쓰기 위해 갔던 여행은 호사스런 치장과는 거리가 멀었지만, 크폰에 갈 때에는 특히 눈 화장을 하지 말라는 설명을 들었다. 매립지에서나오는 화학물질 때문에 속눈썹에 바른 마스카라가 엉켜 붙을 수 있다는 것이다. 판잣집들이 들어선 마을(가장 많이 박탈당한 사람들이 쓰레기옆에서 가장 많이 산다는 증거다) 끝에 있는 입구 근처에서 남성 몇 명이

지속 불가능한 패션 산업에 이의를 제기합니다

체커게임에 몰두하고 있었다. 시야가 흐릿한 건 날씨 때문이 아니었다. 매립지에서 치솟는 연기 때문이었다.

사실 몇 킬로미터 밖에서부터 연기가 보였지만 다른 이유가 있는 줄로만 알았다. 가까이 다가가자 연기가 치솟는 곳이 뚜렷하게 보였다. 매립지의 약 4분의 1가량이 타고 있었다. 검은 연기구름이 피어올라 주변을 뒤덮었다. 매립지의 다른 쪽 하늘은 어울리지 않게도 맑고 푸른 빛이었다.

쓰레기가 타고 있는 쪽에 차를 세우고 밖으로 나와 걸어가는데, 영화 〈헝거 게임(The Hunger Games)〉의 황량한 세트에 서 있는 듯했다. 주변을 둘러보면서 그동안 방문했던 곳들이 떠올랐다. 텍사스에서 농부들이 뿌린 살충제가 산들바람을 타고 목화 보푸라기와 함께 떠다니던 목화밭, 화학물질들이 뒤섞여 번들거리던 중국의 강, 화학물질 웅덩이가 있던 청바지 공장, 옷감 두루마리들이 쓰러진 나무와 타이어와 버린 신발과 함께 뒹굴던 다카의 골목길, 10여 명의 어린 여성들이 속옷 공장 라인에서 열심히 일하며 아동기의 마지막을 보내고 있던 스리랑카의 빈민가 등등이 생각났다. 나는 그때마다 스스로에게 이렇게 말했다. "지금까지 가봤던 곳들 중에서 여기가 제일 더럽네." 아크라에서 지내는 동안 나는 숙소의 방 안에서 대부분의 시간을 청소로 보냈다. 방바닥을 쓸고 발을 씻자마자 신발 밑창에 갈색 보호 필름을 다시 씌우곤 했다. 리즈는 내가 묵고 있는 에어비앤비 숙소가 전자제품 쓰레기장 아그보그-블로시 근처라서 그런 것 같다고 설명했다. 카야예이 대다수가 아그보그-블로시 인근에 산다. 나는 연기와 맹렬하게 부는 바람, 점점 더 뜨거워지는 열기 속에서 진정 더러운 게 뭔지 경험했다.

화석처럼 파묻힌 쓰레기 옷은 어디를 거쳐 이곳에 왔을까?

마음을 가다듬으려고 발밑에 있는 딱딱하게 굳어버린 진흙 같은 땅을 내려다봤다. 청바지 한 벌과 자수가 놓인 어린아이 드레스가 마치 화석처럼 흙속에 파묻혀 있는 광경에 눈이 가는 순간, 내 마음은 그 옷이 지나왔을지도 모르는 모든 곳들로 향했다. 어디서 자란 면을 썼을까? 텍사스 아니면 인도? 방글라데시 다카에서 만들었을까? 아니면 중국 샤오싱? 뉴욕이나 미네소타에서 팔린 옷일까? 아니면 런던? 칸타만토를 거쳐서 왔을까? 옷들은 이곳에서 수치스러운 죽음을 맞는다. 그 옷을 만들고 팔았던 사람들은 완전히 잊힌다.

그곳에서 매립지 관리자 퍼시(Percy)를 만났는데, 그는 우리 앞

지속 불가능한 패션 산업에 이의를 제기합니다

에서 타오르는 불 옆에 서 있었다. 쓰레기를 살펴보는 데 허가가 필요하냐고 물었더니 "너무 당혹스럽군요. 그렇지만 이게 현실입니다"라고 대답했다. 어쨌든 그는 우리에게 매립지 접근을 허락했다. 하지만 외부인들이 감독도 받지 않고 불타는 쓰레기 사이를 돌아다니는 것을 좋아하지 않는 사람도 있었다. 쓰레기 산을 올라가고 있는데, 한 남자가 우리 뒤를 쫓아오더니 소리쳤다. "여기 있으면 안 됩니다!" 허락받은 사람들이라고 퍼시가 설명해준 다음에는 아주 친절하게 굴었다. 그는 공손한 말투로 이번에 난 불이 지금껏 경험했던 것 중 최악이라고 설명했다. 전에도 매립지에 불이 난 적이 있기는 하지만 자주 있는 일은 아닌 듯했다. 처음에는 근처에 있는 회사에서 일어난 스파크가 옮겨 붙은 줄 알았다고 했다. 그런데 불이 난 다음 날, 언론들이 다른 쓰레기들과 함께 우연히 들어온 불씨 때문에 불이 난 것 같다고 보도했다.

매립지 산을 올라가는 일은 보물찾기와 호러쇼, 그리고 〈피어 팩터〉* 가 고루 섞여 있는 것 같았다. 얼굴에 마스크를 쓰고 긴팔 상의와 바지를 입었지만, 음식물이 썩어서 생긴 늪 같은 웅덩이와 플라스틱 봉지들, 그리고 옷 쓰레기들에 휩싸이자 걱정이 들었다. '아이 스파이'** 게임을 하는 것처럼 모든 정신을 집중했다. 제일 쉽게 알아볼 수 있는 건 플라스틱 봉지였는데, 밝은 네온 블루와 초록색 점박이 무늬가 찍혀 있었다. 내가 신고 있던 검은색 나이키 운동화의 친구들도 많았다. 나이키 로고가 들어간 스니커즈와 슬리퍼도 있고, 아식스 운동화와 푸마

---

*   Fear Factor, 미국 NBC TV에서 방영된 서바이벌 게임쇼.
**   I Spy, 숨겨진 보물이나 아이템을 찾는 게임.

의 빨간색 벨크로 하이톱도 있었다. 옷은 구분해내기 어려웠다. 대부분이 흙에 파묻혀 있거나 쓰레기 봉지 안에 들어 있어서 아주 밝은색 옷들만 눈에 띄었다.

쓰레기 더미 속에서 무엇인가 눈에 들어왔다. 셔벗 색깔의 격자무늬기 들어간 버튼다운 셔츠로, H&M의 고급 라인인 L.O.G.G 라벨이 붙어 있었다. '메이드 인 캐나다'라고 적힌 표식도 튀어나왔다. 짝퉁 베르사체의 새 것처럼 하얀 더스트백은 적갈색 흙과 극명한 대조를 이루고 있었다. 캔버스천으로 만든 테니스화는 짓이겨져 형체를 알아보기 어려웠다.

크폰에 가기 전에는 쓰레기 악취 때문에 숨이 막힐 거라 예상했는데, 놀랍게도 참을 만했다. 오해는 마시라. 쓰레기 산에 불이 나면서 모닥불 같은 냄새가 부패의 냄새를 완화했기 때문이었다. 플립플랍 슬리퍼나 플라스틱 봉지 옆에는 코코넛이나 바나나 껍질, 스티로폼 음식물 용기가 삐죽 나와 있었다. 썩은 음식물 쓰레기와 구더기들은 생각했던 것보다 적었다. 그런 쓰레기는 대부분 봉지 안에 들어 있기 때문이었다.

현상에는 우리 외에도 쓰레기 산을 오르는 등반가들이 있었다. 매립지에서 비공식적으로 일하는 이들은 아주 구체적인 목표를 갖고 있었다. 쓰레기 트럭들이 내용물을 쏟아놓으면 꼼꼼히 뒤져 플라스틱 병들을 찾아낸 다음 커다란 가방에 담아 산을 내려가는 것이다. 이 일로 하루 20달러를 벌 수 있다고 하는데, 누가 어떤 목적으로 돈을 주고 플라스틱 병들을 모으는지는 확실치 않다(플라스틱 병을 재활용하는 시설이 있다는 증거는 찾지 못했다).

지속 불가능한 패션 산업에 이의를 제기합니다

쓰레기 산 정상에 서서 주변을 둘러봤다. 검은색과 회색 연기 기둥이 지평선 너머로 펼쳐지는 풍경에는 추하면서도 아름다운 무엇인가(독일어에는 이런 느낌을 표현하는 말이 있을 것 같다)가 있었다. 불길이 가까이 다가오고 있어서 정상에 오래 머물 수는 없었다. 앞서 언급했던 것처럼 크폰 매립지가 예정된 시간표를 반 토막으로 줄여 이미 다 차버리면서 필수적인 안전 조치들도 사라져버렸다. 예를 들어 원래는 매립지가 네 구역으로 나눠어 있었는데 지금은 그렇지 않다. 이전에는 한 구역 내에서만 일어났던 화재가 지금은 매립지 전체로 확산되는 건 이런 이유 때문이었다. 정상에서 몇 분간 머무르면서 연기구름에 휩싸여 내 발밑에 있는 옷의 무덤을 조사하다가 이젠 내려가야겠다고 결심했다. 등 뒤로 열기가 강해지는 게 느껴졌다. 집에서 나를 기다리고 있을 아이를 떠올리며 생각했다.

"흠, 여기서 죽는 건 정말 멍청한 짓이야."

———

리즈는 중고 의류에 관한 공상적 박애주의가 아크라에서 내가 목격했던 핵심적 진실을 외면하게 만든다고 지적했다. 헌 옷을 기부하거나 입지 않는 옷을 되돌려주는 캠페인이 좀 더 구체적으로 바뀌어야 한다는 것이다. 기부받은 헌 옷이 실제로 새 생명을 얻기 위해서는 얼마나 많은 노력을 기울여야 하는지, 폐기하는 옷이 얼마나 많은지 등등을 구체적으로 알려야 한다는 이야기다. 헌 옷 뭉치에서 1~3차 등급 비율이 계속 감소하게 되면 칸타만토는 활력과 경제적 가치를 잃는다. 만약 가

나와 다른 개발도상국들이 중고 의류 무역을 계속한다면, 사실 시스템을 개선할 수 있는 간단한 방법이 있다. 바로 질이 더 좋은 지속 가능한 옷이다. 가나에 들어가는 중고 의류들이 고품질이라면, 가나 사람들도 그 옷을 입을 것이다. 쓰레기가 되는 옷이 줄어들면 의류가 환경에 미치는 전반적인 영향도 감소한다. 크폰 매립지나 비공식적인 쓰레기 소각지에서 쓰레기를 태우면 고체가 기체와 미립자 공해 물질로 전환된다. 로스앤젤레스 특유의 연무를 떠올려보자. 그게 바로 미립자 공해 물질이다. 기후변화의 원인이 되는 온실가스인 이산화탄소와 메탄, 독성 기체인 포름알데하이드와 아세트알데하이드, 발암 물질인 부타디엔과 벤젠 등도 배출된다. 특히 합성섬유는 자연섬유보다 탄소를 더 많이 포함하고 있어서, 불에 타면 더 많은 이산화탄소가 배출된다. 의류의 세척 과정에서 플라스틱 초미세 입자가 나오는 것처럼, 합성섬유로 만든 옷을 태우면 플라스틱 초미세 입자가 나와 바람을 타고 곳곳으로 퍼지는 것이다.

수많은 자원을 들여 만든 옷이 전 세계를 돌아다니며 팔린 후, 몇 번 입지도 않고 버려진 다음, 또다시 지구 반 바퀴를 돌아 그 많은 자원들을 대기에 내뿜으며 사람의 폐와 토양, 강과 바다를 오염시키는 것은 정말로 비합리적이다.

소각하지 않고 매립한 옷도 온실가스 배출의 원인이 된다. 따라서 옷을 버리는 것보다는 두고두고 입는 게 온실가스를 줄이는 데 훨씬 더 좋다. 옷을 기존보다 두 배 오래 입으면 옷에서 나오는 온실가스를 44퍼센트나 줄일 수 있다.[33]

크폰 매립지에 갔다가 저녁에 숙소로 돌아왔는데, 몸과 마음이 모두 지쳐 뭔가 다른 데 몰두하고 싶은 마음이 들어 휴대전화로 뉴스를 살펴보기 시작했다(뉴스가 한숨 돌리기에 좋은 방법이 되리라고는 상상조차 못 했다). 그런데 그날 크폰에서만 불이 난 게 아니었다. 의류 산업 노농자 대다수가 살고 있는 방글라데시에서도 큰 화재가 발생했다.

리마의 양철집이 있는 코라일은 불이 난 찰란티카에서 동쪽으로 6.5킬로미터 떨어져 있다. 기사를 통해 리마의 이웃에 사는 의류 노동자들에게 어떤 일이 일어났는지 쉽게 짐작할 수 있었다. 1만여 명이 그나마 갖고 있던 모든 것을 화마에 잃고 홈리스 신세가 됐다.[34] 내가 가나에 도착하기 몇 주 전에는 시베리아에서 불이 났고, 집으로 돌아온 지 얼마 안 돼서는 8,000제곱킬로미터가 넘는 면적의 아마존 열대우림이 잿더미로 변하는 광경을 전 세계가 지켜봤다.[35] 8장을 쓰기 시작한 2020년 1월 호주에서는 무려 18만 6,000제곱킬로미터가 불길에 휩싸이는 유례없는 대화재가 발생해,[36] 10억 마리 이상의 동물이 숨겼고 일부 종은 멸종 위기에 처하기까지 했다.[37] 온 세계가 불타는 중이었다.

바꿀 수 있는 결말

아크라 방문을 마치기 전날 자전거를 타고 투어를 했다. 일요일이었는데, 자전거 투어는 이때만 가능하다고 했다. 거의 모든 시민이 교회에 갔기 때문인지 평소 자동차 경적과 사람들의 떠드는 소리, 음악 소리로 북적이던 거리가 한적해져 비교적 안전하게 자전거를 탈 수 있었다.

우리 일행은 30분 만에 유명한 관광지인 오수 성(Osu Castle)에 도착했다. 1600년대 중반 덴마크-노르웨이 왕국이 지은 이 성은 가나와 서구세계 간의 관계, 특히 의류 산업에 있어 중요한 역할을 했다. 오수 성은 제국주의의 토지 약탈 및 무역의 전성기 동안 여러 유럽 국가들을 거치면서 요새이자 거래 장소로 이용됐다. 덴마크인들은 현지 부족장들이 중개인 노릇을 해준 덕분에 아프리카 서쪽 해안선을 따라 독점 무역을 구축할 수 있었다. 유럽산 총, 탄약, 술, 옷, 쇠로 만든 도구, 황동 가공품, 유리구슬 등이 아프리카로 들어왔고, 황금과 상아, 그리고 노예로 잡힌 사람들이 유럽으로 수출됐다. 1697년 이후 인간은 무역 시스템의 핵심 품목이 됐다. 노예들은 주로 덴마크령 서인도 제도와 유럽 각국으로 팔려갔다. 1660년부터 1806년 사이에 10만~11만 5,000명이 이 성을 통과해 노예선에 실려 떠났다.[38]

1808년 대서양을 사이에 둔 노예무역이 폐지되고 소유권이 영국에게 넘어간 이후, 이 요새는 기능을 잃고 폐허가 되다시피 했다. 가나의 백악관 역할을 한 적도 있었지만, 지금은 병원, 상점, 카페, 정원 등이 있어서 일반인들이 이용하거나 구경할 수 있었다.

우리 일행의 가이드 새뮤얼(Samuel)은 아프리카인들이 노예로 일했던 장소를 보여주었다. 오수 성에서 얼마 떨어져 있지 않은 곳에 목화밭이 있었다. 노예들은 이곳에서 산업혁명과 현대 경제를 북돋웠다. 그들이 쇠사슬에 묶여 일하던 가나에서 오브루니 와우, 즉 백인들이 입다 버린 옷들이 최후를 맞이하는 것이다. 역사상 가장 어두웠던 한 시기에 옷은 미국과 가나를 연결했다. 여전히 그렇다. 좋든 나쁘든 미래가 어떻게 될 것인가는 우리에게 달려 있다.

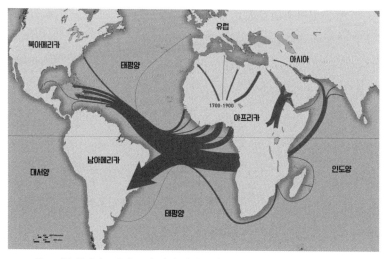

중고 의류 무역의 흐름과 노예·면화·설탕 무역의 흐름은 놀라울 정도로 겹친다.

스테파니아 만프레다(Stefania Manfreda)는 아크라 중심부에 있는 트렌디한 분위기의 오수 지역에서 팝업 옷가게를 운영하는 이탈리아계 가나인이다. 가게 벽에는 깔끔한 색감의 옷이 걸려 있었는데, 에어컨 바람처럼 하늘하늘한 소재였다. 향긋한 향초 냄새도 났다. 뉴욕이나 이탈리아의 부티크에 들어온 듯한 느낌이었다.

로코 하우스란 이름의 이 가게는 디자이너와 아티스트가 칸타만토 시장에서 가져온 여러 패션 아이템들을 활용해 만든 제품들을 판다. 창고와 가게의 하이브리드라고 할 수 있다. 오늘의 이벤트는 커스텀 재킷으로, 사는 사람의 취향에 따라 이것저것 조각들을 붙여서 장식하거나 무궁무진하게 바꿀 수 있다. 손님들은 가게에 있는 아이템들을 뒤적거리면서 재킷에 붙일 장식을 찾고 있었는데, 슈프림과 구찌 같은 유명 브랜드의 상표는 예상보다 인기가 적었다. 브랜드 이름보다는 스타일,

핏, 소재(좋은 옷의 진짜 요소)를 중요하게 생각하고, 오리지널보다는 개인 취향에 맞게 얼마나 바꿨느냐에 관심이 많았다. 어린 손님들이 음악에 맞춰 춤을 추면서 미소 짓고 있었는데, 진정으로 패션을 즐기는 모습이었다. 나는 디자이너가 아니다. 그래서 내가 본 남자들 중에 옷을 가장 잘 입는 스타일리스트인 아마 아이이비(Amah Ayivi)에게 재킷에 대한 아이디어를 좀 달라고 부탁했다. 그는 친절하게도 리바이스와 랭글러 상표 조각들을 재킷 등판에 붙인 커스텀 메이드 진 재킷(원래는 자라의 남성용 재킷이다)을 디자인했다. 순환 패션(데님을 무한히 입는 방법)이 이런 거라면, 나는 100퍼센트 올인하겠다.

가나는 중고 의류의 종착지이긴 하지만, 칸타만토의 인스타그래머들은 그중 일부를 문자 그대로 새롭게 소생시켜 극적으로 바꿔놓았다. 중고 의류라고 하면 볼품없고 재수 없는 것쯤으로 여기는 미국과 달리(리얼리얼, 스레드업 같은 업체들이 그런 인식을 빠르게 바꿔놓고 있으며, 새로운 디자이너들이 업사이클 제품을 내놓고 있긴 하다),[39] 가나 디자이너들은 중고 의류가 신상보다 더 멋지다는 인식을 직접 만들어내고 있다.

중고 의류는 가나 섬유업계와 의류업계를 발전시킬 뿐만 아니라 창조적 산업을 위한 원자재가 될 수 있다. 가나는 헌 옷을 보물로 바꾸는 혁명을 시작할 준비가 되어 있다. "우리는 비즈니스 세계에서 살고 있죠. 하지만 물건 판매만이 비즈니스가 아니에요. 옷을 다시 재단하고 재구성하는 서비스를 팔 수도 있어요." 가게에서 만난 독일계 가나 여성 아니카(Anika)의 말이다.

코로나19는 아프리카의 탁월한 디자이너들에게 밝은 희망을 제시하기도 했다. 케냐 디자이너들은 원자재인 중고 의류 수입이 줄어들

아크라 시내의 로코 하우스에서 아이이비와 재봉사가 맞춤 진 재킷을 만들고 있다.

고 직장이 폐쇄되면서 새로운 디자인과 생산 프로젝트에 관심을 기울이기 시작했다. 패션 산업을 자국 내에 머무르게 만드는 이런 프로젝트는 워싱턴 컨센서스의 목적과 근본적으로 정반대다.[40] 이런 국내 산업이 성숙해지려면 시간이 걸릴 것이다. 그렇지만 새미가 내게 말했던 지역의 자율성 회복을 향해 나아가는 가치 있는 첫 발자국으로 보인다.

재판매 시장과 중고 업사이클에 관한 긍정적 이야기에 덧붙여, 전 세계 인스타그램 인플루언서들의 역할도 고객과 디자이너 증가에 아주 중요하다. 만약 셀러브리티들이 같은 옷을 다시 입는 건 용인할 수 없는 일이라는 식의 이미지를 만들어낸다면, 생존을 위해 헌 옷을 입는 가나인을 포함해 전 세계 많은 사람들이 부정적인 영향을 받는다. 나는 레드카펫에 서는 셀러브리티는 아니지만, 로코 하우스에서 산 새로운 디자인의 재킷을 입고 윌리엄스버그의 도보를 걸어가면서 그 어떤 옷을 입었을 때보다 더 큰 자긍심과 행복감을 느꼈다. 크폰에서 불에 타 없어질 뻔했던 것들로 멋진 옷을 만들어냈다고 생각하니 정말이지 흐뭇했다. 신중하게 옷을 골라 구매하고 입는 것이야말로 칼과 리마, 세사르의 다누, 다시와 로라, 베키와 새미 같은 사람이 하는 일을 존중하는 방법이다. 우리가 산 물건들 중 진정으로 사랑받는 게 많아진다면, 결국엔 버려진다 할지라도 어딘가로 보내져 비토나 프레드, 데이비드나 아베나 같은 사람이 우리 대신 치워야 할 쓰레기로 최후를 맞지 않을 수 있다.

9

변신을 시작하자
새로운 뉴딜을 위한 시간

아는 것만으로는 충분하지 않다. 적용해야 한다.
의지만으로는 충분하지 않다. 행동해야 한다.
— 요한 볼프강 폰 괴테

휴! 지금까지 우리는 전 세계를 돌아다니며 지구와 인간, 그리고 우리의 행복을 끔찍하게 파괴하는 산업을 파헤치면서 수많은 지역을 살펴봤다. 이 여행을 통해 우리 자신과 국가, 세계가 얼마나 가깝게 박음질돼 있는지 알 수 있었다. 또 실과 실 사이의 긴장 때문에 솔기가 터져서 자연·정치·경제 시스템이 어떻게 뜯어지게 됐는지에 대해서도 이해할 수 있었다.

재미있었다. 아니라고? 그래도 즐겁게 계속 가자.

물론 아직 끝난 게 아니다. 시스템이 어떻게 움직이는지 알았으니 문제 해결을 시작해보자. 핵심은 버네이스와 그의 자손들이 이뤄놓은 업적을 없애버리는 것이다. 마지막 장에서는 우리가 사회 속에서 갖고 있는 다양한 역할, 즉 소비자이자 시민으로서 잘못된 시스템을 고칠 수 있는 구체적인 방법을 제시해보겠다. 버네이스는 우리가 스스로를 소비자로 여기도록 만들었다. 내가 제안하는 것은 보다 강력하고 즐거운 역할이다.

소비자의 역할

소비자로서 우리가 시스템에 영향을 미칠 수 있는 방법은 두 가지다. 첫 번째는 실질적인 구매 결정, 즉 '지갑의 힘'이고, 두 번째는 보다 나은 제품을 브랜드에 요구하는 '목소리의 힘'이다. 우선 구매부터 살펴보자. 소비자 개인은 통계적으로 별 의미가 없지만, 당신이 어떤 물건을 어떻게 구매하느냐는 다른 사람들에게 보다 나은 행동 모델이 될 수 있다. 이런 파급 효과는 충분히 의미가 있다. 이 책을 읽는 인플루언서와 셀러브리티에게 말하고 싶다. 당신의 행동은 (아마도 문자 그대로) 우리에게 엄청난 영향력을 갖고 있다(잠깐인 경우도 많지만).

지갑의 힘

옷장을 체계화하기
신중하면서도 지속 가능한 옷장을 만드는 데 참고할 좋은 자료가 몇 가지 있다. 특히 엘리자베스 클라인(Elizabeth Cline)의 책 『의식 있는 옷장(Conscious Closet)』과 웹사이트 더 프론트래시(The Frontlash)를 권한다. 이를 통해 관련 정보들을 상세하게 일 수 있지만, 우선 내가 간단하게 정리해보겠다.

옷장을 정리하려면 그 안에 뭐가 들어 있는지 봐야 한다. 곤도 마리에가 몇 번이나 말했듯 옷장 정리란 물건 치우기를 의미한다. 하지만 옷장 안에 있는 옷을 버리기 전에 7장과 8장에서 배운 교훈을 잊지 말자. 우리가 버린 물건에게 어떤 일이 일어나는지를 다시 한 번 생각하고, 가나의 매립지가 불타고 있는 이미지를 떠올려보자. 그렇다면 옷장을 싹 쓸어낸 다음 버리는 기쁨을 느끼지 말라는 소리인가? 맞기도 하고, 틀리기도 하다. 옷들과 긍정적인 관계를 맺으려면 어떤 옷을 갖고 있는가를 살펴볼 필요가 있다. 대다수 사람들에게 옷장 정리란 입지 않거나 앞으로도 절대 입지 않을 것 같은 옷을 없애는 것을 의미한다. 하지만 옷장을 깨끗이 하면서 곤도 마리에의 여섯 가지 기본 규칙에 일곱 번째 규칙을 더해보자. 일본에서 한 가지 빌려오자면, 바로 '모타이나이'* 개념이다. 모타이나이는 자원을 낭비해 유감스럽다는 뜻이다. 이 규칙은 우리로 하여금 쓰레기에 대해 되돌아보고 줄이려는 노력을 도와주며, 궁극적으로 우리가 가진 옷을 즐기도록 만들어줄 것이다.

옷장 정리로 스트레스 없는 옷장을 가지게 됐다면 다음 단계로 넘어가자. 뭔가를 살 때 다음과 같은 질문을 스스로에게 던져보는 것이

---

* もったいない, 일본어로 '황송하다', '아깝다'는 의미다.

다. 일명 '쇼퍼의 체크리스트(shopper's checklist)'다.

1. 기쁨을 주는가?

옷을 사기 전에 물어보자. 옷을 사고 5년 후가 아니라 사기 전에
묻자. 이렇게 하면 여자들이 가진 옷 중 20퍼센트만 주로 입는다
는 통계에[1] 당신이 포함되는 일을 피할 수 있다.

2. 내 몸에 잘 맞는가?

옷을 입고 기쁨을 느끼기 위해선 몸에 잘 맞아야 한다. 몸에 맞지
않는 옷이 있다면 수선 가게를 찾아가자. 칸타만토 시장에서 봤듯
수선 가게는 몸에 맞지 않는 옷을 고쳐 입도록 도와준다.

3. 느낌이 좋은가?

느낌이 좋지 않은 옷은 '노(no)' 하자. 팁을 드리겠다. 질 좋은 자
연섬유가 좋은 느낌을 주는 경향이 높다. 자연섬유로 만든 옷을
사면 기분이 좋아질 뿐만 아니라 초미세 플라스틱 공해를 예방할
수 있다.

4. 잘 만든 옷인가?

옷을 들고 직접 눈으로 살펴보자. 옷감, 재봉, 장식물 부착 등이
잘돼 있는지, 옷을 뒤집었을 때 실밥이 나와 있지는 않은지, 재봉
이 울퉁불퉁한지, 잡아당기면 틀어지지는 않는지 등을 확인하자.
하자가 있다면 아무리 싸다고 해도 살 만한 옷이 아니다.

5. 용도가 무엇인가?

앞서 언급했다시피 대다수 여성들은 옷장 안에 있는 옷들 중 고작 20퍼센트만 입는다. 나머지 80퍼센트는 우리의 일상 속에서 특별한 목적을 갖고 있지 않은 옷이란 이야기다. 격식을 차리기 위한 용도인가, 아니면 매일 편하게 입을 옷인가? 라이프스타일에 맞게 옷을 선택하자.

6. 이 돈을 주고 살 만한가?

가격표보다는 얼마나 잘 입을지를 따져보자. 할인 때 느끼는 스릴을 사랑하는 타마라처럼, 많은 여성들이 도취 상태에서 옷을 사놓고는 가격표를 떼지도 않은 채 옷장 속에 처박아놓곤 한다. 애당초 입을 옷이 아님에도 사는 건 옷 가게에만 좋은 일을 해주는 행동이다. 요즘 나는 옷을 투자로 보고 있다. 전보다 옷에 돈을 더 많이 쓰는지도 모른다. 하지만 구입한 옷들을 자주 입기에 기분이 좋고 잡동사니 스트레스도 받지 않는다.

7. 누구를 지원하고 싶은가?

어떤 물건을 살 때 후원하고 싶은 회사의 유형을 생각해보자. 그 회사의 소유주와 경영자가 누구인지, 자사의 상품을 어떻게 마케팅하는지 등을 살펴보자. 구조적 인종차별주의를 영구화하는 사회에서 살고 싶지 않다면 다양성을 지지하는 회사, 특히 흑인이나 원주민이 소유하고 있는 회사를 지원하자.

오케이, 이제 옷장을 체계화했다. 하지만 소비자로서 어떻게 하면 변화를 만들어낼 수 있는지에 대해 좀 더 따져봐야 할 것들이 있다.

지속 가능한 패션 또는 슬로 패션이란 무엇인가?

지속 가능한 패션을 사라는 외침으로 이 글을 시작하지는 않겠다. 브랜드들이 환경에 미치는 영향을 줄이기 위해 노력을 기울이는 건 매우 감사할 일이다. 하지만 더 많은 노력이 필요하다. 나는 제이디를 운영했던 경험을 통해 그것이 얼마나 어려운지 잘 알고 있다. 게다가 지속 가능한 패션을 사는 게 만병통치약은 아니다.

우선 이 책을 통해 진정한 지속 가능 패션 같은 건 없다는 사실을 알게 됐기를 바란다. 기후변화에 상대적으로 영향을 덜 주는 패션은 있다. 하지만 정도 차이일 뿐이다. 이와 관련된 업계의 데이터가 매우 취약하기 때문에 '지속 가능한 패션'이란 라벨이 붙은 제품이 실제로 환경에 확연하게 영향을 덜 주는지 여부를 정확히 판단하기는 힘들다.

'지속 가능한 패션' 또는 '슬로 패션'이란 용어는 너무 광범위해서 거의 의미가 없을 정도다. 적극적으로 노력을 기울이는 회사들과 신중하게 소비하려는 사람들에게는 못마땅한 일일 것이다. 6장에서 살펴봤듯 어떤 상품이 지구에 어떤 영향을 미치는지 확실한 증거를 제시하고, 그 상품을 만든 회사가 어떤 노력을 기울이는지를 구체적으로 알리기보다는 마케팅 차원에서 지속 가능성을 내세우는 경우가 훨씬 더 많다. 패스트패션 브랜드들이 '지속 가능한' 캡슐 컬렉션*을 내세우는 것처럼, '급진적이고 투명하다'고 스스로를 브랜드화하는 회사들이 바로 그렇다. 이에 대한 소비자 가이드를 만들려는 시도가 있기는 했다. 그

지속 불가능한 패션 산업에 이의를 제기합니다

러나 이런 가이드들은 비교할 만한 의미 있는 데이터가 매우 부족한 정보에 의존하고 있다.

두 번째 문제는 지속 가능한 패션에 대한 잘못된 인식이다. 사람들은 지속 가능한 패션을 구매하면서 지속 가능성에 기여했다고 생각한다. 하지만 가장 지속 가능해지는 방법은 그 어떤 물건도 사지 않는 것이다. 그렇다고 해서 아무것도 사지 말라는 이야기는 아니다. 기쁨을 불러일으키지 않는 옷을 줄이고, 옷장과 우리 삶에 대한 통제력을 되찾자는 이야기다.

세 번째 문제는 지속 가능한 패션으로 마케팅되는 옷의 가격이다. 이런 옷들은 대다수 소비자들이 접근하기에 부담스러운 가격인 경우가 많다. 옷값이 터무니없을 정도로 저렴해서는 안 된다(티셔츠 한 장이 2달러라는 말은 그 옷을 만든 누군가와 지구환경이 손상됐다는 의미나 마찬가지다). 우리가 할 수 있는 건 갖고 있는 옷을 더 많이 입고, 다양한 가격대에서 보다 질 좋은 옷을 찾으며, 돈을 들여 사도 아깝지 않게 잘 입을 옷인지를 따져 구매하는 자세다.

분명히 말하는데 많은 브랜드들이 기울이고 있는 여러 중요한 노력들을 폄훼하려는 건 아니다. 내가 지적하는 건 지속 가능하다고 광고하는 브랜드들을 평가할 만한 데이터 기반의 체계적인 정보가 현 단계에는 없다는 점이다.

---

* 급변하는 유행을 민감하게 반영하기 위해 제품 종류를 줄여 작은 규모로 발표하는 컬렉션.

중고품을 유심히 뒤져보라

가나와 중고 의류 가게의 패셔니스타들에게서 팁을 얻어보자. 미국 등 세계 곳곳에서 중고 의류의 인기가 급증하고 하다. 미국의 스레드업이나 리얼리얼(RealReal), 영국의 디팝(Depop), 프랑스의 베스티에르 콜렉티브(Vestiaire Collective), 인도의 키아브자(Kiabza) 같은 사이트들은 빠르게 성장하는 디지털 중고 마켓 가운데 일부다. 디지털 중고 마켓은 2029년쯤 패스트패션의 규모를 넘어서서 50퍼센트 이상 더 커질 것으로 예상된다(스레드업이 주도한 조사 보고서라서 살짝 부풀린 같기는 하다).[2]

나도 갖고 있던 물건들을 스레드업에 팔아본 적이 있고, 신제품이었으면 살 엄두를 못 냈을 좋은 중고품을 사기도 했다. 하지만 중고 구매 역시 해답이 아니다. 앞으로 더 살펴보겠지만 순환 마케팅이 소비를 더 부추긴다는 증거가 있다. 사람들은 새 물건을 사면서 "나중에 중고 마켓에 팔면 돼"라고 생각하고, 중고 마켓에서 사는 사람은 "새 물건을 산 건 아니니까"라고 합리화한다. 이런 사고방식이 소비 기계를 돌아가게 만드는 윤활유 역할을 한다. 썼던 물건을 사는 게 신상을 사는 것보다는 낫다. 하지만 사지 않는 게 단연코 가장 좋다.

소셜미디어와 건강한 관계를 발전시켜라

쇼핑을 덜 하려면 어떻게 해야 할까? 우선 "나를 사서 가져가세요, 나를 사요. 당신도 나를 원하잖아요"라고 외치는 모든 것들을 끊어내는 것으로 시작해야 한다. "이거 봤어요? 이걸 사면 영원히 행복하고, 마치 꿈이 이뤄지는 것처럼 환상적이에요"라고 유혹하는 메시지도 잘라

내야 한다. 많은 사람들에게 이런 유혹이 시작점은 바로 소셜미디어, 특히 인스타그램이다. 인스타그램은 광고를 기반으로 한 플랫폼이다. 내 인스타그램 피드는 팔로우하고 있는 비광고 세 건당 광고 한 건이 붙는다. 인플루언서와 셀러브리티는 포스트를 통해 상품을 광고한다. 불행하게도 우리는 그런 광고들을 차단할 방법이 없다.

팔로우하는 대상을 줄이는 것도 한 방법이다. 나도 FOMO를 느끼게 만들거나 언짢은 기분을 들게 만드는 계정들을 삭제하려고 노력 중이다. 내가 만약 어디에 돈을 쓴다면, 그건 뭔가 부족한 느낌을 채우기 위해서가 아니라 행복한 경험을 얻기 위해서다. 나는 정기적으로 애플리케이션을 전부 삭제한 다음 가족과 함께하는 시간을 즐기거나 운동이나 독서를 하고, 친구를 만나거나 좋은 영화를 본다. 당신도 이메일 계정으로 그렇게 할 수 있다. '주소 삭제' 버튼을 클릭하기만 하면 된다.

담배 광고를 금지하니 무슨 일이 일어났는지 기억하는가? 흡연자 숫자가 대폭 줄었다. 쇼핑 중독에도 똑같은 원칙을 적용해보자. 광고와 소비주의 메시지에 노출이 줄어들수록 아무 생각 없이 하는 구매가 줄어든다.

순환 패션의 신화

지속 가능성에 관심이 많은 독자라면 순환 개념에 대한 이야기를 많이 들었을 것이다. H&M은 100퍼센트 순환 패션을 약속했고, 홈페이지의 한 면을 할애해 이 개념을 설명하고 있다. 갭도 '2020 순환 패션 약속(Circular Fashion Commitment)'을 내걸고 있다.

듣기엔 멋지다. 하지만 이런 해법에는 따져봐야 할 중대한 부분이 있다. 로스쿨 시절 알게 된 '모럴 헤저드' 개념이 떠오른다. 예를 들자면 어떤 사람이 자동차보험을 들었다는 이유로 운전을 난폭하게 하는 것이다. 똑같은 개념을 순환 패션에 적용해볼 수 있다. H&M이 입지 않고 돌려준 옷을 갖고 마법을 부린 양 새 옷을 만들어낼 것이라고 믿는다면, 새 옷을 살 때 고민이 확 준다. 이런 사고방식이 실제로 작동한다는 증거가 있다. 연구에 따르면 화장실에 재활용통이 있을 때 페이퍼 타월 사용량이 늘어나는 것으로 나타났다.[3] 많은 브랜드들이 매장 안에 재활용통을 비치하고 고객들에게 입지 않는 옷을 갖고 오라고 권할 뿐만 아니라 금전적 인센티브까지 제공하고 있다. 화장실에 비치된 재활용통에 손을 닦은 페이퍼 타월을 넣을 때마다 돈을 받고, 화장실 옆에 있는 페이퍼 타월 가게에 가서 새 페이퍼 타월을 사서 집으로 가져가는 것과 비슷한 셈이다. H&M에 있는 재활용통에 들어간 옷들은 구세군에 가는 옷들과 거의 똑같은 과정을 거친다. 요약해보자면 재활용에 대한 기업들의 투자가 중요하기는 하지만, 마케팅 수단으로서 '순환 패션'은 모럴 헤저드다. 속아 넘어가지 말자.

인플루언서와 셀러브리티에게 보내는 특별한 메모

안녕, 인플루언서와 셀러브리티 여러분. 이 메시지는 여러분을 위한 것입니다. 당신이 현재 하고 있는 비즈니스 모델이 물건 판매라는 것을 잘 알고 있으며 충분히 이해해요. 하지만 세상은 점점 더 평평해지고

지속 불가능한 패션 산업에 이의를 제기합니다

있습니다. 당신이 물건을 팔면 팔수록, 사진에 찍힐 때마다 새 옷을 입고 있는 모습을 보여주면 줄수록, 사람들은 새 옷이 필요하며 옷이란 한 번만 입는 것이란 생각을 갖게 된답니다. 그런 메시지들이 트윗되고 리포스팅되면 될수록, 인터넷 상에서 하트를 많이 받으면 받을수록, 지구는 더 빨리 파괴되고 더 많은 사람들이 위험에 처하게 되죠.

여러분은 힘을 갖고 있습니다. 여러분의 행동은 전 세계에 막대한 영향을 미친답니다. 여러분은 소비주의의 수도꼭지를 컨트롤하고 있어요. 그러니 제발 그 힘을 좋은 데 사용하세요. 여러분 각자의 브랜드를 지구를 덜 파괴하는 쪽으로 진화시키세요. 지구에 파괴적인 물건들을 사는 고객들에게 덜 의존하도록 바꿔보세요. 만약 여러분이 같은 옷을 여러 번 입은 모습을 보여준다면 많은 사람들이 이를 따라 할 것입니다. 그렇게 하지 않아도 물론 따라 하겠죠. 그렇다면 물건 대신 경험을 홍보하는 걸 고려해보세요. 요가 클래스(요가 팬츠가 아니라)나 명상(예쁜 비즈 목걸이가 아니라), 또는 요리 레슨(조리 도구가 아니라) 등 우리에게 행복을 가져다줄 경험을 홍보하세요.

옷은 우리의 사랑을 받는 대상이자 우리 기분을 좋게 만드는 존재가 될 수 있다. 우리도 스트레스 없는 옷장을 가질 수 있다. 아침에 일어나 옷장에서 그날 입고 나갈 갑옷을 고르며 즐길 수 있다. 다음 섹션에서는 어떻게 하면 우리 자신에게 좋은 구매를 하는 동시에 시스템이 돌아가는 속도를 늦출 수 있는지 알아보고, 어떻게 하면 우리 목소리를 이용해 의류업계를 단속해 깨끗한 물과 공기를 배출하도록 만들 수 있는지 살펴보겠다.

당신의 목소리가 가진 힘

자, 이제 당신은 쇼핑과 아름답고 사려 깊으며 건강한 관계를 맺게 됐다. 멋지다! 잘했다. 우리의 선택이 레일을 벗어나 사계절 내내 논스톱 시즌으로 바꿔놓은 의류업계의 속도를 늦출 수 있다. 기업으로 하여금 화석연료 사용을 줄이고 화학물질을 관리하며, 노동자들에게 적절한 임금을 지불하고 구조적 인종차별주의를 영구화하지 않는 변화로 나아가게 하는 방법은 시민운동뿐이다. 이 모든 것들은 앞서 자세히 언급했다.

의류업계와 관련해 재미있는 사실은 업계의 이윤이 고도로 통합돼 있다는 점이다. 상위 20개 기업들이 올리는 이윤이 의류업계 전체 이윤의 97퍼센트를 차지한다.[4] 이런 기업들에게서 변화를 이끌어낸다면 전 세계적으로 엄청난 성과를 이룩할 수 있다. 믿기 힘들겠지만 기업의 중역들도 이메일을 읽고, 소셜미디어에서 벌어지는 수다에 귀를 기울인다. 우리는 소비하는 대중으로서 기업들이 관심을 가질 만한 요구 사항을 제시해야 한다. 화석연료 사용을 줄이고, 화학물질을 관리하며, 노동자들에게 적절한 임금을 지불하고, 다양성을 존중하라고 요구해야 한다. 그러면 기업들은 그렇게 할 것이다. 우리가 요구하지 않으면 변화는 일어나지 않는다.

바로 이것이 의류업계를 책임 있게 만들기 위한 신표준연구소 활동의 핵심이다. 대형 의류 회사들(의류업계 전체)은 자사가 환경과 사회에 미치는 영향을 측정하고, 그 결과를 공개하며, 목표를 정해 얼마나

지속 불가능한 패션 산업에 이의를 제기합니다

달성했는지 등을 알려야 한다. 이건 로켓 과학처럼 복잡한 문제가 아니다. 진보를 이루느냐 여부는 오로지 회사의 의지에 달려 있다. 여러분의 목소리를 이용해 회사가 그런 의지를 갖도록 만들 수 있다. 소셜미디어에서 @NSIFashion2030나 www.newstandardinstitute.org에 들어가 NSI 커뮤니티에 가입하면, 의류업계에 책임을 요구하는 우리의 청원에 서명하고 동참할 수 있다. 신표준연구소는 업계와 관련된 최신 소식과 당신의 목소리를 들리게 만들 방안에 관한 정보를 제공하고 있다. 회사는 당신이 목소리를 내야만 움직인다. 회사가 당신의 의견을 알 수 있는 유일한 방법은 바로 당신의 목소리를 통해서다. 아무 말도 하지 않으면 같은 일이 반복된다. 물건을 더 사라고 우리를 부추기는 모호한 마케팅(지금은 '지속 가능한 패션'이란 상표를 달고 있다)이 계속될 것이다. 의류업계와 지구가 직면하고 있는 엄청난 문제들이 전혀 해결되지 못하면서 말이다.

옷의 여정을 통해 살펴봤듯, 의류업계의 환경적, 사회적 영향에 관한 데이터는 구하기가 매우 어렵다. 그래서 정말로 진전이 이뤄졌는지 여부를 판단하는 게 거의 불가능하다. 데이터의 공백을 메우기 위해선 업계를 대표하는 회사들이 나서야 한다. 펀드를 구성하는 주체와 연구가 완전히 분리돼야 하며, 회사들이 고용한 컨설팅 회사가 연구에 참여하는 것도 안 된다. NSI는 현존하는 정보들을 제공하는 독립적 창구로, 전 세계에서 손꼽히는 연구자들의 연구 성과를 모아놓고 있다. 이런 연구자들이야말로 정보의 공백을 메우고 업계의 책임성을 다지는 데 앞장서는 이들이다.

금융계(그리고 은행 계좌를 가진 모든 이)에 보내는 특별한 메모

금융계는 이 책에서 살펴본 전 세계적 문제들을 다루는 데 엄청난 역할을 할 수 있습니다. 금융계와 기업을 실질적으로 소유하고 있는 주주들은 해당 기업이 할 수 있는 범위 내에서 환경적, 사회적 목표를 주장함으로써 충분히 긍정적 영향을 끼칠 수 있죠.

좋은 목적을 위해 금융을 이용하는 데 관심이 높아지는 것은 반가운 뉴스가 아닐 수 없습니다. 금융에서 ESG라고 불리는 분야는 이런 목표를 진전시키기 위해 개발됐습니다. 블랙록부터 웰스파고, UBS에 이르기까지 많은 은행들이 이 게임에 참여하고 있죠. 최근 몇 년간 ESG에 30조 달러가 투입됐습니다.[5] 전 세계 상장기업의 4분의 1 이상이 현재 ESG 기업으로 평가받고 있는 상황입니다.

하지만 해당 기업의 사회적, 환경적 영향을 실질적으로 파악하지 못하면 ESG는 무의미할 뿐만 아니라 위장 환경주의라는 비난을 받을 수도 있습니다. 스위스 은행 J. 사프라 사라신의 '지속 가능한 금융 개발' 책임자인 사샤 베슬릭(Sasja Beslik)은 "현재의 FSG 데이터는 가장 중요한 문제보다는 가능한 것에 중점을 두고 있다"고 말했습니다.[6] 예를 들어 회사들은 종종 자사 건물과 매장의 온실가스 배출량을 기후변화에 대한 노력의 지표로 생각하곤 하죠. 하지만 1장과 2장에서 살펴봤듯 패션업계의 기후변화 주 요인은 자라 본사 건물의 전구 에너지 효율이 아니라 게걸스럽게 연료를 먹어 삼키는 공급망에 있습니다. 앞에서 소비자들이 회사에 요구해야 하는 목표들을 언급한 것처럼, 금융회사들도 이

지속 불가능한 패션 산업에 이의를 제기합니다

를 똑같이 적용해야 합니다. 금융계는 투자한 회사에게 환경석, 사회적 발자국을 측정해 그 결과를 공개하고, 목표를 얼마나 달성했는지 밝히라고 요구해야 합니다. 그렇게 하지 않으면 해당 회사가 환경과 사회에 미치는 실질적 영향을 파악할 수 없습니다. 결국 아무런 의미가 없는 것이죠.

소비자에게 파는 지속 가능한 투자 상품의 데이터가 애매모호한 것은 문제가 있습니다. 패스트패션 기업이 '그린'이란 모호한 구호로 티셔츠를 파는 것과 같은 셈입니다.

금융 상품의 소비자인 당신 역시 거래 은행에 목소리를 낼 수 있습니다. 투자한 회사에 원자재 감축 목표를 얼마나 달성했는지에 관한 의미 있는 자료를 공개하라고 요구했는지 은행에 물어보세요. 당신이 내는 목소리가 바닷물에 떨어지는 물 한 방울 같다고 생각할지도 모르겠지만, 그런 하찮아 보이는 말이 모여 은행과 회사에 논의를 촉발시키고, 의미 있는 진전으로 인도할 수 있습니다.

시민의 역할

패션 산업이 직면한 도전들을 어떻게 해결할지 논의하다 보면, 우리 시대의 많은 핵심적 문제들에 부딪힐 수밖에 없다. 우리는 섬유가 생산되는 과정을 통해 한때 '지속 가능'과 동의어라고 믿었던 유기농 기준이 사실은 그렇지 않다는 사실을 알게 됐다. 기후변화 문제를 풀기 위해선 소득 불균형에 대해서도 이야기해야 하는데, 기초적 욕구를 충족하기도 힘든 상황에 있는 사람들에게 기후변화 대응을 우선시하라고 설득하는 건 어려운 일이다. 면화 산업의 출발과 오늘날의 노조 없는 물류센터 상황에서 봤듯이, 패션 산업은 노예화를 이끌고, 원주민들의 땅을 전용하며, 구조적 인종차별을 영구화하고 있다. 우리가 버린 옷이 폐기되는 과정을 통해선 개발도상국들이 무역에서 얼마나 불리한 상황에 놓여 있는지가 여실히 드러난다. 패션업계의 아웃소싱을 가능케 한 국제 무역 정책과 고도의 세계화로 인해 전 세계 노동자들은 서로 겨루는 상황에 처해 있다. 앞서 우리는 기업이 어떻게 노동자들의 목소리를 약화시키고 소득 불균형을 몰아붙였는지 살펴봤다. 사회의 시민인 우리가 스스로를 유순한 구매 기계로 보게 만드는 것에 엄청나게 많은 투자가 이뤄져 왔다는 사실도 깨달았다. 소셜미디어는 우리를 민주주의의 강력한 주체로 만들기보다는 이런 상황을 더욱 악화시키고 있을 뿐이다. 이 모든 것들을 합친 극단적인 신자유주의적 자본주의는 우리와 지구를 망치고 있다. 시민권에 대한 나의 인식은 완전히 바뀌었다. 모든 게 무너져 내리는 상황에서 수동적으로 단지 소비하기만 하는 그런 소비자가 되지는 않겠다. 공동체에 참여하는 적극적인 시민이 되어, 정부와 함께 공정하고 번영하는 사회를 만들어나가겠다.

아래의 목록은 청바지의 여정에서 언급했던 정책 분야들이다. 완전한 목록은 아니다. 하지만 심사숙고해 행동하기 위한 출발점이 되길 바란다.

농업 정책

기후변화는 두 가지 방법으로 대응할 수 있다. 첫째, 탄소 배출 제한, 즉 화석연료 연소 중단. 둘째, 대기에서 더 많은 단소 격리*. 토양은 탄소 격리에 중요한 역할을 할 수 있다. 이 책을 쓰기 전에는 농업에서 '유기농'과 '지속 가능'이란 단어가 호환적이라고 생각했다. 대다수가 그렇게 믿고 있을 듯하다. 하지만 그건 사실이 아니다. 유기농 기준은 중요한 발전이다. 하지만 농업 정책이 앞으로 나아가려면 장기적인 산출과 토양의 건강을 최대화하는 방법을 기반으로 할 필요가 있다. 또 이를 이룰 수 있는 농법, 탄소 격리와의 관계 및 이를 통한 기후변화 완화 등을 잘 이해하기 위한 연구가 보다 많이 필요하다.

기후 정책

말할 필요도 없지만 그래도 하겠다. 공격적인 기후 정책이 필요하다. 2장에서 살펴봤듯 우리의 기후 발자국은 국경을 훌쩍 넘어 전 세계로 향하고 있다. 그런데 기후 정책을 검토할 때 늘 이런 사실을 고려하지 않고 있다. 기후 정책은 당연히 국내적으로 탄소 배출을 감축하는 것을 근거로 해야 한다. 또한 상품 생산 과정에서 배출되는 탄소를 그저 다른 나라로 이전해버리는 무역 정책을 어떻게 하면 바꿀 수 있는지에 대해서도 고민해야 한다. 국내에서 탄소 배출을 줄일 수 있는 방법이 해외 이전뿐이라면 아무런 의미가 없다. 그건 침몰하는 타이타닉호에서

---

* 화석연료가 연소할 때 발생하는 이산화탄소를 포획해 저장 및 제거하는 방법을 말한다.

갑판에 쓰러진 의자나 치우는 행동일 뿐이다.

무역 정책

미국은 세계 최대 시장이다. 덕분에 많은 지렛대를 갖고 있다. 그 지렛
대를 미국과 지구의 이익을 위해 사용할 수 있다. 핵심적인 노동권의
인정과 강화를 무역의 전제 조건으로 내세울 수 있는데, 이는 노동법
이 가장 느슨한 나라에서 옷이 생산되지 않도록 만드는 데 도움이 된
다.[7] 2장에서 살펴봤듯 탄소 국경세를 부과하면 최저가 경쟁과 에너지
과용 경쟁을 멈추게 할 수 있다. 만약 어떤 브랜드가 탄소 집약적인 프
로세스로 생산한 옷감을 수입하면 비용을 부과하는 것이다.[8] 또 개발
도상국에게 무역 혜택을 주는 전제 조건으로 우리가 버린 물건들을 무
관세로 수입하라고 요구해선 안 된다. 그래야만 미국이 개발도상국의
잠재적 성장을 가로막는 장애물이 되지 않을 수 있다. 우리는 르완다가
보호 조치를 취했을 때 어떤 일이 벌어졌는지 알고 있다.[9] 르완다는 과
거 미국과 유럽, 그리고 중국이 했던 것처럼 자국의 의류 산업을 발전
시키기 위한 조치를 취했을 뿐이다.

미국의 과거와 현재의 구조적 불평등 해결

청바지의 여정을 통해 우리는 미국 원주민들이 어떻게 내쫓겼으며, 면
화 산업이 어떻게 노예제를 부추겼는지 살펴보았다. 5장에서는 인종
차별적인 법과 견해가 어떻게 오늘날 구조적 인종차별주의로 이어졌
는지를 다뤘다. 연방 정부의 최저 임금 인상과 노동조합 활동 보장은
인종에 따른 급여 격차를 좁히는 중요한 출발점이다. 이를 위해 할 일

이 정말로 많다. 패션 산업은 현재와 같은 상황을 만들어내는 데 중심적인 역할을 해왔다는 점을 현명하게 인정하고 문제를 해결하기 위해 리더십을 발휘해야 한다. 무엇보다 의류 회사들의 리더십이 필요하다. 문제 해결은 포괄적이란 점을 분명히 인식해야만 시작할 수 있다.

승자 독식에서 번영 사회로

청바지의 일생을 따라가는 과정에서 우리는 수많은 소득 격차를 목격했다. 농부, 의류 노동자, 미국의 전직 의류업계 노동자, 유통업계 노동자, 낮은 품질의 중고품을 파는 사람 등등 모든 이들이 살려고 몸부림치고 있다. 그런데 이익을 보는 사람은 너무나도 극소수다. 이렇게 몸부림치는 사람들이 함께 잘살 수 있는 시스템이 있다면 누군들 원치 않을까?

나는 노동자를 보호하는 정책을 지지한다. 사회보장의 기본권이 있는 사회, 어떤 배경을 갖고 태어났느냐가 모든 결과를 결정하지 않는 사회에서 살고 싶다. 내가 입고 즐기는 청바지나 셔츠, 드레스가 기후 변화에 심각하게 영향을 미치고, 사람들에게 엄청난 경제적 스트레스를 주는 시스템의 일부분이 아니길 바란다. 이 책을 쓰면서 만났던 사람들의 얼굴과 이야기를 잊지 않겠다.

신자유주의와 절망사

나는 의류 산업의 역사와 업계의 최저가 경쟁을 파헤치면서 신자유주의에 심각한 의문을 갖게 됐다. 옷을 만드는 공장과 물류센터에서 일하는 노동자들은 좀비 같은 기계가 되어버린 반면, 그런 회사의 설립자들은《포브스》의 억만장자 사다리를 올라가고 있다. GDP가 급성장해도 밑바닥 노동자의 삶은 여전히 힘겹다. 5장에서 다뤘듯 2005년 이후 미국에서는 절망사 건수가 증가했다. 미국은 기대수명이 반대 방향으로 가고 있는 유일한 고소득 국가다. 물론 의료기관에 대한 접근성 부족, 마약성 진통제 남용 등 여러 요인들이 있다. 하지만 지루하기 짝이 없는 일을 하는 노동자들, 너무 적은 급여 때문에 생계와 삶이 위태로운 노동자들과 대화하면서, 모든 걸 시장에만 맡겨두는 게 완벽한 해결책이 아니라는 점을 깨달았다.

우리가 가치를 두는 것으로 다시 한 번 돌아가자. 이제까지 많은 경제학자와 언론인은 사회의 건강성을 측정하는 기준으로 GDP에 거의 모든 관심을 기울여왔다. 그러나 이는 잘못임이 이미 증명됐다. GDP는 한 국가의 경제 규모를 측정한다. 다른 말로는 시장 크기다. 하지만 국가의 복지는 측정하지 않는다. 인도 경제학자 아미트 카푸르(Amit Kapoor)와 비베크 데브로이(Bibek Debroy)는《하버드 비즈니스 리뷰(Harvard Business Review)》에 기고한 글에서 다음과 같이 지적했다.

"발전을 측정하는 우리의 방법이 더 높은 생산(GDP)을 향한 해로운 집착을 넘어설 때, 우리의 정책 개입은 시민들이 진정으로 가치를 두는 생활의 단면들, 그리고 보다 나은 사회와 좀 더 일치할 수 있다."[10]

집, 의료 시설, 보육 시설에 대한 접근성, 회사 내에서 성차별과 인종적 급여 차이, 그리고 중역과 평사원 간 급여 차이 등을 측정하는 것이야말로 우리 사회의 복지를 진정으로 이해하는 데 도움이 된다.

노동의 미래와 산업 정책

앞서 우리는 세계화가 어떻게 미국의 의류 제조업 분야에서 일자리 감소를 초래했는지 살펴봤다. 기계가 더 똑똑해지고 기민해지면서 재단과 봉제 공장 및 물류센터 내에서 사람이 해오던 일을 대체하고 있다. 만약 우리가 옷 소비를 줄이는 데 성공한다면, 이론상으로는 의류업계가 위축돼야 하는 게 맞다. 하지만 극히 이론적으로만 그렇다. 이유는 이렇다. 1) 우리 모두는 여전히 옷을 입는다. 2) 세계 인구는 계속 증가하고 있다. 코로나19에도 그렇다. 3) 세계는 점점 더 부자가 되고 있으며, 더 많이 소비하고 있다. 다시 말해 코로나19로 의류 판매가 급격히 감소하긴 했으나, 패션업계가 무너지는 것을 지켜보겠다며 잠도 안 자고 눈을 부릅뜨고 버티는 건 별 의미 없는 짓이란 이야기다. 하지만 우리가 원하는 의류업계가 어떤 것인지에 대해서는 좀 더 생각해볼 필요가 있다.

시장은 해결할 수 없다. 대신 정부가 특정 부분의 성장을 이끌어내는 인센티브를 제공해 우리가 사는 세상을 위한 산업 정책을 디자인해야 한다. 예를 들어 재생 에너지에 대한 투자는 지속 가능한 세상에 기여하는 일자리를 창출하는 데 도움이 될 것이다. 과거 프랑스와 오늘날 중국이 의류 산업을 지배하는 과정에서 정부의 지원이 시장과 합쳐질 때 어떤 일이 벌어지는지 앞서 살펴봤다. 중국 정부는 지금도 메이드 인 차이나 2025[*] 전략으로 똑같은 일을 하고 있다. 미국과 다른 서구

---

[*] 로봇, 반도체, 항공 등 10개 첨단 부문을 집중 육성해 2025년까지 미국, 독일, 일본과 같은 제조업 강국으로 도약한다는 계획.

국가들이 현명하게 대처하지 않으면 중국에 뒤처질 가능성이 높다. 어떤 분야를 육성하면 다른 나라에 앞서고, 좋은 급여를 받을 수 있는 일자리를 만들어낼 수 있을까. 그린 에너지, 지구환경에 영향을 덜 미치는 소재, 녹색 인프라를 꼽을 수 있다.

육체저으로 너무 힘들고 지루하기 짝이 없는 단순 노동을 요구하는 일자리는 어떻게 해야 할까? 그건 패션업계가 아니라 사회가 논의해야 할 문제라고 생각한다. 작가 요한 하리(Johann Hari)는 저서 『잃어버린 연결들(Lost Connections)』에서 우울증을 일으키는 원인들 중 첫 번째로 '의미 있는 일로부터의 단절'을 꼽았다.[11] 우리는 청바지의 여정에서 유의미하지 않은 일자리들을 많이 목격했다. 하리는 책에서 영국의 저명한 보건학자 마이클 마멋(Michael Marmot)의 말을 인용했다.

"무력감이 만병의 근원이다."[12]

회사들이 올바른 길을 택하길 기대하지만 말고, 노동환경을 개선하고 노동자의 목소리를 강화함으로써 그들에게 힘을 부여해주는 정책을 지지하는 정치인을 뽑자. 베키와 로라, 샘, 그리고 수백만 미국인들이 힘들어하는 보육비와 의료비 급증 문제에 관심을 기울이는 정치인을 뽑자. 단순히 일자리를 늘리는 차원을 넘어서, 경제학자 대니 로드릭의 말처럼 좋은 일자리를 만들어내는 산업 정책이 필요하다. 그래야 청바지의 공급 체인에 있는 모든 사람들이 질적으로 좋은 삶을 누릴 수 있다. 다음은 각 분야별로 해야 할 일들이다.

노동환경과 노동자 목소리 향상

✓ 보다 공정한 노동 스케줄을 지원하는 법안 지지.

✓ 기업 이사회에 노동자 참여. 5장에서 살펴봤듯 독일은 노동이사제를 효과적으로 도입해 노동자가 회사의 방향을 정하는 데 목소리를 낼 수 있게 하고 있다.[13]

✓ 기업 경영자가 받는 인센티브 개선. 대부분의 인센티브는 주식을 통해 이뤄지는데, 그러다 보니 아마존 같은 기업의 경영자들은 단기적 주주 가치에만 집중하고 있다. 일정 기간 동안 주식의 매각을 제한한다면 경영자들이 장기적 투자를 모색할 수 있으며, 이는 일자리 창출과 또 다른 주주들, 즉 노동자 주주를 만들어낼 수 있다.

✓ '일할 권리법'이란 잘못된 이름으로 불리는 반노조법 없애기. 이런 법은 노조를 금지하고, 고용자가 피고용자의 노조 활동을 허용하지 못하게 만든다.

✓ 태프트-하틀리법*의 8조 철폐.[14] 이 조항은 고용자가 피고용자에게 반노조 집회에 참가하도록 부추기고, 근로 현장에 대한 노조의 합리적 접근을 제한하는 등의 방식으로 사측이 개입하는 걸 허용하고 있다. 5장에서 우리는 아마존에서 일하는 로라의 경험을 통해 이 조항이 가진 문제점을

---

* Taft-Hartley Act, 1947년 제정된 미국의 노사관계법. 노조 활동을 제한하고 단결권에 저항할 수 있는 고용주의 권리를 보장하는 것이 제정 목적이다.

살펴봤다. 로라는 회사 내에서 노조에 관한 대화를 하는 것 자체가 막혀 있는 듯한 느낌이었다고 털어놓았다.

산업 정책 개발

✓ 프랑스의 태양왕 루이 14세의 의류 산업 발전 계획, 중국의 경제 및 사회 발전을 위한 6대 원칙, 미국의 뉴딜 정책부터 현대 중국, 독일, 일본의 경제 발전에 이르기까지 정부의 지원은 매우 중요한 역할을 했다. 그런데 오늘날 미국 연방 정부가 R&D에 쓰는 돈은 1980년대에 비해 절반밖에 되지 않는다.[15] 연구에 대한 투자를 늘리고, 연구 성과물을 갖고 미국 내 생산을 보장하며, 견습 프로그램을 포함한 교육 투자로 좋은 일자리 경제를 일궈내자.

폭주하는 비용 문제 처리: 중산층이 감당할 수 있게 만들기

✓ 적절한 보육비
✓ 전 국민 의료보험 제도
✓ 적절한 주택 공급 증대
✓ 학자금 대출 탕감

아무도 우리 대신 해주지 않는 일

청바지의 여정을 통해 경제, 환경, 화학제품 사용 기준, 인종 불평등, 국제 무역 등 너무 거창해 보이는 주제들을 전부 제기한 것 같다. 책을 쓰기 위해 연구와 조사(몇 년이 걸렸다)를 시작했을 때만 해도 나는 정부가 잘 규제하고 있겠지, 환경 단체나 다른 비정부 기구들이 잘하고 있겠지 하는 모호한 생각을 갖고 있었다. 나는 경제학자나 심리학자, 화학자가 아니다. 내가 살고 있는 공동체 안에서 이런 주제들을 제기하기 위해 노력하는 것 말고 더 할 수 있는 게 있을까?

패션 산업을 파헤칠수록 많은 일들이 은밀하게 벌어지는 게 아니란 사실을 잘 알게 됐다. 대개는 오히려 반대였다. 회사들이 내놓는 사회적 책임 보고서는 대부분이 핵심 문제들을 실제로 다루기보다는 뭔가 하고 있다는 암시만 하는 것에 그치고 있다. 그러면서 득은 자기들이 보고, 엄청난 부담은 국민에게 지우는 법을 제정하기 위해 의회와 정부에 로비스트들을 보내고 있다. 청바지를 폐기하는 과정을 통해 봤듯이, 환경 단체들도 다른 나라에 미치는 충격에 대해서는 사각지대를 갖고 있는 것 같다. 그런 단체들은 유권자들의 개입이 필요하다. 기업의 기부와 타협하는 단체들도 있는데, 이는 걷잡을 수 없는 소비주의 같은 골치 아픈 주제들을 다루기 어렵게 만든다. 그런데도 우리는 패션에 정신이 팔려 거버넌스에 관심을 기울이지 않고 있다.

우리는 버네이스와 그의 후배들이 만든 틀을 깨부수고, 소비자 역할에서 벗어나 시민으로 되돌아가는 방법을 찾아야 한다. 우리는 적극적인 시민으로서 중요한 역할을 할 수 있다. 시위, 전화하기, 이메일 보내기, 트윗하기 등등 방법은 다양하다. 물론 투표도 있다. 옷을 살 때 궁금한 게 있으면 직원에게 물어보거나 회사에 문의하는 이메일을 보내고, 어떤 행동을 촉구하기 위한 전화 시위에 참여할 수도 있다. 이 책을 쓰는 동안 사회 조직이란 직물이 어떻게 흐트러지고 있는지 지켜봤다. 하지만 거리에서 행진하는 시민들의 힘, 우리 사회의 기본적인 문제를 다룰 준비가 돼 있는 정말 다양한 움직임들이 보여주는 아름다움도 더불어 알게 됐다.

솔직히 시민 참여 운동이 내 성미에 맞는 건 아니다. 난 평지풍파를 일으키는 걸 싫어한다. 하지만 지금은 안다. 내가 더 적극적이지 않으면, 더 적극적인 시민이 되지 않으면, 아무것도 변하지 않는다. 바로 이것이 내가 책을 쓰면서 배운 점이다. 시민 단체들의 열정 덕분에 에너지를 얻기도 했다.

시민 참여 운동의 긍정적인 면은 무엇일까? 청바지의 여정을 따라가는 작업은 내게 인생의 또 다른 의미를 가져다주었다. 이를 통해 평생의 친구와 공동체에 대한 감정, 전문가들이 진정한 행복의 핵심 요소라고 지적해온 많은 것들을 발견했다. 다른 사람들과 함께 우리 시대의 엄청난 도전들을 다루는 일을 하면서, 나는 이전보다 더 행복해졌다. 행복해지기 위한 일회용 반창고로 쇼핑 테라피는 이제 더 이상 필요하지 않게 됐다.

우리가 만드는 미래 비전

무엇이 잘못됐는지에 너무 집중하면 앞으로 나아갈 길을 보기 어렵다. 우리가 일어서서 우리 자신과 공동체, 사회에 투자한다면 무엇을 이룩할 수 있을지에 대한 비전으로 이 책을 마무리하고 싶다.

2030년 우리는 깔끔하게 정리된 옷장을 갖고 있다. 옷장 안에 있는 모든 옷들을 애지중지하면서 자주 입는다. 옷 자체는 재생 농업으로 키운 소재의 옷을 재가공해 만든 것이다. 미네랄과 유기물질, 미생물이 풍부한 토양은 대기 중 탄소 흡수에 도움을 주고 있다. 농부와 노동자는 우리가 입을 청바지의 소재가 될 작물을 키우는 일로 충분한 보상을 받고 있다.

면직물은 태양 에너지로 가동되는 공장에서 생산하며, 화학물질 사용은 화학자들이 이끄는 독립적 기관의 관리를 받는다. 패션 브랜드들은 행동 강령을 제정해 공장에서 진행되는 작업을 관리하고, 안전한 작업이 이뤄질 수 있도록 충분한 노력과 비용을 들이고 있는지 면밀하게 살핀다. 수질을 적절하게 관리하기 때문에 공장 근처에 있는 강에서 아이들이 마음 놓고 물장구를 치고 수영을 즐긴다. 패션 브랜드들은 자사의 환경 영향 발자국을 공개하고, 자체적으로 설정한 환경 목표를 충실히 달성하고 있다.

청바지를 만드는 노동자들은 자신이 하는 일에서 만족감을 느끼며, 누군가의 기분을 오랫동안 좋게 만들어줄 아름다운 무엇인가를 생산한다는 사실에 긍지를 갖고 있다. 우리처럼 노동자들도 성취감 있고 건강한 삶을 누릴 수 있는 적절한 급여를 받는다. 청바지 가격이 좀 비싸기는 하지만 괜찮다. 왜냐면 마음에 쏙 들어서 입을 때마다 즐겁기 때문이다.

정부는 효과적인 산업 정책을 통해 의미 있고 급여 수준도 좋은 일자리들을 만들어내고 있다. 그 덕분에 우리는 멋진 고속열차를 타고 가족을 만나러 가거나, 국내 곳곳을 여행하는 여유를 충분히 가질 수 있다.

우리가 지금 갖고 있는 청바지들을 좋아하는 이유가 또 있다. 자신만의 관심사에 대한 통제력을 되찾고, 진정한 필요와 욕구로부터 멀어지게 만드는 소셜미디어 채널들과 이메일 편지함의 광고들을 삭제한 다음에 샀기 때문이다. 삶의 어떤 구멍을 메우라는 도파민의 충동질 때문이 아니라 유익한 정보들을 잘 살펴보고 산 청바지다.

청바지를 포장하고 배달하는 노동자들은 노조원으로서 회사와 좋은 관계를 맺고 자신의 목소리를 경영에 반영하고 있다. 업계의 환경에 대해서도 잘 이해하고 있다. 또 자녀들을 잘 키울 수 있을 만큼의 급여를 받고 있다.

우리가 구매하는 브랜드에는 다양성을 대표하고 수용하는 경영진과 이사회가 있다. 좀 더 포용적인 회사가 되기 위한 토대를 쌓고, 인종차별 시스템을 무너뜨리는 일에 동참하고 있다.

우리는 대부분의 시간에 옷 쇼핑을 전혀 하지 않는다. 친구나 가족과 외출해 재미있는 시간을 보낼 때나 지역 정치에 참여할 때에만 옷을 차려입는다. 불안감을 덜 느끼고 밤에는 잠을 잘 잔다. 패션 산업에 관한 보도를 포함해 모든 기사들은 팩트 체크가 잘돼 있으며, 우리가

지속 불가능한 패션 산업에 이의를 제기합니다

읽고 있는 정보가 정확하다는 사실을 보증하는 탄탄한 시스템을 갖추고 있다.

청바지가 몸에 맞지 않게 되더라도 입을 수 없을 정도가 아니면 버리지 않는다. 폐기하더라도 잘 분해된다. 국민투표로 인종 및 구조적 인종차별주의가 금지됐기 때문에 독성 쓰레기 폐기장 옆에서 사는 사람들은 인종과 큰 연관이 없다. 게다가 이런 폐기장들은 장기적인 관리와 규제를 통해 적절히 유지되고 있다. 옷을 치워버려야 할 때에는 질 좋은 제품으로 다시 팔 수 있는 기관에 기부한다. 뉴욕, 아크라, 런던에서는 디자이너 팀들이 기존 옷을 갖고 흥미로운 새 디자인의 옷을 만들어내고 있다.

바다에는 플라스틱이 아니라 물고기가 풍부하다. 숲은 나무와 야생동물로 북적거린다. 패션 산업은 소녀 취향으로 치부당하지 않으며, 옷이 가진 진정한 영향력은 사람들에게 엄청나게 긍정적인 것으로 인식되고 있다.

———

글로벌 패션 산업과 글로벌 경제는 길들일 수 없는 자연의 힘이 아니다. 우리가 입는 청바지처럼 디자인할 수 있으며, 다시 디자인할 수도 있다. 선택은 우리 몫이다.

감사의 말

몇 년에 걸쳐 이 책을 쓰는 동안 정말 많은 사람들로부터 도움을 받았다. 제이디 시절, 시간을 내서 대형 패션의 공급 체인을 둘러보고, 내가 목격했던 것들을 완전하게 연결하기 위한 연구를 해보고 싶었다. 친구 그렉 버먼이 아니었다면 그런 생각은 내 마음속에만 있었을 것이다. 버먼은 내 생각을 격려해주었고, 체니 에이전시와 연결까지 해주었다. 거기서 내 에이전트가 될 앨리스 위트웜을 만났다. 앨리스는 책의 콘셉트, '패션의 지속 가능성'이 트렌드가 되기 오래전부터 시급한 문제라는 점에 믿음을 보여주었다. 그의 지지와 지도, 그리고 우정이 없었다면 이 책은 세상에 나오지 못했을 것이다. 내가 나 자신의 목소리를 찾도록 도와준 이브 맥스위니에게도 감사 인사를 보낸다.

여러 분야의 수많은 이들이 친절하게도 자신의 시간과 지식을 내게 나눠주었다. 텍사스 주에 사는 세사르 비라몬테스는 미국의 데님 세계를 열어젖혀 보여주었고, 켄트 칼과 칼 페퍼는 내게 목화 농사가 어떻게 이뤄지는지 보여주었다. 그들 덕분에 도시 여자가 마치 집에 온

지속 불가능한 패션 산업에 이의를 제기합니다

것처럼 편안하게 농장에서 지낼 수 있었다. 중국에서는 찰스 왕이 내게 자신의 공장을 공개하고, 광둥성에서 안내도 해주었다. 우리가 마셨던 차 맛을 결코 잊을 수 없을 것 같다. 정말 최고였다. 내게 영감을 준 다시를 소개해준 사람도 찰스였다. 스리랑카에서는 아실라와 다누가 자신들의 이야기를 들려주었고, 콜롬보에 있는 다른 의류업계 노동자들을 소개해주었다. 멜라니 구나틸라카는 자원해서 통역을 해주었을 뿐만 아니라 자신이 갖고 있는 중요한 관점을 공유해주기까지 했다. 방글라데시에서는 샤히두르 라만 교수, 롭 웨이스, 국제노동기구(ILO) 팀, 리마 등으로부터 도움을 받았다. 가나에서는 리즈 리켓츠에게 너무나 많은 신세를 졌다. 그는 친절하게도 아크라에서 가족처럼 지내는 사람들에게 나를 소개해주었다. 아베나, 스테파니아 만프레다, 그리고 탁월한 정신세계를 가진 데이비드 애덤스가 바로 그들이다. 애덤스가 앞으로 우리에게 무엇을 보여줄지 기대된다. 스테파니아의 말처럼 아크라에는 와칸다*의 에너지가 충만했다. 그 에너지를 나눠준 모든 사람들에게 감사를 표하고 싶다. 뉴욕에 돌아와 만난 뉴욕시위생국(DSNY) 팀을 통해선 시 정부에 대한 신뢰를 새롭게 가질 수 있었다. 내가 버린 쓰레기의 삶을 들여다보게 해준 비토와 키스 멜리스에게 많은 감사를 보낸다. 구세군에서는 프레드 머스가 기부 물품들의 흥미로운 세계로 나를 안내했다. 이밖에 이름을 밝힐 수 없는 수많은 사람들이 자신이 겪은 이야기를 내게 전해주었다. 내가 얼마나 고마워하는지 전하고 싶다. 나도 그들에게 좋은 모습을 보였길 바란다.

---

* Wakanda, 마블 코믹스 작품에 등장하는 블랙 팬서가 통치하는 가상 왕국.

각 분야의 저명한 전문가들도 많은 도움을 주었다. 크리스토프 메인렌켄 박사는 기후변화에 대한 모든 것을 가르쳐준 스승이다. 일하는 동안 유머 감각을 잃지 않았던 모습이 참 인상적이었다. 린다 그리어 박사는 중국의 상황을 이해하는 데 도움을 주었다. 패션 산업에 대해서도 엄청나게 중요한 역할을 했는데, 비공식 수석 과학자로서 직설적인 언변과 끝없는 매력으로 주변 사람들을 끌어당겼다. 만약 패션 산업이 눈에 띄게 개선된다면, 우리 모두는 린다에게 감사해야 할 것이다. 스벤 베케르트 박사, 대니 로드릭, 다비 색스비, 웬디 우드, 팀 케이서, 밥 요켈슨, 케샤브 크란티, 피터 앤더슨도 많은 도움을 주었다.

여러분이 이 책을 읽고 감동을 받았다면 그건 제니퍼 커딜라 덕분이 아닐 수 없다. 제니퍼는 건조한 나의 문장과 조사 내용을 감동적인 내러티브로 바꿔놓았다. 조사 속에서 이야깃거리를 꺼내준 그는 굉장히 현명한 파트너였다. 우리는 많은 이야기와 조사 내용을 함께 검토했다. 익명의 파트너인 그와 함께 일할 수 있던 것이야말로 내 경력에서 최고의 순간이었다.

펭귄 출판사 포트폴리오의 편집자 메리 선에게도 감사를 전한다. 그는 이 책이 담고 있는 주제를 믿어주었고, 문장을 다듬어주었으며, 데이터와 내러티브 사이의 절묘한 균형을 잡아 모든 이야기가 생생하게 살아나도록 만들어주었다. 패션이 절대로 우스꽝스러운 산업이 아니라는 것을 처음부터 이해했고, 그런 포인트를 강력하게 나타낼 수 있는 단어들을 찾을 수 있게 도와주었다. 감사, 감사, 또 감사하다. 책을 만들어준 펭귄출판사 포트폴리오 팀에게도 감사 인사를 보낸다.

앨리슨 디커는 탁월한 팩트 체커였다. 팩트 체크는 우리 사회에서 말없이 대단히 중요한 역할을 하고 있다. 앨리슨과 함께 일할 수 있어 행운이었다. 제인 카볼리나는 인용구와 관련된 어수선한 정보들을 깔끔하게 정리해 유용한 자료로 바꿔주었다.

신표준연구소 동료들로부터도 많은 도움을 받았다. 조지 맥퍼슨은 내가 책을 쓴다며 자리를 비울 때마다 참아주었으며, 매슈 스윈슨은 모두의 아이디어를 지지해주고 우리 자신과 업계를 되돌아보도록 이끌어주었다. 알레한드라 폴락에게도 마음 깊이 감사를 전하고 싶다. 엄청난 조사 기법과 기분 좋은 매력을 가진 그는 이 책을 쓰기 위한 초기 조사의 대부분을 해주었다. 가장 재미있는 여행 친구가 돼주기도 했다. 그의 너그러운 마음씨를 정말로 존경하며, 영원히 감사하는 마음을 간직하겠다. 알레한드라 덕분에 나는 인간성에 대한 신뢰를 새롭게 가질 수 있었다. 함께 일할 수 있어 너무나 감사하다.

이 책을 쓰기 전까지만 해도 조사하고 글을 쓰는 게 상당히 외로운 일이라는 사실을 몰랐다. 친구들은 내가 계속 글을 쓰는 데 필요한 지지를 보내주었다. 관계야말로 의미와 행복을 가져다준다는 게 내 연구의 핵심인데, 친구들이 그런 관계가 되어주었다.

지젤 야메아고는 내가 책을 쓸 수 있도록 딸을 돌봐주면서 맛있는 음식까지 만들어주었다. 남편과 나는 최고의 손에 우리 아이를 맡겼다는 사실에 안도감을 느꼈다. 그의 도움은 아무리 과장해도 지나치지 않다. 지젤이 없었다면 이 책을 쓰지 못했을지도 모른다.

그리고 부모님(아버지 키스 케이, 어머니 발다 케이)에게 감사드린다. 두 분은 내가 가장 의미 있는 일을 하도록 항상 격려해주셨다. 정말 엄청난 선물을 주셨다. 아버지는 내가 나 자신에 대한 믿음을 갖기 전부터 나를 믿어주셨다. 아버지가 보여주신 직업윤리, 호기심, 모험심을 이 책 속에 담아내고자 했다. 내 글에 너무나도 열광하셨던 아버지가 매일매일 무척이나 그립다. 어머니는 내가 결코 다다를 수 없을 정도의 매력과 가족 및 공동체에 대한 헌신을 보여주셨다. 제스와 뎁, 그리고 나는 세상에서 가장 운이 좋은 딸이다. 어머니는 정말 최고다. 세상에 대한 관심, 세상 속에서 우리의 역할 등 모든 것을 가르쳐준 언니들이 있어서 너무너무 행운이다. '케이 시스터스'가 말할 수 없이 자랑스럽다.

마지막으로 내 남편 스테판은 딸 레온틴이 아기였을 때 내가 전 세계를 돌아다니며 조사할 수 있도록 육아를 맡아주었고, 내가 하는 모든 일에 대해 항상 격려를 아끼지 않았다. 이런 부조종사와 인생을 함께할 수 있어 너무나도 고맙다. 사랑합니다.

주석

서문

1 Nathalie Remy · Eveline Speelman · Steven Swartz, "Style That's Sustainable: A New Fast-Fashion Formula," McKinsey&Company, October 20, 2016, https://www.mckinsey.com/business-functions/sustainability/our-insights/style-thats-sustainable-a-new-fast-fashion-formula.

2 Randolph Kirchain · Elsa Olivetti · T. Reed Miller · Suzanne Greene, "Sustainable Apparel Materials," Materials Systems Laboratory, MIT, September 22, 2015, https://matteroftrust.org/wp-content/uploads/2015/10/SustainableApparelMaterials.pdf.

3 FashionUnited.uk, September 26, 2016, https://fashionunited.uk/news/business/infographic-data-from-the-denim-industry/2016092621896.

4 ShopSmart, "Jeaneology: ShopSmart Poll Finds Women Own 7 Pairs of Jeans, Only Wear 4," September 2010, https://www.prnewswire.com/news-releases/jeaneology-shopsmart-poll-finds-women-own-7-pairs-of-jeans-only-wear-4-98274009.html.

5 Imran Ahed et al., "The State of Fashion 2019," McKinsey&Company, https://www.mckinsey.com/~/media/McKinsey/Industries/Retail/Our%20Insights/The%20influence%20of%20woke%20consumers%20on%20fashion/The-State-of-Fashion-2019.ashx.

6 Achim Berg · Karl-Hendrik Magnu, "Fashion on Climate," McKinsey&Company, 2020, https://www.mckinsey.com/~/media/McKinsey/Industries/Retail/Our%20Insights/Fashion%20on%20climate/Fashion-on-climate-Full-report.pdf.

7 Sven Beckert, Empire of Cotton: A Global History(NY: Knopf, 2014), xviii.

8 Organic Cotton, "The History of Cotton Production," organiccotton.org, https:// www.organiccotton.org/oc/Cotton-general/World-market/History-of-cotton. php.

9 History of Dungaree Fabric, HistoryofJeans.com, http://www.historyofjeans. com/jeans-history/history-of-dungaree-fabric/.

10 영어식으로 '둥가리'라 불리는 튼튼한 작업복은 동남아시아의 동리 등지에 상륙한 유럽 상인들에게 인기가 높았다. 갑판 청소 같은 뱃일로 옷이 젖기 일쑤인 선원들이 입을 수 있을 만큼 뻣뻣했고, 아주 질겨 돛을 만드는 데에도 쓰였다. 급기야 프랑스인들도 비슷한 물건을 만들어내기에 이르렀는데, 프랑스식 둥가리는 님 지역에서 만들었기 때문에 'de Nimes'에서 '데님'이란 말이 나왔다고 한다. '데님'이나 '진'이나 뜻은 같지만, 우리의 어휘를 풍성하게 만들어주었으니 프랑스인들에게 고마워할 일이다. '진'은 이탈리아의 항구 도시 제노바의 프랑스식 발음 '젠(Gênes)'에서 온 것으로 알려져 있다.

11 Beckert, Empire of Cotton, 33.

12 "King Cotton," Utah Social Studies, Agriculture in the Classroon Utah State University Cooperative Extension, https://cals.arizona.edu/fps/sites/cals. arizona.edu.fps/files/education/king_cotton.pdf.

13 Ronald Bailey, "The Other Side of Slavery: Black Labor, Cotton, and Textile Industrialization in Great Britain and the United State," Agricultural History 68, no. 2(Spring 1994): 35–50, https://www.jstor.org/stable/3744401?seq=1.

14 Henry Louis Gates, Jr, "What Was the Second Middle Passage," The African Americans: Many Rivers to Cross, PBS, https://www.pbs.org/wnet/african-americans-many-rivers-to-cross/history/what-was-the-2nd-middle-passage.

15 Caitlin Rosenthal, "Plantations Practiced Modern Management," Harvard Business Review, September 2013, https://hbr.org/2013/09/plantations-practiced-modern-management.

16 the economy in its current form: "2020 Edelman Trust Barometer Reveals Growing Sense of Inequality Is Undermining Trust in Institutions," Edelman.

지속 불가능한 패션 산업에 이의를 제기합니다

com, January 19, 2020, https://www.edelman.com/news-awards/2020-edelman-trust-barometer.

1. 성장 지향성 - 텍사스의 면화 농업

1 "Cotton: World Markets and Trade," World Production, Markets, and Trade Report, October 9, 2020, United States Department of Agriculture, Foreign Agriculture Service, https://www.fas.usda.gov/data/cotton-world-markets-and-trade.

2 "Texas Cotton: 'The New King,'" Lubbock Cotton Exchange, https://www.lubbockcottonexchange.com.

3 "Cotton: World Markets and Trade," World Production, Markets, and Trade Report, October 9, 2020, United States Department of Agriculture, Foreign Agriculture Service, https://www.fas.usda.gov/data/cotton-world-markets-and-trade.

4 Terry Townsend, "Cotton in the World Economy," Cotton Analytics, July 19, 2018, http://cottonanalytics.com/cotton-in-the-world-economy/.

5 "Cotton and Wool Yearbook," United States Department of Agriculture, Economic Research Service, November 21, 2019, https://www.ers.usda.gov/data-products/cotton-wool-and-textile-data/cotton-and-wool-yearbook/#World%20Cotton%20Supply%20and%20Demand.

6 [인터뷰] Kelly Pepper of Texas Organic Marketing Cooperative, October 1, 2020.

7 United States Department of Agriculture, Agricultural Marketing Service, Grades and Standards: Organic, https://www.ams.usda.gov/grades-standards/organic-standards.

8 "Cotton Prices—45-Year Historical Chart," Macrotrends.com, https://www.macrotrends.net/2533/cotton-prices-historical-chart-data.

9 "Get the Facts about Organic Cotton," Organic Trade Association, November

18, 2019, https://ota.com/advocacy/fiber-and-textiles/get-facts-about-organic-cotton.

10 Morbidity and Mortality Weekly Report, vol. 67, no. 45(February 22, 2019): 186, https://www.cdc.gov/mmwr/volumes/68/wr/mm6807a7.htm; Matt Perdue, "A Deeper Look at the CDC Findings on Farm Suicides," National Farmers Union, November 27, 2018, https://nfu.org/2018/11/27/cdc-study-clarifies-data-on-farm-stress/.

11 "US Cotton Subsidies Insulate Producers from Economic Loss," Gro Intelligence, June 6, 2018, https://gro-intelligence.com/insights/articles/us-cotton-subsidies.

12 최근 이 전술은 정당성 면에서 비난을 받고 있다. 브라질은 WTO에 제소하기도 했다. 정부 보조금이 가격을 상승시켜 다른 나라의 가난한 농부들은 경쟁조차 할 수 없게 만들기 때문이다. 오랫동안 국제구호개발기구 옥스팜 같은 곳에서는 미국의 면화 보조금이 면화 가격을 14퍼센트까지 떨어뜨려 서아프리카 농부들의 경쟁을 불가능하게 만든다고 비판해왔다. Missy Ryan, "U.S. Cotton Could Suffer if It Loses Subsidy Support," Reuters, December 20, 2007, https://www.reuters.com/article/us-usa-cotton-wto/u-s-cotton-could-suffer-if-it-loses-subsidy-support-idUSN2060217920071220.

13 Ana Nicolaci da Costa, "Xinjiang Cotton Sparks Concern over 'Forced Labour' Claims," BBC News, November 13, 2019, https://www.bbc.com/news/business-50312010; "Forced Labour in China Presents Dilemmas for Fashion Brands," The Economist, August 20, 2020, https://www.economist.com/business/2020/08/20/forced-labour-in-china-presents-dilemmas-for-fashion-brands.

14 Educational Resources, Harvesting, Cotton.org, https://www.cotton.org/pubs/cottoncounts/fieldtofabric/harvest.cfm.

15 면실유는 1톤에 110달러다. Cottonseed Intelligence Monthly, HIS Markit, March 4, 2020, Vol. 24, issue 3, https://www.cottoninc.com/wp-content/uploads/2020/03/CIM-03-2020.pdf. 면실유는 올리브유 가격의 10분의 1 정

도에 불과한 식물성 기름의 일반적인 성분이다. Jody Gatewood, "Vegetable Oils-Comparison, Cost, and Nutrition." Iowa State University Extension and Outreach, August 19, 2013, https://blogs.extension.iastate.edu/spendsmart/2013/08/19/vegetable-oils-comparison-cost-and-nutrition//.

16 KCDB Digital, "Select Milk Producers to Convert Littlefield Denim Mill into Milk Processing Plant," October 28, 2015, https://www.kcbd.com/story/30366617/select-milk-producers-to-convert-littlefield-denim-mill-into-milk-processing-plant/.

17 "Get the Facts about Organic Cotton," https://ota.com/advocacy/fiber-and-textiles/get-facts-about-organic-cotton; Sustainability Learning Center, "Organic Cotton 101," Organic Cotton Plus, https://organiccottonplus.com/pages/learning-center#questions-and-answers.

18 "U.S. Organic Sales Break Through $50 Billion Mark in 2018," Organic Trade Association press release, May 17, 2019, https://ota.com/news/press-releases/20699.

19 이전의 군수 공장들은 또한 새로운 화학적 합성 첨가물, 색소, 착색료, 조미료, 방부제 처리로 더 오래가고 값은 싼 가공 식품의 탄생지이기도 하다. 공장에서 나온 식빵과 균질유, 통조림 햄을 생각해보라.

20 "The Silent Spring," The Life and Legacy of Rachel Carson, RachelCarson.org, http://www.rachelcarson.org/SilentSpring.aspx.

21 "Is Cotton Conquering Its Chemical Addiction," A Review of Pesticide Use in Global Cotton Production, Pesticide Action Network, October 2017, https://issuu.com/pan-uk/docs/cottons_chemical_addiction_-_final_?e=28041656/54138689.

22 "Clearing Up Your Choices about Cotton," Nature Resources Defense Council, August 2011, https://www.nrdc.org/sites/default/files/CBD_FiberFacts_Cotton.pdf.

23 R. S. Blackburn, ed., Sustainable Textiles: Life Cycle and Environmental Impact(Boca Raton, FL: CRC Press, 2009), 34., https://www.google.com/books/

edition/Sustainable_Textiles/Ik6kAgAAQBAJ?hl=en&gbpv=1&bsq=tripled.

24 "Herbicides," CADDIS, vol. 2, United States Environmental Protection Agency, https://www.epa.gov/caddis-vol2/caddis-volume-2-sources-stressors-responses-herbicides.

25 "National Soil Health Measurements to Accelerate Agricultural Transformation," Soil Health Institute, https://soilhealthinstitute.org/national-soil-health-measurements-accelerate-agricultural-transformation/.

26 Verena Seufert and Navin Ramankutty, "Many Shades of Gray: The Context-Dependent Performance of Organic Agriculture," Science Advances 3, no. 3(March 10, 2017), https://advances.sciencemag.org/content/3/3/e1602638.

27 재생 농업에는 농부들이 땅을 갈지 않고도 땅에 씨앗을 뿌리는 무경간 농법, 주요 작물을 수확한 후에 다른 작물을 심는 간작, 여러 해에 걸쳐 작물을 교대로 심는 목초지 순환 경작 등이 포함된다.

28 Margy Eckelkamp, "Blue River Expands See&Spray Testing Before Commercial Launch," Farm Journal's AGPRO, March 5, 2018, https://www.agprofessional.com/article/blue-river-expands-see-spray-testing-commercial-launch.

29 "Herbicide Tolerance," University of California, Division of Agriculture and Natural Resources, UC Davis Seed Biotechnology Center, http://sbc.ucdavis.edu/Biotech_for_Sustain_pages/Herbicide_Tolerance/.

30 "We are essentially destroying": Richard Schiffman, "Why It's Time to Stop Punishing Our Soils with Fertilizers," Yale Environment 360, May 3, 2017, https://e360.yale.edu/features/why-its-time-to-stop-punishing-our-soils-with-fertilizers-and-chemicals.

31 "European Clothing Chains Hit by 'Fake' Organic Label Controversy," DW.com, https://www.dw.com/en/european-clothing-chains-hit-by-fake-organic-label-controversy/a-5164495.

32 Regeneration Information, "Regenerative Organic Agriculture and Climate Change: Down to Earth Solution to Global Warming," October 6, 2015, https://regenerationinternational.org/2015/10/06/regenerative-organic-agriculture-

and-climate-change-a-down-to-earth-solution-to-global-warming/.

33 "Creating a Sustainable Food Future," World Resources Report, https://wrr-food.wri.org/.

34 Schiffman, "Why It's Time to Stop Punishing Our Soils with Fertilizers."

35 News Editor, "70 Percent of Farmland to Change Hands in Next 20 Years," American AG Radio Network, October 31, 2018, https://americanagnetwork.com/2018/10/70-percent-of-farmland-to-change-hands-in-next-20-years/.

2. 메이드 인 차이나 – 비용 절감이 지구를 어떻게 죽이고 있나

1 "Textile production in China from August 2019 to August 2020," Statista, Consumer Goods&FMCG, Clothing and Apparel, https://www.statista.com/statistics/226193/clothing-production-in-china-by-month/.

2 "Statistical Tables," 2016, WTO, https://www.wto.org/english/res_e/statis_e/wts2016_e/wts16_chap9_e.htm.

3 "Statistical Tables," 2016, Table A2, World Trade Organization, https://www.wto.org/english/res_e/statis_e/wts2019_e/wts2019chapter08_e.pdf

4 "China Is the World's Factory, More Than Ever," The Economist, June 23, 2020, https://www.economist.com/finance-and-economics/2020/06/23/china-is-the-worlds-factory-more-than-ever.

5 "ApparelStats 2014 and ShoeStats 2014 Reports," We Weat New, American Apparel&Footwear Association, January 9, 2015, https://web.archive.org/web/20160322062732/https://www.wewear.org/apparelstats-2014-and-shoestats-2014-reports/.

6 "Textiles Monitoring Body(TMB) The Agreement on Textiles and Clothing," World Trade Organization, https://www.wto.org/english/tratop_e/texti_e/texintro_e.htm#MFA.

7 "Levi's Set to Close Last U.S. Factory," Baltimore Sun, October 19, 2003, https://www.baltimoresun.com/news/bs-xpm-2003-10-19-0310190003-story.html.

8   Meena Thiruvengadam, "Apparel Industry No Longer a Good Fit in El Paso," Institute for Agriculture&Trade Policy, October 15, 2005, https://www.iatp.org/news/apparel-industry-no-longer-a-good-fit-in-el-paso. 2017년 말까지 리바이스는 '오리지널 진 501' 제품을 위해 노스캐롤라이나에 하나뿐인 콘 데님(Cone Denim)을 이용했다. 'USA 501' 라벨을 달고 판매된 청바지는 그 재고의 잔여분이 틀림없다. Matt Jancer, "The Death of Denim: What the Closing of Cone Mills Means for "Made in the USA," Men's Journal, https://www.mensjournal.com/features/what-closing-cone-mills-means-made-in-the-usa/.

9   Milton Friedman, "The Social Responsibility of Business Is to Increase Its Profits," New York Times, September 13, 1970, https://www.nytimes.com/1970/09/13/archives/article-15-no-title.html.

10 Thiruvengadam, "Apparel Industry No Longer a Good Fit in El Paso."

11 Chip Bergh, "The CEO of Levi Strauss on Leading an Iconic Brand Back to Growth," Harvard Business Review, July–August 2018, https://hbr.org/2018/07/the-ceo-of-levi-strauss-on-leading-an-iconic-brand-back-to-growth?utm_campaign=hbr&utm_source=twitter&utm_medium=social.

12 WWD Staff, "Marineau's Millions: Levi's Chief Exec Sees Pay Jump to $25.1M," WWD, February 27, 2003, https://wwd.com/fashion-news/fashion-features/marineau-8217-s-millions-levi-8217-s-chief-exec-sees-pay-jump-to-25-1m-738461/.

13 업계는 6대 우선 순위 정책하에 원자재와 연료 · 전력 공급, 혁신과 변화, 기반 시설 구축, 은행 대출과 외환, 해외 첨단 기술 도입, 운송 능 여섯 가지 분야에서 혜택을 누렸다.

14 Qiu, Larry D.. "China ' s Textile and Clothing Industry."(2007).

15 M. R. Subramani, "How China Built $150 Billion Lead Over India in Textile Exports," CPG-RMG Study 2016, March 2, 2018, http://rmg-study.cpd.org.bd/how-china-built-150-billion-lead-over-india-in-textile-exports/.

16 "The Dirty Secret Behind Jeans and Bras," Greenpeace, December 2010, https://web.archive.org/web/20110312074819/http://www.greenpeace.org/

eastasia/news/textile-pollution-xintang-gurao/.

17 "The price of success: China blighted by industrial pollution—in pictures," February 9, 2011.

18 https://www.levistrauss.com/wp-content/uploads/2019/03/Levi-Strauss-Co-Factory-Mill-List-March-2019.pdf

19 https://corporate.abercrombie.com/af-cares/sustainability/social/audit-lifecycle/active-factory-list.

20 China Statistical Yearbook, 2018 data. Energy, Table 9-2: Total Consumption of Energy and Its Composition, http://www.stats.gov.cn/tjsj/ndsj/2019/indexeh.htm.

21 **63** percent "What Is U.S. Electricity Generation by Energy Source," U.S. Energy Information Administration, last updated February 27, 2020, https://www.eia.gov/tools/faqs/faq.php?id=427&t=3.

22 "Brown to Green: The G20 Transition Towards a Net-Zero Emissions Economy, 2019: Mitigation Energy: United States," https://www.climate-transparency.org/wp-content/uploads/2019/11/B2G_2019_USA.pdf#page=4.

23 "Brown to Green: The G20 Transition Towards a Net-Zero Emissions Economy, 2019: Mitigation Energy: European Union," https://www.climate-transparency.org/wp-content/uploads/2019/11/B2G_2019_EU.pdf#page=4.

24 "Brown to Green: The G20 Transition Towards a Net-Zero Emissions Economy, 2019: China," https://www.climate-transparency.org/wp-content/uploads/2019/11/B2G_2019_China.pdf.

25 https://quantis-intl.com/wp-content/uploads/2018/03/measuringfashion_globalimpactstudy_full-report_quantis_cwf_2018a; Achim Berg · Karl Hendrik Magnu, "Fashion on Climate," McKinsey&Company, 2020, https://www.mckinsey.com/~/media/McKinsey/Industries/Retail/Our%20Insights/Fashion%20on%20climate/Fashion-on-climate-Full-report. 이 보고서들 가운데 기본 데이터를 공개하는 보고서가 하나도 없다는 것은 곤란한 일이다. 이 보고서들의 결과가 크게 다르다는 것은 곧 이 업계가 미치는 영향을 평가하기 위해서는 질

적으로나 투명성 면에서 한층 수준 높은 정보가 필요하다는 의미가 된다.

26 Berg · Magnu, "Fashion on Climate."

27 "A New Textiles Economy: Redesigning Fashion's Future," Ellen MacArthur Foundation, https://www.ellenmacarthurfoundation.org/assets/downloads/publications/A-New-Textiles-Economy_Summary-of-Findings_Updated_1-12-17.pdf.

28 Dr. Sheng Lu, "COVID-19 and U.S. Apparel Imports," FASH455 Global Apparel&Textile Trade and Sourcing, updated September 2020, https://shenglufashion.com/2020/09/04/covid-19-and-u-s-apparel-imports-updated-september-2020/.

29 IBP, Inc., China: Clothing and Textile Industry Handbook: Strategic Information and Contacts, 2016 edition, https://books.google.com/books?id=CgWtDwAAQBAJ&pg=PA127&lpg=PA127&dq=Guangdong+textile+volume&source=bl&ots=7tdVmWwNpz&sig=ACfU3U2b_Nf8QSoIxlT8Wa-TyzCvr_ZVbw&hl=en&sa=X&ved=2ahUKEwjdqKrIv8nkAhUUtXEKHUG3BjgQ6AEwA3oECAgQAQ#v=onepage&q=volume&f=false.

30 Hsiao-Hung Pai, "Factory of the World: Scenes from Guangdong," Places Journal, October 2012, https://placesjournal.org/article/factory-of-the-world-scenes-from-guangdong/?cn-reloaded=1. 탄소 배출 단속에 문을 닫았다가 슬그머니 다시 연 공장이 부지기수다.

31 "Potassium Permanganate," IPCS Inchem, http://www.inchem.org/documents/icsc/icsc/eics0672.htm.

32 China Water Risk estimate: Debra Tan, "Dirty Thirsty Wars—Fashion Blindsided," CWR, September 17, 2014, https://www.chinawaterrisk.org/resources/analysis-reviews/dirty-thirsty-wars-fashion-blindsided/.

33 "How Is China Managing Its Greenhouse Gas Emissions?," ChinaPower, https://chinapower.csis.org/china-greenhouse-gas-emissions/.

34 "State of Global Air/2019," Health Effects Institute 2019. State of Global Air 2019. Special Report(Boston: Health Effects Institute), https://www.

stateofglobalair.org/sites/default/files/soga_2019_report.pdf.

35 factories getting shut down: "State of Global Air/2019," 6.

36 수질오염방지법은 1960년대 수준으로 돌아가는 정도는 아니지만, 트럼프 행정부
    가 수질오염방지법을 무력화하기 위해 안간힘을 썼다는 점을 주목해야 한다.

37 Jason Hickel, "The Myth of America's Green Growth," Foreign Policy, June 18,
    2020, https://foreignpolicy.com/2020/06/18/more-from-less-green-growth-
    environment-gdp/.

38 Tom Phillips, "A 'Black and Smelly' Job: The Search for China's Most Polluted
    Rivers," Guardian, June 21, 2016, https://www.theguardian.com/world/2016/
    jun/22/black-smelly-citizens-clean-chinas-polluted-rivers.

39 "A Monstrous Mess: Toxic Water Pollution in China," Greenpeace, January 23,
    2014, https://www.greenpeace.org/international/story/6846/a-monstrous-
    mess-toxic-water-pollution-in-china/.

40 Ayşe Merve Kocabaş "Improvements in Energy and Water Consumption
    Performances of a Textile Mill After Bat Applications," https://etd.lib.metu.
    edu.tr/upload/12609296/index.pdf.; Maria Laura Parisi et al, "Environmental
    Impact Assessment of an Eco-Efficient Production for Coloured Textiles,"
    Journal of Cleaner Production 108, part A, 514–24, https://www.sciencedirect.
    com/science/article/abs/pii/S095965261500757X?via%3Dihub. [COMP: Note
    small s with a cedilla.]

41 "Introduction to the Problems Surrounding Garment Textiles," BfR Opinion
    No. 041/2012, Bundesinstitut für Risikobewertung, July 6, 2012, https://www.
    bfr.bund.de/cm/349/introduction-to-the-problems-surrounding-garment-
    textiles.pdf.

42 이 문헌은 천연섬유보다 합성섬유에 유독성 화학물질이 더 많이 들어 있다
    는 사실을 시사하지만, 이 점을 단순한 흑백 논리로 말할 수는 없다. Giovanna
    Luongo, "Chemicals in Textiles: A Potential Source for Human Exposure and
    Environmental Pollution," PhD diss., Stockholm University, 2015.

43 "Water Scarcity," International Decade for Action "Water for Life" 2005–2015,

United Nations Department of Economic and Social Affairs, last updated November 24, 2014, https://www.un.org/waterforlifedecade/scarcity.shtml.

44 Yi Li et al., "Water Environmental Stress, Rebound Effect, and Economic Growth of China's Textile Industry," PeerJ (June 29, 2018), https://www.ncbi.nlm.nih.gov/pmc/articles/PMC6056267/.

45 Adam Matthews, "The Environmental Crisis in Your Closet," Newsweek, August 13, 2015, https://www.newsweek.com/2015/08/21/environmental-crisis-your-closet-362409.html.

46 Rita Kant, "Textile Dyeing Industry an Environmental Hazard," Natural Science 4, no. 1 (2012), https://file.scirp.org/Html/4-8301582_17027.htm.

47 Go4more.global, Dr. Reiner Hengstmann · Charmaine Nuguid, "Input Paper on Private Standards, Labels and Certification Mechanisms in the Post-2020 Chemicals and Waste Framework," Third Meeting of the SAICM Intersessional, Bangkok, Thailand, September 30 to October 4, 2019, http://saicm.org/Portals/12/documents/meetings/IP3/INF/SAICM_IP3_INF_11_Role_private_standards_GOV_Switzerland.pdf.

48 Joaquim Rovira, José L. Domingo, "Human health risk due to exposure to inorganic and organic chemicals from textiles: A review," Environmental Research 168 (2019): 62-69.

49 Bruno Lellis et al., "Effects of Textile Dyes on Health and the Environment and Bioremediation Potential of Living Organisms," Biotechnology Research and Innovation 3, no. 2 (July–December 2019): 275–90, https://www.sciencedirect.com/science/article/pii/S2452072119300413.

50 "Starch Wastewater Treatment Solution," NGO International, "http://ngoenvironment.com/en/Types-of-wastewater-tec34-STARCH-WASTEWATER-TREATMENT-SOLUTION-d133.html/.

51 Mahmmoud Nasr, "Biological Hydrogen Production from Starch Wastewater Using a Novel Up-flow Anaerobic Staged Reactor," 표1: 실험에 사용된 녹말 처리 폐수의 특성, BioResources 8, no. 4, https://www.researchgate.net/

figure/Characteristics-of-the-Starch-Processing-Wastewater-Used-in-the-Experiments_tbl1_259810426.

52 J. Xue · W. Liu · K. Kannan, "Bisphenols, Benzophenones, and Bisphenol A Diglycidyl Ethers in Textiles and Infant Clothing," Environmental Science&Technology 51, no.9(May 2, 2017): 5279-86.

53 Zorawar Singh and Pooja Chadha, "Textile Industry and Occupational Cancer," Journal of Occupational Medicine and Toxicology 11, no. 39(August 15, 2016), https://www.ncbi.nlm.nih.gov/pmc/articles/PMC4986180/.

54 David Ewing Duncan, "Chemicals Within Us," National Geographic, n.d., https://www.nationalgeographic.com/science/health-and-human-body/human-body/chemicals-within-us/.

55 Marc Bain, "If Your Clothes Aren't Already Made Out of Plastic, They Will Be," Quartz.com, June 5, 2015, https://qz.com/414223/if-your-clothes-arent-already-made-out-of-plastic-they-will-be/.

56 "Nylon Is Invented, 1935," PBS, A Science Odyssey: People and Discoveries, http://www.pbs.org/wgbh/aso/databank/entries/dt35ny.html.

57 "What Is Polyester: History of Polyester," WhatIsPolyester.com, http://www.whatispolyester.com/history.html.

58 News Desk, "Global Polyester Yarn Exports Rising Since 2017," Fibre2Fashion.com, October 5, 2019, https://www.fibre2fashion.com/news/textile-news/global-polyester-yarn-exports-rising-since-2017-252377-newsdetails.htm.

59 Yan Qin, "Global Fibres Overview," Synthetic Fibres Raw Materials Committee Meeting at APIC 2014, May 16, 2014,Tecnon Orbicem, https://www.orbichem.com/userfiles/APIC%202014/APIC2014_Yang_Qin.pdf.

60 Quantis, "Measuring Fashion: Environmental Impact of the Global Apparel and Footwear Industries Study," 2018, https://https://quantis-intl.com/report/measuring-fashion-report/.

61 Business for Social Responsibility, "Apparel Industry Life Cycle Carbon Mapping," June 2009, BSR.org, https://www.slideshare.net/AbhishekBhagat1/

bsr-apparel-supplychaincarbonreport.

62 미세 섬유와 미세 플라스틱은 다르다. 종말론적인 뉴스에서 접했을 법한 단어들일 텐데, 미세 섬유는 생산 과정이나 사용하는 동안 수명이 다할 때까지 합성 또는 천연섬유에서 떨어져 나온 것으로 환경을 오염시킨다. 미세 플라스틱은 옷을 포함한 모든 것들로부터 떨어져 나온 5밀리미터 이하의 플라스틱 알갱이들을 말한다. 미세 합성섬유는 미세 플라스틱의 일종이지만 모든 미세 섬유가 미세 플라스틱인 건 아니며, 모든 미세 플라스틱이 미세 섬유인 것도 아니다. 얼굴의 블랙 헤드를 없애준다면서 환경을 오염시키는 스크럽 화장품의 알갱이들을 생각해보자.

63 Sarah Kaplan, "By 2050, There Will Be More Plastic Than Fish in the World's Oceans, Study Says," Washington Post, January 20, 2016, https://www.washingtonpost.com/news/morning-mix/wp/2016/01/20/by-2050-there-will-be-more-plastic-than-fish-in-the-worlds-oceans-study-says/.

64 요가를 즐기는 여러분께 말하자면, 몸과 마음을 건강하게 유지하기 위해 입는 레깅스, 특히 '재활용 플라스틱'으로 만든 레깅스는 미세 플라스틱을 뿜어내는 주범이다. 한번 보기를, 희끄무레한 보풀이 보인다면 그게 석유니까!

65 Beverley Henry et al., "Microfibres from Apparel and Home Textiles: Prospects for Including Microplastics in Environmental Sustainability Assessment," Science of the Total Environment 652(February 20, 2019): 484–94, https://www.sciencedirect.com/science/article/pii/S004896971834049X CQ.

66 Julien Boucher, Damien Friot, "Primary Microplastics in the Oceans: a Global Evaluation of Sources," Gland, Switzerland: International Union for Conservation of Nature, 2017, pp.43

67 Mark Anthon Browne et al., "Accumulations of Microplastic on Shorelines Worldwide: Sources and Sinks," Environmental Science&Technology(September 6, 2011), DOI: 10.1021/es201811s,https://www.plasticsoupfoundation.org/wp-content/uploads/2015/03/Browne_2011-EST-Accumulation_of_microplastics-worldwide-sources-sinks.pdf.

68 Imogene E. Napper and Richard C. Thompson, "Release of synthetic Microplastic Plastic Fibres from Domestic Washing Machines: Effects of

Fabric Type and Washing Conditions," Marine Pollution Bulletin 112, no. 1–2(November 15, 2016): 39–45, http://www.inquirylearningcenter.org/wp-content/uploads/2015/08/Napper2016.pdf.

69 Beverley Henry, Kirsi Laitala, Ingun Grimstad Klepp, Microfibres from apparel and home textiles: Prospects for including microplastics in environmental sustainability assessment, Science of The Total Environment, Volume 652, 2019, pp 483-494, https://www.sciencedirect.com/science/article/pii/S004896971834049X.

70 Andrea Thompson, "From Fish to Humans, A Microplastic Invasion May Be Taking a Toll," Scientific American, September 4, 2018, scientificamerican.com/article/from-fish-to-humans-a-microplastic-invasion-may-be-taking-a-toll/.

3. 닭장 같은 공장에 갇히다 – 재단사와 재봉공 그리고 노동의 위기

1 "The Apparel Sourcing Caravan's Next Stop: Digitization," McKinsey Apparel CPO Survey 2017, Apparel, Fashion&Luxury Group, McKinsey&Company, https://www.mckinsey.com/~/media/mckinsey/industries/retail/our%20insights/digitization%20the%20next%20stop%20for%20the%20apparel%20sourcing%20caravan/the-next-stop-for-the-apparel-sourcing-caravan-digitization.pdf.

2 "World Trade Statistical Review 2020," WTO 2020, https://www.wto.org/english/res_e/statis_e/wts2020_e/wts2020_e.pdf.

3 Jasim Uddin, "Bangladesh's Denim Overtakes Mexico, China, in US," Business Standard, August 11, 2020, https://tbsnews.net/economy/rmg/bangladeshs-denim-overtakes-mexico-china-us-118252.

4 H. Brammer, "Floods in Bangladesh: Geographical Background to the 1987 and 1988 Floods, Geographical Journal 156, no. 1(March 1990): 12–22, https://www.jstor.org/stable/635431.

Bangladesh

5 "Bangladesh," Aquastat, FAO.org, http://www.fao.org/nr/water/aquastat/countries_regions/bgd/BGD-CP_eng.pdf.

6 Sheikh Hasina, "Bangladesh Is Booming—And Here's Why, Says the Prime Minister," World Economic Forum, October 4, 2019. https://www.weforum.org/agenda/2019/10/bangladesh-is-booming/.

7 "The World Bank in Bangladesh," World Bank, last updated October 14, 2020, https://www.worldbank.org/en/country/bangladesh/overview.

8 Fiona Weber-Steinhaus, "The Rise and Rise of Bangladesh," The Guardian, October 9, 2019, https://www.theguardian.com/global-development/2019/oct/09/bangladesh-women-clothes-garment-workers-rana-plaza.

9 "Wages and Productivity in Garment Sector in Asia and the Pacific and the Arab States," International Labour Organization, n.d., https://www.ilo.org/wcmsp5/groups/public/—-asia/—-ro-bangkok/documents/publication/wcms_534289.pdf.

10 Abdi Latif Dahir, "Ethiopia's Garment Workers Make Clothes for Guess, H&M, and Levi's—But Are the World's Lowest Paid," Quartz.com, May 8, 2019, https://qz.com/africa/1614752/ethiopia-garment-workers-for-gap-hm-lowest-paid-in-world/.

11 Shahajida Mia and Masrufa Akter, "Ready-Made Garments Sector of Bangladesh: Its Growth, Contribution and Challenges," Economics World 7, no. 1(January–February 2019) 17–26, http://www.davidpublisher.org/Public/uploads/Contribute/5dd507c82e7dd.pdf.

12 Tanvir Chowdhury, "Bangladesh's Garment Factories Pollute Rivers," Aljazeera, July 1, 2019, https://www.aljazeera.com/news/2019/07/bangladeshs-garment-factories-pollute-rivers-affecting-residents-health-190701090533205.html.

13 템스강이 "생물학적으로 죽었다"는 선고를 받은 60년 전 영국에서도 똑같았다. 강을 되살리려는 끊임없는 노력으로 현재 템스강은 주요 도시를 흐르는 강 가운데 가장 깨끗한 강 가운데 하나가 되었다. Sophie Hardach, "How the River Thames

Was Brought Back from the Dead," BBC, November 12, 2015, http://www.bbc.com/earth/story/20151111-how-the-river-thames-was-brought-back-from-the-dead.

14 "The Women Who. Make Our Clothes," FashionRevolution.org, n.d., https://www.fashionrevolution.org/asia-vietnam-80-percent-exhibition/; "Gender: Women Workers Mistreated," Clean Clothes Campaign, n.d., https://cleanclothes.org/issues/gender.

15 Salman Saeed · Sugam Pokharel · Matthew Robinson, "Bangladesh Slum Fire Leaves 10,000 People Homeless," CNN, August 19, 2019,https://edition.cnn.com/2019/08/18/asia/dhaka-bangladesh-slum-fire-10000-homeless-intl/index.html.

16 "UNICEF in Bangladesh: Our Timeline," UNICEF.org, https://www.unicef.org/bangladesh/en/unicef-bangladesh; and "Bangladesh," UNICEF USA, https://www.unicefusa.org/search/node?search=bangladesh#gsc.tab=0&gsc.q=bangladesh&gsc.page=1.

17 "The Bangladeshi Garment Worker Diaries," WorkerDiaries.org, February 13, 2018, https://workerdiaries.org/wp-content/uploads/2018/04/Bangladesh_Data_Portal_English.pdf.

18 "The Bangladeshi Garment Worker Diaries," 21.

19 "Living wage in Asia," Clean Clothes Campaign, 2014, https://archive.cleanclothes.org/resources/publications/asia-wage-report/view.

20 Taslima Khatun et al., "Anemia Among Garment Factory Workers in Bangladesh," Middle East Journal of Scientific Research 16, no. 4(January 2013): 502–7), https://www.researchgate.net/publication/263027531_Anemia_among_Garment_Factory_Workers_in_Bangladesh. 영국 깨끗한 옷 캠페인의 조사에 따르면 공장 근로자들은 하루 평균 1,598칼로리를 소모하는데, 이는 권장 소모량의 절반 수준이다. 체질량 지수를 보면 캄보디아 근로자의 33퍼센트가 의학적으로 저체중이며, 25퍼센트는 심각한 수준으로 영국에서는 거식증으로 진단하는 수치에 해당한다. Clean Clothes Campaign(2014) Living wage in Asia. pg. 39.

21 Nusrat Zaman Sohani et al., "Pattern of Workplace Violence Against Female Garment Workers in Selected Areas of Dhaka City," Sub Journal of Public Health 3-4, 3-8(July-December 2010/January-June 2011), https://www.researchgate.net/publication/233883183_PATTERN_OF_WORKPLACE_VIOLENCE_AGAINST_FEMALE_GARMENT_WORKERS_IN_SELECTED_AREAS_OF_DHAKA_CITY.

22 "Bangladesh: Investigate Dismissals of Protesting Workers," Human Rights Watch, March 5, 2019, https://www.hrw.org/news/2019/03/05/bangladesh-investigate-dismissals-protesting-workers.

23 Barbara Ehrenreich, Nickel and Dimed: On (Not) Getting By in America(NY: Henry Holt and Co., 2001). 이 책은 훌륭한 노동자 연구서다.

24 Sven Beckert, Empire of Cotton: A Global History(NY: Knopf, 2014), 16.

25 의류 산업 노동자들이 공장으로 이동할 때의 불법 성매매는 공장으로 이동하거나 일자리를 얻어 안심할 때 벌어진다. Amirthalingam et al., "Victims of Human Trafficking in Sri Lanka: Narratives of Women, Children and Youth," EditorialExpress.com, https://editorialexpress.com/cgi-bin/conference/download.cgi?db_name=IAFFE2011&paper_id=75.

26 US Mission Cambodia, "2020 Trafficking in Persons Report: Cambodia," US Embassy in Cambodia, News and Events, July 16, 2020, https://kh.usembassy.gov/2020-trafficking-in-persons-report-cambodia/https://www.voacambodia.com/a/author-looks-at-forced-labor-in-cambodias-sex-and-garment-industries/2726966.html

27 Patrick Winn, GlobalPost, March 29, 2016, PRI.org, https://www.pri.org/stories/2016-03-29/why-cambodias-sex-workers-dont-need-be-saved.

28 "There is a vast mismatch," Behind the Seams, http://behind-the-seams.org/living-wages/.

29 "What She Makes: Power and Poverty in the Fashion Industry," OXFAM Australia, October 2017, https://whatshemakes.oxfam.org.au/wp-content/uploads/2017/10/Living-Wage-Media-Report_WEB.pdf.

30 #81 Stefan Persson, Billionaires 2020, Forbes, November 14, 2020, https://www.forbes.com/profile/stefan-persson/#27fae5315dbe

31 #6 Amancia Ortega, https://www.forbes.com/profile/amancio-ortega/#46c51314116c.

32 Kate Vinton, "Briefly No. 1: Spain's Amancio Ortega Ends Day Back At World's No. 2 Richest," Forbes, August 29, 2017, https://www.forbes.com/sites/katevinton/2017/08/29/spains-amancio-ortega-briefly-overtakes-gates-as-no-1-richest-falls-back-to-no-2/#54f80cd667be.

33 Jason Fields, "US Ban on Slave-Made Goods Nets Tiny Fraction of $400 Billion Threat," Thomson Reuters Foundation, April 8, 2019, https://news.trust.org/item/20190408044809-3ud9e/

34 "Modern Slavery: A Hidden, Everyday Problem," Global Slavery Index, 2018, https://www.globalslaveryindex.org/.

35 Kieran Gilbert, "U.S. Blocks Import of Goods from Five Nations in Rare Anti-Slavery Crackdown," Reuters, October 1, 2019, https://fr.reuters.com/article/idUSKBN1WG4TY.

36 미국의 관세와 국경 통제, Fields, "US Ban on Slave-Made Goods."

37 강제 노동 대응팀 6명, Fields, "US Ban on Slave-Made Goods."

38 "French Corporate Duty of Vigilance Law," European Coalition of Corporate Justice, 2016, Respect International, http://www.respect.international/french-corporate-duty-of-vigilance-law-english-translation/.

39 Jane Moyo, "France Adopts New Corporate "Duty of Care" Law, Ethical Trading Initiative, March 1, 2017, https://www.ethicaltrade.org/blog/france-adopts-new-corporate-duty-care-law.

40 "France Duty of Vigilance Law," WorkerEngagement.com, https://www.worker-engagement.com/laws-regulations-and-guidelines/french-duty-of-vigilance-duty-of-care-law/.

41 Ben Passikoff, The Writing on the Wall: Rediscovering New York City's "Ghost Signs"(NY: Simon&Schuster, 2017).

42 Jacob Riis, How the Other Half Lives, "Knee-Pants at Forty-Five Cents a Dozen—A Ludlow Street Sweater's Shop," https://www.khanacademy.org/humanities/art-americas/us-art-19c/us-19c-arch-sculp-photo/a/jacob-riis-sweaters.

43 Yannay Spitzer, Spitzer, Yannay. "Pogroms, Networks, and Migration: The Jewish Migration from the Russian Empire to the United States, 1881–1914." Brown University 29(2015).

44 "Ten Hours Act," Oxford Reference, https://www.oxfordreference.com/view/10.1093/oi/authority.20110803103058890.

45 Tony Michels, "Uprising of 20,000(1909)," Jewish Women's Archive, https://jwa.org/encyclopedia/article/uprising-of-20000-1909.

46 Eileen Boris and Annelise Orleck, "Feminism and the Labor Movement: A Century of Collaboration and Conflict," New Labor Forum 20, no. 1(Winter 2011): 33–41, https://www.jstor.org/stable/27920539

47 Susan Ware, "A Strong Working-Class Movement: On the Activism of Rose Schneiderman," Lapham's Quarterly, May 9, 2019, https://www.laphamsquarterly.org/roundtable/strong-working-class-movement.

48 Patrick J. Kiger, "How the Horrific Tragedy of the Triangle Shirtwaist Fire Led to Workplace Safety Laws," History.com, March 27, 2019, https://www.history.com/news/triangle-shirtwaist-factory-fire-labor-safety-laws.

49 Clair T. Berube, The Investments: An American Conspiracy(Charlotte, NC: Informatin Age Publishing, 2020), 6.

50 Ware, "A Strong Working-Class Movement."

51 "Report of the New York State Factory Investigating Commission," Monthly Review of the U.S. Bureau of Labor Statistics 2, no. 2(February 1916), 81–99, https://www.jstor.org/stable/41822920?seq=1#metadata_info_tab_contents.

52 Christopher N. Breiseth, "From the Triangle Fire to the New Deal: Frances Perkins in Action," speech in commemoration of the 100th anniversary of the Triangle Fire, New York State Museum, Albany, New York, March 25, 2011,

https://francesperkinscenter.org/wp-content/uploads/2014/04/from-the-triangle-fire-to-the-new-deal.pdf.

53 Myrna Zanetell, "Farah, Incorporated," Texas State Historical Association Handbook of Texas, https://www.tshaonline.org/handbook/entries/farah-incorporated.

54 Meena Thiruvengadam, "Apparel Industry No Longer a Good Fit in El Paso," Institute for Agriculture&Trade Policy, October 15, 2005, https://www.iatp.org/news/apparel-industry-no-longer-a-good-fit-in-el-paso.

55 Patricia Atkins et al., "Responding to Manufacturing Job Loss: What Can EconomicDevelopment Policy Do?," Brookings Institution, Metropolitan Policy Program, June 2011, https://www.brookings.edu/wp-content/uploads/2016/06/06_manufacturing_job_loss.pdf.

56 Andrew Stettner, "Should Workers Facing Technological Change Have a Right to Training?," The Century Foundation, September 12, 2019, https://tcf.org/content/commentary/workers-facing-technological-change-right-training/.

57 Anand Giridharadas, Winners Take All: The Elite Charade of Changing the World(NY: Alfred A. Knopf, 2018), 238.

58 David Autor et al., "Importing Political Polarization? The Electoral Consequences of Rising Trade Exposure," Massachusetts Institute of Technology, February 2020, https://economics.mit.edu/files/11559.

59 "Minimum Wage," State of California Department of Industrial Relations, Labor Commissioner's Office, https://www.dir.ca.gov/dlse/faq_minimumwage.htm.

60 "Los Angeles Minimum Wage," Office of Wage Standards, https://wagesla.lacity.org/sites/g/files/wph471/f/2019-MWO-Poster-EN-14.pdf https://wagesla.lacity.org

61 "Union Members Summary," Economic News Release, U.S. Bureau of Labor Statistics, 2019, https://www.bls.gov/news.release/union2.nr0.htm.

62 Gerald Mayer, "Union Membership Trends in the United States, Washington, D.C.: Congressional Research Service, August 21,

2004, https://digitalcommons.ilr.cornell.edu/cgi/viewcontent. cgi?article=1176&context=key_workplace.

63 Matthew Desmond, "In Order to Understand the Brutality of American Capitalism, You Have to Start on the Plantation," New York Times, August 14, 2019, https://www.nytimes.com/interactive/2019/08/14/magazine/slavery-capitalism.html.

64 Justin Fox, "Why German Corporate Boards Include Workers," Bloomberg, August 24, 2018, https://www.bloomberg.com/opinion/articles/2018-08-24/why-german-corporate-boards-include-workers-for-co-determination.

65 Andrew Brooks, Clothing Poverty: The Hidden World of Poverty and Second-hand Clothes(London: Zed Books, 2015), 246.

66 "Strictness of Employment Protection—Individual and Collective Dismissals(Regular Contracts)," OECD,Stat, https://stats.oecd.org/Index. aspx?DataSetCode=EPL_OV.

67 Marina N. Bolotnikova, "The Trilemma," Harvard Magazine, July–August 2019, https://www.harvardmagazine.com/2019/07/rodrik-trilemma-trade-globalization.

68 Corruption Perception Index 2018, Transparency International, Berlin, 2018, https://images.transparencycdn.org/images/CPI_2018_Executive_Summary_EN.pdf

4. 중개상, 경영, 마케팅 그리고 투명성의 새로운 정의

1 제품에 '미국산'이라는 라벨이 붙어 있다면 이는 소재(원단) 생산과 제작(재단, 봉제)을 미국에서 했다는 뜻이다. 북미 지역 바깥에서 만든 제품은 다르다. 이 경우 라벨에 표기된 국가는 제품이 실질적으로 제작된 곳이며, 의류인 경우 재단과 바느질 공정이 이뤄진 곳을 말한다. "says 'Made in China,' U.S. Rules of Origin," U.S. Customers and Border Protection, May 2004, https://www.cbp.gov/sites/default/files/assets/documents/2016-Apr/icp026_3.pdf.

2   Nikki Sun, "Hong Kong's Li&Fung Taps JD.com for Digital Supply Chain," Nikkei Asia, July 31, 2020, https://asia.nikkei.com/Business/Business-deals/Hong-Kong-s-Li-Fung-taps-JD.com-for-digital-supply-chain-revamp.

3   "Our History," Li&Fung, lifung.com, https://www.lifung.com/about-lf/our-purpose/our-history/.

4   Robert J. S. Ross et al., "A Critical Corporate Profile of Li&Fung," Mosakowski Institute for Public Enterprise, 31, https://commons.clarku.edu/cgi/viewcontent.cgi?article=1030&context=mosakowskiinstitute.

5   Joan Magretta, Fast, Global, and Entrepreneurial: Supply Chain Management, Hong Kong Style, Harvard Business Review, September–October 1998, https://hbr.org/1998/09/fast-global-and-entrepreneurial-supply-chain-management-hong-kong-style.

6   Magretta, Fast, Global, and Entrepreneurial.

7   Ross et al., "A Critical Corporate Profile of Li&Fung."

8   Stephanie Strom, "A Sweetheart Becomes Suspect; Looking Behind Those Kathie Lee Labels," New York Times, June 27, 1996, https://www.nytimes.com/1996/06/27/business/a-sweetheart-becomes-suspect-looking-behind-those-kathie-lee-labels.html.

9   Jennifer Burns, "Hitting the Wall: Nike and International Labor Practices," Harvard Business Review, January 19, 2000, https://store.hbr.org/product/hitting-the-wall-nike-and-international-labor-practices/700047?sku=700047-PDF-ENG.

10 "We Go as Far as Brands Want Us to Go," Clean Clothes Campaign, n.d., https://cleanclothes.org/news/2019/we-go-as-far-as-brands-want-us-to-go.

11 "We Believe We Can All Make a Difference," Everlane.com, https://www.everlane.com/about.

12 "Good Business Can Change the World," Gap Inc. Global Sustainability, https://www.gapincsustainability.com/.

13 "Social Responsibility," Madewell.com, https://www.madewell.com/social-responsibility.html.

14 "Our Social Responsibility," J.Crew.com, https://www.jcrew.com/flatpages/social_responsibility2019.jsp.

15 Vanessa Friedman · Sapna Maheshwar · Michae J. de la Merced, "J. Crew Files for Bankruptcy in Virus's First Big Retail Casualty," New York Times, May 3, 2020, https://www.nytimes.com/2020/05/03/business/j-crew-bankruptcy-coronavirus.html/.

16 "How We Do Business," Inditex.com, https://www.inditex.com/en/our-commitment-to-people.

17 "Vendor Code of Conduct," Everlane.com, https://www.everlane.com/vendor-code.

18 https://views-voices.oxfam.org.uk/2011/08/buyers-beware-audit-idiocy.

19 Juliane Reineck et al., "Business Models and Labour Standards: Making the Connection," Ethical Trade Initiative, 14, https://www.ethicaltrade.org/sites/default/files/shared_resources/Business models%26 labour standards.pdf.

20 "Fig Leaf for Fashion: How Social Auditing Protects Brands and Fails Workers," 2019 Report, Clean Clothes Campaign, 52.

21 Siobhan Heanue, "Lululemon Factory Workers Allegedly Subjected to Physical and Verbal Abuse in Bangladesh," ABC.net.au, October 15, 2019, https://www.abc.net.au/news/2019-10-15/lululemon-abuse-allegations-women-bangladesh-factories/11605468.

22 Sarah Marsh and Redwan Ahmed, "Workers Making £88 Lululemon Leggings Claim They Are Beaten," Guardian, October 14, 2019, https://www.theguardian.com/global-development/2019/oct/14/workers-making-lululemon-leggings-claim-they-are-beaten.

23 Stephen Burgen · Tom Phillips, "Zara Accused in Brazil Sweatshop Inquiry," Guardian, August 18, 2011, https://www.theguardian.com/world/2011/aug/18/zara-brazil-sweatshop-accusation.

24 Jonathan Webb, "Child Workers ound in Clothing Supply Chain: ASOS, Marks&Spencer Implicated, Forbes, October 25, 2016, https://www.theguardian.com/global- development/2019/oct/14/workers-making-lululemon-leggings-claim-they-are-beaten.

25 Jasmin Malik Chua, "WhyTackling 'Audit Fatigue' Can Lead to More Sustainable Factories," Sourcing Journal, September 9, 2019, https://drive.google.com/file/d/1oLRyFNiTLYc4r57I5a9A3t_EBYhDtjTV/view?usp=sharing.

26 "Converged Assessment. Collaborative Action. Improved Working Conditions," Social&Labor Convergence, https://slconvergence.org/.

27 "Fig Leaf for Fashion."

28 Better Buying Index Report Spring 2018, betterbuying.org, https://betterbuying.org/wp-content/uploads/2018/05/4159_better_buying_report_final.pdf, 18.

29 Julia Bonner · Adam Friedman, "Corporate Social Responsibility: Who's Responsible?," Public Relations Society of America, n.d., https://apps.prsa.org/intelligence/partnerresearch/partners/nyu_scps/corporatesocialresponsibility.pdf.

30 "Cheryl Heinonen Named Macy's, Inc. Executive Vice President, Corporate Communications," businesswire.com, December 19, 2016, https://www.businesswire.com/news/home/20161219006227/en/Cheryl-Heinonen-Named-Macys-Executive-Vice-President.

31 "Dan Bartlett, Executive Vice President, Corporate Affairs," Walmart.com, https://corporate.walmart.com/our-story/leadership/executive-management/dan-bartlett/.

32 Better Buying Index Report Spring 2018, 24.

33 Mohammad Nurul Alam, "Bangladesh-Made Garment Price Drops 1.61% In Last 4 Years," TextileToday, July 18, 2019, https://www.textiletoday.com.bd/bangladesh-made-garment-price-drops-1-61-last-4-years/.

34 "From Obligation to Opportunity: A Market Systems Analysis of Working Conditions in Asia's Garment Export Industry," September 2017, ILO.org,

https://www.ilo.org/wcmsp5/groups/public/—-ed_emp/—-emp_ent/—-ifp_
seed/documents/publication/wcms_628430.pdf, 47.

35 Better Buying Index Report Spring 2018, 24.

36 Mengxin Li, "Paying for a Bus Ticket and Expecting to Fly: How Apparel Brand Purchasing Practices Drive Labor Abuses," Human Right Watch, 2019, 2, https://www.hrw.org/report/2019/04/24/paying-bus-ticket-and-expecting-fly/how-apparel-brand-purchasing-practices-drive.

37 Li, "Paying for a Bus Ticket and Expecting to Fly," 50.

38 Li, "Paying for a Bus Ticket and Expecting to Fly," 32.

39 Fashion Revolution, "The Impact of COVID-19 on the People Who Make the Clothes," https://www.fashionrevolution.org/the-impact-of-covid-19-on-the-people-who-make-our-clothes/.

40 Amy Bainbridge and Supattra Vimonsuknopparat," Suppliers Under Pressure as Australian Retailers Ask for Discounts, Hold Orders During Coronavirus Pandemic," ABC.net.au, May 12, 2020, https://www.abc.net.au/news/2020-05-13/australian-retailers-delay-supplier-payments-amid-coronavirus/12236458.

41 "Major Apparel Brands Delay&Cancel Orders in Response to Pandemic, Risking Livelihoods of Millions of Garment Workers in Their Supply Chains," Business&Human Rights Resource Centre, March 24, 2020, https://www.business-humanrights.org/en/major-apparel-brands-delay-cancel-orders-in-response-to-pandemic-risking-livelihoods-of-millions-of-garment-workers-in-their-supply-chains.

42 "Code of Vendor Conduct," Gap Inc., June 2016, https://gapinc-prod.azureedge.net/gapmedia/gapcorporatesite/media/images/docs/codeofvendorconduct_final.pdf.

43 "Toward Fair Conpensation in Bangladesh," Fair Labor Assoctiation, April 2018, https://www.fairlabor.org/sites/default/files/documents/reports/toward_fair_compensation_in_bangladesh_april_2018_1.pdf; and Matt Cowgill and

Phu Huynh, "Weak Minimum Wage Compliance in Asia's Garment Industry,"
ILO.org, August 2016, https://www.ilo.org/wcmsp5/groups/public/—-ed_
protect/—-protrav/—-travail/documents/publication/wcms_509532.pdf.

44 "Better Work: Stage II Global Compliance Synthesis Report 2009–2012," The
Better Work Global Programme, 2013, https://betterwork.org/wp-content/
uploads/2020/01/Global-Synthesis-Report-final.pdf.

45 Cowgill and Huynh, "Weak Minimum Wage Compliance in Asia's Garment
Industry," Appendix A.

46 "Memorandum of Understanding," Action, Collaboration, Transformation,
2020, https://actonlivingwages.com/memorandum-of-understanding/.

47 Clean Clothes Campaign(2014) "Living wage in Asia," Clean Clothes Campaign,
2014, https://archive.cleanclothes.org/resources/publications/asia-wage-
report/view.

48 Andy Kroll, "Are Walmart's Chinese Factories As Bad As Apple's?,"
Mother Jones, March/April 2012, https://www.motherjones.com/
environment/2012/03/walmart-china-sustainability-shadow-factories-
greenwash/.

49 Li, "Paying for a Bus Ticket and Expecting to Fly," 6.

50 "U.S. Department of Labor's 2018 List of Goods Produced by Child Labor or
Forced Labor," https://drive.google.com/file/d/1Y6NJ2C1uMTt8a9RJMSkWgw
qoinnVn_LK/view?usp=sharing.

51 Jonathan Grossman, "Fair Labor Standards Act of 1938: Maximum Struggle for
a Minimum Wage," U.S. Department of Labor,https://www.dol.gov/general/
aboutdol/history/flsa1938.

52 "History of child labor in the United States—part 1: little children working,"
Monthly Labor Review, U.S. Bureau of Labor Statistics, January 2017, https://
www.bls.gov/opub/mlr/2017/article/history-of-child-labor-in-the-united-
states-part-1.htm.

53 Josephine Moulds, "Child Labour in the Fashion Supply Chain," Guardian, https://labs.theguardian.com/unicef-child-labour/.

54 "Workers' Right and Labour Relations in China," China Labour Bulletin, August 13, 2020, https://clb.org.hk/content/workers%E2%80%99-rights-and-labour-relations-china.

55 Brian Ross · Matthew Mosk · Cindy Galli, "Workers Die at Factories Used by Tommy Hilfiger," ABC News, March 21, 2012, https://abcnews.go.com/Blotter/workers-die-factories-tommy-hilfiger/story?id=15966305.

56 Kevin Douglas Grant, "Tommy Hilfiger Caves on Factory Labor Conditions Ahead of ABC Report," GlobalPost, March 21, 2012, https://www.pri.org/stories/2012-03-21/tommy-hilfiger-caves-factory-labor-conditions-ahead-abc-report.

57 "The History behind the Bangladesh Fire and Safety", July 8, 2013, Clean Clothes Campaign, Maquila Solidarity Network https://digitalcommons.ilr.cornell.edu/cgi/viewcontent.cgi?article=2844&context=globaldocs

58 "Accord on Fire and Building Safety in Bangladesh," May 13, 2013, banladesh.wpengine.com, https://bangladesh.wpengine.com/wp-content/uploads/2018/08/2013-Accord.pdf.

59 Ritika Iyer, "Protecting the Safety of Bangladeshi Garment Workers," April 4, 2019, http://gppreview.com/2019/04/04/protecting-safety-bangladeshi-garment-workers/.

60 "Frequently Asked Questions(FAQ) about the Bangladesh Safety Accord," Clean Clothes Campaign, https://cleanclothes.org/issues/faq-safety-accord#2—-who-signed-the-accord-on-fire-and-building-safety-in-bangladesh-.

61 "About," Accord on Fire and Fire and Building Safety in Bangladesh, https://bangladeshaccord.org/about/

62 "Factories," Accord on Fire and Fire and Building Safety in Bangladesh, https://bangladeshaccord.org/factories.

63 Monira Munni, "Let Accord Work Independently During Its Transition Period," Financial Express, June 3, 2019, https://thefinancialexpress.com.bd/trade/let-

accord-work-independently-during-its-transition-period-1559579014.

64 Jasmin Malik Chua, "Readymade Sustainability Council to Take Over From Bangladesh Accord," Sourcing Journal, September 2019, https://sourcingjournal.com/topics/labor/readymade-sustainability-council-bangladesh-167523.

65 "Covington Helps Secure Historic Settlement in Arbitration Under the Accord on Fire&Building Safety in Bangladesh," January 22, 2018, https://www.cov.com/en/news-and-insights/news/2018/01/covington-helps-secure-historic-settlement-in-arbitration-under-the-accord-on-fire-and-building-safety-in-bangladesh.

66 Benjamin A. Evans, "Accord on Fire and Building Safety in Bangladesh: An International Response to Bangladesh Labor Conditions," North Carolina Journal of International Law 45, no. 4(2020), 598, https://core.ac.uk/download/pdf/151516597.pdf.

67 Dani Rodrik, The Globalization Paradox(NY: W. W. Norton, 2011), 211.

68 Christopher Blattman and Stefan Dercon, "Everything We Knew About Sweatshops Was Wrong," New York Times, April 27, 2017, https://www.nytimes.com/2017/04/27/opinion/do-sweatshops-lift-workers-out-of-poverty.html.

5. 모두를 위한 본질로 돌아가기 – 포장과 배송

1 개인 정보 보호를 위해 이 장의 인터뷰 대상자 이름은 가명으로 처리했습니다.

2 Federal Register, Department of Health and Human Services,Administration for Children and Families, 67440, https://www.govinfo.gov/content/pkg/FR-2016-09-30/pdf/2016-22986.pdf.

3 Mark Lino et al., "Expenditures on Children by Families, 2015," U.S. Department of Agriculture, 21, https://fns-prod.azureedge.net/sites/default/files/crc2015_March2017.pdf

4   Charles Duhigg, "Is Amazon Unstoppable," The New Yorker, October 10, 2019, https://www.newyorker.com/magazine/2019/10/21/is-amazon-unstoppable.

5   "Amazon Apparel: Annual US Survey Reveals Amazon Has Overtaken Walmart as America's Most-Shopped Retailer for Apparel," Coresight Research, March 4, 2019, https://coresight.com/research/amazon-apparel-annual-us-survey-reveals-amazon-has-overtaken-walmart-as-americas-most-shopped-retailer-for-apparel/. 아마존은 판매 보고는 별도로 하지 않는다.

6   Kate Rooney, "Online Shopping Overtakes a Major Part of retail for the First Time Ever," CNBC, APRIL 2, 2019, https://www.cnbc.com/2019/04/02/online-shopping-officially-overtakes-brick-and-mortar-retail-for-the-first-time-ever.html.

7   Chavie Lieber, "Will Fashion Ever Really Embrace Amazon?," Business of Fashion, February 28, 2020, https://www.businessoffashion.com/articles/professional/fashion-brands-how-to-sell-on-amazon.

8   Katie Evans, "More Than One-Third Of Consumers Shop Online Weekly Since Coronavirus Hit," Digital Commerce 360, October 21, 2020, https://Www.Digitalcommerce360.Com/Article/Coronavirus-Impact-Online-Retail/.

9   Marc Bain, "How Covid-19 Could Change Fashion and Retail, According to Experts," Quartz.com, https://qz.com/1831203/how-covid-19-could-change-fashion-and-retail/.

10 Don Davis, "Amazon Triples Its Private-Label Product Offerings in 2 Years," Digital Commerce 360, May 20, 2020, https://www.digitalcommerce360.com/2020/05/20/amazon-triples-its-private%E2%80%91label-product-offerings-in-2-years/.

11 Vanessa Friedman, "Amazon to the Rescue of the Fashion World!," New York Times, May 14, 2020, https://www.nytimes.com/2020/05/14/fashion/amazon-vogue-CFDA.html

12 Shirin Ghaffary and Kason Del Rey, "The Real Cost of Amazon," Vox, June 29, 2020, https://www.vox.com/recode/2020/6/29/21303643/amazon-

coronavirus-warehouse-workers-protest-jeff-bezos-chris-smalls-boycott-pandemic.

13 About Amazon Staff, "Fulfillment in Our Buildings," AboutAmazon.com, https://www.aboutamazon.com/amazon-fulfillment/our-fulfillment-centers/fulfillment-in-our-buildings.

14 Shira Ovide, "Amazon Is Defined by Billions and Millions; Median Salary Is $28,446," Bloomberg, April 19, 2018, https://www.bloomberg.com/opinion/articles/2018-04-19/amazon-is-defined-by-billions-median-salary-is-28-446.

15 카운터 리포트(COUNTER reports)는 애리조나에 있는 아마존 직원 세 명 중 한 명이 SNAP(보조 영양 지원 프로그램) 혜택에 의존하고 있다고 전했다. 펜실베이니아주와 오하이오주에서는 이 수치의 10분의 1 수준이다. H. Claire Brown, "Amazon Gets Huge Subsidies to Provide Good Jobs—But It's a Top Employer of SNAP Recipients in at Least Five States," April 18, 2018, https://Thecounter.Org/Amazon-Snap-Employees-Five-States/.

16 Tom Huddleston Jr., "Amazon Had to Pay Federal Income Taxes for the First Time Since 2016—Here's How Much," CNBC, February 4, 2020, https://www.cnbc.com/2020/02/04/amazon-had-to-pay-federal-income-taxes-for-the-first-time-since-2016.htm.

17 Jonathan Ponciano, "Jeff Bezos Becomes the First Person Ever Worth $200 Billion," Forbes, August 26, 2020, https://www.forbes.com/sites/jonathanponciano/2020/08/26/worlds-richest-billionaire-jeff-bezos-first-200-billion/#5357fdbc4db7.

18 Jonathan Ponciano, "The World's 10 Richest Billionaires Lose $38 Billion on Coronavirus-Spurred 'Black Monday,'" Forbes, March 9, 2020, https://www.forbes.com/sites/jonathanponciano/2020/03/09/the-worlds-10-richest-people-lose-38-billion-on-coronavirus-spurred-black-monday/#3063d91846ed

19 Amit Chowdry, "Net Worth Update: Jeff Bezos Now over $200 Billion And Elon

Musk over $100 Billion," Pulse 2.0, August 31, 2020, https://pulse2.com/jeff-bezos-elon-musk-net-worth/.

20 "Thank You Amazon Heroes," iSpot.tv, 2020, https://www.ispot.tv/ad/nkaN/amazon-covid-19-thank-you-amazon-heroes#.

21 "Meet Janelle," iSpot.tv, 2020, https://www.ispot.tv/ad/nBRx/amazon-meet-janelle.

22 Ghaffary and Del Rey, "The Real Cost of Amazon."

23 "US manufacturing decline and the Rise of New Production Innovation Paradigms," OECD, 2017, https://www.oecd.org/unitedstates/us-manufacturing-decline-and-the-rise-of-new-production-innovation-paradigms.htm.

24 Janelle Jones and Ben Zipperer, "Unfulfilled Promises," Economic Policy Institute, February 1, 2018, https://www.epi.org/publication/unfulfilled-promises-amazon-warehouses-do-not-generate-broad-based-employment-growth/.

25 "Work hard. Have fun.": Ghaffary and Del Rey, "The Real Cost of Amazon."

26 아마존에서는 유통 부문 계약직을 '준직원'이라 부르는데, 이는 아마존에서 일하는 사람이라면 이 회사를 관리하거나 소유한 사람들과 깊이 일치해야 한다는 미묘한 주장을 표현하는 것이다.

27 Brent Johnson, "A Peek Inside Amazon's Robot-Filled Edison Facility(and Murphy's Update on HQ2 Bid)," NJ.com, May 14, 2019, https://www.nj.com/politics/2018/09/a_peek_inside_amazons_robot-filled_facility_in_edison_and_murphys_update_on_hq2.html.

28 Isobel Asher Hamilton, "'It's a Slap in the Face': Amazon Is Handing Out 'Thank You' T-Shirts to Warehouse Workers as It Cuts Their Hazard Pay," Business Insider, May 16, 2020, https://www.businessinsider.com/amazon-warehouse-workers-thank-you-t-shirts-as-it-cuts-their-hazard-pay-2020-5.

29 About Amazon Staff, "What Robots Do(and Don't Do) at Amazon Fulfillment Centers," AboutAmazon, https://www.aboutamazon.com/amazon-fulfillment/

our-innovation/what-robots-do-and-dont-do-at-amazon-fulfillment-centers/.

30 Jack Pitcher, "Jeff Bezos Adds Record $13 Billion in Single Day to Fortune," Bloomberg, July 20, 2020, https://www.bloomberg.com/news/articles/2020-07-20/jeff-bezos-adds-record-13-billion-in-single-day-to-his-fortune?sref=1gzfmHYv.

31 PYMNTS, "Amazon Has Used Over 200,000 Robotic Deives Around the World, PYMNTS.com, June 5, 2019, https://www.pymnts.com/amazon/2019/robotic-warehouse-automation/; and "Amazon Empire": Jeff Wilke Interview, Frontline, PBS, February 18, 2020, https://www.youtube.com/watch?v=hziCY1ohf64.

32 "Amazon Empire": [인터뷰] Jeff Wilke.

33 Adam Satariano and Cade Metz, "A Warehouse Robot Learns to Sort Out the Tricky Stuff," New York Times, January 29, 2020, https://www.nytimes.com/2020/01/29/technology/warehouse-robot.html.

34 Michael Marmot, Status Syndrome: How Your Place on the Social Gradient Affects Your Health(London: Bloomsbury, 2004), 130.

35 Johann Hari, Lost Connections: Uncovering the Real Causes of Depression(NY: Bloomsbury, 2018), 308.

36 Irene Tung and Deborah Berkowitz, "Amazon's Disposable Workers: High Injury and Turnover Rates at Fulfillment Centers in California," National Employment Law Project, March 6, 2020, https://www.nelp.org/publication/amazons-disposable-workers-high-injury-turnover-rates-fulfillment-centers-california.

37 Annie Lowrey, "The Great Affordability Crisis Breaking America," Atlantic, February 7, 2020, https://www.theatlantic.com/ideas/archive/2020/02/great-affordability-crisis-breaking-america/606046/?utm_source=facebook&utm_medium=social&utm_campaign=the-atlantic&utm_term=2020-02-07T11%3A00%3A13&utm_content=edit-promo&fbclid=IwAR0QEM2lyS0Wo0iR0ym8H8EX0ILJ3UbFw2vMlEebSuB2x2G_7QgS2Lmi5GE.

38 "The Productivity-Pay Gap," Economic Policy Institute, updated July 2019, https://www.epi.org/productivity-pay-gap/.

39 "Report on the Economic Well-Being of U.S. Households in 2018," May 2019, Federal Reserve, https://www.federalreserve.gov/publications/files/2018-report-economic-well-being-us-households-201905.pdf.

40 Kirsty Bowen, "Employers Pay When Workers Face Financial Precarity," Futurity, December 2, 2019, https://www.futurity.org/financial-precarity-money-worries-middle-class-employees-2222922-2/.

41 Raj Chetty et al., "The Association Between Income and Life Expectancy in the United States, 2001–2014," National Institutes of Health, 2016, https://www.ncbi.nlm.nih.gov/pmc/articles/PMC4866586/https://healthinequality.org. Journal of the American Medical Association 317, no. 1 (January 3, 2017): 90.

42 "How the Share of Americans Receiving Food Stamps Has Changed," USA Facts, https://usafacts.org/articles/snap-benefits-how-share-americans-receiving-food-stamps-has-changed/.

43 Reuters, "We're in the Longest Economic Expansion Ever—But It's the Rich Who Are Getting Richer," NBC News, July 2, 2019, https://www.nbcnews.com/business/economy/we-re-longest-economic-expansion-ever-it-s-rich-who-n1025611.

44 Lawrence Mishel and Julia Wolfe, "CEO Compensation Has Grown 940% Since 1978," Economic Policy Institute, August 14, 2019, https://www.epi.org/publication/ceo-compensation-2018/.

45 Eric Levitz, "The One Percent Have Gotten $21 Trillion Richer Since 1989. The Bottom 50% Have Gotten Poorer," New York magazine, June 16, 2019, http://nymag.com/intelligencer/amp/2019/06/the-fed-just-released-a-damning-indictment-of-capitalism.html.

46 Cydney Posner, "So Long to Shareholder Primacy," Harvard Law School Forum on Corporate Governance, August 22, 2019, https://corpgov.law.harvard.edu/2019/08/22/so-long-to-shareholder-primacy/.

47 Michael C. Jensen and Kevin J. Murphy, "CEO Incentives—It's Not How Much You Pay, But How," Harvard Business Review, May-June 1990, https://hbr.org/1990/05/ceo-incentives-its-not-how-much-you-pay-but-how.

48 Robin Ferracone, "Dare to Be Different—The Cas of Amazon.com," Forbes, April 23, 2019, .https://www.forbes.com/sites/robinferracone/2019/04/23/dare-to-be-different-the-case-of-amazon-com/#139712f6cb99.

49 Isobel Asher Hamilton, "Jeff Bezos Took Another Veiled Shot at Elon Musk, Arguing That Reaching Mars Is an 'Illusion' Without Going Via the Moon," Business Insider, June 20, 2019, https://www.businessinsider.com/jeff-bezos-elon-musk-must-go-to-moon-before-mars-2019-6.

50 기대 수명은 2011년에 정체되었고, 2014~2018년에는 줄었으며, 2018년 이후 2019년에 증가했다. Kaitlin Sullivan, "U.S. Life Expectancy Goes Up for the First Time Since 2014," NBC News, January 30, 2020, https://www.nbcnews.com/health/health-news/u-s-life-expectancy-goes-first-time-2014-n1125776.

51 U.S. Burden of Disease Collaborators, "The State of US Health, 1990–2016, Burden of Disease, Iinjuries, and Risk Factors Among US States," JAMA Network, April 10, 2018, https://jamanetwork.com/journals/jama/fullarticle/2678018, 방글라데시와 비교, WHO, "Life Expectancy and Healthy Life Expectancy, Data by Country," https://apps.who.int/gho/data/node.main.688?lang=en.

52 Zachary Siegel, "Capitalism Is Killing Us," The Nation, April 23, 2020, https://www.thenation.com/article/culture/case-deaton-deaths-of-despair-book-review/.

53 Tamar Lapin, "Amazon Fires Organizer of Strike at Staten Island Warehouse," New York Post, March 30, 2020, https://www.marketwatch.com/story/amazon-fires-organizer-of-strike-at-staten-island-warehouse-2020-03-30.

54 Ghaffary · Del Rey, "The Real Cost of Amazon."

55 Lawrence Mishel, "Unions, Inequality, and Faltering Middle-Class Wages," Economic Policy Institute, August 29, 2012, https://www.epi.org/publication/

ib342-unions-inequality-faltering-middle-class/.

56 Jason Del Rey and Shirin Ghaffary, "Amazon White-Collar Employees Are Fuming Over Management Targeting a Fired Warehouse Worker," Vox, April 5, 2020, https://www.vox.com/recode/2020/4/5/21206385/amazon-fired-warehouse-worker-christian-smalls-employee-backlash-david-zapolsky-coronavirus.

57 Cherrie Bucknor, "Black Workers, Unions, and Inequality," Center for Economic and Policy Research, August 2016, https://cepr.net/images/stories/reports/black-workers-unions-2016-08.pdf?v=2.

58 Karen Weise, "Amazon Workers Urge Bezos to Match His Words on Race with Actions," New York Times, June 24, 2020, https://www.nytimes.com/2020/06/24/technology/amazon-racial-inequality.html.

59 US Census Burea, Quick Facts, https://www.census.gov/quickfacts/fact/table/US/PST045219.

60 Danyelle Solomon · Connor Maxwell · Abril Castro, "Systematic Inequality and Economic Opportunity," Center for American Progress, August 7, 2019, https://www.americanprogress.org/issues/race/reports/2019/08/07/472910/systematic-inequality-economic-opportunity/; and "Southern Black Codes," Constitutional Rights Foundation, https://www.crf-usa.org/brown-v-board-50th-anniversary/southern-black-codes.html.

61 Juan F. Perea, "The Echoes of Slavery: Recognizing the Racist Origins of the Agricultural and Domestic Worker Exclusion from the National Labor Relations Act," Loyola University Chicago, School of Law, 2011, https://lawecommons.luc.edu/cgi/viewcontent.cgi?article=1150&context=facpubs.

62 Andre M. Perry and David Harshbarger, ""America's Formerly Redlined Neighborhoods Have Changed, and So Must Solutions to Rectify Them," October 14, 2019, https://www.brookings.edu/research/americas-formerly-redlines-areas-changed-so-must-solutions/.

63 Cory Turner et al., "Why America's Schools Have a Money Problem," NPR,

April 18, 2016, https://www.npr.org/2016/04/18/474256366/why-americas-schools-have-a-money-problem.

64 이 나라의 제도와 사고방식에 인종차별주의가 미치는 광범위한 영향에 대한 대단히 피상적인 개관이다.

65 Mark Muro, Robert Maxim, Jacob Whiton, "Automation and Artificial Intelligence," Brookings Institution, January 2019, 45–46, https://www.brookings.edu/wp-content/uploads/2019/01/2019.01_BrookingsMetro_Automation-AI_Report_Muro-Maxim-Whiton-FINAL-version.pdf.

66 Drew Desilver, "Black Unemployment Rate Is Consistently Twice That of Whites," Pew Research Center Fact Tank, August 21, 2013, https://www.pewresearch.org/fact-tank/2013/08/21/through-good-times-and-bad-black-unemployment-is-consistently-double-that-of-whites/.

67 Edward Rodrigue and Richard V. Reeves, Brookings Institution, January 14, 2015, https://www.brookings.edu/blog/social-mobility-memos/2015/01/15/five-bleak-facts-on-black-opportunity/.

68 Jeanna Smialek and Jim Tankersley, "Black Workers, Already Lagging, Face Big Economic Risks," New York Times, April 2020, https://www.nytimes.com/2020/06/01/business/economy/black-workers-inequality-economic-risks.html,=.

69 Staff Writer, "Letter: It's Really This Simple," Panama City News Herald, June 24, 2020, https://www.newsherald.com/story/opinion/letters/2020/06/24/letter-itrsquos-really-this-simple/41957943/.

70 Terry Gross, "It's More Than Racism: Isabel Wilkerson Explains America's 'Caste' System," NPR, Fresh Air, August 4, 2020, https://www.npr.org/2020/08/04/898574852/its-more-than-racism-isabel-wilkerson-explains-america-s-caste-system.

71 "Client Profile: Amazon.com," OpenSecrets.org, https://www.opensecrets.org/federal-lobbying/clients/summary?cycle=2019&id=D000023883.

72 Franklin Foer, "Jeff Bezos's Master Plan," November 2019, https://www.

theatlantic.com/magazine/archive/2019/11/what-jeff-bezos-wants/598363/.

73 Lee Drutman, "How Corporate Lobbyists Conquered American Democracy," Atlantic, April 20, 2015, https://www.theatlantic.com/business/ archive/2015/04/how-corporate-lobbyists-conquered-american- democracy/390822/.

74 Foer, "Jeff Bezos's Master Plan."

75 OECD Employment Outlook 2018, Chapter 3, https://www.oecd-ilibrary.org/ sites/empl_outlook-2018-7-en/index.html?itemId=/content/component/ empl_outlook-2018-7-en.

76 World Investment Report, 2018, Chapter 4, https://unctad.org/en/ PublicationChapters/wir2018ch4_en.pdf.

77 Michael Tomasky, "Unemployment in the 30s: The Real Story," Guardian, February 9, 2009, https://www.theguardian.com/commentisfree/ michaeltomasky/2009/feb/09/obama-administration-usemployment-new- deal-worked.

78 Dani Rodrik · Charles Sabel, "Building a Good Jobs Economy," Working paper, Harvard University, Kennedy School of Government, last updated December 2019, https://drodrik.scholar.harvard.edu/files/dani-rodrik/files/building_ a_good_jobs_economy_april_2019_rev.pdf. [IS THIS RIGHT? STILL NOT PUBBED?"

79 Rodrik · Sabel, "Building a Good Jobs Economy."

80 Susan Glasser · Glenn Thrush, "What's Going on with America's White People?," Politico, September/October 2016, https://www.politico.com/ magazine/story/2016/09/problems-white-people-america-society-class- race-214227.

81 Rodrik · Sabel, "Building a Good Jobs Economy."

82 "Sven Beckert on Inequality, Jobs, and Capitalism," Harvard Kennedy School Mossavar Rahmani Center for Business and Government, August 2020, https://www.hks.harvard.edu/centers/mrcbg/programs/growthpolicy/svenbeckert-inequality-jobs-and-capitalism.

6. 더 많이, 더 더 많이 – 소비주의가 합쓸다

1   "2017 Characteristics of New Housing," U.S. Department of Commerce, https://www.census.gov/construction/chars/pdf/c25ann2017.pdf.

2   "Databases, Tables&Calculators by Subject: Labor Force Statistics from the Current Population Survey," October 15, 2020, https://data.bls.gov/timeseries/LNS14000000.

3   "The Employment Situation—September 2020," Bureau of Labor Statistics News Release, https://www.bls.gov/news.release/pdf/empsit.pdf; and "Labor Force Statistics from the Current Population Survey: Household Data," U.S. Bureau of Labor Statistics, https://www.bls.gov/web/empsit/cpsee_e16.htm.

4   "State Unemployment by Race and Ethnicity," updated Economic Policy Institute, August 2020, https://www.epi.org/indicators/state-unemployment-race-ethnicity/.

5   Anna Granskog et al., "Survey: Consumer Sentiment on Sustainability in Fashion," https://www.mckinsey.com/industries/retail/our-insights/survey-consumer-sentiment-on-sustainability-in-fashion.

6   Kimberly Chrisman-Campbell, "The King of Couture," Atlantic, September 1, 2015, https://www.theatlantic.com/entertainment/archive/2015/09/the-king-of-couture/402952//. 코로나19로 인한 팬데믹 상황에서 패션 시즌에 대한 모든 아이디어에 의문이 제기되고 있다는 점은 놀랄 일이 아니다. 매킨지 앤드 컴퍼니의 조사에 따르면 응답자의 65퍼센트가 컬렉션 출시 연기를 지지했고, 58퍼센트가 팬데믹이라 '패션/의류'에 관심이 없어진 데다 '새로움'은 구매에 가장 중요치 않은 요소라고 답했다. https://www.mckinsey.com/industries/retail/our-insights/survey-consumer-sentiment-on-sustainability-in-fashion

7   Josef Seethaler, ed., Selling War: The Role of the Mass Media in Hostile Conflicts ffrom World War I to the "War on Terror"(Chicago: University of Chicago

Press/Intellect Books, 2013), p.111.

8   The Century of Self, Adam Curtis(London: BBC, 2002).

9   Simone Stolzoff, "Jeff Bezos Will Still Make the Annual Salary of His Lowest-
    Paid Employees Every 11.5 Seconds," Quartz.com, October 2, 2018, https://
    qz.com/work/1410621/jeff-bezos-makes-more-than-his-least-amazon-
    paid-worker-in-11-5-seconds//

10 Samuel Strauss, "Things Are in the Saddle," Atlantic, November 1924, https://
    memory.loc.gov/cgi-bin/ampage?collID=cool&itemLink=r?ammem/
    coolbib:@field(NUMBER+@band(amrlgs+at1))&hdl=amrlgs:at1:002/

11 The Century of the Self—Part 1: "Happiness Machines,"; Pema Levy, "The
    Secret to Beating Trump Lies with You and Your Friends," Mother Jones,
    November–December 2020, https://www.motherjones.com/politics/2020/10/
    relational-organizing.

12 The War, "War Production," PBS, https://www.pbs.org/thewar/at_home_war_
    production.htm.

13 Jim Hightower, "The Rise and Fall of America's Middle Class," OtherWords.org,
    https://otherwords.org/rise-fall-americas-middle-class/.

14 "We must shift America": The Century of Self.

15 Rex Briggs, "The Secret to Reaching Your Audience? Re-Evaluate What
    You're Paying For" ADWeek, June 29, 2018, https://www.adweek.com/brand-
    marketing/the-secret-to-reaching-your-audience-re-evaluate-what-youre-
    paying-for/.

16 Caitlin Johnson, "Cutting Through Advertising Clutter," CBS Sunday Morning,
    September 1, 2006, https://www.cbsnews.com/news/cutting-through-
    advertising-clutter/.

17 Sophie Benson, "One&Done: Why Do People Ditch Their Clothes After Just
    One Wear?," Refinery29, October 3, 2019, https://www.refinery29.com/en-gb/
    instagram-outfits-wear-once.

18 Tim Kasser, The High Price of Materialism(Cambridge, MA: MIT Press, 2003),

489.

19 Larry Tye, The Father of Spin(London: Picador, 2002), 59, https://www.google.com/books/edition/The_Father_of_Spin/GarJLYMm3A0C?hl=en&gbpv=0.

20 Foer, "Jeff Bezos's Master Plan."

21 Brittany Irvine, "10 of the Highest Paid Celebrity Beauty Campaigns," Stylecaster, June 17, 2013, https://stylecaster.com/beauty/highest-paid-celebrity-beauty-campaigns/slide10#autoplay.

22 Aly Weisman, "Here's How Much Celebrities Are Paid to Wear Designer Dresses on the Red Carpet," Business Insider, June 15, 2015, https://www.businessinsider.com/how-much-celebrities-paid-to-wear-dresses-on-red-carpet-2015-6.

23 Alex Williams, "Why Don't Rich People Just Stop Working?," New York Times, October 17, 2019, https://www.nytimes.com/2019/10/17/style/rich-people-things.html.

24 Simon Kemp, "Digital 2020: July Global Statshot," Datareportal, July 21, 2020, https://datareportal.com/reports/digital-2020-july-global-statshot.

25 Rimma Kats, "Time Spent on Social Media Is Anticipated to Increase 8.8%, Despite Expected Plateau," Emarketer.com, April 29, 2020, https://www.emarketer.com/content/us-adults-are-spending-more-time-on-social-media-during-the-pandemic.

26 Amanda Perelli, "The top 15 Makeup and Beauty YouTubers in the World, Some of Whom Are Making Millions of Dollars, Business Insider, August 6, 2019, https://www.businessinsider.com/beauty-and-makeup-youtube-channels-with-most-subscribers-2019-7/

27 Abram Brown, "TikTok's 7 Highest-Earning Stars: New Forbes List Led By Teen Queens Addison Rae And Charli D'Amelio," Forbes, August 6, 2020, https://www.forbes.com/sites/abrambrown/2020/08/06/tiktoks-highest-earning-stars-teen-queens-addison-rae-and-charli-damelio-rule/#373c4b075087.

28 "The Real Story of Paris Hilton: This Is Paris Official Documentary," September

13, 2020, https://www.youtube.com/watch?v=wOg0TY1jG3w.

29 "The State of Fashion 2020," McKinsey&Company, https://www.mckinsey.
com/~/media/McKinsey/Industries/Retail/Our%20Insights/The%20state%20
of%20fashion%202020%20Navigating%20uncertainty/The-State-of-Fashion-
2020-final.ashx, 34.

30 Chavie Lieber, "How and Why Do Influencers Make So Much Money? The
Head of an Influencer Agency Explains," Vox, November 28, 2018, https://
www.vox.com/the-goods/2018/11/28/18116875/influencer-marketing-
social-media-engagement-instagram-youtube.

31 Jacques Bughin, "Getting a Sharper Picture of Social Media's Influence,"
McKinsey&Company, July 1, 2015, https://www.mckinsey.com/business-
functions/marketing-and-sales/our-insights/getting-a-sharper-picture-of-
social-medias-influence.

32 Elizabeth Paton," Why You Should Care That Boohoo Is Making Headlines This
Week," New York Times, July 8, 2020, https://www.nytimes.com/2020/07/08/
fashion/boohoo-labor-influencer-crisis.html.

33 Sarah Butler, "Boohoo Reports Sales Surge Despite Leicester Supplier Scandal,"
Guardian, September 30, 2020, https://www.theguardian.com/business/2020/
sep/30/boohoo-reports-sales-surge-despite-leicester-supplier-scandal-
covid.

34 "Barley and Barnardo's—The Fast Fashion Crisis," Censuswide, https://
censuswide.com/censuswide-projects/barley-and-barnardos-the-fast-
fashion-crisis-research/.

35 "Snap and Send Back," Barclaycard, October 15, 2020, https://webcache.
googleusercontent.com/search?q=cache:67aGeMNPgpoJ:https://www.
home.barclaycard/media-centre/press-releases/snap-and-send-back.
html+&cd=1&hl=en&ct=clnk&gl=us.

36 Elizabeth Cline, "How Sustainable Is Renting Your Clothes, Really?," Elle,
October 22, 2019, https://www.elle.com/fashion/a29536207/rental-fashion-

sustainability/.

37 "Mobile Fact Sheet," Pew Research Center, June 12, 2019, https://www.pewresearch.org/internet/fact-sheet/mobile/.

38 "How Many Smartphones Are in the World," bankmycell.com, https://www.bankmycell.com/blog/how-many-phones-are-in-the-world.

39 "Americans Check Their Phones 96 Times a Day," Ausrion, https://www.asurion.com/about/press-releases/americans-check-their-phones-96-times-a-day/.

40 "After the Binge the Hangover," Greenpeace, May 8, 2017, https://www.greenpeace.org/international/publication/6884/after-the-binge-the-hangover/.

41 Granskog et al., "Survey: Consumer Sentiment on Sustainability in Fashion,".

42 Kasser, The High Price of Materialism, 499.

43 Kasser, The High Price of Materialism, 495–96.

44 Henry H. Wilmer · Lauren E. Sherman · Jason M. Chein, "Smartphones and Cognition: A Review of Research Exploring the Links between Mobil Technology Habits and Cognitive Functioning," Frontiers in Psychology 8, no. 605(2017): 4, https://www.frontiersin.org/articles/10.3389/fpsyg.2017.00605/full.

45 Wilmer, Smartphones and Cognition: A Review of Research Exploring the Links between Mobil Technology Habits and Cognitive Functioning, 6.

46 Monica Anderson and Jingjing Jiang, "Teens, Social Media&Technology 2018," Pew Research Center, May 31, 2018, https://www.pewresearch.org/internet/2018/05/31/teens-social-media-technology-2018/.

47 "Landmark Report: U.S. Teens Use an Average of Nine Hours of Media Per Day, Tweens Use Six Hours," Common Sense Media, November 3, 2015, https://www.commonsensemedia.org/about-us/news/press-releases/landmark-report-us-teens-use-an-average-of-nine-hours-of-media-per-day.

48 Sally C. Curtin and Melonie Heron, "Death Rates Due to Suicide and Homicide

Among Persons Aged 10–24: United States, 2000–2017," Centers for Disease Control, NCHS Data Brief No. 352, October 2019, https://www.cdc.gov/nchs/data/databriefs/db352-h.pdf

49 Jack Feuer, "The Clutter Culture," UCLA Magazine, July 1, 2012, http://magazine.ucla.edu/features/the-clutter-culture/index1.html.

50 "Darby E. Saxbe and Rena Repetti, "No Place Like Home: Home Tours Correlate With Daily Patterns of Mood and Cortisol," Personality and Social Psychology Bulletin 36, no. 71(November 23, 2009), https://dornsife.usc.edu/assets/sites/496/docs/pubs/2009noplace.pdf.

51 M. Lenoir, et al., "Intense Sweetness Surpasses Cocaine Reward," PLoS One(August 1, 2007), 2:e698, https://journals.plos.org/plosone/article?id=10.1371/journal.pone.0000698.

52 "Depression: A Global Crisis,: World Federation for Mental Health, World Mental Health Day, October 10, 2020, https://www.who.int/mental_health/management/depression/wfmh_paper_depression_wmhd_2012.pdf.

53 "Online Retailers Are Destroying Goods But Won't Say How Much Ends Up as Trash," DW.com, n.d., https://www.dw.com/en/destroy-packages-online-shopping/a-52281567.

54 "US Retail: Many Unhappy Returns," Financial Times, January 5, 2020, https://www.ft.com/content/f92d875b-c2ea-4580-9c70-5e375f76dc6b?accessToken=zwAAAW98oXJokdP5LYdbwupFgNOccF43X3bcaw.MEUCIQCodw25YOSv86v7fzE3P7SzNRRWHEwpXZzpvawm64IC_gIgc5QxjzCc3Bd1xmuvD4wMlBq3PTnXDIj8DAM8jesGrho&sharetype=gift?token=ce8b22c4-f4db-4899-8968-27068eb618e6.

55 "'It's Pretty Staggering,' Returned Online Purchases Often Sent to Landfill Journalist's Research Reveals," CBC Radio, December 12, 2019, https://www.cbc.ca/radio/thecurrent/the-current-for-dec-12-2019-1.5393783/it-s-pretty-staggering-returned-online-purchases-often-sent-to-landfill-journalist-s-research-reveals-1.5393806.

56 Martha N. Gardner and Allan M. Brandt, "'The Doctors' Choice Is America's Choice': The Physician in US Cigarette Advertisements, 1930–1953," National Institutes of Health, https://www.ncbi.nlm.nih.gov/pmc/articles/PMC1470496/; see also American Journal of Public Health 96, no. 2,(February 2006): 222–32.

57 Jeffrey K. Stine, "Smoke Gets in Your Eyes: 20th Century Tobacco Advertisements," National Museum of American History, March 17, 2014, https://americanhistory.si.edu/blog/2014/03/smoke-gets-in-your-eyes-20th-century-tobacco-advertisements.html.

58 "The 1964 Report on Smoking and Health," https://profiles.nlm.nih.gov/spotlight/nn/feature/smoking.

59 "50 Years of Progress Halves Smoking Rate, But Can We Reach Zero?," January 11, 2014, https://www.nbcnews.com/health/cancer/50-years-progress-halves-smoking-rate-can-we-reach-zero-n7621.

60 Rachel Tashjian, "The Most Sustainable Idea In Fashion Is Personal Style," GQ.com, February 17, 2020, https://www.gq.com/story/sustainable-fashion-personal-style.

61 Amanda Hess, "The New Spiritual Consumerism," New York Times, August 19, 2019, https://www.nytimes.com/2019/08/19/arts/queer-eye-kondo-makeover.html?login=smartlock&auth=login-smartlock.

62 Marcie Bianco, "We Sold Feminism to the Masses, and Now It Means Nothing," Quartz.com, https://qz.com/692535/we-sold-feminism-to-the-masses-and-now-it-means-nothing/.

7. 정리하기 - 우리가 버린 옷은 어떻게 되나

1 "Advancing Sustainable Materials Management: 2014 Fact Sheet," U.S. Environmental Protection Agency, November 2016, https://www.epa.gov/sites/production/files/2016-11/documents/2014_smmfactsheet_508.pdf.

2 "nondurable Goods: Product-Specific Data," Facts and Figures About Materials, Waste and Recycling, U.S. Environmental Protection Agency, January 19, 2017, https://www.epa.gov/facts-and-figures-about-materials-waste-and-recycling/nondurable-goods-product-specific-data#ClothingandFootwear

3 https://www1.nyc.gov/assets/dsny/site/services/donate-goods/textiles.

4 "12 Things New Yorkers Should Know About Their Garbage," Citizens Budget Commission, May 21, 2014, https://cbcny.org/research/12-things-new-yorkers-should-know-about-their-garbage.

5 "How Much of the City's Curbside Recyclables Get Properly Recycled," Independent Budget Office of the City of New York, New York City by the Numbers, July 14, 2016, https://ibo.nyc.ny.us/cgi-park2/2016/07/how-much-of-the-citys-curbside-recyclables-get-properly-recycled/.

6 Sally Goldenberg and Danielle Muoio, "Wasted Potential: Recycling Progress in Pblic Housing Eludes City Officials," Politico, January 7, 2020, https://www.politico.com/states/new-york/city-hall/story/2020/01/07/wasted-potential-recycling-progress-in-public-housing-eludes-city-officials-1246328.

7 Clodagh McGowan, "How the City's Budget Cuts will Impact Sanitation Operations," NY1.com, July 7, 2020, https://www.ny1.com/nyc/all-boroughs/news/2020/07/07/dsny-sanitation-budget-cuts-what-to-expect-.

8 Sydney Pereira, "Facing Criticism Over Pile-Ups, De Blasio Will Restore Some Garbage Collection Services," Gothamist, September 16, 2020, https://gothamist.com/news/facing-criticism-over-pile-ups-de-blasio-will-restore-some-garbage-collection-services.

9 Adam Minter, "Garbage Workers Are on the Virus Front Lines, Too," Bloomberg, March 23, 2020, https://www.bloomberg.com/opinion/articles/2020-03-23/coronavirus-outbreak-is-challenge-to-garbage-worker-safety.

10 "How Much Garbage Does New York City Produce Daily? Tons," Metro.us, August 24, 2017, https://www.metro.us/how-much-garbage-does-new-york-city-produce-daily-tons/.

11 Steven Cohen, Hayley Martinez and Alix Schroder, "Waste Management Practices in New York City, Hong Kong and Beijing," Columbia.edu, December 2015, http://www.columbia.edu/~sc32/documents/ALEP%20Waste%20 Managent%20FINAL.pdf.

12 [인터뷰] Tiffany Fuller, deputy director of the New York Department of Sanitation, February 12, 2020.

13 "Waste Management, Fortune 500 #207, Fortune, May 18, 2020, https://fortune. com/fortune500/2019/waste-management/.

14 "Report of the Finance Division on the Fiscal 2019 Preliminary Budget and the Fiscal 2018 Preliminary Mayor's Management Report for the Department of Sanitation," March 14 2018, https://council.nyc.gov/budget/wp-content/ uploads/sites/54/2018/03/FY19-Department-of-Sanitation.pdf

15 "Report of the Finance Division on the Fiscal 2019 Preliminary Budget."

16 New York City Independent Budget Office, "Waste Export Costs to Rise as Remaining Marine Transfer Stations Open," March 2017, https://ibo.nyc. ny.us/iboreports/waste-export-costs-to-rise-as-remaining-marine-transfer- stations-open-march-2017.pdf.

17 Lisa M. Collins, "The Pros and Cons of New York's Fledgling Compost Program," New York Times, November 9, 2018, https://www.nytimes. com/2018/11/09/nyregion/nyc-compost-zero-waste-program.html.

18 City of New York, "Mayor's Management Report, Preliminary Fiscal 2020," January 2020, https://www1.nyc.gov/assets/operations/downloads/pdf/ pmmr2020/2020_pmmr.pdf.

19 City of New York, "Mayor's Management Report," 104.

20 Robert D. Bullard et al., "Toxic Wastes and Race at Twenty 1987–2007," United Church of Christ Justic and Witness Ministries, March 2007, https://www.nrdc. org/sites/default/files/toxic-wastes-and-race-at-twenty-1987-2007.pdf.

21 Coventa energy: Sally Goldenberg, Danielle Muoio, "Wasted Potential: Recycling progress in public housing eludes city officials," Politico.com,

January 7, 2020 https://www.politico.com/states/new-york/city-hall/
story/2020/01/07/wasted-potential-recycling-progress-in-public-housing-
eludes-city-officials-1246328.

22 "Facts and Figures about Materials, Waste and Recycling, United states
Environmental Protection Agency", https://www.epa.gov/facts-and-figures-
about-materials-waste-and-recycling/national-overview-facts-and-figures-
materials.

23 "U.S. Municipal Solid Waste Incinerators: An Industry in Decline," The New
School Tishman Environment and Design Center, May 2019. https://static1.
squarespace.com/static/5d14dab43967cc000179f3d2/t/5d5c4bea0d59ad00012
d220e/1566329840732/CR_GaiaReportFinal_05.21.pdf.

24 Race Is the Biggest Indicator in the US of Whether You Live Near Toxic Waste,"
Quartz.com, March 22, 2017, https://qz.com/939612/race-is-the-biggest-
indicator-in-the-us-of-whether-you-live-near-toxic-waste/.

25 "Reduce, Reuse&Recycle at "Stop 'N' Swap," GrowNYC, https://www.grownyc.
org/swap.

26 [인터뷰] Tiffany Fuller.

27 "Advancing Sustainable Materials Management: 2014 Fact Sheet," Table 2, 2.

28 Taylor Bryant, "What Really Happens When You Donate Your Clothes—And
Why It's Bad," Nylon,com, https://nylon.com/articles/donated-clothes-fast-
fashion-impact.

29 Jasmine Malik Chue, "With or Without COVID-19, Textile Waste Is on
the Rise," Sourcing Journal, July 6, 2020, https://sourcingjournal.com/
topics/sustainability/textile-waste-coronavirus-u-k-thredup-u-s-fast-
fashion-219025/.

30 Adam Minter, "At Overloaded Thrift Shops, Coronavirus Is Wreaking
Havoc," Bloomberg, April 29, 2020, https://www.bloomberg.com/opinion/
articles/2020-04-30/at-overloaded-thrift-shops-coronavirus-is-wreaking-
havoc.

31 Elizabeth L. Cline, "Tidying Up Has Created a Flood of Clothing Donations No One Wants," May 13, 2019, https://slate.com/technology/2019/05/marie-kondo-tidying-up-donate-unwanted-clothing.html.

32 Janice Kiaski, "Salvation Army Has New Local Lieutenant," Toronto Herald-Star, July 3, 2017, https://www.heraldstaronline.com/news/local-news/2017/07/salvation-army-has-new-local-lieutenant/.

33 "Stats for Wtories: National Thrift Store Day: August 17, 2020," U.S. Census Bureau, August 17, 2020, https://www.census.gov/newsroom/stories/thrift-store-day.html.

34 "Who Is SMART?," Secondary Materials and Recycled Textiles, https://www.smartasn.org/SMARTASN/assets/File/resources/SMART_PressKitOnline.pdf.

35 Adam Minter, Global Threads," Resource Recycling, December 2, 2019, https://resource-recycling.com/recycling/2019/12/02/global-threads/.

36 "Panipat, the Global Centre for Recycling Textiles, Is Fading," Economist, September 7, 2017, https://www.economist.com/business/2017/09/07/panipat-the-global-centre-for-recycling-textiles-is-fading.

37 "We Export···," Bushra International, http://www.bushra-intl.com.

38 "The story of Asia's Biggest Textile Recycling Hub," DWIJ Products, updated March 6, 2019, https://www.dwijproducts.com/post/the-story-of-asia-s-biggest-textile-recycling-hub.

39 Jewish-English Lexicon, JEL.Jewish-Languages.org, https://jel.jewish-languages.org/words/477.

40 Adam Minter, Secondhand: Travels in the New Global Garage Sale (NY: Bloomsbury, 2019), 158.

41 Minter, Secondhand, 167–72.

42 "Recycle Your Denim with Us," Madewell, https://www.madewell.com/inspo-do-well-denim-recycling-landing.html.

43 "Reduce, Reuse, Recycle," Goodwill Olympics and Rainer Region, https://goodwillwa.org/donate/sustainability-resources/.

44 "Partnership Based on Confidence," I:CO, https://www.ico-spirit.com/en/referenzen/partner/.

45 "Building Textile Circularity," I:CO, https://www.ico-spirit.com/en/company/.

46 "H&M Sustainability," HM.com, 2018, https://about.hm.com/content/dam/hmgroup/groupsite/documents/masterlanguage/CSR/reports/2018_Sustainability_report/HM_Group_SustainabilityReport_2018_%20FullReport.pdf.

47 "Garment Collecting: Be a Fashion Recycler," HM.com, https://www2.hm.com/en_us/women/campaigns/16r-garment-collecting.html.

48 "H&M Sustainability," 50.

49 Jesper Starn, "A Power Plant Is Burning H&M Clothes Instead of Coal," Bloomberg, November 23, 2017, https://www.bloomberg.com/news/articles/2017-11-24/burning-h-m-rags-is-new-black-as-swedish-plant-ditches-coal.

8. 의도는 좋았는데 – 가나에서 만난 옷의 최후

1 J. Branson Skinner 11 "Fashioning Waste: Considering the Global and Local Impacts of the Secondhand Clothing Trade in Accra, Ghana and Charting an Inclusive Path Forward" thesis submitted to University of Cincinnati, 11.

2 Kenneth Amanor, "Developing a Sustainable Second-Hand Cloting Trade In Ghana," PhD diss., University of Southampton, September 2018, https://eprints.soton.ac.uk/433269/1/LIBRARY_COPY_KENNETH_AMANOR_PHD_THESIS.pdf.

3 Skinner, "Fashioning Waste," 11, 96.

4 "Thrifting in Accra Ghana, I Was Shook!!," April 29, 2018, https://www.youtube.com/watch?v=_TTs-__ji6Y

5 "Thrifting in Accra Ghana, I Was Shook!!," https://www.youtube.com/watch?v=QtgcsEUQbEY.///

6 팬데믹 기간 동안 중고 의류에 대한 대중들의 감정이 뒤집어졌다. 한 조사에 따르면 코로나19 이후 중고 물건을 사겠다는 MZ 세대의 의향이 50퍼센트나 높아졌다고 한다.

7 Baden and Barber, "The Impact of the Second-hand Clothing Trade on Developing Countries."

8 Skinner, "Fashioning Waste," 96–97. 칸타만토에서 수집한 자료는 J. 브랜슨 스키너의 석사 논문에 실려 있다. 관찰과 인터뷰를 통한 수집에는 한계가 있는 만큼 완벽하다고 말할 수는 없는 자료다. 하지만 시장과 정부 기관의 투명한 기록이 부족하다는 점을 감안하면 그나마 내가 접근할 수 있었던 자료 가운데는 가장 최신이고 신뢰할 만하다.

9 "여자들은 고작 일곱 번 입은 옷을 버리곤 합니다. 살이 쪘다고 느끼거나 변덕과 충동으로 산 물건들이죠." Daily Mail, June 9, 2015, https://www.dailymail.co.uk/femail/article-3117645/Women-ditch-clothes-ve-worn-just-seven-times-Items-left-shelf-buyer-feels-ve-weight-ve-bought-whim.html.

10 [인터뷰] Liz Rickets, The OR Foundation, October 14, 2020.

11 Skinner, "Fashioning Waste," 98.

12 Skinner, "Fashioning Waste," 105.

13 Allison Martino, "Stamping History: Stories of Social Change in Ghana's Adinkra Cloth," PhD diss, University of Michigan, 2018, 49.

14 "Sorting a Jean Bale in Kantamanto," Theorispresent, December 18, 2018, https://www.youtube.com/watch k? v=QFhFBXBP8SU.

15 Author communication with Liz Rickets, October 14, 2020.

16 Skinner, "Fashioning Waste," 108.

17 Skinner, "Fashioning Waste," 110.

18 "Kayayo: Ghana's Living Shopping Baskets, video, Aljazeera, https://www.aljazeera.com/program/episode/2018/2/18/kayayo-ghanas-living-shopping-baskets/.

19 Skinner, "Fashioning Waste," 113.

20 UN 인구 기금의 한 보고서에 따르면 카야예이 대부분의 평균 수입은 하루 20~50

세디, 약 4~10달러다. "Who are the Kayayei?" UNFPA, 2019. https://ghana. unfpa.org/sites/default/files/pub-pdf/Kayayei%20Photo%20book%202019.pdf.

21 Skinner, "Fashioning Waste," 113.

22 David Biello. "E-Waste Dump among Top 10 Most Polluted Sites," Scientific American, January 1, 2014, https://www.scientificamerican.com/article/ e-waste-dump-among-top-10-most-polluted-sites/.

23 "The Kaya Struggle," Felix Akoyam, October 12, 2016, https://www.youtube. com/watch?v=Rh7aznBetio.

24 Gregory Warner, "The Afterlife of American Clothes," NPR Planet Money, December 2, 2013. U.S. International Trade Commission, https://www.npr.org/ sections/money/2013/12/10/247362140/the-afterlife-of-american-clothes.

25 Dr. Sheng Lu, "Why Is the Used Clothing Trade Such a Hot-Button Issue?," FASH455 Global Apparel&Textile Trade and Sourcing, November 15, 2018, https://shenglufashion.com/2018/11/15/why-is-the-used-clothing-trade- such-a-hot-button-issue/.

26 Minter, "At Overloaded Thrift Shops, Coronavirus Is Wreaking Havoc."

27 Abdi Latif Dahir and Yomi Kazeem, "Trump's "Trade War" Includes Punishing Africans for Refusing Second-Hand American Clothes," April 5, 2018, https:// qz.com/africa/1245015/trump-trade-war-us-suspends-rwanda-agoa- eligibility-over-secondhand-clothes-ban/.

28 Ruth Adikorley, "The Textile Industry in Ghana: A Look into Tertiary Textile Education and its Relevance to the Industry," MS diss, Fontbonne University, July 2013, https://www.researchgate.net/publication/274070597_The_ Textile_Industry_in_Ghana_A_Look_into_Tertiary_Textile_Education_and_its_ Relevance_to_the_Industry.

29 Skinner, "Fashioning Waste," photo, 11.

30 Minter, "Fashioning Waste," 5.

31 N. Mireku-Gyimah · P. A. Apanga · J. K. Awoonor-Williams, "Cyclical Cholera Outbreaks in Ghana: Filth, Not Myth," National Institutes of Health, https://

www.ncbi.nlm.nih.gov/pmc/articles/PMC6003169/. Infectious Diseases of Poverty 7, no. 51(June 2018), https:// doi.org/10.1186/s40249-018-0436-1.

32 L. Salifu, "Draft Final Report. Environmental and Social Audit of Kpone Landfill," Ghana Ministry of Works and Housing, February 2019.

33 "A New Textiles Economy: Redesigning Fashion's Future," Ellen MacArthur Foundation, https://www.ellenmacarthurfoundation.org/assets/downloads/publications/A-New-Textiles-Economy_Summary-of-Findings_Updated_1-12-17.pdf.

34 Salman Saeed · Sugam Pokharel · Matthew Robinson, "Bangladesh Slum Fire Leaves 10,000 People Homeless," CNN, August 19, 2019, https://edition.cnn.com/2019/08/18/asia/dhaka-bangladesh-slum-fire-10000-homeless-intl/index.html.

35 "Brazil's Bolsonaro Says He Will Accept Aid to Fight Amazon Fires," CBS News, August 27, 2019, https://www.cbsnews.com/news/amazon-wildfires-brazil-spurns-20-million-aid-offer-from-g-7-nations-today-2019-08-27/.

36 Freya Noble, "Government Set to Revise Total Number of Hectares Destroyed During Bushfire Season to 17 Million," 9NEWS(Australia), Janur 14, 2020, https://www.9news.com.au/national/australian-bushfires-17-million-hectares-burnt-more-than-previously-thought/b8249781-5c86-4167-b191-b9f628bdd164.

37 "More Than One Billion Animals Killed in Australian Bushfires," University of Sydney News, January 8, 2020, https://sydney.edu.au/news-opinion/news/2020/01/08/australian-bushfires-more-than-one-billion-animals-impacted.html.

38 Rachel Ama Asaa Engmann, "Autoarchaeology at Christiansborg Castle(Ghana): Decolonizing Knowledge, Pedagogy, and Practice," Journal of Community Archaeology&Heritage 6, no. 3(2019): 210, DOI: 10.1080/20518196.2019.1633780.

39 Rachel Tashjian, "The Coolest, Most Expensive Clothes on the Planet Are

Made from Other, Older Clothes," GQ.com, August 7, 2020, https://www. gq.com/gallery/louis-vuitton-marine-serre-upcycling.

40 Abdi Latif Dahir, "Used Clothes Ban May Crimp Kenyan Style. It May Also Lift Local Design," New York Times, https://www.nytimes.com/2020/07/09/ world/africa/kenya-secondhand-clothes-ban-coronavirus.html.

9. 변신을 시작하자 – 새로운 뉴딜을 위한 시간

1 Ray A. Smith, "A Closet Filled with Regrets," Wall Street Journal, April 17, 2013, https://www.wsj.com/articles/SB10001424127887324240804578415002232186 418.

2 ThredUp, "2020 Resale Report," 2020, https:// www.thredup .com/ resale/ static/ thredup- esaleReport2020- 2b42834f03ef2296d83a 44f85a3e2b3.pdf.

3 Jesse R. Catlin and Yitong Wang, "Recycling Gone Bad: When the Option to Recycle Increases Resource Consumption," Journal of Consumer Psychology(April 11, 2012), doi: 10.1016/j.jcps.2012.04.001.

4 Imran Amed et al., "The State of Fashion 2019: A Year of Awakening," McKinsey&Company, November 29, 2018, https://www.mckinsey.com/ industries/retail/our-insights/the-state-of-fashion-2019-a-year-of-awakening.

5 OECD, OECD Business and Finance Outlook 2020: Sustainable and Resilient Finance, OECD Publishing, Paris, 2020, .

6 Sasja Beslik, "Week 41: EST data is not capturing real-world impact," October 11, 2020, .

7 "Conventions and Recommendation," International Labour Organization, .

8 "Reevaluating Global Trade Structures to Address Climate Change," Council on Foreign Relations, July 2, 2019, https://www.cfr.org/report/reevaluating-global-trade-governance-structures-address-climate-change.

9 "President Trump Determines Trade Preference Program Eligibility

For Rwanda, Tanzania, And Uganda," Office of the United State Trade Representative," March 29, 2018, https://ustr.gov/about-us/policy-offices/press-office/fact-sheets/2018/march/title.

10 Amit Kapoor and Bibek Debroy, "GDP Is Not a Measure of Human Well-Being," Harvard Business Review, October 4, 2019, https://hbr.org/2019/10/gdp-is-not-a-measure-of-human-well-being.

11 Johann Hari, Lost Connections: Uncovering the Real Causes of Depression(NY: Bloomsbury, 2018), 76.

12 Hari, Lost Connections, 86.

13 Andrea Garnero, "What We Do and Don't Know About Worker Representation on Boards," Harvard Business Review, September 6, 2018, https://hbr.org/2018/09/what-we-do-and-dont-know-about-worker-representation-on-boards.

14 "29 U.S. Code §158. Unfair Labor Practices," Cornell Law School, Legal Information Institute, https://www.law.cornell.edu/uscode/text/29/158.

15 Bob Davis, "The Country's R&D Agenda Could Use a Shake-Up, Scientists Say," Wall Street Journal, December 22, 2018, .https://www.wsj.com/articles/the-countrys-r-d-agenda-could-use-a-shake-up-scientists-say-11545483780?mod=article_inline.

이미지 출처

40쪽 "DDT Is Good for Me!" ad: Hunter Oatman-Stanford, Collectors Weekly, August 22, 2012, https://www.collectorsweekly.com/articles/the-top-10-most-dangerous-ads/.

59쪽 2017 China vs. US exports: "USA vs China vs India: Everything Compared," WawamuStats, https://www.youtube.com/watch? v= SatG1m0p5g8& feature= youtu.be.

83쪽 World Fiber Production: Bain, "If Your Clothes Aren't Already Made Out of Plastic."

84쪽 Comparative Energy Use in Fiber Production: Business for Social Responsibility, "Apparel Industry Life Cycle Carbon Mapping."

91쪽 The Bangladesh Economy: Fiona Weber-Steinhaus, "The Rise and Rise of Bangladesh—But Is Life Getting Any Better," Guardian, October 9, 2019, https://www.theguardian.com/global-development/2019/oct/09/bangladesh-women-clothes-garment-workers-rana-plaza? CMP= Share_iOSApp_Other.

92쪽 Bangladesh Export Growth: "List of Products Exported by Bangladesh," Trade Map—International Trade Statistics, TradeMap.org.

171쪽 The Two Sides of Retail: Justin Fox, "Online Shopping Is Growing, But Isn't Creating Jobs," Bloomberg, December 10, 2019, https://www.bloomberg.com/opinion/articles/2019-12-10/retail-jobs-growth-doesn-t-match-of-expansion-online-sales.

248쪽 Donations of Used Clothing in Rich Countries: S. Baden and C. Barber, "The Impact of the Second-hand Clothing Trade on Developing Countries," Oxfam

GB(September 1, 2005), https://pdfs.semanticscholar.org/3999/b6470135073bd9c
2da9eefe94331212a89aa.pdf.

267쪽 The Haze over New York: Neal Boenzi/The New York Times/Redux

278쪽 Copyright © GMB Akash/Panos Pictures

285쪽 Natalija Gormalova, "Kayayei Sisters." Used with permission.

305쪽 Trading Map of Used Clothes Across the World: Atlas of the Transatlantic
Slave Trade, David Eltis · David Richardson, "Overview of Slave Trade out of
Africa." © 2010, Yale University Press. https://www.slavevoyages.org/static/
images/assessment/intro-aps/01.jpg.

지속 불가능한 패션 산업에
이의를 제기합니다

초판 발행 2024년 4월 19일

지은이 맥신 베다
옮긴이 오애리, 구태은

펴낸이 박해진
펴낸곳 도서출판 학고재
등록 2013년 6월 18일 제2023-000037호
주소 서울시 영등포구 경인로 775 에이스하이테크시티 2-804
전화 02-745-1722(편집) 070-7404-2782(마케팅)
팩스 02-3210-2775
전자우편 hakgojae@gmail.com
페이스북 www.facebook.com/hakgojae

ISBN 978-89-5625-466-1 (03300)
값 22,000원